정조평전
-성군의 길-

下

정조평전 —성군의 길— 下

초판 1쇄 발행 2017. 9. 20.
초판 2쇄 발행 2017. 11. 10.

지은이 한 영 우
펴낸이 김 경 희
펴낸곳 (주)지식산업사
　　　　본사 10881, 경기도 파주시 광인사길 55(문발동)
　　　　　　전화 (031) 955-4226~7　　팩스 (031) 955-4228
　　　　서울사무소 03044, 서울시 종로구 자하문로6길 18-7(통의동)
　　　　　　전화 (02)734-1978, 1958　　팩스 (02)720-7900
한글문패 지식산업사
영문문패 www.jisik.co.kr
전자우편 jsp@jisik.co.kr
등록번호 1-363
등록날짜 1969. 5. 8.

책값은 뒤표지에 있습니다.

이 책을 읽고 저자에게 문의하고자 하는 이는
지식산업사 전자우편으로 연락 바랍니다.

정조평전
-성군의 길-

下

한 영 우

지식산업사

차 례

上권 차례

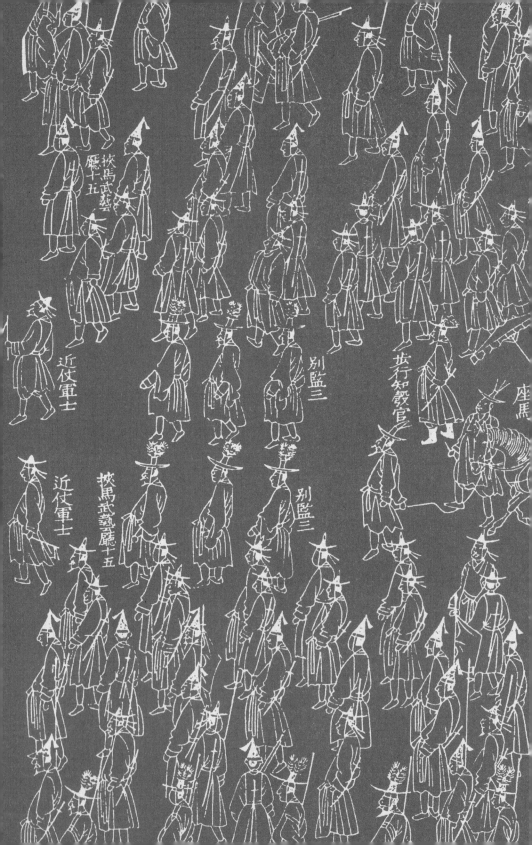

挾馬武藝廳十五

近仗軍士

別監三

陪行知彀官

座馬

近仗軍士

挾馬武藝廳十五

別監三

아버지에 대한 정조의 효도는
단순히 아버지의 죽음에 대한 슬픔만이 아니었다.
바로 정조 자신 때문에 아버지가 죽었다는 자책감 때문이었다.
만약 정조가 그토록 영특하지 않았다면 할아버지 영조가
아들을 버리고 손자를 선택하지는 않았을 것이기 때문이다.
그러니 결과로 보면 아버지를 죽음으로 몰아넣은 책임이
자신에게 있다는 자책감이 어찌 없겠는가? 죽고 나서
어떻게 지하에 계신 아버지를 뵈올 수가 있겠는가 하는 자책감이다.
그래서 정조의 효도는 풀어도 풀어도 다 풀리지 않는
통한이 맺혀 있는 효도였다.

제8장

정조대왕 이야기 2
─통한이 맺힌
효도정치의 길

1. 정조 13년(1789)

―영우원을 수원으로 이장하고 임금이 지문을 쓰다,
수원 읍치 이전, 직각 회권. 삼성사 제사 복원,
《해동여지통재》편찬, 제6차 초계문신

정조 13년(1789)은 임금의 나이 38세로 정력이 왕성한 장년이 되고 정치경험도 쌓여 자신의 꿈을 적극적으로 펴는 시기를 맞이했다. 지난해 대체로 풍년이 들어 진휼 사업이 춘궁기에 함경도에만 진휼곡 약 3만 5천 석을 지급하는 데서 끝난 것도 임금으로서는 자신의 꿈을 실현하는 데 호기를 맞이한 것이다. 그동안 가슴 속에 품어 오면서 적극적으로 펴지 못하고 있던 아버지에 대한 효도사업이 이해부터 시작되어 정조 19년에 끝났다. 그러니까 7년 동안 정조의 정치는 효도정치의 전성기로 불러도 좋을 듯하다. 그래서 이 시기는 정조정치에서 하나의 획을 긋는 전환기로 볼 수 있다.

정조가 꿈꾼 효도사업은 크게 다섯 단계로 계획되어 있었다. 그 첫 번째는 아버지 무덤을 명당인 수원으로 옮기는 것이고, 두 번째는 수원의 읍치를 팔달산 아래로 옮겨 신도시를 건설하는 것이며, 그 세 번째는 수원에 화성華城을 건설하여 서울과 동등한 왕도王都를 건설하는 것이고, 그 네 번째는 어머니와 아버지의 회갑을 기념하여 어머니를 모시고 화성행차를 다녀오는 것이다. 그리고 그 효도정치의 끝맺음은 아들 순조가 15세가 되는 1804년에 왕위를 아들에게 물려주고 화성으로 은퇴하여 원침園寢을 돌보면서 자신의 생애를 그곳에서 끝낸다는 것이었다.

정조가 품고 살아온 효도의 꿈은 얼핏 생각하면 너무 감상적이고 지나친 것이 아니냐고 생각할 수도 있다. 하지만 그렇지 않다. 앞에서 누누이 설명했지만, 아버지에 대한 정조의 효도는 단순히 아버지의 죽음에 대한 슬픔만이 아니었다. 바로 정조 자신 때문에 아버지가 죽었다는 자책감 때문이었다. 만약 정조가 그토록 영특하지 않았다면 할아버지 영조가 아들을 버리고 손자를 선택하지는 않았을 것이기 때문이다. 그러니 결과로 보면 아버지를 죽음으로 몰아넣은 책임이 자신에게 있다는 자책감이 어찌 없겠는가? 죽고 나서 어떻게 지하에 계신 아버지를 뵈올 수가 있겠는가 하는 자책감이다. 그래서 정조의 효도는 풀어도 풀어도 다 풀리지 않는 통한痛恨이 맺혀 있는 효도였다. 그나마 임금을 그만두고 아버지 원침園寢을 지키면서 화성華城에서 생애를 마친다면 불효의 만분의 일이라도 용서받을 수 있다고 믿었을 것이다. 그러나 1800년에 세상을 떠남으로써 정조의 효도사업은 회갑행차에서 그치고 마지막 꿈은 실현되지 않았다.

정조가 이해부터 적극적인 효도사업에 들어갔다고 해서 효도정치만 한 것은 아니었다. 효도사업과 더불어 전부터 해오던 백성과 나라, 백성의 나라, 곧 민국民國을 사랑하는 성군聖君의 길을 더욱 힘차게 걸어갔다. 공인公人으로서 성군聖君의 길과 개인으로서 효자孝子의 길은 동전의 양면과 같은 것으로서 그 어느 것도 버릴 수 없는 정조의 꿈이었다. 성군이 되어야 아버지의 명예도 높아질 것이기 때문이다.

이제 정조 13년부터 임금이 걸어간 성군과 효자를 향한 행보를 시간을 따라가면서 알아보기로 한다.

1월 22일에 도목정사都目政事가 열려 벼슬아치의 인사이동이 거행되었다. 임금은 인사권을 가진 이조와 병조에 신칙하기를, "직명職名은 조정의 직명이지, 사대부나 중인中人 서얼, 백성의 계급을 정하라고 만든 것은 아니다."고 못 박아 인사정책을 신분과 지나치게 결부시키지 말라고 명했다. 신분을 초월한 개방적인 인사정책을 강조한 것이다.

1월 26일에는 창덕궁 춘당대에서 관례에 따라 성균관 유생 가운데 도기유생(到記儒生; 과거에 응시할 자격을 얻은 유생)을 불러 제술시험을 보게 했다. 이때 28세 된 남인 정약용(丁若鏞; 1762~1836)이 장원하여 최종시험인 전시殿試에 곧바로 나갈 것을 허락했다. 정약용은 바로 이해 문과에 급제했는데, 이해 3월 20일에 제5차 규장각 초계문신으로 선발되는 행운을 얻었다. 이로써 그에게 정조의 사랑을 받으면서 대학자로 성장하는 길이 열렸다. 정조가 재위 18년(1794)에 수원에 신도시 화성華城을 건설할 때 거중기擧重機를 제작하여 공사에 투입했는데, 이것을 설계하여 제작한 사람이 바로 33세 된 정약용이었다. 그가 실학의 집대성자로 성장한 이면에는 정조의 지도와 가르침이 큰 힘이 되었다.

3월 7일에는 규장각 검서관檢書官의 승진 길을 터 주었다. 검서관이 일을 많이 하면서도 승진하는 기간은 정해지지 않았던 것을 시정하여 30개월로 정하여 전천(轉遷; 승진)하도록 허용했다. 서얼 벼슬아치에 대한 배려이다.

3월 20일에는 의정부에서 제6차 초계문신抄啓文臣으로 15명을 선발하여 올렸다. 그 명단은 서영보(徐榮輔; 서유신 아들; 노론), 정약용(丁若鏞; 나주정씨; 남인), 심규로(沈奎魯; 청송심씨; 남인), 서유문(徐有聞; 서직수 아들; 노론), 윤인기(尹寅基; 파평윤씨, 소론), 심능적(沈能迪; 청송심씨 심건지 아들), 심상규(沈象奎; 심염조 아들; 노론), 이기경(李基慶; 전주이씨; 남인), 박윤수(朴崙壽; 반남박씨; 노론 시파), 김이교(金履喬; 안동김씨; 노론), 안정선(安廷善; 순흥안씨), 이내현(李來鉉; 용인이씨 이재협 아들; 노론), 유한우(兪漢寓; 유척기 손자; 노론), 김희순(金羲淳; 안동김씨; 노론), 이동면(李東㫈; 전주이씨) 등이다. 노론 명문가의 후손이 많지만, 남인 3명과 소론도 들어 있어 탕평의 조화를 이루고 있다. 정약용 집안이 상대적으로 한미했다. 의정부 정승 가운데 소론 이성원과 남인 채제공이 들어 있어 탕평적인 초계문신을 선발한 것으로 보인다.

3월 24일에 임금은 규장각 제학 김종수(金鍾秀; 청풍김씨)와 또 충돌했다. 좌의정으로 있던 소론 이성원(李性源; 연안이씨)이 경연에서 규장각 직각直閣을 회권(會圈; 각신들이 모여 다수결로 결정)으로 선발하자고 주장하여 임금이 채택했는데, 이 소식을 들은 김종수가 발끈하여 임금에게 항의하는 상소를 올렸다.

규장각 직각을 회권하라는 것은 바로 재상[이성원]이 신을 견제하고자 내건 하나의 큰 제목입니다. 그 놀라운 기지와 예리한 칼날은 마음이 떨리고 등골이 오싹하게 만드는 일이었으니, 이 일이 있고부터 신에게 규장각이 떠나야 할 곳이 되고 말았습니다. 신이 어떻게 차마 회권을 하겠습니까? 성상께서도 왜 신에게 차마 하지 못하고 감히 할 수 없는 일을 강요하십니까?

임금은 김종수의 무례하고 노골적인 반발에 이렇게 비답했다.

좌의정[이성원]의 말은 비록 사실을 잘 모르기 때문에 나온 것이지만, 경이 한 번 이렇게 하는 것이야 어쩌면 이상할 것이 없기도 하다. 즉시 규장각 검교檢校와 제학提學으로 하여금 직각 후보자를 써 들이게 한 뒤에 비답이 내리기를 기다려 회권會圈하는 일을 완결하도록 하라.

임금은 김종수의 반대에도 회권을 강행하라고 명한 것이다. 그리하여 이날 회권을 거행하여 권점을 똑같이 받은 윤행임尹行任과 이만수李晩秀 가운데 이복원李福源의 아들인 이만수를 직각으로 임명했다. 좌의정 이성원의 오촌 조카이기도 한 그는 소론에 속했다.

김종수의 심한 공격을 받은 이성원은 다음날 임금에게 상소하여 김종수의 공격이 지나쳐서 "놀라운 기지, 예리한 칼날이라고까지 했는데, 이는 더할 수 없는 큰 욕으로써 마치 신이 의도적으로 없는 죄를 꾸며내기라도 한 것처럼 하고 있으니 참으로 괴이합니다. 신이 있어서는 안 될 자리에 있기 때문에 말 한마디 했다 하면 위험과 모욕이 곧 닥치는데, 신이야 말할 것도 못 되지만 조정의 체통에 손상이 있으니, 신을 빨리 물리치도록 하소서." 하고 사직을 청했다.

임금은 이성원을 위로하는 비답을 내렸다.

> 중신(重臣; 김종수)은 언제나 저돌적인 것이 병통이어서 내가 늘 지시도 하고 깨우쳐 주기도 하는데, 어제 상소문 내용만 하더라도 하지 않아도 될 말을 너무 많이 했다. 그냥 내버려두도록 하라. 어찌 그와 더불어 이러니 저러니 하면서 충후한 기풍을 손상시키겠는가?

임금은 김종수의 성격이 저돌적이어서 지나친 말을 했다고 인정하면서 이성원을 달랬다. 결국 두 사람의 충돌은 노론과 소론의 당색에서 빚어진 것인데, 김종수의 공격은 이성원의 인격뿐 아니라 임금의 체통까지도 깎아내리는 매우 방자한 태도를 보인 것이다. 아마도 임금은 김종수가 직각直閣을 노론으로 임명하여 규장각을 온통 노론으로 채우려고 할지도 모른다고 우려하여 이성원이 주장한 회권을 받아들인 것으로 보인다. 결과적으로 직각은 소론 이만수가 맡게 되었고, 탕평의 모습을 갖추게 된 것이다.

4월 3일 홍문관 부수찬 서매수(徐邁修; 1731~1818)가 임금의 건강을 걱정하는 상소를 올렸는데, 그 가운데 정조가 일상적으로 언제 침실에 들고 언제 잠에서 깨는지를 알려 주는 내용이 있어 소개해 본다.

전하께서 춘추가 한창이시고, 지기志氣가 부지런하시어 크고 작은 일을 몸소 살피시느라 밤낮으로 쉴 겨를이 없습니다. 전에 신이 병조 낭청으로 몇 달 동안 금중에 입직했을 때 속으로 흠앙하는 바가 있었습니다만, 우려되는 바도 있었습니다. 날마다 밤 시각이 자정(子正; 밤 12시)을 향하는데도 합문에서 부르시는 소리가 계시고, 새벽이 아직 밝기도 전에 기무機務를 살피시니 하룻밤 사이를 계산해 보면 잠자리에 드시는 것이 한두 시각에 지나지 않습니다. …… 바라건대 대체大體만을 총람하시고 잗단 업무까지 겸해 보지 마시어 장중한 가운데 무위無 爲의 교화를 펴소서.

　　서매수는 임금이 잠자는 시간이 하루에 1~2시각에 지나지 않으니 건강에 해롭다는 말을 하면서 큰일만 챙기라고 건의하고 있다. 그는 영조의 첫 왕비였던 정성왕후 서씨의 친족으로 56세에 뒤늦게 과거에 급제했다. 노론에 속했던 그는 성품이 성실하고 부드러워 뒤에 정승에 올라 정조를 적극 지지하는 시파時派로 활동했다. 이번 상소를 올릴 때 나이가 59세였는데, 벼슬이 겨우 종6품에 지나지 않은 것은 3년 전에 급제했기 때문이었다. 그러나 그는 뒤에 정승을 지내면서 88세까지 장수했다.

　　감옥에 있는 죄수의 건강과 인격을 보살펴야 한다는 것은 정조의 변함없는 신조였다. 정조는 즉위 2년에 이미 죄수의 각종 형구刑具 규격을 조정하고 감옥 시설을 개선하고자 《흠휼전칙欽恤典則》을 편찬한 바 있지만, 수시로 감옥의 시설을 깨끗하고 따뜻하게 개선할 것을 신하들에게 신칙하기를 잊지 않았다. 이해 윤5월 8일에 옥중에 전염병이 돈다는 소식을 들은 임금은 병을 앓고 있는 죄수를 깨끗한 방으로 옮기거나 보증을 받고 집으로 돌려보내라고 명했다. 그러면서 《흠휼전칙欽恤典則》의 규정대로 감옥을 깨끗하게 쓸고 닦으라고 전국에 신칙했다.

우리나라의 개국시조인 단군檀君에 대한 정조의 존숭은 이미 앞에서 본 대로 지난해 평안도 강동江東에 있는 단군묘를 수리하고 보호하라는 조치를 내린 데서도 나타났다. 그런데 이해 6월 6일에는 황해도 문화현에 있는 삼성사三聖祠를 수리하고 제사 지내는 격식을 정하여 임금이 직접 제문을 지어 보내 제사하도록 조처했다. 삼성사는 환인桓因, 환웅桓雄, 단군檀君을 제사 지내는 사당으로서, 고려시대에는 민간신앙으로 내려오다가 조선왕조 개국 후에는 국가에서 제사를 지내도록 격을 높였다. 그러나 세월이 지나면서 시설이 퇴락하고, 제사 규범도 정해지지 않은 것을 시정하고자 정조가 발 벗고 나선 것이다. 임금은 다음과 같은 전교를 내렸다.

> 본 사당의 체모가 평양에 있는 기자사당인 숭인전崇仁殿과 일반이지만, 기자箕子는 동방으로 와서 임금이 되었고, 단군은 요堯와 나란히 서서 임금이 되었으니 맨 먼저 나와서 처음으로 나라를 세운 업적을 상고해 보면 높이 받드는 절차에서 기자보다 더욱 존경하는 것이 합당하다.

정조는 이렇게 중국에서 온 기자箕子보다도 중국의 요堯 임금 때 독자적으로 나라를 세운 단군의 위상이 높다고 강조하면서 현재 지내고 있는 제사의식의 변두(籩豆; 제사그릇) 숫자, 술잔을 올리는 헌관獻官과 대축大祝을 집행하는 사람의 지위, 희생의 내용 등이 원래의 의식과 달라진 이유가 무엇인지를 알아보라고 명했다.

왕명을 받은 우의정 채제공 등이 조사한 결과를 임금에게 이렇게 보고했다. 종묘와 사직에 사용하는 변두는 12개이고, 역대 시조의 제사에는 10변두를 사용하고 있는데 삼성사에서 12변두를 쓰고 있는 것은 언제부터인지 모른다고 했다. 또 술잔을 올리는 헌관獻官

은 수령으로 하고 대축大祝은 찰방察訪이 맡도록 하여, 지금 변장邊將이 대축을 하고 있는 것을 폐지하자고 말했다. 사당을 지키는 사람은 유생들이 맡아 도감都監, 감관監官의 호칭을 쓰고 있는데, 선택을 잘 하자고 하면서 사당지기 5명과 산지기 1명에게는 역을 지우지 말자고 했다.

신하들의 보고를 받은 임금은 "본 사당의 체모가 각별하므로 격식에 맞는 제사가 중요하니 옛 제도대로 돌아가라."고 명했다. 그 결과 삼성사의 제사 그릇은 10변두로 돌아갔다.

정조는 전국 지리지에 대한 편찬에도 비상한 관심을 기울였다. 전국 지리지인 《동국여지승람》은 16세기 초에 편찬되었으나, 그 뒤 인문지리 정보가 크게 바뀌었기 때문에 새로운 지리지의 편찬이 필요했다. 이에 부응하여 영조 42년(1765)에 방대한 《여지도서輿地圖書》가 편찬되었다. 그러나 이 책은 완성을 보지 못해 정식 책으로 출간되지 못하고 필사본으로 남아 있었는데, 정조는 이를 더욱 보완하여 완성시킬 필요를 느꼈다.

그리하여 정조는 이해 6월 16일 규장각에 《여지승람》 편찬을 계속하여 완성하라고 명하고, 지방의 《읍지邑誌》를 모아서 교서관에서 편찬하라고 했다. 이어 7월 2일에는 당시 유명한 지도학자이자 지리학자인 정항령(鄭恒齡; 1700~?)의 아들 정원림(鄭原霖; 1731~1800) 역시 지도와 지리에 밝아 그에게 벼슬을 주어 《여지승람》 편찬사업에 참여시키라고 명했다. 그러니까 전국지리지 편찬은 규장각에 맡기되 정원림을 참여시키라는 것이고, 지방 읍지 간행은 교서관에 맡긴 것이다.

여기서 정원림에 대한 보충 설명이 필요하다. 그는 영조 대 처음으로 백리척百里尺을 이용하여 《동국지도東國地圖》를 제작한 농포자 정상기(鄭尙驥; 1678~1752)의 손자이자, 아버지의 백리척 지도를 더 발전시켜《동국대지도東國大地圖》(1757)를 만든 정항령(鄭恒齡; 1700~?)의 아들이다. 정상기는 하동정씨 정인지鄭麟趾의 후손으로 일찍이 실학자 이익李瀷의 문하에서 학문을 배운 실학자로서 당색은 남인이었다. 그가 만든 백리척 지도란 100리를 1척尺으로, 10리를 1촌寸으로 축소시켜 지도를 그리는 방법을 말한다. 평지가 아닌 산악지대는 직선거리를 알 수 없으므로 걸어갈 때 120리나 또는 그 이상이 되는 거리를 직선거리로는 100리로 가정하여 그렸다. 이 방법을 쓴 결과 종전에 견주어 한층 정밀하고 과학적으로 지도를 제작할 수 있었다.

영조는 정상기의《동국지도》를 보고 감탄하여 그 지도를 홍문관에 보관해 두라고 명했다. 정상기의 아들 정항령은 아버지의 백리척 지도제작 방법을 한층 정밀하게 다듬어《동국지도》보다 더 큰《동국대지도》를 만들었는데, 정조가《해동여지통재》를 편찬할 당시에는 이미 세상을 떠나 그 아들 정원림을 발탁한 것이다. 정상기, 정항령, 정원림 삼대는 다만 지도학자로만 유명한 것이 아니라 지리에 대해서도 해박한 지식을 지니고 있어서 이들이 지리지 편찬에도 크게 이바지했다.

그런데 정조의 문집인《홍재전서弘齋全書》의《군서표기群書標記》를 보면, 정조가 60권의《해동여지통재海東輿地通載》라는 전국지리지를 편찬하면서 그 의례를 다음과 같이 만들었다는 기록이 보인다.

첫 머리에 경도京都를, 다음에 화성華城, 개성開城, 남한(南漢; 광주), 심도(沁都; 강화)를 실었다. 강역의 원근과 궁전의 설치를 자세히 기록했는데, 이는《삼보황도三輔黃圖》의 예를 따른 것이다. 다음에 경기, 호서(충청도), 영남(경상도), 호남(전라도), 관동(강원도), 해서(황해도), 관서(평안도), 관북(함경도)의 순으로 그 지명의 연혁과 산천, 관액(關阨; 관문), 인물, 전부田賦, 형승形勝, 제영(題詠; 詩文)을 자세히 기록했다. 이는《태평환우기太平寰宇記》의 예를 따른 것이다. 서거정의《여지승람》은 축목祝穆의《방여승람方輿勝覽》을 참고했기 때문에 형승, 고적, 시부詩賦, 서기序記는 매우 상세하지만, 산천의 거리와 관액(關阨; 요새지)이 험한지 여부는 매우 간략하다. 대체로《여지승람》은 지리에 대해 읊은 문학적인 글을 위주로 하고, 지리의 고증을 싣지 않았다. 유형원柳馨遠의《여지지輿地志》는 이를 시정하고자 왕백王白이 지은《원풍구역지元豊九域志》의 체제로 돌아갔지만, 너무 간략하고 자세하지 못하다. 이것이 바로 이 책을 만들게 된 까닭이다.

위 글을 보면, 정조 13년 6월에 임금이 편찬하라고 명한 전국지리지는 바로《해동여지통재》라는 이름으로 편찬되고 있었음을 알 수 있다. 그런데 위 글 가운데 서울 다음에 화성華城, 개성, 남한[광주부], 심도[강화부]를 실었다는 기록을 보면, 정조가 재위 18~20년(1794~1796)에 신도시 화성을 건설하고, 서울의 동서남북에 4개의 유수부留守府를 설치한 뒤에 이 책이 편찬되었다는 것을 알 수 있다.

그런데 4개의 유수부를 경도[한성부] 다음에 수록한 것이 중국의《삼보황도三輔黃圖》의 예를 따랐다는 것은 매우 의미심장하다. '삼보三輔'란 한漢나라와 당나라 황제가 경조윤京兆尹, 좌풍익左馮翊, 우부풍右扶風 등 3개의 도시를 묶은 장안長安을 직할도시로 통치했다는 뜻이므로, 우리나라의 왕도王都가 한성부와 4개의 유수부를 묶어 중국한당시대의 수도인 장안과 맞먹는 체제가 되었다는 뜻이다.[01]

화성을 건설하면서 북문北門 이름을 장안문長安門으로 부른 이유도 화성이 바로 장안長安이라는 뜻을 지니고 있었다.

정조 때 4개의 유수부를 두었지만, 그 가운데 수원부[화성부]와 광

---

01 한영우,〈우리 옛 지도의 발달과정〉,《우리 옛 지도와 그 아름다움》(효형출판, 1999) 97~100쪽 참고.

주부의 유수留守는 정2품으로 정하여 한성부 판윤判尹과 동격으로 만들고, 개성부와 강화부 유수는 옛날대로 종2품으로 그대로 두었다. 그러니까 네 유수부가 모두 관찰사의 관할을 받지 않는 국왕 직속의 도시이지만, 화성부와 광주부만이 한성부와 동격이 되어 한성부는 장안의 경조윤京兆尹에 해당하고, 광주부는 좌풍익左馮翊, 화성부는 우부풍右扶風에 해당한다고 보았다.

또 위 글 가운데 《여지승람》과 《해동여지통재》의 차이점이 지적되고 있는데, 《여지승람》은 남송 학자 축목祝穆이 지은 《방여승람方興勝覽》을 모방하여 남송의 영토인 강남 지방의 지리지이지만 주로 문학적인 글이 많은데, 《해동여지통재》는 북송 학자 악사樂史가 지은 《태평환우기太平寰宇記》를 참고해서 만들었으므로 행정 및 군사에 관한 지리적 고증을 많이 실었다는 것이다. 《태평환우기》는 송나라 강역만이 아니라 중국 주변의 외이外夷, 즉 이른바 오랑캐 나라들의 지리 상황도 자세히 싣고 행정 및 국방관계 기록이 자세한 것이 다르다.

《해동여지통재》는 이렇듯 정조의 새로운 지리관에 근거하여 야심적으로 편찬하기 시작한 책이지만, 정조는 위 글에 이어 "책의 분량이 너무 커서 아직 원고가 완성되지 못했다."고 적고 있다. 만약 정조가 더 오래 살았다면 이 책은 완성되어 활자로 간행되었을 테지만, 정조가 재위 24년에 세상을 떠나면서 완성을 보지 못했던 것이다. 이 책의 미완성 초고본이라도 지금 남아 있지 않은 것은 유감스럽다.

이해 10월에 이르러 정조는 가슴 속에 품었던 아버지를 위한 효도 사업의 첫 단추를 열었다. 양주楊州 배봉산拜峰山 아래에 있는 아버지 묘소 영우원永祐園[02]이 풍수상으로 좋지 않아 명당으로 천장할 생

---

02 영우원은 현재 동대문구 휘경동 서울시립대학교 부근에 있었다.

각을 품고 있었으나 여러 가지 사정이 여의치 않아 미루어 오다가 이때에 이르러 결단을 내린 것이다. 이해 10월 7일에 드디어 명당으로 알려진 수원 화산花山 아래로 천장遷葬하고, 이름도 현륭원顯隆園으로 바꾸었다.

천장 문제를 처음으로 제기한 사람은 장헌세자의 큰 누님 화평옹주의 남편 금성위錦城尉 박명원朴明源이었다. 그러니까 정조의 고모부이다. 그는 7월 11일 임금에게 영우원의 문제점을 네 가지로 지적하면서 천장할 것을 촉구했다. 잔디가 말라 죽고, 청룡靑龍이 뚫렸으며, 뒤를 받치고 있는 곳에 물결이 심하게 부딪치고, 뒤쪽 낭떠러지의 석축石築이 인공적으로 만들어져 땅이 습하여 뱀이 우글거리고 있다는 것이다. 임금이 아직 후사가 없는 것도 이와 관계가 있을 것이라고 했다. 박명원이 문제를 처음으로 제기했지만, 내막상으로는 임금이 그에게 부탁하여 말을 꺼내게 했다.

고모부의 말을 들은 정조는 크게 기뻐하면서 대신들과 종친, 의빈[옹주의 남편]들까지 불러 의견을 묻자 모두들 빨리 거행하라고 촉구했다. 임금은 목메인 소리로 이곳이 풍수가 좋지 않아 천장할 생각을 일찍부터 품고 있었으며, 금년에 천장하기로 마음먹고 여러 후보지를 조사했으나 오직 수원 읍내 관가官家 뒤의 한 곳이 "'용이 또아리를 틀고 엎드려 구슬을 가지고 노는 형국盤龍弄珠'을 지닌 명당"이라고 말했다. 이 말은 신라 말기 옥룡자玉龍子 도선道詵이 이미 한 말이라는 것이다. 다만, 그곳이 지금 수원의 읍치邑治이므로 백성을 다른 곳으로 이전하여 편안하게 살게 한 다음에 천장하겠다고 하면서 서유방(徐有防; 도승지 서명형 손자이자 서효수 아들)을 경기감사로, 심복 조심태(趙心泰; 1740~1799)를 수원부사로 임명했다. 조심태는 평양조씨로서 아버지 조경趙儆도 통제사를 지낸 무관집안 출신이다. 무과에 급제한 뒤에 충청도 병마절도사와 삼도수군통제사를 거쳐 수원부사(종 3품)로 발탁되었다. 그는 비록 무신이지만 임금은 그의 충성심을 높이 평가했다. 뒷날 수원의 화성華城 건설은 전적으로 그가 공사를 총 감독했다.

이날 임금은 영의정 김익(金熤; 연안김씨 김제남 5대손; 1723~1790)을 천원도감遷園都監과 원소도감園所都監의 도제조로 삼고, 서유린(徐有隣; 서유방 형), 이재간(李在簡; 용인이씨), 정창순(鄭昌順; 온양정씨)을 천원도감의 제조로, 김이소(金履素; 안동김씨), 정민시(鄭民始; 온양정씨), 이문원(李文源; 연안이씨 영의정 이천보 아들)을 원소도감의 제조로 삼았다. 천원도감은 시신을 파서 새 무덤으로 옮기는 일을 맡은 임시기관이고, 원소도감은 새로운 묘소를 조성하는 일을 맡은 기관이다.

7월 15일에는 수원부의 새로운 읍치邑治를 팔달산八達山 아래로 정하고, 약 2백 호의 백성들을 이곳으로 옮기기로 확정한 뒤, 광주廣州의 두 면面을 떼어 수원부에 붙였다. 정조는 무덤을 옮기고, 원소를 새로 만들며, 읍치를 옮기는 데 드는 비용을 무상노동인 역役으로 할 수도 있지만 그렇게 하지 않고 모두 충분한 임금과 대가를 지불하라고 명했다. 읍치를 이전하는 데 드는 비용으로 균역청均役廳의 돈 10만 냥을 수원에 떼어 주고, 도감都監에서 천장하는 데 쓰는 비용 10만 냥은 금위영과 어영청에서 가져다 쓰게 했다. 그러니까 모두 20만 냥의 경비를 병영에서 가져다 썼다. 그러나 경기감영에서 균역청의 돈을 갚도록 했다. 실제 천장하는 데 들어간 비용은 18만 4천 6백여 냥이고, 쌀은 6,326석, 목면 279동, 베 14동이었다.

새로 만드는 묘소에 들어갈 석물은 세조의 광릉光陵을 따라 난간석을 없앴다. 세조가 죽을 때 민폐를 끼치는 난간석이 사치스러우므로 쓰지 말라고 유언하여 그 뒤로는 왕릉에서 난간석이 사라졌는데,

간혹 쓰는 경우도 있었다.

9월 17일, 임금은 새 원소園所에 행차하는 규범을 담은 《원행정례園幸定例》를 편찬하라고 명했다. 경비를 줄이고 민폐를 끼치지 않는 방법으로 만들어 정례定例를 삼도록 하라는 것이다. 비용을 줄이는 방법 가운데 하나로 한강을 건널 때 배다리[舟橋]를 만들도록 했다. 배다리를 만들면 1백 척 이하로도 건널 수 있는데, 배를 타고 건너면 1천 척 가량이 있어야 했기 때문이다. 부교浮橋를 만드는 데 동원되는 배는 경강상인京江商人의 배를 역役으로 부리되, 세곡稅穀을 운반하는 혜택을 지급하여 자발적으로 오도록 했다.

정조는 아버지 원소를 옮기는 큰 행사를 준비하는 사이에 강화도에 귀양 가 있는 이복동생 은언군 이인李裀에게 내수사 별제를 보내 서울로 들어오게 했다. 아마도 두 살 아래 이복동생에게 원소의 천장을 알리면서 회포를 풀고자 했던 것으로 보인다. 홍국영이 이인의 아들 이담으로 왕통을 이으려는 음모를 꾸몄기 때문에 이담을 강화도로 귀양 보냈고, 정조 10년(1786)에 구선복具善復 일당이 다시 이담을 끼고 역모를 꾸미다가 이담이 죽자 이인을 강화도로 보냈던 것이다. 정조가 신하와 할머니 정순왕후의 반대에도 그가 편안히 살 수 있도록 집을 지어 주고, 가족이 모두 함께 살도록 배려한 점은 앞에서 이미 여러 번 설명했다.

9월 26일, 강화유수가 상소하여 이인이 내수사 별제別提와 함께 섬을 빠져나갔다고 보고하자, 정순왕후와 전 영의정 김치인(金致仁; 청풍김씨), 규장각 제학 김종수(金鍾秀; 청풍김씨) 등 노론 벽파가 들고 일어나 이인을 돌려보내라고 요구하고, 정순왕후는 언문으로 대신들에게 분부를 내려, 포도대장과 의금부 당상을 시켜 이인을 붙잡아 강화도로 보낸 뒤에 임금에게 보고하라고 명했다. 그러자 임금은 천륜을 손상시키는 일이라고 하면서 그가 간 곳으로 따라가고자 가마를 타고 궁궐을 나섰다. 이 광경을 본 정순왕후가 "나는 사저私邸로 물러나 살겠다."고 반발하자 임금이 하는 수 없이 가마를 돌렸다. 그래서 이인을 만나는 일은 수포로 끝났다. 정순왕후와 김치인 등은 지난번 정조 10년에 이담이 죽었을 때 정조가 장례를 후하게 치러준 것에 대해서도 강력하게 반발한 사실이 있으므로 그 아비를 임금이 만나는 것을 반대하는 것은 당연하다. 하지만 그토록 이인과 이담 부자를 강력하게 견제한 것은 정조가 즉위할 무렵에 정순왕후의 오라비 김귀주가 이담을 임금으로 세우려고 시도하다가 역적으로 몰렸으므로 혹시 친정집에 후환이 미칠까 두려워 미연에 방지하려는 뜻이 있는 듯하다.

임금은 9월 27일 노론 이재협(李在協; 용인이씨; 1731~1789)을 영의정, 남인 채제공蔡濟恭을 좌의정, 노론 김종수金鍾秀를 우의정으로 임명했다. 이재협은 숙종 대 노론으로 좌의정을 지낸 이세백李世白의 재종손이자 좌의정 이보혁李普赫의 손자이고, 병조판서 이경호의 아들이었는데, 영의정을 맡은 지 얼마 안 되어 이해 11월 17일 면직되었다가 12월 27일에 59세로 세상을 떠났다. 그래서 실권은 좌의정 채제공이 쥐고 있었으므로 장헌세자의 천장과 수원 읍치의 이전 등이 채제공의 주도 아래 순조롭게 진행될 수 있었다.

10월 1일 드디어 영우원永祐園을 파묘하는 공사를 시작했는데, 무덤 안에 물이 가득 차 있었다. 10월 5일에 재궁을 실은 상여가 출발하여 뚝섬을 거쳐 살곶이 다리에서 배를 타고 한강을 건넜다. 임금은 영우원에서 이곳까지 와서 하직하고 궁으로 돌아갔다. 상여는 과천을 거쳐 10월 7일에 새 원소에 도착하여 밤 10시쯤 현궁玄宮에 내렸다. 눈이 네 개 달린 붉은 곰 가죽 가면을 쓴 방상시(方相氏; 광대)가

퇴광退壙 위에 이르러 창으로 네 귀퉁이를 두드리고 나왔다. 잡귀를 몰아내는 의식이다.

임금은 자신이 지은 〈어제지문御製誌文〉을 현궁 안에 넣었다. 〈어제지문〉에는 장헌세자의 일생을 길게 기록했는데, 임금이 아버지의 일생을 정리하여 기록한 것은 이것이 처음이다. 그 내용 가운데 《영조실록》에 보이지 않는 내용을 《기주記注》와 《궁중기문宮中記聞》 등의 자료를 이용하여 서술한 것이 눈에 띈다. 《기주》는 승정원 주서가 기록한 글이지만 《궁중기문》은 누가 쓴 글인지 밝히지 않았는데, 그 내용이 뒷날 혜경궁이 쓴 《한중록》의 기록과 거의 일치하는 것으로 보아 혜경궁에게 들은 이야기를 가리키는 것 같다.

〈어제지문〉을 따르면, 장헌세자의 비행은 거의 보이지 않고 억울하게 누명을 쓴 것으로 되어 있다. 그 요지는 이렇다.

세자가 태어난 뒤 백 일이 지나자 영조는 그를 경종景宗이 거처하던 저승전儲承殿에 살게 하고, 경종을 모시다가 쫓겨났던 궁녀들과 내시들을 불러들였는데, 이들이 생모인 영빈 이씨와 영조가 자주 찾아오지 못하게 견제하여 부자와 모자 사이를 이간했다. 세자의 누님인 화평옹주和平翁主가 세자를 보호하려고 노력하다가 일찍 죽어 세자가 더욱 위태로워졌는데, 조현명(趙顯命; 노론 온건파), 박문수(朴文秀; 소론), 이종성(李宗城; 소론) 등이 세자를 적극 보호했다. 참고로, 조현명은 풍양조씨로서 노론 김만균金萬均의 외손자였으나 소론에 우호적인 인물로서 장헌세자를 적극 보호하는 태도를 보였다.

세자는 말을 잘 타고 활을 잘 쏘았으며 무예가 뛰어났는데, 15~16세 때 이미 북벌운동을 벌였던 효종孝宗이 쓰던 큰 청룡도青龍刀와 무거운 쇠몽둥이를 사용했을 만큼 힘이 셌고, 《무기신식武器新式》[03]이라는 무예서를 지어 훈련도감에서 사용하게 했다. 이 책에는 종전의 6기六技에 12기를 보충하여 18기의 무예를 그림을 넣어 설명했다. 세자가 무예를 좋아한 이유는 국방에 대한 관심 때문이고, 효종의 북벌운동에 대한 향수를 가졌다고 했다. 그러니까 정조는 아버지가 역모를 위해 군사훈련을 했다는 것을 부정하고 있는 것이다.

세자는 26세 때 온양에 행차하다가 수원 화산花山에 가서 경치가 좋은 곳이라고 말했다. 27세 때 관서[평안도]에 행차한 것은 도적들의 모의를 저지하기 위함이었는데 홍계희洪啓禧의 변란 소식을 듣고 급히 귀경했다. 여기서 정조는 아버지가 유람을 위해 몰래 평안도에 다녀온 사실을 부정하고 있다.

28세 5월에 생긴 나경언羅景彦의 고변사건은 모두가 무고이며, 그 무고 때문에 세자가 윤5월 21일에 세상을 떠났다. 정조는 그 당시 세자를 보호하려던 신하들이 매우 많았다고 하면서 이름을 소개했다. 그 뒤 영조는 자신의 처분을 후회하는 말을 했다고 썼다.

이 〈어제지문〉에 따르면 아버지의 잘못은 없고, 아버지의 죽음도 나경언羅景彦의 무함으로 일어난 것이다. 아버지가 무예를 좋아한 것도 국방에 대한 관심과 북벌北伐을 준비하기 위함이고, 평안도에 잠행한 것도 도적들의 모의를 저지하기 위함이라고 변명하고 있다. 이런 해석은 《영조실록》의 기록은 말할 것도 없고 《한중록》의 기록과도 전혀 다르다. 아버지의 잘못을 혹시 인정한다 하더라도 자식 된 도리로서 아버지 무덤 속에 넣는 지문誌文에 잘못했다고 쓸 수는 없었을 것이다. 그래서 세자의 무예습득과 군사훈련이 북벌운동과 관련이

---

03 《무기신식》은 《무예신보》로도 불려 그 이름이 통일되어 있지 않다.

있고, 평안도 유람도 도적의 모의를 저지하기 위한 행차인 것처럼 변명한 것이다. 그러므로 이 지문의 내용으로 장헌세자의 행적과 죽음을 재평가하는 것은 사실을 왜곡할 가능성이 크다.

그러나 이런 몇 가지 점을 제외하면 나머지 내용은 사실에 맞는다. 특히 아버지가 온양에 행차할 때 수원 화산花山에 올라 경치가 좋다고 말한 것은 사실일 것이다. 정조가 이곳으로 원소園所를 천장한 것은 단순히 풍수상의 명당일 뿐 아니라 아버지의 뜻을 고려한 점도 있는 듯하다.

원소 천장을 마친 정조는 10월 11일에 팔달산 아래로 이주한 백성들을 만나 보고 다음과 같이 유시했다.

이 고을의 화산花山은, 천 리를 가다가 한 번 만날까 말까 하는 곳이어서 드디어 천봉하는 예식을 거행했다. 따라서 이 고을은 바로 나의 조상이 묻혀 있는 고을이고, 너희들은 이 고을의 백성들이다. 짐이 너희들을 마치 한 식구처럼 여기면서 먹을거리를 넉넉하게 하고, 산업을 풍부하게 하여 생활에 안주하고 생업을 즐기는 방도를 알게 해 줘야 책임을 다하고, 생각을 풀 수 있을 것이다. 새 고을 소재지에 이르러 경영한 것을 두루 둘러보건대, 집들이 즐비하게 늘어서고 거리가 질서정연하여 엄연히 하나의 큰 도회를 이루었으니, 너희들이 수고하고 애쓴 것을 미루어 생각할 수 있다. 원소 부근의 면리面里 및 이사한 백성들에게는 10년 동안 요역을 면제하고, 새 환자[還上]를 탕감하며, 수보미需保米도 탕감하고, 그 나머지는 돈으로 대신 받도록 허락하라. 그리고 모든 면리面里에 1년 동안 요역을 면제하며, 오래된 환곡 가운데 가장 오래된 3년조는 탕감하고, 수보미도 탕감하라. 벼슬아치로서 70세 이상인 자, 서민 가운데 80세 이상인 자에게는 품계를 올려 주고, 경내의 유생과 무사들은 내년 봄에 과거를 시행하여 취하라.

정조는 원소 부근과 새로 이사한 수원 읍치의 백성들에게 세금과 요역 그리고 환곡을 탕감하는 혜택을 주고, 유생들과 무사들에게 출세할 기회를 열어 주는 등의 조치를 취하고, 나아가 과천, 광주, 그리고 이번 천장에 도움을 준 서울의 공인貢人과 시인市人에게도 세금과 요역을 면제하는 은혜를 베풀었다.

원소 천장과 수원 읍치의 이전을 모두 마친 정조는 11월에 들어서자 그동안 시행하지 못하고 있던 초계문신抄啓文臣의 시험을 잇달아 거행하여 연말까지 7차를 거행했다. 임금은 채제공의 조언을 받아 이정규(李鼎揆; 여주이씨; 이언적의 6대손)와 정범조(丁範朝; 나주정씨) 같은 우수한 인재들을 앞으로 등용할 것을 명했다. 이들은 모두 남인들이다.

그런데 우의정 김종수는 11월 17일 조강朝講에서 임금이 경연을 시행하지 않는 것을 비판하면서 "지혜 있는 자도 한 번은 실수하고, 어리석은 자도 한 번은 제대로 맞춘다."고 하면서 신하들이 미흡하더라도 경연을 하루에 세 번씩 열라고 촉구했다. 임금은 "세손 때 나를 가르친 관원은 오직 경만이 남았다." 하면서 유념하겠다고 약속했다. 그러나 임금은 그 뒤에도 경연은 며칠에 한 번 열까 말까 했다. 그리고 경연에서 논의한 것은 여전히 기록하지 못하게 했다. 기록할 가치가 없다는 것이 임금의 생각이었다.

실제로 신하들이 올리는 말들은 언로를 열라, 재용을 절약하라, 좋은 인재를 등용하라, 학문에 힘쓰라, 잗다란 일에 신경을 쓰지 말고 신하들에게 맡기라는 등의 극히 원론적인 말들뿐이었다. 이런 상투적인 말은 어느 시대나 신하들이 한결같이 올리는 말들이었다. 그러나 정조는 재용의 절약이나 학문은 이미 충실히 실천하고 있으며, 언로와 인사권을 신하들에게 넘겨주면 당쟁黨爭하는 데만 이용하고, 잗다란 일들을 신하에게 맡기면 대충대충 얼버무리고 부정을 저지르기 때문에 안심할 수가 없었다. 그래서 당쟁을 일삼고 부정을 저지르는 신하들은 언관이든 대신이든 가차 없이 파직시켰다. 그러면 그런 임금의 행태가 신하들에게는 항상 비판의 대상이 되었다. 성군聖君 곧 철인군주哲人君主 정조에게는 신하들의 상투적인 조언은 별로 도움이 되지 않았다.

이해 12월 3일 임금은 서자庶子의 청요직 진출을 기대하면서 서자가 종2품에 해당하는 한성부의 좌윤(左尹; 종2품)이나 우윤(右尹; 종2품)에 제수된 일이 있느냐고 대신들에게 물었다. 그러자 우의정 김종수는 그런 전례가 없다면서, 서자로서 뛰어난 재주를 가진 윤밀尹謐도 사헌부 장령(掌令; 정4품)에 머물렀고, 간혹 군수(종4품)나 부사(종3품) 또는 육조의 낭관(5~6품)에 제수된 사람이 있는데, 이것도 그들에게는 큰 혜택이라고 말했다. 그러니까 서자를 당상관에 해당하는 윤尹에 제수하는 것은 불가하다는 뜻이다. 서자의 통청通淸에 대한 임금의 열망이 신하들보다 더 컸으며, 신하들은 언제나 반대 입장을 취하여 임금의 뜻이 좌절되곤 했던 것을 알 수 있다.

12월 4일에는 비변사의 건의를 따라, 한강에 부교(浮橋; 배다리)를 1년에 한 번씩 설치하기로 했다. 이를 주관하는 주교사舟橋司를 설치하되, 주교사의 도제조都提調는 삼정승이 겸하고, 제조提調 6명은 청계천을 준설하는 기관인 준천사濬川司의 당상관(堂上官; 정3품)들과 병조판서, 한성부 판윤, 훈련대장, 금위대장, 어영대장이 겸임하고, 그 아래 낭청(5~6품) 3인은 병조, 한성부, 군영의 종사관 가운데에서 임명하기로 했다. 주교사의 비용은 경상도의 별도 회곡會穀 중에서 쌀 2천 석을 떼 주기로 했다.

그러면, 이해 말 호조의 양향청과 선혜청, 병조의 훈련도감, 금위영, 어영청, 수어청, 총융청에서 보유하고 있는 재물의 총량은 어떠한가? 이를 표로 만들면 다음과 같다. 괄호 안의 수치는 지난해 정조 12년(1788) 수치다.

	황금	322냥 [325냥]

황금 　 322냥 [325냥]

은자 　 41만 8,876냥 [41만 5,617냥]

전문 　 104만 4,633냥 [129만 9,540냥]

명주 　 88동 33필 [82동 43필]

면포 　 2,701동 27필 [2,661동 51필]

모시 　 60동 33필 [63동 5필]

삼베 　 1,067동 43필 [1,323동 28필]

쌀 　 32만 3,225석 [28만 6,964석]

좁쌀 　 9,325석 [1만 1,991석]

콩 　 4만 998석 [4만 2,403석]

피잡곡 　 8,969석 [7,736석]

　정조 12년과 13년의 수치를 비교해 보면 항목마다 거의 비슷한데, 황금은 겨우 3냥만을 소비했다. 오직 전문[돈]이 25만 5천 냥 정도가 줄어든 것이 가장 큰 차이다. 그 이유는 수원에 원소園所를 천장하고, 수원의 읍치를 팔달산 아래로 이전하는 데 들어간 비용 때문으로 보인다.

　이해 말에 한성부는 3년마다 시행하는 관례에 따라, 전국의 호수戶數와 인구수人口數를 보고했는데, 이를 표로 만들면 다음과 같다.

	호	남자 인구(명)	여자 인구(명)	인구(명)
한성부	43,929	96,169	92,984	189,153
경기	159,160	324,888	317,181	642,069
강원	81,876	167,384	164,872	332,256
황해	137,041	304,947	262,866	567,813
충청	221,625	427,831	440,388	868,219
전라	319,160	575,485	645,319	1,220,804
경상	365,220	725,062	865,911	1,590,973

평안	300,944	639,229	656,815	1,296,044
함경	123,882	346,381	349,894	696,275
총 수	1,752,837	3,607,376	3,796,230	7,403,606
3년 전	1,740,592	3,576,514	3,754,451	7,330,965

위 호구 총수를 3년 전과 비교하면 호수戶數는 1만 2,245호가 늘고, 인구는 7만 2,641명이 늘었다. 3년 전에는 여자 인구가 남자 인구보다 17만 7,937명이 많았으나, 이해에는 18만 8,854명이 더 많다. 그러나 지역별로 보면 차이가 있다. 한성부, 경기도, 강원도, 황해도는 남자가 더 많고, 충청도, 전라도, 경상도, 평안도, 함경도는 여자가 더 많다. 왜 이런 현상이 나타났는지는 더 많은 연구가 필요하다.

한편, 서울의 호구를 3년 전과 비교하면, 3년 전에는 4만 2,786호에 인구 19만 5,731명이었으나, 이해에는 4만 3,929호에 인구 18만 9,153명으로, 호수는 약간 늘어났으나 인구는 오히려 6,578명이 줄었다.

2. 정조 14년(1790)
　　─2월 현룡원 행차, 수원관사 준공,《무예도보통지》편찬,
　　　원자[순조] 탄생,《어제주교지남》편찬, 제7차 초계문신,
　　　건륭제 팔순 진하정사 파견, 은언군 이인을 만나다,
　　　노량에 배다리 건설

정조 14년(1790)은 정조의 나이 39세요 집권한 지 15년이 되는 해이다. 지난해에는 함경도, 평안도, 황해도 등 북방 지역에 흉년이 들었으나, 남쪽 지방은 풍년이 들어 이해 춘궁기에 굶주리는 백성에 대

한 진휼 사업이 크게 어렵지 않았다. 1월에서 6월 말까지 이루어진 북방 지역 진휼 사업에 들어간 곡식은 약 150만 명에 5만 4천여 석이 지급되었는데, 평안도 지역에서는 민간인이 지급한 진휼곡 7천 4백여 석이 그 속에 포함되어 있었다. 평안도에는 곡식을 바치고 품계를 받는 부자들이 그만큼 많았다. 1인당 평균 3.6되가 지급된 셈이다.

이해 1월부터는 풍년의 조짐이 있었는데, 실제로 가을에 대풍이 들었다. 정조는 안정된 상태에서 하고 싶은 일을 할 수 있었다. 이해 1월 19일은 아버지 장헌세자의 생일이다. 이날을 기념하여 지난해 천장한 수원 현륭원顯隆園에 참배하기 위해 첫 원행(園幸; 현륭원 행차)에 나서기로 했다. 임금은 이번 행차부터는 연로의 각 고을에서 임금과 신하들의 음식을 공급하는 것을 폐지하라고 명했다. 민폐를 끼치지 않겠다는 것이다. 그런데 1월 2일에 창경궁 통명전通明殿에서 화재가 발생하여 1백여 칸이 소실되는 사건이 터져 행차를 2월로 미루었다.

행차하기 앞서 건강을 확인하기 위해 임금이 약원藥院의 세 제조提調를 만났는데, 도제조 채제공蔡濟恭이 임금의 검소한 궁중생활에 대하여 감탄하는 말을 했다. 일반 사람들도 대부분 명주로 만든 이불을 사용하고 있는데, 임금이 덮고 있는 이불을 보고 "우러러 존경하다 못해 황송하고 부끄러운 생각까지 들었습니다. 이렇게까지 검박할 줄은 생각지도 못했습니다."고 말했다. 임금의 이불은 면포로 되어 있었기 때문이다. 비단 이불만이 아니라 정조는 평상복으로 항상 무명옷을 입고 비단옷을 입지 않았으며, 식사도 하루에 두 끼만을 먹었고, 반찬은 두서너 가지에 지나지 않았다.

이해 1월 19일에 임금은 우의정 김종수金鍾秀를 해직시켰다. 그가 혜화문惠化門을 나갈 때 영송하지 않았다고 하인을 시켜 수문장들을 성 밖으로 몇십 리를 끌고 가서 거의 죽게 만든 일이 발생했기 때문이다. 언관들은 김종수가 이 일뿐 아니라 평소에 임금을 우습게 보고 무엄하다고 하면서 귀양을 보내라고 청했다. 임금은 "김종수 일은 종전에 그에게 베푼 은혜와 대우는 차치하고라도 그가 스스로 위험에 빠질 때마다 번번이 구원하기 위해 애쓴 일을 생각하면 아직도 이에서 신물이 난다."고 하면서 우의정을 파직시키고 성 밖으로 내보냈다. 그러나 그가 100세 된 병든 노부모를 모시고 있는 정상을 고려하여 풀어 주었다. 그런데 임금이 수원에 행차를 하고 돌아올 때 김종수가 밭 가운데 엎드려 있는 것을 보고 임금이 2월 13일 다시 벼슬을 주고, 3월 20일에는 우의정으로 복귀시켰다. 정조는 옛날 스승이었던 그를 차마 인정상人情上 완전히 내치지 못했지만, 마음속으로는 임금을 우습게 보는 그를 싫어했다.

2월 4일 임금은 현륭원 행차에 앞서 종묘와 영녕전 그리고 경모궁에 참배하고 궁으로 돌아오는 길에 종가鐘街를 지나다가 북방 지역에서 들어온 유민流民들을 만나 보고 쌀과 베를 나누어 주라고 명했다. 342명의 유민 가운데 장정들에게는 쌀 5두씩, 어린이에게는 3두씩, 그리고 노약자에게는 면포 45필과 돈 45냥씩을 주어 고향으로 돌아가게 했다.

2월 8일 임금은 드디어 행차를 떠나 수원부에 도착하고, 다음날 현륭원에 가서 참배했다. 이 무렵 수원부의 관사官舍가 준공되었는데, 동헌東軒을 장남헌壯南軒, 안채를 복래당福來堂, 활 쏘는 정자를 득중정得中亭이라고 불렀다. 그 뒤로 5월 7일에는 진남루鎭南樓, 좌익문左翊門, 강무당講武堂, 와호헌臥護軒, 창고, 행랑 등이 완성되었는데, 모두 340여 칸이었다. 이 관사들은 당장 수원부사가 집무하는 관청으로 지은 것이지만, 장차 임금이 은퇴하여 어머니 혜경궁과 함께 거처하는 행궁行宮으로 사용할 것을 염두에 두고 지은 것이었다. 그러나 임금은 이런 속마음을 신하들에게는 공개적으로 말하지 않았다. 신하들은 대개 눈치를 채고 있었지만 드러내서 말하지 않았다.

2월 11일에는 수원부에서 문과와 무과를 설행하여 5인을 문과로 선발했다. 이날 임금은 경기감사와 수원부사를 보고 이렇게 유시했다.

> 이번 행차에 수원부를 둘러보니, 새 고을의 관사官舍는 비록 틀이 잡혔으나 민가民家는 아직 두서가 없다. 집이라는 것이 땅굴도 아니고 움막도 아니어서 달팽이 껍데기 같기도 하고 게딱지 같기도 하다. 서울 근처의 큰 도회지가 되기란 짧은 시일에 기대하기 어렵다. 새 고을이 옛 고을보다 낫게 되려면 토지의 구획을 정해 주고 힘써 옮기도록 해야 하는 것이다. 땅값을 싸게 사들이지 말고, 힘껏 농사짓고 장사할 수 있도록 하는 방안을 마련하라.

수원부의 관청 건물은 틀이 잡혀 있는데 민가民家는 형편없이 누추하므로 땅값을 제대로 주고 사서 집터를 마련해 주고 마음 놓고 농사와 상업에 종사할 수 있도록 하여 큰 도회지를 만들라는 것이다.

2월 11일 임금은 수원을 떠나 과천果川에 도착하여 유숙했는데, 동헌東軒의 이름을 온온사穩穩舍로 부르게 했다. 편안한 집이라는 뜻이다. 지금 과천시 관문동 동사무소 뒤에 있다. 다음날 궁궐로 돌아왔다.

2월 19일 좌의정 채제공은 수원을 번영하게 만들 방도를 임금께 아뢰었다. 우선 서울의 부자 20~30호를 모집하여 무이자로 1천 냥을 주어 새 고을에 와서 상점을 차리게 하고, 1만 냥을 수원부에 내려 주어 기와를 굽게 하여 원가로 공급하고, 한 달에 여섯 번씩 시장市場을 열되 세를 받지 말게 하면 사방의 장사치들이 모여들 것이라고 말했다. 그밖에 다른 신하들은 새로 이주한 주민에게 적당한 벼슬을 주자는 의견을 내기도 하고, 5백 결에 대해 10년 동안 요역을 면제해 주자는 의견 등을 제시하자 임금이 모두 받아들였다.

채제공은 정조의 일급 참모로서 수많은 정책을 제시하여 정조가 이를 실천했는데, 그는 특히 상공업 진흥에 관한 지혜가 많았다. 정조 15년(1791)에 시전 상인들이 가지고 있던 난전금지권亂廛禁止權을 폐지하여 자유 상업을 허락한 것은 그의 주장을 따른 것이다.

이날 임금은 수원에다 물력을 저장해 두는 원역고園役庫를 설치하라고 명했다. 그 뒤 5월 17일에 수원부사 조심태(趙心泰; 1740~1799)는 수원 현지인들의 의견을 반영하는 대책을 올렸는데, 본고장 출신 부자 가운데 받기를 원하는 자들에게 6만 냥 정도를 3년 동안 무이자로 나누어 주어 장사를 하도록 하고, 승려들에게도 돈을 나누어 주어 종이신발을 만들어 팔게 하자고 건의했다. 임금은 그 의견을 받아들여 균역청의 돈을 떼어 주라고 명했다.

정조는 3월 5일 유생들을 권장하고자 성균관 유생들에게 시험을 보게 하고 임금이 직접 채점하여 989명을 뽑았는데, 경기도 출신이 406명으로 가장 많고, 그 다음이 충청도로 174명인데, 그 다음으로 많이 뽑은 것은 평안도로 85명이었다. 임금은 급제자들에게 책이나 지필묵을 하사했는데, 특히 평안도와 함경도 출신 유생에게는 자리가 나는 대로 즉시 참봉직(參奉職; 종9품)을 주라고 명하여 북방 지역 유생들을 회유했다. 그리고 나서 다음날에는 서북지역 무관 자식들로부터 군포를 받지 말라고 명하여 무예에도 힘쓸 것을 촉구했다. 북방 지역 유생들과 무사들을 격려하는 정책이 여기서도 보인 것이다.

정조는 아버지를 닮아 무예武藝에도 재능이 있었고, 무예에 대한 관심도 지극했다. 그래서 이덕무李德懋, 박제가朴齊家 등 규장각 검서관에게 명하여 장용영에 사무국을 설치하고 장용영 초관哨官 백동수白東修에게 명하여 기예技藝를 시험해 본 뒤에 간행하는 일을 감독하

게 했다. 이렇게 하여 만들어진 무예책이 《무예도보통지武藝圖譜通志》
(전5책)로서, 이를 한글로 번역한 언해본도 함께 편찬하여 이해 4월
29일에 완료했다.

왜란 중에 명나라 장수 척계광戚繼光이 지은 《기효신서紀效新書》가
들어오면서 여섯 가지 무예가 새로이 소개되었는데, 곤봉棍棒, 등패
籐牌,[04] 낭선狼筅,[05] 장창長槍, 당파鐺鈀,[06] 쌍수도雙手刀[07]가 그것이다.
그런데 무예에 소질이 많았던 장헌세자가 여기에 12가지 무예를 보
태어 부하를 시켜 《무예신보(武藝新譜: 武藝新式)》를 만들고 이를 훈련
원에서 익히게 했는데, 죽장검竹長劍,[08] 기창旗槍,[09] 예도銳刀,[10] 왜검
倭劍, 교전交戰, 월협도月挾刀,[11] 쌍검雙劍,[12] 제독검提督劍,[13] 본국검本
國劍, 권법拳法, 편鞭,[14] 곤棍[15]이 그것이다.

《무예도보통지》는 《무예신보》에 실린 18기에다 6기를 더 보태어
24기를 수록했다. 6기는 기창騎槍, 마상 월도馬上月刀, 마상 편곤馬上
鞭棍, 마상 쌍검馬上雙劍, 격구擊毬, 마상재馬上才 등 모두 말 위에서
싸우는 기예이다. 그 가운데 격구와 마상재는 우리나라에서 전통적

---

04 등패는 등나무로 만든 방패를 가지고 겨루는 무예이다.
05 낭선은 가지를 치지 않은 대나무를 가지고 겨루는 무예이다.
06 당파는 칼날이 세 갈래로 갈라진 창이다.
07 쌍수도는 두 손으로 칼을 쥐고 겨루는 검술이다.
08 죽장검은 대나무로 만든 긴 칼이다.
09 깃발의 깃대를 창으로 사용하는 무예다.
10 예도는 끝이 매우 뾰족한 칼이다.
11 월협도는 초승달처럼 칼 끝이 조금 뒤로 젖혀진 칼이다.
12 쌍검은 두 손에 칼을 하나씩 가지고 하는 검술이다.
13 제독검은 왜란 때 이여송이 전해 준 칼이다.
14 편은 가죽끈으로 만든 채찍 무기이다.
15 곤은 나무를 둥글게 깎아 만든 막대기 무기이다.

으로 내려오던 무예이다. 《무예도보통지》는 말하자면 그때까지 전해 오던 동양 세 나라의 무예를 총 집대성한 책이라고 할 수 있다. 또 아버지가 《무예신보》를 편찬하여 무예사를 한 단계 발전시킨 것을 정조가 계승하여 완성시킨다는 뜻도 있었다.

정조 10년에 의빈 성씨가 낳은 문효세자文孝世子가 5세로 세상을 떠나자 정조 11년(1786)에 수빈 박씨를 후궁으로 맞이했는데, 3년이 지난 이해 6월 18일에 드디어 원자元子를 낳았다. 이가 뒷날 11세로 임금에 오른 순조純祖이다. 이날은 혜경궁 홍씨의 탄일이기도 하여 경사가 겹쳤다. 임금은 1천 1백여 명의 죄수를 석방하고 환자를 면제 하는 등 은전을 베풀고, 6월 24일에는 전국의 노인 가운데 벼슬아치 는 70세 이상, 사대부와 평민으로서 80세 이상인 자 등 2만 5,810명 에게 각각 1등급의 벼슬을 올려주었다. 그 가운데 100세 이상은 89 명, 90세 이상은 2,375명, 80세 이상은 2만 2,890명, 70세 이상은 456 명이었다.

참고로, 2015년 현재 대한민국의 100세 이상 노인은 4,840명인데 인구비율로 보면 정조 시대는 10만 명 가운데 1.2명이고, 지금은 1천 명 가운데 1.2명이다. 그만큼 수명이 늘어난 것이다.

이해 6월 10일에 부사직 강유姜游는 수원부가 막중한 능침을 받드 는 곳인데도 방어시설이 없다고 하면서 성城을 쌓아 독산성禿山城과 서로 견제하여 유사시에 협공할 수 있게 하자는 상소를 올렸다. 임금 은 강유의 상소가 아니더라도 수원에 성곽을 쌓을 계획을 세우고 있 다가 강유의 상소가 올라오자 기다렸다는 듯이 묘당에서 의논하여 올리라고 명했다. 결과적으로 그의 건의는 실행에 옮겨져 정조 18년 ~20년(1794~1796)에 걸쳐 화성華城 건설로 나타났다.

현륭원에 참배하기 위해 한강에 부교[浮橋]로 배다리[舟橋]를 놓기로 결정했음은 앞에서 이미 설명했는데, 임금은 그 구체적인 방법을 묘당에서 의논하여 〈주교절목舟橋節目〉을 만들어 올리라고 명했다. 그런데 정조는 묘당에서 올린 〈주교절목〉을 보고 마음에 들지 않아 7월 1일에 자신이 직접 〈주교절목〉을 만들었다. 이것이 《어제주교지남御製舟橋指南》이다. 신하들이 만든 절목의 문제점은 배를 연결하는 데 소용되는 소나무 수효를 과도하게 많이 계산하고, 한강물이 조수에 따라 수위가 오르고 내려가는 데 따른 배다리 설계가 제대로 되어 있지 않은 문제 등이었다.

정조가 만든 방법은 대략 다음과 같다.

(1) 배다리의 위치는 노량露梁이 가장 좋다.

(2) 노량의 강물 너비는 약 2백 수십 발[把; 1발은 指尺 6척]이다. 그러나 밀물과 썰물이 있으므로 대략 3백 발을 기준으로 한다.

(3) 5개 강의 배를 통괄하여 수용할 숫자를 헤아리고, 배 높낮이의 순서를 구분하여 배를 고른다.

(4) 강 너비에 맞추어 배의 수효를 계산하는데, 대략 60척이 소요된다.

(5) 배다리는 한복판이 높고 양면은 차차 낮아지는 것이 보기에 좋고, 실용에도 합당하다.

(6) 배를 세로로 연결하는 종량縱樑을 돛대를 쓰면 돛대가 손상되고 위아래의 굵기가 달라 불편하므로 따로 만드는데, 60척의 배에 소요되는 종량은 약 3백 개이다. [배 한척에 종량 5개 소요]

(7) 종량 위에 덮는 횡판(橫板; 가로판자)의 길이는 어로御路의 폭이 4발이면 횡판의 길이도 4발로 한다. 횡판의 너비는 1척[指尺], 두께는 3치[營造尺]를 표준으로 삼는다. [指尺은 영조척營造尺에 비해 8푼이 적고, 예기척禮器尺에 비해 2푼이 많다] 영조척營造尺의 1척은 33.3센티 정도 된다. 지척指尺은 영조척보다 8푼이 작으므로 1척의 길이는 약 30.6센티미터이다.

강 너비가 1천 8백 척이므로 횡판은 1천 8백 장이 필요하다. 보통 소나무 한 그루마다 종량이 2개가 나오고, 큰 소나무는 4장이 나온다. 따라서 보통 소나무 3백 그루, 큰 소나무 450그루를 합하여 750그루면 충분하다. 묘당에서 올린 <주교절목>에서 5천 그루가 필요하다는 말은 거짓이다. 소나무는 장산곶이나 안면도에서 가져온다.

(8) 선주들이 잔디를 싣고 오게 한다.

(9) 난간을 만들기 위해 어로의 양쪽 가장자리에 1발마다 말뚝을 1개씩 박는다면 7백 개가 필요하다. 난간에 작은 대발[대나무 발]로 둘러치는데, 대발마다 5발을 기준으로 하면 약 150~160부浮가 필요하다

(10) 갑의 닻줄은 갑의 뱃머리에 닿게 하고, 을의 닻줄은 을의 뱃머리에 닿게 하여 서로 엉키지 않게 한다.

(11) 종량 등의 기구마다 번호와 색깔 등을 새겨 종류별로 모아 창고에 보관한다.

(12) 가장 큰 배를 강 한복판에 놓아 상선上船으로 삼고, 60척을 6으로 나누어 각 10척의 배로 1대隊를 만드는데, 상선의 북쪽과 남쪽에 각각 3대씩 배치한다. 각 대마다 번호를 붙이고, 대장隊長을 두어 통솔하게 한다. 3대마다 부장部將을 둔다.

(13) 배를 가지고 온 선주船主에게 이권을 준다.

(14) 봄 행차는 1월이나 2월, 가을 행차는 8월 10일 무렵에 한다.

(15) 선창船艙 다리를 만든다. 밀물과 썰물의 격차가 커서 배다리가 높아졌다 낮아졌다 하는데, [배다리 끝을 바로 육지와 연결하면 안 된다] 길고 두꺼운 판자 수십 장을 엮되, 배의 밑창을 만들듯 긴 빗장과 숨은 비녀로 연결한다. 큰 나무로 둘러 아래위로 맞대어 배의 문을 만들듯 한다. 나룻배를 만들듯 긴 판자로 뱃전을 각각 2층으로 둘러막는다. 헌 솜으로 틈을 막아 물이 새어들지 않기가 꼭 배를 만드는 것처럼 한다. 그러고 나서 그 머리를 배다리 밑에 닿게 하여 수면에 뜨게 하고, 그 꼬리는 밀물의 흔적이 있는 경계를 지나서 언덕 위에 붙여 놓는데, 이를 부판浮板이라 한다. 부판 위에 다리를 만들되 그 높이와 너비는 배다리로 기준을 삼는다. 배다리와 선창다리의 두 머리가 꼭 맞게 하여 평면으로 만들어서 그 길을 연결하면 물을 따라 높아졌다 낮아졌다 하여 배와 다름이 없다.

또 한 가지 방법은 Y자형의 큰 나무 두 그루를 가져다가 두 개의 기둥을 만들

어 선창다리의 좌우 머리에 마주 세워 놓고 굵은 밧줄로 배다리의 끝에 있는 배의 가룡목(駕龍木; 멍에처럼 생긴 나무)에다 동여맨다. 배다리가 높아졌다 낮아졌다 하면 밧줄을 편리한대로 다시 동여맨다.

다음에는 굵은 밧줄로 부판 머리를 매어 세워 놓은 두 기둥의 두 개로 갈라진 틈 위에 걸고, 밧줄 끝에 큰 주머니를 달아매고 무거운 돌덩이를 주머니 속에 채워서 늘어뜨려 추錘를 만든다. 추의 무게는 부판이 물에 잠기지도 않고 들리지도 않는 한도 안에서 조절한다.

부판을 옮길 때는 부판 밑창에 여러 개의 바퀴를 달아 언덕에서 끌어올린다.

정조는 배다리 설계를 스스로 할 만큼 과학적 재주가 뛰어났다. 그야말로 못하는 것이 없는 팔방미인과 같은 재주를 지니고 있었다. 특히 신하들이 올린 〈주교절목〉에는 배다리 만드는데 필요한 소나무가 5천 주柱라고 되어 있으나 정조는 750주면 충분하다고 말하여 엄청난 수치의 차이를 보였다. 정조는 신하들이 수학적 계산도 모른다고 질책했다. 실제로 정조가 계산한 수치가 맞았다.

이해 9월 30일에 규장각 직각直閣과 대교待敎를 권점에 의해 선발하여 점수가 가장 높은 서영보徐榮輔를 직각으로, 심상규沈象奎를 대교로 삼았다. 서영보는 영의정 서종태徐宗泰를 고조로, 좌의정 서명균徐命均을 증조로, 영의정 서지수徐志修를 조부로, 대제학 서유신徐有臣을 아버지로 하는 명문가의 후손이었다. 심상규는 규장각 직제학 심염조沈念祖의 아들이니 그 역시 명문 후손이다.

같은 날 의정부에서는 제7차 초계문신抄啓文臣으로 19명을 선발하여 임금에게 보고했다. 그 명단은 조득영(趙得永; 풍양조씨; 노론), 윤지눌(尹持訥; 해남윤씨 윤두서 후손; 남인), 김경(金憬; 안동김씨; 노론), 최벽(崔璧; 경주최씨), 신성모(申星模; 고령신씨; 한미), 송지렴(宋知濂; 은진송씨; 노론), 이희갑(李羲甲; 한산이씨; 소론), 정노영(鄭魯榮; 연일정씨; 소론), 김이

재(金履載; 안동김씨; 노론), 이명연(李明淵; 전주이씨), 서유구(徐有榘; 서명
응 손자; 소론), 박종순(朴鍾淳; 고령박씨), 한용탁(韓用鐸; 청주한씨), 엄기
(嚴耆; 영월엄씨), 정약전(丁若銓; 나주정씨 정약용 형; 남인), 김달순(金達淳;
안동김씨; 노론), 홍수만(洪秀晩; 남양홍씨), 윤행직(尹行直; 파평윤씨), 박종
경(朴宗京; 반남박씨 박준원 아들이자 수빈 박씨 오라비)이다.

위 초계문신의 인적구성을 보면 명문 후손과 한미한 집안의 사람
이 뒤섞여 있고, 노론, 소론, 남인이 뒤섞여 있다. 과거에 견주어 가
문이 한미한 사람과 남인이 많이 포함되어 있는데, 이는 채제공의 입
김이 들어간 것으로 보인다. 특히 정약용에 이어 그의 형 정약전이 들
어가고, 정약용의 외가인 해남윤씨 윤지눌이 들어간 것이 눈에 띈다.

이해 10월 22일에는 건륭황제의 팔순을 축하하기 위해 북경에 다
녀온 진하정사進賀正使 황인점黃仁點과 서호수徐浩修를 임금이 만나
보고 경과를 물었다. 황인점 등은 이렇게 보고했다.

> 황제 앞에 나간 것이 세 번이고, 인견引見한 것은 거의 없는 날이 없었습니다.
> 황제가 옥배玉杯를 들어 신 등에게 주었는데, 신하들과 대신들이 말하기를, "이
> 것은 바로 만수배萬壽杯로서 국왕에게 전한다는 뜻이다."라고 했습니다. 신들이
> 일어나서 받으려 할 때 황제의 손이 마주 닿았습니다. 예부의 신하들이 모두 놀
> 라는 빛으로 와서 축하하기를, "배신陪臣이 보탑寶榻 위에 가까이 간 것도 옛날
> 에 없던 은전인데, 친히 옥배를 준 것은 더욱 전례에 없는 특별한 예우이다."라
> 고 했습니다.

여기서 황제가 따라주는 술잔을 직접 받은 일을 아뢰었는데, 이는
전례가 없는 예우였다. 그런데 서호수는 통역관의 문제점을 지적했
다. 열하熱河에서 황제를 만났을 때 대화가 매우 길었는데, 통역관이
전달하는 자문咨文의 말이 매우 서툴렀고, 청나라 말[만주어]은 더

욱 서툴렀다고 하면서 앞으로 역관의 어학 실력을 늘려야 한다고 건의했다. 그러나 정조는 "청나라 말은 당장의 실용가치는 높지만, 공부를 시키는 방도는 도리어 한어漢語를 배우는 것만 못하다."고 말하여 청나라 말을 잘하는 것을 권장하지 않았다. 정조는 청나라 자체의 언어는 가볍게 보고, 전통적인 한어를 배우는 것이 학문에 도움이 된다고 보았다. 그러니까 만주족의 문화는 무시하고, 청나라 안의 한족 문화는 존중하는 이중적인 잣대를 가지고 있었다.

북경에 다녀온 사신이 가지고 온 황제의 선물 목록에는 옥여의玉如意 한 자루가 있었는데, 뒷면에 황제의 어제시御製詩가 쓰여 있었다. 그 뜻은 "비 오고 개는 것이 모두 때에 맞아 산처럼 언덕처럼 쌓인 곡식이 하늘까지 닿으리"라는 내용이었다. 옥여의는 복을 비는 장식품으로 옥으로 만들었다. 그 다음 선물은 가지각색의 비단인데, 망단蟒緞 6필, 장단粧緞 6필, 대단大緞 5필, 금단錦緞 2필, 섬단閃緞 2필, 대방사大紡絲 5필 등 모두 합하여 26필이고, 그 다음은 각종 문방구로서 견전絹箋 2권, 먹 2갑, 학필鶴筆 붓 2갑, 서문연(犀文硯; 벼루) 2개 등이었다.

정조는 황제가 준 선물에 대한 보답으로 검서관 박제가朴齊家에게 임시로 군기시정(軍器寺正; 정3품)의 직함을 주어 동지사를 따라 북경에 가라고 명했는데, 사은방물謝恩方物을 보내는 것을 중국이 거절했으므로 그 대신 쇠뇌와 흰 꿩을 황제에게 보내 성의를 표시했다. 임금이 서류 박제가를 사행으로 보낸 것은 그를 아끼고 있다는 증거이다.

10월 19일에 정조는 창덕궁 춘당대에서 정조의 최강 친위부대인 장용영壯勇營의 군사훈련을 거행했다. 마군馬軍 1초와 초군哨軍 7초를 두 패로 나누어 춘당대 아래에 배치하고, 어가가 나아갈 때 세 번 대포를 쏘고, 취타대가 천아성天鵝聲을 불었다. 어가가 춘당대에 이르자 장관將官들이 임금을 시위했다. 장용위와 무예청 군사들이 충돌하고, 경군京軍과 향군鄕軍, 아병牙兵이 진을 치자 장용위가 이들을 격퇴하는 형식으로 진행되었다.

장용영 훈련을 마친 다음 달 11월 18일 새벽에 정조가 융복戎服 차림으로 가마를 타고 궐문을 나가자 각신들이 가마를 붙잡고 눈물을 흘리면서 가지 말라고 하며 길을 막았다. 임금은 강화도에 있는 이복동생 은언군 이인李裀을 몰래 데려다 만나기 위해 궐문을 나섰는데, 이를 눈치챈 각신들이 길을 막은 것이다. 임금은 바람을 쐬기 위해 나간다고 하면서 이를 가로막는 신하들을 파직시키고 숭례문, 염초교, 아현을 거쳐 별영別營 관사에 들어가 문을 닫아버렸다.

이에 앞서 임금은 3개의 교자를 강화도에 보냈는데, 강화 성문을 사흘 동안이나 열어주지 않자 선전관을 보내 강화도 관리들을 체포하고 벌을 주었다. 그리하여 이날 새벽에 팽포[신촌]에 이르렀는데 정순왕후가 보낸 내시가 길을 막았다. 그러자 임금은 50명의 기병을 보내 다른 길로 돌아 삼포[마포]로 들어오게 했다.

임금이 길을 바꾸어 마포나루 언덕에 있는 강창(江倉; 別營 소속)으로 가서 밤 3시 무렵에 야간 군영훈련을 실시하기 위해 등불과 횃불을 모두 끄라고 명하자, 은언군 이인이 탄 가마가 맞은편 마을에 숨어 있다가 썰매를 타고 쏜살같이 강을 건너와 임금을 만났다. 임금은 이인의 어미 숙빈 임씨를 불러와 이인을 만나게 했다. 신하들은 사방이 깜깜하여 이 사실을 전혀 몰랐다.

다음날인 11월 19일 새벽에 임금은 강창에서 비답을 내렸다. "죄인을 데리고 와서 하룻밤을 지냈으나 어찌 마음에 위로가 되겠는가? 더구나 지금 날씨가 차고 강바람도 이와 같은데 백관과 군사들의 폐단을 생각지 않을 수 없다. 경들이 속히 내 뜻을 따른다면 즉시 환궁하겠다.”고 말했다. 여러 신하들은 말하기를, “지금 역적이 전하의 침실에 가까이 있으니 위험이 순간에 닥쳤습니다. 신들은 죽음이 있을 뿐입니다.”고 하면서 항의했다.

이때 정순왕후가 이곳으로 오기 위해 대궐을 떠났는데, 죄인을 돌려보내지 않으면 환궁하지 않겠다고 전하자, 임금이 죄인을 다시 강화도로 보낸 뒤에 환궁했다.

11월 21일 임금이 이번 마포 읍청루(挹淸樓; 별영 소속 별장)로 행차할 때 시위하던 장용영 병사들이 말을 타고 달려가는데 마치 사람과 말이 나는 것 같아 구경하던 사람들이 깜짝 놀라고 눈이 휘둥그레져 ‘오늘에서야 장용위의 용맹을 믿겠다.’고 했으니 가상하다고 하면서 상을 내리겠다고 말했다. 사실 한 달 전에 실시한 장용영 군사훈련도 이번 행차를 위한 것이었다. 임금이 이복동생 이인을 만날 때는 매번 이처럼 군사훈련을 빙자하여 마치 군사작전을 펴듯이 신하들을 따돌리곤 했는데, 임금은 이런 방법을 비판하는 신하들에게 때로는 권도가 필요하다고 하면서 양해를 구했다. 따지고 보면 이인은 그 아들 이담이 역적모의에 추대되었다가 죽은 것에 연좌되어 있을 뿐 그 자신이 역모를 꾀한 일은 없었다. 그런데도 정순왕후는 대신들을 시켜 이를 완강하게 저지하고 나섰다. 이유는 임금의 신변이 위험하다는 것이었지만 진의는 다른 데 있었는지도 모른다.

12월 7일 임금은 현륭원에 행차할 때 한강을 건너면 잠시 쉴 곳이 필요하다고 생각하여 노량 언덕에 휴계소인 주정소晝停所를 지으라고 명했다. 선조 때 영의정을 지낸 이양원李陽元의 별장인 노저鷺渚가 그 옆에 있는데 이를 사들여 수리하고 그 정자의 편액도 그대로 걸어 놓으라고 명했다. 이때 지은 주정소를 용양봉저정龍驤鳳翥亭이라고 불렀다. 용이 솟아오르고 봉황이 춤추는 곳이라는 뜻이다. 지금 용양봉저정의 일부 건물이 상도터널 북쪽 입구 왼편 언덕 위에 남아 있다.

12월 8일에는 전라도 바닷가 해남海南에 살고 있던 해남윤씨海南尹氏 사람들이 집단적으로 수원부로 이주해 온다는 소식을 듣고, 수원부사 조심태趙心泰에게 명하여 이들을 위한 정착 자금으로 돈 1천 냥을 떼어 주고, 나아가 과거시험에 응시할 자격을 주겠다고 일렀다. 이들은 윤두서尹斗緖, 윤선도尹善道의 후손들이었다. 남인南人에 속하는 해남윤씨가 수원과 인연을 맺게 된 것은 효종孝宗이 스승인 윤선도에게 녹우당綠雨堂이라는 집을 수원에 지어둔 데서 시작되었는데, 효종이 죽자 후손들이 녹우당을 해남의 생가로 옮겼다. 그러다가 정조가 남인 채제공과 힘을 합쳐 수원을 신도시로 키우면서 일부 윤씨들이 다시 수원부로 올라오게 된 것이다. 그래서 수원은 남인 도시가 되었다. 아마도 채제공이 남인에 속하는 해남윤씨를 이곳으로 유치한 것으로 보인다.

다음 해 1월에는 관례에 따라 현륭원 참배를 위한 행차를 떠날 예정이었으므로 한강을 건너는 데 필요한 배다리[舟橋]를 미리 만들지 않으면 안 되었다. 배다리 건설은 호조판서이자 규장각 제학을 겸하고 있는 정민시鄭民始가 책임을 맡아 이해 12월 24일에 배다리 건설이 완성되었다고 임금에게 보고했다. 추운 겨울에 배다리를 건설하는 일이 결코 쉬운 일은 아니었을 것이다. 정민시는 배다리 건설에 필요한 물자를 보관해두는 창고[주교사]가 필요하므로 노량진의 관사官舍를 주교사舟橋司 건물로 만들면 좋겠다고 건의하여 윤허를 받았다.

12월 27일에는 규장각 각신에 대한 인사이동이 있었다. 제학 정민시를 전라도 관찰사로, 검교 직제학 서호수를 호조판서로, 오재순을 제학으로 삼았다.

이해 각 관청과 각 군영에서 보유하고 있는 재물에 대한 회계부會

計簿가 다음 해 1월 15일에 보고되었다. 지난해 수치와 비교하여 표를 만들면 다음과 같다.

황금   326냥 [322냥]

은자   31만 8,779냥 [41만 8,876냥]

전문   87만 5,190냥 [104만 4,633냥]

명주   98동 38필 [88동 33필]

면포   3,641동 35필 [2,701동 27필]

모시   63동 33필 [60동 33필]

마포   1,125동 7필 [1,067동 43필]

쌀   33만 8,816석 [32만 3,225석]

좁쌀   9,064석 [9,325석]

콩   3만 9,860석 [4만 998석]

피잡곡   8,511석 [8,969석]

위 표를 보면, 변화가 많은 것은 은자와 전문으로 은자는 약 10만 냥이 줄었고, 전문은 약 17만 냥이 줄었다. 은자는 이해 중국 건륭황제의 팔순을 축하하는 진하정사와 동지정사를 보내면서 지출된 것으로 보이며, 전문은 수원부의 도시 건설에 들어간 비용 때문으로 보인다.

황금은 지난해보다 4냥이 늘었다. 그밖에 명주, 면포, 마포 등 각종 옷감은 늘어났다. 곡식은 쌀이 약간 늘었으나 나머지는 별 변동이 없다. 쌀은 관리들의 녹봉으로 지급되는 것이므로 필요 이상의 많은 양을 보유할 필요가 없었다. 풍년이 들었으므로 지방의 쌀 사정은 좋아졌을 것으로 보인다.

3. 정조 15년(1791)

─채제공 독상체제, 현륭원 행차, 시전 금난전권과 공무 폐지,
문체반정, 장릉배식단 설치, 성균관 유생 재교육,
《무원록언해》,《강목강의》,《태학강의》,《경림문희록》,
《임경업실기》,《김덕령유사》,《눌재집》,《삼봉집》,
《송사전》편찬, 서명선이 죽다. 두 번째 어진 제작,
윤지충 등 천주교도 처형

정조 15년(1791)에 임금은 40세의 불혹不惑의 나이로 접어들었다.
임금은 10년마다 그리기로 한 어진御眞을 새로 그리면서 머리가 백발
이 되어 화원이 하얀 물감을 섞어서 그렸다고 하소연했다. 40세에 백
발이 된 것을 보면 얼마나 마음고생이 많았는지를 짐작케 한다.

이해 1년 동안 임금은 탕평 정부를 버리고 남인 좌의정 채제공 한
사람만으로 독상체제獨相體制를 유지하면서 자신이 목표로 한 효도의
꿈을 향해 많은 일을 수행했다. 노론 정승을 두지 않은 것은 효도사
업을 견제할 염려가 있기 때문이었다. 이해 임금이 당대 최고의 초상
화가인 이명기李命基[16]에게 명하여 73세 된 채제공의 초상화를 그려
준 것을 보면, 그에 대한 임금의 신뢰와 고마움이 얼마나 컸던가를
짐작케 한다. 이 초상화는 지금 후손이 간직하고 있는데 그림이 매우
섬세하여 가장 우수한 초상화 가운데 하나이다.

1월 1일에 연례적으로 발표하는 권농윤음에서 정조는 지난해 세자
가 태어나고 풍년이 들었다고 하면서 오랜만에 기쁨을 담은 윤음을
내렸다. 이 두 가지 경사를 기념하여 새해 첫날 서울과 지방의 70세

16　이명기는 화원 이종수李宗秀의 아들로 본관은 개성이다. 벼슬은 찰방(종6품)에
　　이르렀다. 정조 20년(1796)에는 김홍도와 함께 서직수徐直修의 초상화를 그렸
　　는데, 역시 우수하여 보물로 지정되어 있고 국립중앙박물관에 소장되어 있다.

이상 노인 765명에게 쌀과 옷감, 고기 등을 하사했다. 그 가운데 벼슬아치는 27명, 사족과 평민은 751명, 부녀자는 14명이었다. 여자가 포함된 것은 전례가 없는 일이다.

1월 3일에는 한강 노량에 설치하는 배다리[舟橋]를 관리하는 군제 편성 방법에 대하여 주교당상 정민시鄭民始와 금위중군禁衛中軍 이유경李儒敬이 보고하여 임금의 윤허를 받았다. 배 80척과 노를 젓는 격군格軍 1천 명을 군제로 편성하되, 배 3척을 1종艍으로 만들고, 5개 종을 1영領으로 만들어 종장艍長, 영장領將, 협총協摠 등을 두고, 이를 총괄하는 주사대장舟師大將을 두기로 했다. 주사대장은 정조의 장인인 김시묵金時默의 아우이자 장용사壯勇使인 김지묵(金持默; 1725~1799)으로 정했다. 배다리는 임금의 생명을 좌우하는 중요한 시설이므로 믿을 만한 사람에게 일을 맡기지 않으면 안 되었다.

장헌세자의 출생일이 1월 19일이므로 1월 16일에 임금은 현륭원 행차를 떠났다. 아침에 진눈깨비가 내렸으나 어가가 서울을 출발하여 처음으로 노량 배다리를 건너 수원부에 도착했다. 이 배다리는 지난해 12월 말에 설치해 놓은 것이다. 이날 득중정得中亭에서 여러 장수들에게 활쏘기를 하라고 명했다. 임금이 수원부를 두루 살펴보고 민가가 즐비한 것을 보고서 수원부사 조심태에게 말하기를, "이것은 경의 공로이다."라고 치하하고 그를 승진시켜 승지(정3품 당상관)로 삼고, 김사목(金思穆; 경주김씨)으로 수원부사를 삼았다.

다음날인 1월 17일에 현륭원에 가서 술잔을 올리는 작헌례를 거행하고 나서 수원부로 돌아와 유생과 무사들을 시험하여 수석을 차지한 사람에게 전시殿試에 바로 응시할 자격을 주었다. 1월 18일에 환궁했다. 현륭원 행차는 이번이 두 번째이다. 그러나 배다리를 건넌 것은 이것이 처음이다.

1월 22일에는 백성 박필관이 궁궐에 매단 신문고申聞鼓를 치고 임금에게 호소했다. 신문고는 조선 초기에 설치했다가 폐지되었던 것을 영조 때 다시 부활시킨 것이다. 그가 호소한 내용은 아전과 백성들이 계契를 맺는 것을 금지할 것, 상민과 천민들이 거짓으로 족보族譜를 만드는 것을 금지할 것, 소를 함부로 도살하는 것을 금지할 것, 소나무를 함부로 벌목하는 것을 금지할 것, 토호들이 소유하는 노비는 30구, 토지는 30결을 넘지 못하게 금지할 것, 군포軍布를 20자를 넘지 못하게 하라는 것 등이었다. 임금은 토호들의 노비와 토지 소유의 상한선을 정하는 것과 군포를 줄이는 것은 갑자기 실행하기 어렵다고 말하고, 계를 맺는 것과 족보를 위조하는 것, 소를 잡는 것, 소나무를 벌목하는 것은 엄하게 금지하겠다고 약속했다.

백성이 호소한 내용 가운데 귀담아들을 내용은 상민과 천민들이 족보를 위조하고 있다는 것, 토호들이 30결 이상의 토지를 가진 자들이 적지 않다는 사실이다. 당시 백성들의 평균적인 토지 소유는 반 결半結 정도이고, 1~2결 정도를 가진 소농들이 많은 것으로 알려졌으므로 30결 이상을 가진 토호는 상당한 부자였음을 알 수 있다.

서울의 시전市廛 상인을 보호하기 위한 정책으로 금난전권禁亂廛權이 있었다. 개인이 경영하는 난전亂廛이 많이 생겨 상업독점권을 가진 시인市人에게 피해를 주고 있는 것을 막고자 시전 상인에게 난전을 금지하는 권한을 주었는데, 이를 금난전권이라 불렀다. 그런데 이해 1월 25일에 좌의정 채제공의 건의를 받아들여 이 정책을 바꿔 시전市廛 가운데 비단을 파는 입전立廛, 면포를 파는 면포전綿布廛, 명주를 파는 면주전綿紬廛, 삼베를 파는 포전布廛, 모시를 파는 저전紵廛, 종이를 파는 지전紙廛 등 육전 이외에는 난전에 대한 금지법을 폐지하고 시민들이 자유롭게 상품을 판매하는 것을 허용했다. 이를 당시

'통공화매通共和賣'로 불렀는데, 이해가 신해년이므로 '신해통공辛亥通共'이라 부르기도 한다.

채제공이 금난전법을 폐지하자는 이유는 이렇다. 원래 난전을 금지한 이유는 시전 상인을 보호하여 이익을 독점하게 하고, 그 대신 국가에 역役을 지게 한 것인데, 금난전법이 시전 도고(都庫; 도매상)들에 의해 악용되고 있다는 것이다. 즉 시전 도고들이 지방에서 올라오는 상품들을 길목에서 막고 억지로 싼 값으로 사들이고, 말을 듣지 않으면 난전이라 하여 결박하여 형조나 한성부에 넘겼다. 그래서 상인들은 눈물을 흘리면서 본전도 안 되는 헐값에 팔 수밖에 없었다. 시전 도고들은 이렇게 싸게 산 물품을 비싼 값으로 팔고 있어 물가가 매우 높은데, 백성들은 다른 곳에서 물건을 살 수가 없다. 그래서 일반 시민들이 피해를 입고 있었다.

채제공은 이런 폐단을 막으려면 평시서平市署에서 영세한 시전들을 모두 혁파하고, 형조와 한성부에서는 육전 이외의 물건에 대해서는 시전 도고들이 가진 금난전권을 없애야 한다고 말했다. 그러니까 옷감이나 종이 등 국가적 수요가 많고 규모가 큰 육전은 여전히 난전을 금하는 독점권을 갖되, 그 나머지 소소한 일상생활 용품을 파는 작은 시전 상인들은 그런 권리를 갖지 못하게 하고, 백성들이 자유롭게 채소나 그릇, 어물 등을 매매하도록 허용하는 것이 상인과 백성들에게 다 같이 이익이 된다는 것이다. 그러니까 이 제도는 육전 이외에는 개인의 자유 상업을 허용한 시장 경제의 조치라고 할 수 있다.

하지만 통공정책은 영세한 시전 상인들에게는 불리한 정책이어서 그들의 반발이 일어나고, 더욱이 이 일을 주도한 채제공에 대한 원망이 컸다. 수백 명의 시민(市民; 시전 상인)들이 채제공이 조정에 나오는 길을 막고 항의하는 소동이 벌어지고, 2년 뒤에도 시민 70여 명이 다시 수원까지 찾아와 항의하는 일이 벌어졌다.

통공정책은 도고에 많이 관여하고 있던 노론 기득권층에게 불리한 정책이기도 하여 2월 12일 이 문제가 다시 논의되었을 때 평시서 제조인 노론 김문순金文淳은 반대 의견을 개진하기도 했다. 그러나 임금이 남인 채제공의 의견을 존중하여 그대로 시행되었다.

정조는 시전 상인의 금난전권을 폐지한 대신, 6월 5일에는 시전 상인을 보호하고자 시전 상인의 공무公貿를 없앴다. 왕실에 바치는 특별한 물건, 예를 들면 왕실의 어약御藥이나 오서대(烏犀帶; 무소뿔로 만든 허리띠)가 필요하면 해당 관청에서 호조에 요구하고, 호조가 시전에 돈을 주고 요청하여 시전이 사들이게 하는 것을 '공무公貿'라고 했다. 그런데 물건을 가지고 있는 물주들은 그 값을 높이 불러 시전은 호조에서 받은 돈의 10배나 주고 사야 했다. 그러니 공무를 하는 시전상인은 막대한 손해를 보기 마련이었다. 정조는 공무를 폐지하면서 묘당에 이렇게 전교했다.

옛날 선왕의 하교下教에 "만약 백성에게 이롭기만 하다면 내 살점을 떼어 준들 무엇이 아깝겠는가?"고 하셨는데, 나는 늘 이 거룩한 가르침을 되뇌이며 소홀하지 않았다. 시민市民은 나라의 근본이다. 지금 그들의 이익이 되는 것이라면 살점을 떼어주는 것도 아깝지 않을 터인데, 하물며 어약御藥이겠는가? 이제부터는 시전의 공무公貿를 영원히 혁파한다. 어약은 내가 필요할 때에는 약을 가진 자들이 반드시 스스로 찾아올 것이다. 그들이 와서 팔려고 하는 것까지 금지할 것이야 있겠는가?

여기서 정조는 시민市民이 나라의 근본이므로 그들을 보호해야 한다고 강조하면서 시민에게 피해를 주는 공무公貿를 영원히 혁파한다고 선언했다. 채제공이 실권을 가지면서 시전상업 정책에 일대 큰 전환이 생겨 시장경제가 전보다 활성화되고, 특권상인의 횡포가 줄어드는 계기가 되었다.

정조의 개혁정치 가운데에는 문체文體를 바로잡는 것도 중요한 위치를 차지했다. 문장文章은 도道를 담아야 한다는 것이 정조의 신념이었다. 그것이 바로 도문일치道文一致다. 문장은 도덕성을 담고 있어야 풍속이 아름다워진다는 뜻이다. 전부터 중국의 통속적인 패관잡기류稗官雜記類나, 천주학天主學 같은 서양 종교의 영향으로 문체文體가 도덕성을 잃고, 감각적인 흥미를 자극하는 내용을 담은 경박한 문체로 변해가고 있는 것을 정조는 늘 우려했다. 그래서 중국에 간 사신들이 통속적인 책자를 사 오지 못하게 금지했고, 그와 더불어 문풍文風을 바꾸기 위해 만든 제도 가운데 하나가 초계문신抄啓文臣 제도였다.

하지만 이해 2월 12일 임금은 좌의정 채제공에게 문체에 대한 걱정을 피력하면서 초계문신抄啓文臣 제도가 도리어 문체를 나쁘게 만드는 결과를 가져왔다고 말했다. 초계문신의 글 가운데에도 경박한 문체가 많기 때문이었다. 그래서 정부에서 문체를 바르게 바꾸는 이른바 문체반정文體反正 운동을 벌인다는 것을 성균관 유생들에게 깨우쳐 주라고 일렀다. 초계문신의 재교육만으로는 부족하기 때문에 더 근본적으로는 성균관 유생들의 재교육이 중요하다고 여긴 것이다.

이해 5월에 임금은 성균관 유생들의 문체를 바로잡고자《자치통감강목》의 내용 가운데 중요한 대목을 직접 뽑아 거의 7백 개에 달하는 질문 항목을 만들고, 유생들이 대답하는 글을 쓰게 하여 이를 모아《강목강의綱目講義》라는 이름으로 편찬했다. 그리고 경서經書와 사서史書 가운데 중요한 질문사항에 답을 써서 내게 하여《태학강의太學講義》라는 이름으로 간행했다. 이는 바로 학문을 독려하면서 동시에 문체를 바르게 하는 일과 관련된 것이었다.

그런데 문풍文風을 바로잡는 성균관 교육을 강화하려면 성균관 최고 책임자인 대사성大司成의 자질을 높이고, 그 임기를 길게 해야 한다고 생각했다. 그래서 8월 16일 임금은 문체를 바로잡는 기능을 대사성이 맡으라고 하면서, 대사성(정3품 당상관)을 거쳐야 청직인 홍문관 부제학(정3품 당상관)이 되도록 제도를 바꾸었다. 대사성과 홍문관 부제학은 품계는 같지만, 홍문관을 거쳐야 정승으로 올라가는 길이 열리기 때문에 부제학이 더 중요한 자리였다.

정조는 단종端宗에 대한 추모가 대단하여 여러 가지 추숭사업을 벌였다. 2월 6일에는 영월부 객사客舍 옆에 있는 자규루子規樓를 중건했다. 원래 이 누각 이름은 매죽루梅竹樓였는데, 단종이 이 누각에 와서 소쩍새 소리를 듣고 자규사子規詞라는 시를 지었는데 그 가사가 너무 처절하여 영월 사람들이 누각 이름을 자규루로 불렀다고 한다.

이해 2월 21일에는 영월에 있는 단종릉인 장릉莊陵 입구에 단종을 위해 죽은 충신들에게 제사를 지내는 배식단配食壇을 세웠다. 종전에는 사육신死六臣[17]이나 생육신生六臣[18] 등만을 기억해 왔으나 이번에는 더 많은 사람들을 추가하여 사당을 세웠다. 이들을 신분에 따라 육종영(六宗英; 여섯 종친),[19] 사의척(四懿戚; 왕실 외척),[20] 삼상신(三相臣;

---

17 사육신은 박팽년朴彭年, 성삼문成三問, 이개李塏, 하위지河緯地, 유성원柳誠源, 유응부兪應孚이다.

18 생육신은 김시습金時習, 원호元昊, 이맹전李孟專, 조여趙旅, 성담수成聃壽, 남효온南孝溫이다.

19 육종영은 안평대군安平大君, 금성대군錦城大君, 화의군和義君, 한남군漢南君, 영풍군永豊君, 이양李穰 등이다.

20 사의척은 송현수宋玹壽, 권자신權自愼, 정종鄭悰, 권안權安 등이다.

정승),[21] 삼중신(三重臣; 벼슬이 높은 신하),[22] 양운검(兩雲劒; 임금 좌우에서 칼을 들고 호위하는 무관)[23] 등으로 분류하기도 하고, 또 등급을 매겨 정단正壇 배식자 32명,[24] 별단別壇 배식자 1백 명, 그리고 연좌되어 죽은 자 190명으로 나누어 배식자가 모두 322명에 이르렀다.

장릉 배식단이 세워지자 숙종 37년(1711)에 단종의 역사를 편찬한 《장릉지莊陵誌》를 개찬해야 했는데, 4월 19일 임금은 단종비 정순왕후定順王后 송씨의 능인 안릉安陵도 함께 《장릉지》에 넣으라고 명했다.

지방에서 왕실에 바치는 진상물進上物 가운데 구하기 힘든 물건은 되도록 줄이거나 없애는 것이 정조의 방침이었다. 2월 20일 좌의정 채제공의 말을 들어 보면, 전라도 무주부에서 2년마다 멧돼지 1마리를 바치게 되어 있었는데, 멧돼지를 잡기 위해 감영에서 돈 1백 냥을, 무주부에서 쌀 7석을 포수에게 주었다. 그런데 멧돼지 잡는 고통을 덜어 주려고 정조 12년(1788)에 멧돼지 대신 꿩 80마리를 바치게 했더니 백성들이 처음에는 기뻐했다. 그러나 그 뒤 영주인營主人에게 부탁하여 대신 바치게 했더니 꿩 한 마리 값이 3냥 5전이어서 그 액수가 280냥에 이르렀다고 한다. 쌀 1석 값이 보통 3~4냥이므로 꿩한 마리 값이 쌀 1석 값과 거의 같다는 것을 알 수 있다. 멧돼지를 잡을 때 들어가는 비용 가운데 쌀 7석이 포함되어 있는데 이를 돈으로 계산하면 20~28냥이므로, 돈 1백 냥과 합치면 120~128냥인데 꿩으로 바꾼 뒤에는 도리어 280냥이 되었으니 두 배 이상 부담이 늘어난

---

21 삼상신은 황보인皇甫仁, 김종서金宗瑞, 정분鄭苯이다.

22 삼중신은 민신閔伸, 조극관趙克寬, 김문기金文起이다.

23 양운검은 성승成勝과 박정朴崝이다.

24 정단 배식자 32명에는 육종영, 사의척, 삼상신, 삼중신, 양운검, 사육신 등 24명이 포함되어 있고, 그밖에 박중림朴仲林, 하박河珀, 정효전鄭孝全, 이보흠李甫欽, 박계우朴季愚, 허조許慥, 허후許詡, 엄흥도嚴興道 등 8인이 들어 있다.

셈이다. 멧돼지는 주로 제사용으로 쓰였다. 그래서 진상품을 꿩에서 다시 멧돼지로 바꾸었다.

나이가 늦도록 혼인하지 못한 사람이나 기일이 지나도 장례를 치르지 못하는 사람들에게 국가에서 자금을 지원하는 일도 정조의 복지 행정에서 중요한 자리를 차지하고 있었다. 3월 10일 한성부에서 혼인하지 못한 사람 73인과 장례를 치르지 못한 사람 33인을 해당 관청에 명하여 도와 주어 성사시키고, 이어 3월 23일에도 한성부에서 혼인하지 못한 사람 56명과 장례를 치르지 못한 사람 103명을 지원해 주었다. 6월 2일에도 한성부에서 혼인하지 못한 281명을 조사하여 도와주었다. 이런 일은 그전부터 해 오던 복지정책의 일환이었다.

백성의 인권을 보호하는 일 가운데 살인사건을 정확하게 수사하여 사형수가 억울하게 죽는 일이 없게 하는 일은 매우 중요했다. 정확하게 수사하려면 시신을 정밀하게 조사하여 사망 원인을 찾아내는 법의학法醫學이 중요한데, 이런 문제를 다룬 책이 원나라 왕여王與가 지은 《무원록無寃錄》이다. 그런데 정조는 《무원록》이 너무 읽기 어렵다고 여겨 구윤명具允明에게 명하여 한글 언해본을 만들게 했는데, 3월 15일에 완성되었다. 임금은 이 책을 전국에 널리 보급하라고 명했다. 정조 시대에 들어와서 언문으로 번역한 책들이 잇달아 편찬되었는데, 《명의록》, 《무예도보통지》, 그리고 《무원록》 등이 그 예이다.

서울과 지방의 관청에 소속된 관노비 곧 시노비寺奴婢의 처지를 개선하는 일도 정조가 추구한 시정의 주요 과제였다. 이미 즉위 초에 도망간 시노비를 잡아들이는 추쇄관推刷官을 지방에 보내는 것을 혁파했으나 노비신공奴婢身貢 문제는 여전히 해결하지 못하고 있었다. 이해 3월 27일 임금은 비변사에 명해 도망했거나 죽은 자의 신공을 거두지 말 것을 엄하게 지시하고, 이어 3월 29일에는 좌의정 채제공에게 이렇게 유시를 내렸다.

　　내가 처음 즉위하던 해 노비의 폐단 때문에 추쇄관을 혁파하여 잡비를 감면
했는데, 경은 그때 유사의 자리에 있으면서 <절목>을 편찬하여 올렸다. 천하에
가장 불쌍한 사람으로 ‘시노비寺奴婢’보다 더한 것이 없다. 그래서 숙종 때부터
노공奴貢 2필을 1필 반으로 하고, 비공婢貢 1필 반을 1필로 감했다. 또 영조 때
에는 양역良役의 절반을 줄여 주고, 노비 신공도 반 필半匹을 감해 주었다. 영조
50년(1774)에는 비공婢貢을 삭제하고, 단지 구전口錢만 남겼으니, 이로써 노공
奴貢과 양역이 균등해지고 노비는 신역身役이 없게 되었다. 그 뒤에 추쇄관의 폐
단이 사나운 호랑이보다 심하기에 내가 그 추쇄관을 혁파했는데도 폐단이 그치
지 않았으며, 그 폐단이 어린애와 사망자와 이웃과 친족에게 미치고 있다. 이 때
문에 노비라는 두 글자는 누구라도 피하고 있다. 이렇게 1~2년이 지나다 보면 태
반이 허위기록이 된다. 그 원인을 따져 보면 노비라는 이름을 듣기 싫어하는 데
있는데, 그들과 혼인하기를 꺼리니 인륜의 도리가 막히고 만다. 폐단을 없애는
길은 노비라는 이름을 없애 버리는 데 있는데, 기자箕子 이후로 몇천 년 동안 내
려온 법으로 명분의 한계가 있다. 또 노비를 없애면 사천(私賤; 私奴婢)까지도
없어질 것이므로 어렵다.

　　정조는 숙종 이후로 시노비의 처지를 개선하는 조치가 단계적으로
이루어졌지만 근본적인 해결책이 없다고 말했다. 원칙적으로는 노비
를 없애야 옳지만 그렇다고 시노비를 혁파하면 사노비까지도 혁파하
게 되므로 어렵다는 것이다. 정조는 위 하유에 이어서 시노비의 처지
를 개선하는 여러 가지 방안이 현재 나오고 있다는 것을 소개하고 나
서, 모두가 일리가 있으나 미봉책에 불과하니 대신들이 세밀히 조사
하여 다시 올리라고 명했다. 그래서 이날의 논의는 결론을 얻지 못한
가운데 끝났다.
　　그 뒤 정조는 6월 2일 시노비 문제를 또 꺼냈다. 경주부에서 노비

안奴婢案을 조사할 때, 노역奴役을 피한 지 오래 되었거나 평민과 혼인하여 거의 양인良人이 된 자들은 노비안에 억지로 넣지 말라고 명했다. 설령 원래의 숫자를 채우지 못하더라도 밑뿌리까지 추적하여 숫자를 채울 필요가 없다고 했다. 이런 조처는 실질적으로 시노비 숫자를 점차로 줄여나가겠다는 뜻을 담은 것이다. 순조 원년(1801)에 시노비를 모두 해방시킨 것은 시노비의 인구가 크게 줄어든 상태에서 취해진 것이다. 시노비 혁파는 정조가 단계적으로 시노비 인구를 줄였기 때문에 가능했다.

서얼庶孽에게 청요직을 열어 주고자 하는 노력도 정조정책의 큰 축을 이루고 있었음은 앞에서 누누이 지적했다. 이해 4월 11일에는 한성부 5부五部의 책임자인 부령(部令; 종5품)에 서얼을 추천하는 길을 열라고 명했다. 또 4월 16일에는 성균관 대사성에게 명하여 성균관 식당에서 서얼 유생들을 남쪽 줄에 따로 앉게 하고 있는 것을 없애라고 명하면서, "성인聖人이 사람을 가르칠 때 어진지 어질지 않은지만 볼 뿐 문벌의 귀천은 따지지 않았다."고 말했다. 서얼이 성균관에 입학하도록 한 것은 이미 실행되고 있었는데, 다만 서얼 유생을 식당에서 차별하는 관습이 생겨 이를 막고자 한 것이다. 또 서얼이 왕실의 종친과 외척을 관리하는 돈령부의 도정(都正; 정3품 당상관)에 추천될 자격도 주었으며, 이어 6월 4일에는 서얼과 중인中人에게 기사장騎士將 후보로 추천될 자격을 주라고 명하여 갈수록 서얼의 벼슬길을 넓혀주었다.

4월 18일에는 화폐를 주조하기 시작했다. 다만 몇 냥을 주조했는지는 기록이 없다.

정조는 역대로 나라를 지킨 애국명장愛國名將들에 대한 추숭사업을 계속해 왔다. 4월 26일에는 규장각 각신 김희(金憙; 김장생 후손)에게 명하여 인조 때 친명반청親明反淸의 대표적 장수로 싸웠던 임경업林慶業의 전기인 《임경업실기林慶業實記》를 짓게 하고, 서용보徐龍輔에게는 왜란 때 의병장인 김덕령(金德齡; 언양김씨)의 업적을 담은 《김덕령유사金德齡遺事》를 편찬하라고 명하고, 임금이 직접 서문을 지어 주며 전라도 관찰사에게 간행하라고 명했다.[25]

4월 30일에 임금은 오랜만에 아침 경연인 조강朝講에 나갔는데, 이때 《중용中庸》을 읽고 나서 신하들에게 말했다. 먼저 지행합일知行合一을 강조하고, 북송 사마광司馬光이 왕안석王安石의 신법新法을 비난한 것을 지나치다고 비판했다. 더욱이 신법 가운데 병제兵制를 바꾼 것은 좋은 것인데, 이를 폐지하여 융정戎政이 떨치지 못하고 나라가 약해지게 만들었다고 말했다. 또 왕안석을 등용한 신종神宗을 큰일을 할 수 있는 임금이라고 칭찬하고, 세상에 쓰인 재주로 말하면 왕안석이 사마광보다 못하지 않으며, 주자朱子도 왕안석을 명신名臣으로 인정했다고 했다.

여기서 왕안석을 칭찬한 것은 일반 주자학자들의 해석과는 매우 다르다. 주자학자들은 왕안석을 부국강병론자로 보면서 왕도정치에 위배되는 인물이라고 여겼다. 왕안석 신법의 핵심은 경제적 약자인 소농小農과 소상인小商人을 철저히 보호하고 부자로부터 세금을 더 거두어 부국강병富國强兵을 추구한 것이다. 특히 병제개혁의 내용은 보갑법保甲法과 보마법保馬法으로서, 보갑법은 10호를 1보保로 묶고, 5보를 대보大保로, 10대보를 도보都保로 묶어 농한기에는 농사에 전념하고 유사시에는 군사훈련을 하도록 하는 병농일치제兵農一致制를

---

25 정조는 김덕령에게 충장忠壯이라는 시호를 내리고, 병조판서를 증직했으며, 종1품의 품계를 내렸다. 그 부인에게도 정경부인의 작위를 내리고 고향 마을에 부부의 비석과 쌍으로 된 정려문도 세웠다.

말한다. 보마법은 말을 사육하여 평상시에는 농경에 사용하고 전시에는 군마로 활용하는 제도이다.

왕안석이 추구한 개혁이 약자를 보호하고 부자에게 부담을 크게주는 제도이고, 왕도정치에 위배되는 것이기에 보수세력의 반대로실패한 것인데, 정조가 새삼 그를 칭송하고 나선 것은 정조가 지속적으로 소농과 소상인을 보호하는 민국民國을 위한 정책을 추구한 것과맥이 닿아 있었다. 또 이를 반대하는 보수세력의 반발을 견제하려는뜻이 담긴 것으로 볼 수 있다.

정조는 이보다 앞서 2월 18일에는 대신들을 만난 소대召對에서《정관정요貞觀政要》를 강독한 일이 있었는데, 이 책은 부국강병을 추구한 당 태종太宗의 업적을 칭송한 책이다. 주자학자들은 당 태종에 대해서도 왕도王道에 어긋나는 패도覇道를 추구한 황제로 보아 좋아하지 않았다. 하지만 옛날에 영조도 경연 때 이 책을 자주 읽었는데,정조도 할아버지를 따라 이 책을 읽기 시작한 것이다. 이런 모습은그동안 임금이 보여주지 않았던 것으로 주자학의 왕도를 따르면서도필요에 따라 패도를 구사하여, 당쟁을 극복하면서 왕권을 강화하고민국民國을 위한 개혁을 추진하겠다는 새로운 각오를 느끼게 한다.

정조는 7월 17일에 왕도와 패도 곧 부국강병에 대한 자신의 견해를 직접 밝혔다. 제齊나라 선왕宣王처럼 영토를 확장하여 진秦나라와초楚나라의 조회朝會를 받으려 한다면 이런 패도와 부국강병은 따를수 없다. 하지만 자기 영토 안에서 나라의 재물이 여유롭고, 백성을부유하게 만들며, 병사를 훈련시켜 침략자를 막으려 한다면 왕도니패도니 하는 것을 따질 필요가 없다고 했다. 여기서 정조는 부국강병을 위한 패도의 필요성을 왕도와 함께 인정하는 태도를 보였다.

정조는 이미 세손 시절부터 주자학에 심취해 있었다. 임금이 된 뒤에도 정치를 하는 여가에 주자가 만든 역사책인《자치통감강목資治通鑑綱目》에서 서법書法, 논단論斷, 사실事實, 명물名物 가운데 의문 나는 것들을 뽑아 질문 항목을 만들었는데, 모두 695개 항이었다. 임금은 이 문목問目을 성균관과 사학四學의 유생들에게 나누어 주어 한 사람이 각기 한 항목씩 답을 짓도록 하고, 다시 초계문신 심진현沈晉賢 등에게 대답한 글을 산삭(刪削; 삭제)하고 요약하여 문목 밑에 붙여 책을 만들고 이름을《강목강의綱目講義》라고 했다. 유생들과 초계문신들에게 이런 과제를 준 것은 초계문신과 성균관 유생들을 함께 묶어 주자학을 재교육시킴으로써 문체반정의 실효를 높이겠다는 의도가 반영된 것으로 보인다.

《강목강의》초고가 완성되자 임금은 5월 3일에 규장각 각신 이만수李晩秀와 서영보徐榮輔, 그리고 성균관 사성司成 성종인成種仁을 불러《강목강의》를 유생들이 정서整書하여 올리게 하라고 명했다. 다만 30세 이상인 자는 나누어 정서하게 하고, 40세 이상인 자는 대조하게 하라고 이르고, 다 이루어지면 성균관 대사성과 사성, 그리고 직강直講이 함께 교정하여 올리라고 명했다. 그러니까 이 과제를 유생뿐 아니라 성균관의 관원과 규장각 각신에게도 함께 지운 것이다.

정조는 세조 때 규장각 설치를 요청한 눌재訥齋 양성지梁誠之에 대해 비상한 관심을 가지고 그가 지은 글들을 모아 문집을 규장각에서 간행하라고 명했는데, 자료 수집이 모두 끝났다. 그러자 5월 3일 각신들에게 장차 활자로 간행하라고 명했다. 이에 서영보가 그가 쓴 서찰 몇 폭幅도 후손들에게서 얻었다고 보고하자 임금은 그 서찰을 문집에 새겨 넣으라고 이르고, 전 제학 이복원李福源에게 발문을 지으라고 명했다. 그리고 임금이 직접 서문을 쓰겠다고 말했다. 그때 간행한 그의 문집《눌재집訥齋集》이 지금 전하고 있는데, 임금은 서

문에서 양성지의 학문이 매우 경제실용經濟實用을 담고 있다고 칭찬했다.[26]

또 《실록》에는 기록이 없지만, 조선왕조의 기틀을 놓은 정도전鄭道傳의 문집인 《삼봉집三峰集》도 이해 규장각에서 간행했다.[27] 정도전은 비록 역적의 죄명을 쓰고 죽었지만 임금이 그의 경륜만은 높이 평가했던 것이다.

《강목강의》에 대한 정서를 유생들에게 맡긴 지 6일 뒤인 5월 9일에 임금은 성균관 유생들에게 또 다른 과제를 주었다. 이날 대사성에게 명하여 40세 이하 유생을 성균관에 불러서 경사經史의 뜻을 조목별로 대답하여 올리라고 지시했다. 경서經書와 사서史書를 통틀어 책의 뜻을 질문한 조목에 따라 대답하게 하여 앞으로 《태학강의太學講義》라는 책을 만들겠다는 것이다. 그러니까 유생 재교육의 범위를 경학經學과 사학史學으로 확대하여 성균관 학풍을 쇄신하겠다는 의지가 담긴 것이다.

이해 6월 5일에 정조는 그동안 겪어왔던 당쟁의 폐단에 대한 속마음을 대신들을 만난 자리에서 이렇게 털어놓았다.

> 전국 360개 향교에 공자 화상孔子畵像이 있는데, 따로 사당을 세워 공자나 주자를 모시는 것은 당파의 버릇에서 비롯된 것이다. 군문軍門도 당파와 연관되어 있었다. 내가 장용영壯勇營을 설치한 것은 깊은 뜻이 있어서이다. 궁궐호위를 중하게 하려는 것도 아니고, 비상시를 대비하고자 해서도 아니다. 민간인들은 세끼 밥을 먹지만, 나는 하루에 두 끼만 먹는다. 몇 년 동안 절약하여 경비를 낭비하지 않으며 단속

---

26 양성지의 생애와 사상에 대해서는 한영우, 《조선 수성기의 제갈량 양성지》(지식산업사, 2008) 참고.

27 정도전의 생애와 사상에 대해서는 한영우, 《왕조의 설계자 정도전》(지식산업사, 1999) 참고.

한 보람이 약간 이루어지고 시설이 한창 벌어지고 있으니, 나의 뜻은 장차 기대하는 것이 있다. 이런 속사정을 모르는 자야 어찌 내 고심을 알겠는가? 장차 내 뜻이 성취될 날이 있을 것이다.

여기서 정조는 당파를 조장하고 있는 두 개의 기관을 지목하고 있는데, 하나는 지방에 세운 서원書院이나 사우祠宇이고, 또 하나는 군문軍門이다. 특히 정조는 장용영壯勇營을 설치한 이유가 궁궐수비가 아니라 바로 당파가 장악하고 있던 군문軍門에 대한 불신이라는 것을 밝히고 있다. 또 하루에 두 끼만 먹으면서 비용을 절약하여 숨은 뜻을 펴겠다는 말도 했는데, 그것은 수원 건설에 이어 화성華城을 짓고 장차 이곳에 은퇴하겠다는 뜻을 암시하는 것이다.

정조는 위 언급에 이어 이미 역적으로 죽은 구선복具善復의 죄악을 말하고, 구선복의 종형제로서 현재 총융사를 맡고 있는 이주국(李柱國; 전주이씨)을 지적하여 이렇게 말했다.

역적 가운데 역적은 구선복과 같은 자가 없었다. 내가 무슨 마음으로 이 역적을 군대를 거느리는 자리에 두었겠는가? 사세가 어쩔 수 없는 점이 있어서 원통함을 참고 울분을 감추면서 몇 년 동안 맡겨두었고, 심지어는 그 아우를 별간역別看役으로 임명하여 내 주위를 출입하게까지 했으니, 이는 그가 딴 마음을 가진 것을 안정시키려는 것이 아니라, 내가 남에게 말 못 할 것이 없다는 것을 보이고자 한 데서 나온 것이다.

병오년[정조 10]에 이르러서야 국법에 따라 처단했는데, 시신을 저자에 버리는 형벌로 어찌 이 역적에게 법을 충분히 적용했다고 하겠는가? 사실은 살점을 씹어 먹고 가죽을 벗겨 깔고 자도 시원치 않았었다. 이 역적이 죄를 받은 경위를 보면 병오년[정조 10년]의 일만이 아니다. 그가 역적이 된 뿌리를 따져 보면 '대리청정'을 방해하고 농락하던 한 가지 일에만 그치지 않는다. 그런데도 [이주국이] 총융사의 지체를 오늘까지 유지하고 있으니, 내가 전후에 걸쳐 보존해 준 것이 과연 어떠했는가?

　역적 구선복이 붙잡혔을 때 세상 사람들 어느 누가 총융사를 의심하지 않았
겠는가마는, 나만은 평소에 그들 종형제 사이에 알력이 있었다는 것을 알았기 때
문에 특별히 총융사에 임명했으니, 죽을 것을 살려 주고 마른 뼈에 살을 붙여 주
었다고 할 수 있다. 그러니 조금이나마 감격하는 마음이 있고, 악에서 벗어날 생
각이 있다면 마땅히 모든 일에 삼가고 두려워하여 전철을 밟지 말아야 할 것이다.

　정조가 구선복에 대한 원한이 얼마나 컸으면 그의 "살점을 씹어
먹고, 가죽을 벗겨 깔고 자도 시원치 않았다."고 말했을까? 이런 세
속적인 극언을 임금이 신하들에게 하는 것은 예사로운 일이 아님에
도 정조가 그런 말을 한 것은 성격상의 특성도 있지만, 그만큼 군권
을 당인에게 빼앗겼던 시절의 임금의 한계를 뼈저리게 반성하는 뜻
도 있었을 것이다. 장용영이라는 친위부대가 조직된 배경을 여기서
이해할 수 있다.

　6월 18일은 혜경궁의 생일인 동시에 원자[뒷날 순조]의 첫돌이기
도 했다. 이날 원자는 집복헌集福軒에서 돌잡이를 했는데, 사유화양
건四斿華陽巾을 쓰고 자주색 비단 겹저고리를 입었으며, 놀이감이 담
긴 소반을 보자 먼저 채색실을 잡고, 다음에 화살과 악기를 집었다.
정조는 규장각 각신과 승지들을 불러 보라고 명하고, 이날 서울 큰길
에 사는 사람들에게 떡을 내렸다.

　임금에게 바치는 진상품 음식을 계속적으로 줄이거나 없애 오던
정조는 충청도 이외의 먼 지방에서는 바치지 못하게 하고, 충청도에
서 바치는 음식재료 가운데 매달 초하루에 바치던 삭선朔膳도 경청京
廳에서 대신 바치게 했다. 탄신일이나 동지와 같은 경사스러운 날의
음식재료로 충청도에서 바치던 것도 올홍시, 생전복, 송이버섯을 제

외하고 모두 서울에서 사서 바치도록 했다. 참고로, 사옹원의 음식재료 공납규정을 보면, 삭선으로 바치는 음식은 1월에 생전복, 4월에 황조기, 8월에 올홍시와 송이버섯, 9월에 올홍시와 생전복으로 되어 있었다.

그런데 6월 26일 임금은 진하 때 충청도에서 음식재료를 바치게 하는 것은 백성과 경사를 함께하는 방도가 아니라면서 충청도에서 산 꿩을 잡아 올리는 것을 폐지하라고 명했다. 영조 때부터 감사가 부임하면 산 꿩을 잡아서 올리는 관행이 있었으나 영조는 먹지 않고 대궐 숲에다 놓아주곤 했는데, 정조도 똑같이 그렇게 하고 있다고 하면서 올리지 말라고 명했다. 또 쇠고기를 말린 편포片脯도 소를 잡지 못하게 하는 금령이 엄격하므로 올리지 말고 다른 것으로 바꾸라고 명했다.

정조는 즉위년에 왕실에 음식재료를 진상하는 규정을 새로 정하여 〈공선정례貢膳定例〉를 만들었는데, 정조 15년 7월 15일에는 이를 개정하여 각 도에서 납일(臘日 ; 동지 뒤 세 번째 未日)의 제사용 납육臘肉을 서울에서 공납하도록 했다. 납육이란 멧돼지, 노루, 사슴 등 산짐승을 말하는데 민폐가 많아 폐지한 것이다. 그 대신 중앙관청에서 필요한 납육을 사서 바치게 했다.

대궐에서 궁녀宮女를 하다가 집으로 돌아간 여자들은 어떻게 지냈을까? 보통은 평민으로 다시 살아갔는데, 이때 평생 수절하고 집밖에도 나가지 않은 궁녀 이야기가 확인된다. 도성 서문 밖에 영조 때 궁녀를 지냈던 노파와 이질녀姨姪女가 함께 살고 있었다. 노파는 일찍 과부가 되어 궁에 들어갔는데, 그 이씨 성姓을 가진 조카도 10세 때 이모를 따라 궁으로 들어왔고, 15세 되던 영조 36년(1760)에는 사도세자의 침소를 모시다가 2년 뒤에 임오화변이 일어나자 이모와 함께 궁을 나왔다. 그런데 45세가 되어 이미 백발이 된 그녀가 궁을 나온 뒤 죽기로 작정하고, 스스로 폐인이 되어 세수도 하지 않고 머리를 빗지도 않으면서 이불로 몸을 감싸고 10여 마리 개를 키워 도둑을 막았다. 집에서 불이 나도 누워서 일어나지 않자 이웃 사람들이 감동하여 불을 꺼 주었다는 것이다.

궁녀 이씨의 이야기를 들은 임금은 '수칙守則'이란 작호와 '정열貞烈'이란 칭호를 내리고 그가 살고 있는 집에 '수칙이씨지가守則李氏之家'라는 편액을 걸어주었다. 궁녀 가운데에도 이런 열부烈婦가 있었던 것이다.

다시 정조의 정치 이야기로 돌아가 보자. 신하들이 바라보는 정조의 단점 가운데 하나는 경연을 거의 하지 않는 일이고, 간혹 경연을 하더라도 여기서 토의된 내용을 대부분 기록으로 남기지 않았다. 이점은 영조와 정반대였다. 그러면 정조는 왜 경연을 회피했을까? 임금은 그 이유를 명확하게 밝히지 않았다. 하지만 경연의 목적이 본래 신하로부터 학문을 배운다는 취지로 만들어진 것이고, 또 경연을 통해서 신하들과 국정에 관해 논의하는 기회로도 활용되었다. 그러나 정조의 처지에서 보면 워낙 임금의 학문이 높아 신하를 압도하기 때문에 신하들로부터 학문을 배운다는 것은 의미가 없었다. 또 국정을 논의하는 것은 경연이 아니라도 얼마든지 신하들을 만날 수 있는 소대召對, 차대次對, 윤대輪對 등의 제도가 있었다.

그런데 정조가 경연을 기피한 이유는 또 있었다. 할아버지인 영조가 재위 26년 이후로는 경연에 자주 나가지 않다가 재위 36년에 갑자기 매일 경연에 참석했는데, 바로 2년 뒤에 아버지 사도세자가 죽는 임오화변이 일어났다. 영조가 이렇게 경연을 갑자기 열심히 한 것은 서연書筵을 기피하고 있던 아들 사도세자에게 모범을 보이기 위함이었다. 이를 지켜본 어린 정조는 경연에 대한 공포증이 생겼다.

정조가 이해 8월 3일에 옛날 자신을 가르쳤던 스승인 80세의 이관(李灌; 덕수이씨; 1712~1791)을 만나 조언을 구하자, 이관은 잔단 일에 너무 신경을 쓰면 큰일을 만났을 때 권태증이 생긴다고 충고하고 경연을 자주 가질 것을 임금에게 권했다. 그러자 임금은 자신이 경연을 자주 하지 않는 이유로서 영조 때의 일을 말하면서 "하루에 세 번 강講한다."는 말만 들으면 나도 모르게 정신이 날아가 스스로 안정을 찾지 못한다고 말했다. 말하자면 정조는 경연을 떠올리면 아버지의 죽음이 떠오르는 공황증에 걸려 있었던 것이다.

이해 7월은 한 달 내내 서울에 1자(尺; 약 33센티) 이상의 비가 와서 홍수 때문에 1,260호가 무너졌다. 그래서 무너진 집에 대한 구휼사업이 이루어졌는데, 8월 12일 현재 지급된 면포가 13동 32필, 돈이 1,006냥, 쌀이 25석 13되에 이르렀다. 그러나 홍수 피해는 전국적으로 나타났는데, 더욱이 밭농사의 피해가 컸다. 논농사에는 큰 피해가 없었다. 9월 29일에는 팔도에서 장마로 무너진 집들에 구제해 준 결과를 보고했는데, 5,780호에 쌀 3,233석이 지출되었다. 한 가호당 평균 6두 정도 지급된 셈이다. 도별로는 전라도와 경상도가 가장 피해가 크고, 북방 지역은 미미했다.

이해 9월 13일에 정조의 등극을 돕는데 공이 가장 컸던 인물인 전 영의정 서명선徐命善이 향년 64세로 세상을 떠났다. 영의정으로 있을 때에는 권력이 너무 커져서 같은 소론계인 김상철金尙喆 일파와 갈등을 벌이기도 했다. 그의 친형 서명응徐命膺도 정조의 사랑을 많이 받아 제1대 규장각 제학으로 있으면서 정조의 문화사업을 크게 도왔으나 4년 전에 71세로 세상을 떠났다. 서명응은 명물도수名物度數를 중요시하는 상수역학象數易學에 밝아 이용후생과 기술을 존중하는 자연

과학자인 동시에 북학파 학자이기도 했다. 서명선은 후손이 빈약하여 현달하지 못했으나 서명응은 아들 서호수徐浩修와 손자 서유구徐有榘가 대를 이어 북학을 발전시켰다.

정조의 일등 공신 3인조 가운데 홍국영이 반역자로 일찍이 세상을 떠나고, 서명선마저 세상을 떠나자, 이제 남은 사람은 정민시(鄭民始; 1745~1800) 밖에 없었으나 나이가 47세로 젊어 아직 정승의 반열에 오르지 못했다. 김종수(金鍾秀; 1728~1799)가 정조의 등극을 많이 도왔으나 탕평에 어긋나는 저돌적인 언동으로 미움을 받아 자주 쫓겨났다. 이제 정조가 가장 신임하는 대신은 남인 채제공(蔡濟恭; 1720~1799)뿐이었다. 수원부 이전과 화성 건설, 그리고 정조 19년의 현륭원 행차 등 정조 꿈을 담은 큰일들이 모두 채제공의 도움으로 이루어졌다.

원래 영의정은 노론 김익(金熤; 연안김씨; 1723~1790)이 맡았었으나, 지난해 3월에 면직되었다가 그해 7월에 향년 68세로 세상을 떠났다. 우의정에는 노론 김종수를 임명했었으나, 지난해 1월에 삭직했다가 3월에 다시 복직시켰는데 노부모 봉양을 이유로 복직하지 않았다. 그리하여 정조 14년 3월 이후로는 정승 가운데 오직 좌의정 채제공만 남고, 영의정과 우의정은 공석으로 두었다. 그래서 1년 반 이상 채제공 독상獨相체제가 이루어졌다. 정조가 의도적으로 아버지 추숭사업에 소극적인 노론파 정승을 두지 않은 것으로 보인다. 이 시기에 정조는 자신이 하고 싶은 효도사업을 활발하게 펼쳤다.

정조 15년은 정조가 어진御眞을 그린 지 10년이 되는 해였다. 정조 5년에 어진을 그릴 때 10년을 단위로 다시 그리기로 했으므로 규장각 신하들이 9월 21일 임금을 만난 자리에서 어진 제작을 청했다. 임금은 도감을 설치하지 말고, 채제공, 박우원, 서영보에게 감독하라고 명했다. 9월 28일에 임금은 주합루 옆에 있는 서향각書香閣에서 강사포 차림으로 어진의 상초본을 그렸는데, 10월 7일에 완성되었다. 앞에서도 잠깐 나왔지만, 당시 40세 된 임금의 머리칼이 하얗게 백발이 되어 화원이 하얀 물감을 섞어 써서 그렸다고 한다. 주관 화사畵師는 누구인지 알 수 없으나, 당대 최고의 초상화가였으며, 이해 왕명으로 73세 된 채제공의 초상화를 그리고, 정조 20년(1796)에도 서직수(徐直修; 1735~1801)의 초상화를 김홍도와 함께 그린 화원 이명기(李命基; 1756~1802)가 어진을 그렸을 가능성이 크다.

어진의 표제標題를 쓴 이는 10년 전에도 표제를 썼던 동지중추부사 윤동섬(尹東暹; 파평윤씨; 1710~1795)인데 당시 나이 82세였다. 임금은 원본을 규장각에 봉안하라고 명하고, 소본小本 하나는 경모궁의 망묘루望廟樓에, 또 하나의 소본은 현륭원의 재실齋室에 봉안하라고 명했다. 아버지의 무덤과 사당이 있는 곳에 각각 봉안한 것이다.

10월 8일에 우레가 치자 정치를 잘못하여 하늘이 노했다고 여겨 임금이 신하들에게 말을 하라고 명했다. 먼저 승정원이 아뢰었는데, 경연經筵이 겉치레가 되고, 홍문관이 쓸모없는 기관이 되었으며, 조정은 말이 없는 조정이 되어 버렸다고 비판했다. 그러면서 임금이 바른 말을 구하겠다고 했지만 오늘 한 마디 하고, 내일 또 한 가지 일을 논의하게 한 것은 마치 글을 배우는 생도에게 일정을 갈라 과제를 주는 것과 같다고 불평했다. 임금은 "마땅히 유념하겠다."고 대답했지만 본심은 바꾸지 않았다.

이날 채제공도 차자를 올려 정승의 빈 자리를 모두 채워 달라고 요구했다. 그러나 임금은 "여러 정승 가운데 한쪽 말만 들으면 간사함이 생기고, 혼자에게만 맡기면 변란을 초래하지만, 경에 대해서야 내가 어찌 이런 걱정이 있겠는가?"고 하면서 정승이 많으면 간사함만 생긴다고 하며 계속 공석으로 남길 뜻을 밝혔다. 정승탕평을 포기하고 남인 정권을 만든 셈이다. 결과적으로 채제공 체제에 조정이 조용해지고, 임금이 하고 싶은 사업을 강력하게 추진하는 시대가 열렸다.

　다음날 채제공은 또 임금에게 강인함이 부족한 것이 단점이라고 지적했다. 그러자 임금은 그의 말이 정수리에 침을 맞은 것 같다고 하면서 사대부들의 행태를 이렇게 비판했다.

　　이른바 사대부들이라 하는 자들의 꼴이 마치 한겨울에 따뜻한 방 안에서 이불을 덮어쓰고 추위에 떠는 병든 노인과 비슷한데, 이런 자들에게 서리나 눈처럼 매서운 위엄을 가하면 "무슨 풀인들 시들지 않으리오"라는 탄식만 있을 뿐이다. 그래서 감싸주는 것이 병통인 줄 알면서도 강력한 처방을 못 하는 것이니, 한밤중에 일어나 생각하면 조급하지 않은 때가 없다.

　사대부들의 행태가 마치 "한겨울에 따뜻한 방 안에서 이불을 덮어쓰고 추위에 떠는 병든 노인과 같다."는 말은 조정 벼슬아치들에 대한 정조의 시각이 얼마나 불신에 가득 차 있는지를 말해 준다. 임금은 그렇다고 그들을 겁박하면 모두 풀처럼 시들어 버릴 것이 두려워 위엄을 보이지 않고 있으며, 그럴수록 마음이 조급해진다고 하소연하고 있다. 민국民國, 곧 '백성과 나라'와 '백성의 나라'를 위해 큰일을 하고 싶은데 신하들이 따라주지 않는 것을 개탄하고 있는 것이다.

　10월 9일에 홍문관 교리인 이청李晴이 상소했다. 그는 임금이 신하들을 낮게 보는 이유를 이해하면서도, 그래도 신하들의 말을 들어야 한다고 하면서 이렇게 말했다.

　　전하의 총명하고 지혜로우신 성덕聖德으로 오늘날 조정에 있는 신하들을 보면 만에 하나도 전하의 뜻을 받들지 못할 것이니, 혼자서 신통한 기략을 운용하시면서 여러 신하들을 낮게 보시는 것은 형세상 필연적인 것입니다. 그러나 대순

大舜 같은 성인도 다른 사람의 말을 받아들여 자신의 선善으로 삼았으니, 어찌 당시 사람들이 모두 순 임금보다 훌륭해서 그런 것이겠습니까? 천기天氣와 지기 地氣가 서로 통하여 위아래가 서로 사귈 때 좋은 괘卦가 됩니다. 이것이 신이 임금의 권한이 너무 높은 것에 대하여 근심하는 까닭입니다.

이청의 상소는 늘상 신하들이 정조의 단점으로 지적해 온 것으로 새삼스러운 것이 아니다. 하지만 정조는 그런 단점을 인정하면서도 신하들이 능동적으로 하는 일이 없고, 또 좋은 정책을 내놓는 것도 없다고 보았기 때문에 태도를 크게 바꾸지 않았다.

10월 12일에 또 우레가 치자 관례적으로 신하들이 임금을 비판하고 나섰다. 다음날 사헌부에서는 재상을 한 사람만 오래 둔 것을 비판했고, 엘리트 관청인 홍문관이 추락하여 겨우 '어魚'자와 '노魯'자를 구별할 정도로 되었다고 비판했다. 여기서 홍문관이 허수아비처럼 된 것은 사실이지만, 규장각이 홍문관의 일을 하고 있기 때문에 임금의 처지에서 보면 받아들이기 어려운 말이었다.

뒷날 정약용丁은《경세유표經世遺表》에서《경국대전》의 육전 체제를 전면적으로 바꾸어야 한다고 하면서 예조나 언론 삼사三司가 필요 이상으로 큰 비중을 차지하고 있다고 비판하고, 육조가 동등한 권한을 가져야 한다고 주장했는데, 이보다 앞서 영조 대 소론 학자 유수원柳壽垣도 같은 의견을 제시한 바 있다.[28]

유수원은 전문성이 없고 실용적인 일을 하지 않는 문한직文翰職과 언관직言官職의 비중이 너무 크고, 이런 직책을 특정한 당파가 독점하여 당쟁의 도구로 이용되고 있다고 지적했다. 예를 들면, 언관들은 반대 당을 밀어내고자 언론을 악용하며, 죄인에게 형벌을 내리는 것

---

28 한영우,《꿈과 반역의 실학자 유수원》(지식산업사, 2007) 참조.

은 형조의 일인데 법을 모르는 언관들이 마음대로 죄를 주고 있어 행정의 전문성과 효율성이 떨어지고 있다고 보았다. 그러니까 이미 영조~정조 대 일부 개혁적인 학자들은 경국대전 체제의 한계를 극복하여 그 대안을 만들려고 노력했음을 알 수 있다.

이런 개혁적 시각에서 정조의 정책을 보면, 《경국대전》 체제를 전면적으로 바꾸지는 않았지만 그 한계를 느끼고 있었던 것만은 사실이었다. 그래서 그 대안으로 규장각 체제를 만들어 행정의 효율성을 높이려고 했다고 볼 수 있다. 하지만 이런 임금의 행태가 《경국대전》 체제를 고수하려는 보수적인 신하들 눈에는 임금의 독주로 보인 것이다. 따라서 정조의 규장각 체제와 독주가 진일보한 것은 사실이지만, 임금이 어리거나 무능한 경우에 국왕 중심의 규장각 체제는 효율성을 가질 수 없었다. 이것이 바로 정조 정치의 강점인 동시에 약점이기도 했다.

이제 다시 눈을 돌려 10월로 돌아가 보자. 10월 16일에 사헌부가 또 상소를 올려 천주학天主學이 세상을 현혹시키고 있으며, 호남의 진산珍山에서 선비 두 사람이 그 학문을 전문적으로 공부하여 심지어 윤리를 손상시키고 있다고 말하면서 이들을 엄격히 처벌하여 뿌리를 뽑아야 한다고 진언했다. 여기서 지적한 두 사람의 선비는 권상연(權尙然; 1751~1791)과 그의 종형제인 윤지충(尹持忠; 1759~1791)을 가리키며, 윤리를 손상시킨다는 것은 조상의 신주神主를 불태워 버리고 제사를 지내지 않은 일을 가리키는 것이었다. 윤지충은 바로 정약용丁若鏞의 외사촌으로서 모두가 남인이었다.

천주학에 대한 비판은 이미 전부터 누누이 제기되었고, 정조는 그것을 이단으로 보아 제거대상으로 보기는 했지만, 천주학을 제거하는 방법론에는 온건한 방법을 택했다. 천주학을 물리적으로 탄압하기보다는 정학正學인 유학을 바로 세워 퍼뜨리는 것을 이단을 처치하는 근원적인 방법으로 여겼다. 그래서 임금은 사헌부의 상소에 대하여 다음과 같은 비답을 내렸다.

하필 위에서 번거롭게 처리할 것이 있겠는가? 관찰사에게 넘겨 그 죄에 따라 법대로 처벌하여 윤리를 높여야 할 것이다. 연전에 "이단이 도처에 만연한 것은 바른 학문이 밝지 않기 때문이다."고 내 비답에 거듭 말했기에 그 뒤에 수그러들 줄 알았는데, 그렇지 못하다. 중국은 땅이 넓어서 이단이 싹트더라도 마치 태양 앞의 반딧불처럼 금하지 않아도 피해를 끼칠 것이 없지만, 우리나라는 풍토가 막히고 산천이 서로 얽혀 있어 금하지 않을 수 없다. 하지만 성균관의 학문이 바로 잡히고 초야에서 바른 학문을 주변에 가르치는 풍조가 있어야 한다. 내가 군사君師의 위치에 있어 마땅히 이렇게 하는 것으로 노력하겠으나 초야에서 행실을 닦는 선비들에게 기대하는 바가 있으니 각자 노력하도록 하라.

임금의 비답을 들은 채제공이 다시 임금에게 이렇게 건의했다.

세상을 현혹시키고 백성을 속이는 서양학西洋學은 반드시 무겁게 치벌한 뒤에야 '나라 안에서 함께 있을 수 없다'는 의리에 어긋남이 없게 될 것입니다. 다만 서학西學은 특별히 꼬투리를 잡을 만한 형적이 없는데, 만일 남을 공격하는 마음으로 서학과 관계도 없는 사람을 지적하여 "저 사람도 일찍이 이것에 종사했다"고 말한다면 이는 실로 밝혀내기 어려운 일이며, 훗날 반드시 세상일의 걱정거리가 될 것입니다.

채제공은 서학西學을 금압할 필요성을 인정하면서도, 이를 당쟁에 이용하여 반대당 사람들을 서학 종사자로 몰아 탄압할 것을 걱정하고 있는 것이다. 사실 천주학은 당색으로 보면 남인들 사이에 널리 퍼졌기 때문에 노론이 남인을 탄압하는 수단으로 악용될 가능성을 염려한 것이다. 그렇게 되면 채제공 자신도 공격의 대상이 될 수도 있고, 또 실제로 노론은 채제공을 그렇게 몰아가고 있었다.

채제공의 말을 들은 임금은 "만약 관계없는 사람을 공격하려는 계책을 부리는 일이 있다면 이는 떳떳한 법도에 어긋난 것이다. 만약 이런 일이 있을 경우 발견되는 대로 고한다면 응당 자세히 조사하여 엄중히 조처하겠다."고 다짐했다.

그러나 채제공과 임금이 걱정한 일이 실제로 현실로 다가오기 시작했다.

10월 23일 지평 한영규(韓永逵; 청주한씨)는 상소하여 권상연과 윤지충을 처벌하고, 나아가 전 별감 홍낙안(洪樂安; 풍산홍씨)과 진사 성영우도 함께 엄히 처벌하라고 요구했다. 홍낙안도 남인이지만 천주학을 맹렬히 비판하는 인사로서 이미 그런 뜻의 편지를 써서 채제공에게 보내기도 했었다. 그런데 한영규는 오히려 그 편지를 빌미로 하여 홍낙안을 처벌하라고 요청한 것이다. 그가 비록 천주학을 반대했지만 남인이라는 이유로 그의 처벌을 주장하고 나선 것이다.

채제공은 한영규의 주장이 너무 터무니없어 임금에게 사실을 고했다. 임금은 먼저 한영규에게 비답을 내려 "이단을 공격하면 해로울 뿐"이라고 공자가 말했다고 하면서, 범법자를 처벌하는 것은 관찰사 수준에서 끝내는 것이 좋다고 말하고, 채제공의 말에 대해서는 이렇게 비답을 내렸다.

이단이란 다만 노자, 양자, 묵자, 석가, 순자, 장자, 한비자뿐 아니라 제자백가의 수많은 글들로서 올바른 것이 아닌 것은 모두 이단이다. 나는 일찍이 경연 석상에서 "서양학을 금지하려면 먼저 패관잡기稗官雜記부터 금지해야 하고, 패관잡기를 금지하려면 먼저 명말 청초의 문집들부터 금지시켜야 한다."고 말해 왔다. 그렇다면 경은 이런 책들을 모두 물이나 불속에 던져넣는 것이 옳은지부터 여러 대신들과 충분히 강구하도록 하라. 그렇게 하기가 어렵다면 연경(燕京; 북경)에 가는 사신들이 이런 잡서들을 사오는 것을 금지시키는 것이 어떻겠는가?

임금은 이단이 나쁘다는 것은 인정하지만, 그렇다고 그 모두를 진시황秦始皇처럼 분서갱유焚書坑儒할 수는 없다고 본 것이다.

정조는 10월 25일에도 채제공과 이단에 대해 장시간 토론했다. 임금은 채제공에게 이르기를, "이단을 내가 느슨하게 다스린다고 할지 모르지만, 이단은 오랑캐와 같은 것인데 성인聖人은 오랑캐의 침입을 막긴 했어도 정벌하지는 않았다. 오랑캐를 어찌 끝까지 다스릴 수 있는가? 진秦나라나 한漢나라처럼 오랑캐를 힘으로 치는 것은 옳지 않다."고 하면서 이단을 발본색원할 필요가 없다는 입장을 취했다.

채제공은 윤지충이 신주神主를 불태우고 부모의 시신을 내버렸다는 말은 와전된 것이라고 했다. 집이 가난하여 장례 때 예를 다 갖추지 못했을 뿐이고, 신주는 태우지 않았다고 말했다.

임금은 "서양학이란 것이 어떤 것이기에 그토록 사람의 마음을 현혹시키는가?"고 묻자 채제공은 조금 길게 답변했다.

그 학술은 오로지 천당과 지옥의 설이 중심인데 그 본뜻은 악을 버리고 선을 행하자는 것에서 생긴 것이나, 그 폐단은 아비도 없고 임금도 없는 지경에까지 이릅니다. 아비로 섬기는 것은 셋이 있는데, 상제上帝를 첫째 가는 아비로 삼는 것은 그나마 《서명西銘》의 "하늘을 아비라 부른다."는 뜻에 속하지만, 조화옹(造化翁; 야훼)을 두 번째 아비로 삼고, 낳아 준 아비를 세 번째 아비로 삼는 것은 윤리가 없고 의리에 어긋나는 설입니다. 임금이 없다고 한 말은, 그 나라의 풍속이 본래 일반 백성 가운데 뛰어난 자를 골라서 임금으로 세운다 하니 더욱 흉악합니다. 또 그들은 말하기를, "사람이 죽으면 선을 행한 자는 천당으로 가지만,

악을 행한 자는 지옥으로 빠진다. 그러니 제사를 지내도 천당으로 돌아간 자는 기꺼이 와서 흠향하려고 하지 않을 것이고, 지옥에 빠진 자는 와서 흠향할 수가 없다. 그러니 쓸데없는 제사를 지낼 필요가 없다."고 합니다. 우리나라는 예의의 나라인데도 도리어 요망한 설에 미혹되니, 실로 가증스럽습니다.

채제공의 설명을 들은 임금은 다시 물었다. "어떻게 하면 그들로 하여금 저절로 일어났다가 저절로 소멸되어 스스로 새롭게 되는 길을 얻게 할 것인가?" 하니 채제공이 답했다. "그 학술에 대해 특별히 시행할 방도가 없고, 근거를 잡아 조사할 만한 형적도 없으니, 오직 드러나는 자부터 다스려 그 책을 불살라 버리고, 그 사람들을 사람답게 만들면 자연 수그러들 것입니다. 금지령을 너무 엄하게 세워 사형으로 처결한다면 도리어 법이 시행되지 않을 것입니다. 모든 일이 지나치면 문제를 일으키는 법이니, 우선 내버려두고 따지지 않는 것이 좋습니다."고 말했다. 그러자 임금이 "사신使臣이 명청明清의 문집을 사 오지 못하게 하라."고 명했다. 임금은 천주학보다는 오히려 중국에서 들어오는 잡서들을 더 경계하고 있었다.

윤지충과 권상연만이 아니라 평택현감 이승훈(李承薰; 평창이씨; 1756~1801)과 양근 사람인 권일신(權日身; 1742~1791)도 천주학이 문제가 되어 11월 3일 붙잡아다 문초했다. 이승훈은 정조 6년(1782)에 동지사의 서장관書狀官으로 북경에 간 아버지를 따라가서 수백 권의 천주교 서적을 사 가지고 돌아와 정조 11년(1787)에 성균관에서 설법說法할 때 《성교천설聖教淺說》과 《만물진원萬物眞源》을 끼고 간 일이 있고, 권근權近의 후손인 권일신은 천주학의 교주教主로 알려졌는데, 그는 천주학자인 권철신權哲身의 아우이자 유명한 《동사강목東史綱目》을 저술한 안정복安鼎福의 사위이기도 했다. 안정복은 《천학고天學

考》와 《천학문답天學問答》을 써서 천주학을 맹렬히 비판했다. 임금은 두 사람을 경기관찰사가 처리하라고 명했다. 다만 이번 공초에서는 이승훈이 북경에 가서 프랑스 신부로부터 세례를 받고, 또 권일신도 이승훈으로부터 세례를 받은 사실은 밝혀지지 않았다.

한편, 앞서 문제가 되었던 전라도 사람 윤지충과 권상연에 대해서는 전라도 관찰사 정민시鄭民始가 조사한 결과를 보고했다. 윤지충은 성균관 유생으로 진사시에 급제하고 정조 8년(1784)에 서울에 머무는 동안 중인 역관中人譯官 김범우金範禹 집에 갔다가 마테오 리치(Matteo Ricci; 중국 이름 利瑪竇)가 지은 《천주실의天主實義》와 《칠극(七克; 예수회 신부 판토하가 지은 책)》을 보고 그 책을 빌려 고향에 가지고 돌아와 베끼고 돌려주었다. 1년 뒤에 비방이 일어나자 그는 책을 태워 버리기도 하고 물로 씻어 버리고 집에 두지 않았다. 그는 신주를 땅에 묻었는데, 가난한 사람들이 신주를 세우지 않거나 제사를 드리지 않는 것을 금하는 법이 없다. 천주교의 가르침을 따랐지만 법을 어긴 일은 없었다.

권상연은 윤지충과 내외종 사이로 같은 마을에 살고 있었는데, 《천주실의》와 《칠극》을 윤지충 집에서 얻어 보고 신주를 불태워 무덤 앞에 묻었다. 시신을 버린 일은 없었다.

위와 같은 정민시의 보고를 받은 임금은 이렇게 말했다.

　이번 일은 대부분 좌의정[채제공]이 아는 사람들이어서 내가 좌상의 얼굴을 봐준다고 말하는 듯하지만, 위정척사衛正斥邪에 관계되는 일을 어찌 소홀히 하겠는가? 하지만, 이 일은 형정刑政만으로는 다스릴 수 없고, 무엇보다 정학正學을 먼저 밝혀야 한다. 대체로 명말 청초의 글은 조급하고 기이하여 치세治世의 글이 아닌데, 그 가운데 《원중랑집袁中郞集》[29]은 가장 심하다. 요즘 습속을 보면 모두 경학을 버리고 잡서를 따라가고 있다.

이번에도 임금은 천주학보다 명말 청초의 잡서를 더 나쁘게 보고 있다. 천주학은 임금과 아비를 부정하는 문제점은 있어도 악을 버리고 선으로 가려는 목적이 있지만, 잡서들은 퇴폐적이며 방종하고 감각적이어서 사람을 악으로 인도한다고 본 듯하다. 그러나 윤지충과 권상연은 11월 8일 사형에 처했다. 일벌백계를 위한 것이었다. 그리고 권일신은 훈계한 뒤 제주도에 귀양 보냈는데, 11월 16일 다시 충청도 예산으로 옮기던 가운데 병사했다. 11월 12일에는 홍문관에 소장되어 있던 서양 책들을 태워버리라고 명했다.

이해 11월 21일에는 경상좌도 수군절도사 최동악崔東岳이 장계를 올려 거북선을 만들어 달라는 상서를 올렸다. "누선(樓船; 판옥선)은 거북선처럼 민첩하지 못한데, 본영本營에는 누선만 있고 거북선이 적으니, 누선 6척을 거북선으로 고쳐 주소서."라고 청했다. 임금은 누선 10척 가운데 3척을 거북선으로 만들라고 명했다. 왜란 때 큰 공을 세웠던 거북선이 그 뒤에도 계속 제작되어 남해 지방의 수영水營에서 사용되고 있었음을 알 수 있다.

11월 24일에 임금은 경상도와 황해도 지방이 사학邪學에 물들지 않은 것은 이황, 이언적, 이이 등의 선정先正이 퍼뜨린 유풍儒風에 힘입은 까닭이라고 말하고, 이들의 제사를 받들고 있는 후손들을 등용하라고 명했는데, 특히 이이의 후손은 모두 서손庶孫임에도 이항림李恒林을 전라우도 수군절도사에 임명했다.

---

29 《원중랑집》은 명말 원굉도袁宏道의 문집으로 자유주의적이고 감각적인 퇴폐주의 문학서로 알려지고 있었다.

12월 22일에 임금은 초계문신抄啓文臣에 대한 친시를 일곱 번째로 시행하고, 성균관 유생을 비롯한 3천 명을 시험하여 그 가운데 성적이 우수한 15명의 시험지를 묶어 책으로 편찬했는데, 이름을 《경림문희록瓊林聞喜錄》으로 불렀다.

이해를 마감하는 12월 26일에 시골에 희한한 경사가 일어났다. 평안도 철산鐵山 사람 이형복의 아내 정씨가 한번에 2남 2녀의 네 쌍둥이를 출산했다. 임금은 규정에 있는 포상 이외에 특별히 곡식을 내렸다.

이해에 중요한 문화적 업적이 이루어졌는데, 148권 61책의 방대한 《송사전宋史筌》[30]을 편찬한 일이다. 《송사전》에 관한 내용은 정조 4년 10월 10일자에 소급해서 자세히 기록되어 있다. 이 책은 정조가 세손으로 있을 때 중국의 역사책을 공부하다가 우리나라의 정치제도가 송나라와 가장 비슷한 것을 알고 원나라 때 편찬한 《송사》를 보니, 분량이 406권으로 방대하면서 내용이 산만하고 체재가 잡혀 있지 않아 직접 내용수정에 들어갔다. 그러다가 즉위한 뒤에 서명응徐命膺, 황경원黃景源 등 많은 각신들을 참여시켜 정조 4년(1780)에 1단계 작업이 끝나고, 뒤이어 이덕무李德懋 등이 계속 작업을 진행하여 15년에 이르러 완성했다.

수정할 때 번잡한 것을 대폭 삭제하고, 열전에 들어 있던 후비后妃를 본기本紀에 넣었으며, 종실세가宗室世家를 별도로 설정하고, 성리학자인 주돈이周敦頤·장재張載·정호程顥·정이程頤·주희朱熹를 5현전으로 독립시켰고, 유민전遺民傳을 새로 만들었으며, 외국 열전에 고려를 맨 먼저 넣었고, 요遼, 금金, 원元을 본기에서 열전으로 옮겨

---

30 《송사전》에 대한 자세한 내용은 이성규, 〈《송사전》의 편찬배경과 그 특색〉(《진단학보》 49, 1980) 및 김문식, 〈《송사전》에 나타난 이덕무의 역사인식〉(《동아시아문화연구》 33, 1999) 참고.

정통正統을 바로잡았고, 송나라가 망한 뒤에 잔존세력이 옹립한 황제들을 정통에 넣었다. 말하자면 중국사의 정통체계를 존왕양이尊王攘夷 정신에 바탕을 두고 바로잡은 것이 가장 큰 특징이다.

그러면 이해 호조의 양향청과 선혜청, 병조의 훈련도감, 금위영, 어영청, 수어청, 총융청에 보관중인 재물의 회계부는 어떠했는가? 이를 지난해와 비교하여 표를 만들면 다음과 같다. 괄호 안의 수치는 지난해 수치다.

황금	3백 냥 [326냥]
은자	42만 113냥 [31만 8,799냥]
전문	84만 8,395냥 [87만 5,190냥]
명주	86동 [98동 38필]
면포	3,560동 [3,641동 35필]
모시	49동 [63동 33필]
마포	1,337동 [1,125동 7필]
쌀	36만 3,552석 [33만 8,816석]
좁쌀	1만 1,240석 [9,064석]
콩	5만 19석 [3만 8,860석]
피잡곡	9천 석 [8,511석]

위 표를 보면 지난해보다 늘어난 것은 쌀을 비롯한 곡식과 은자이다. 곡식이 늘어난 것은 논농사가 풍년이 든 까닭이고, 은자가 10만 냥 정도 늘어난 것은 중국에 가는 사행이 줄었기 때문인 듯하다. 줄어든 것은 황금과 돈이다. 황금이 26냥 줄어든 것은 아마도 임금의 어진을 그리는 데 소요된 듯하다. 곤룡포에 붙인 용 그림 보補를 그리려면 황금이 필요했다. 명주와 모시가 줄어든 것은 왕실 여인들이

비단옷을 입지 않고 명주옷과 모시옷을 입은 데서 연유했을 것이다.

　그러나 위 수치가 국가의 전체 재물을 포괄하고 있는 것은 아니다. 내수사 재물이나 지방 고을과 병영 및 수영 등에 보관중인 재물은 여기에 포함되어 있지 않다. 정조 20년(1796) 6월 22일에 판중추 이명식李命植이 올린 상소를 보면, 정조 16년의 회계안會計案에는 피잡곡[겉곡식]이 277만 4,464석이고, 그 가운데 쌀이 7만 석이라고 한다. 이 수치는 팔도에 비치되어 있는 상진곡常賑穀을 말하는 것으로 위에 소개한 수치와는 너무나 차이가 크다.

4. 정조 16년(1792)
　—현륭원 행차, 현륭원에 정조 어진 봉안,
　　제8차 초계문신, 규장각에 대제학 설치,
　　장헌세자 신원운동, 남단제사 승격,《영남빈흥록》,
　　《증수무원록언해》,《오산집》,《영남빈흥록》,
　　《충무공전서》편찬, 문체반정 지속

　정조 16년(1792)은 임금의 나이 41세로 이미 불혹不惑의 나이를 넘어섰다. 이해는 장헌세자가 세상을 떠난 임오화변(1762)이 일어난 지 30주년이 되는 해이기도 하다. 정조로서는 더욱 슬픈 해가 아닐 수 없었다. 그래서 이해는 정조의 효도사업이 더욱 본격적으로 추진되었다. 그동안 금기되었던 장헌세자의 신원운동伸寃運動이 재야 유생들과 대신들 사이에서 일어난 것이다.

　1월 21일에 정조는 고모부 박명원(朴明源; 화평옹주의 남편)의 조카인 박종악(朴宗岳; 반남박씨; 1735~1795)을 우의정에 임명하여, 좌의정 채제공과 함께 정부를 이끌어가게 했다. 화평옹주는 사도세자를 지극하게 돌보아 준 누님이었다. 그러나 영의정은 여전히 공석으로 두어 채제공이 수상을 맡았다.

1월 24일에는 현륭원에 참배하기 위해 행차를 떠나 수원 행궁에 도착했다. 강무당講武堂에 나아가 신하들과 활쏘기를 하면서 몸을 풀었다. 다음날 현륭원에 가서 참배하고 지난해 그린 자신의 어진을 재전齋殿에 봉안했는데, 서향西向으로 걸어 현륭원을 바라볼 수 있도록 했다. 다시 수원으로 돌아와 득중정에 나아가 유생과 무사들을 시험하여 급제한 사람은 곧바로 전시殿試에 응시할 자격을 주었다.

1월 26일 궁으로 돌아왔는데, 수원 북쪽 사근현沙斤峴에 이르러 말에서 내려 신하들에게 말하기를, "내가 본래 가슴이 막히는 병이 있어 궁궐을 나올 때 고통스러웠는데, 이제 배알하는 예를 마치고 나니 사모하는 마음이 다소 풀려 가슴 막히는 증세도 조금 가라앉았다. 이 지역은 바로 수원 지역의 경계이다. 내가 말에서 내려 경들을 불러 보는 것은 행차를 지연시키기 위해서다."고 하면서 이 고개를 지지대遲遲臺로 부르게 했다. 그 뜻은 천천히 가는 고개라는 뜻이다. 그래서 지금도 이 고개를 지지대고개로 부르고 있다.

행차가 노량의 배다리에 이르자 군사들이 먼저 강을 건너게 하고 신하들에게 말하기를, "옛날에 배로 건널 때에는 수만 금을 허비했는데, 배다리를 설치한 뒤로는 수백 금에 지나지 않으니 비용이 크게 줄었다."고 말하고 연도의 백성들에게 금년 가을 환자 모곡을 면제해 주라고 명했다.

1월 27일에는 현륭원 행차 규범을 기록한 《원행정례園幸定例》를 일부 고치라고 명했다. 임금의 음식을 서울에서 준비하게 했으나 서울에서 운반하는 일이 매우 어려워 다시 현지 고을에서 하도록 했다.

그 대신 생선 한 마리나 과일 한 개라도 정한 규정 이상을 받으면 엄중히 다스리겠다고 경고하고, 이것을 수원부 장남헌壯南軒에 써서 게시하라고 명했다. 민폐를 끼치지 않기 위함이었다.

2월 11일에는 서유구(徐有榘; 1764~1845)를 규장각 대교待敎로 삼았는데, 그는 바로 죽은 서명응의 손자이자 서호수의 아들이다. 그는 실학적인 가학의 전통을 계승하여 만년에 유명한 《임원경제지林園經濟志》를 저술하여 농학農學을 집대성했다.

3월 1일에는 김해에 있는 가락국의 시조 수로왕首露王 능에 봄가을로 제사를 지내는 의식을 정하고, 가락국의 대궐 터와 묏자리를 잘 보존하라고 명했다. 정조는 이미 역대 시조들의 능에 제사를 지내고 보호하는 일을 적극 추진해 왔는데, 수로왕이 빠져 있다가 이때 비로소 시행하기 시작했다. 다음날에는 영남으로 내려가는 각신 이만수李晩秀에게 신라 시조를 모신 숭덕전崇德殿에 제사를 지내고, 그 일대에 있는 왕릉들을 잘 살피고 오라고 명했다. 또 경주에 있는 이언적李彦迪을 모신 옥산서원玉山書院과 이황을 모신 도산서원陶山書院에도 제사를 지내라고 명했다. 이단을 막으려면 정학正學을 퍼뜨린 선현들을 잘 우대해야 한다고 믿었기 때문에 이런 명을 내린 것이다.

3월 21일에는 창덕궁 후원에 있는 규장각 일대가 꽃으로 뒤덮였다. 이때를 맞이하여 임금은 각신들과 그 자제들을 모두 불러 함께 꽃구경을 하게 하고 연못인 부용지芙蓉池에 둘러앉아 낚시를 했다. 고기 한 마리를 잡을 때마다 기旗를 올리고 음악을 연주하여 흥을 돋구었다. 임금은 이런 때 시詩를 지어야 한다고 하면서 자신이 시의 기구起句와 절구絕句를 지을 터이니 각신들은 각각 한 연聯씩 지어서 완성하라고 명했다.

임금이 지은 기구起句와 결구結句는 이러하다.

[기구] 내원內苑에선 어조시魚藻詩를 노래하고
　　　앞 연못엔 뛰어난 인재 모여 있네

[결구] 온 자리에 화기和氣가 혼후(渾厚; 인정이 두텁다)하니
　　　너희 무리를 집안사람처럼 보련다

　이런 시구를 내리고 음식을 베풀었다. 이어 9개의 과녁을 설치하고 각신, 승지, 사관, 유생들 가운데 활을 잘 쏘는 사람들과 짝을 지어서 활을 쏘았는데, 임금은 한 차례에 다섯 발을 맞추었다. 임금의 활솜씨는 언제나 신하들을 압도할 만큼 명사수였다. 저녁이 되자 모임을 파했다. 규장각 건물인 주합루宙合樓 앞에는 어수문魚水門이라는 작은 문을 만들었는데, 이는 임금과 신하가 물과 물고기처럼 한 몸이 되자는 뜻을 담고 있었다. 이날 모임은 그야말로 정조와 근신들이 한 몸이 되는 단합대회로서 태평성대처럼 보였다.

　3월 23일에는 의정부에서 40세 이하의 제8차 초계문신을 선발하여 임금에게 보고했다. 그 명단은 이조원李肇源, 김희화金熙華, 이홍달李弘達, 남공철(南公轍; 1760~1840), 한기유韓耆裕, 이운항李運恒, 권의權倚, 임경진林景鎭, 심반沈鑻, 민치재閔致載 등 10명이었다. 이조원은 소론인 연안이씨 판서 이민보李敏輔의 아들이고, 김희화는 노론인 청풍김씨 이조판서 김익휴金翊休의 아들이며, 이홍달은 전주이씨로서 집안이 한미하고, 남공철은 정조가 세손 때 스승이었던 노론 남유용南有容의 아들, 한기유는 판서 한광계韓光綮의 아들로서 노론이고, 이운항은 여주이씨로서 집안이 한미한데 남인 집안으로 보이고, 권의는 안동권씨로 남인, 임경진은 나주임씨 임석철林錫喆의 아들이나 가계가 한미하고 소론으로 보인다. 심반도 가계가 한미하고, 민치재는

노론 판의금부사 민치후閔致厚의 형이다.

이들의 집안을 살펴보면 이조원, 김희화, 남공철, 한기유, 민치재 등 5인은 집안이 좋고 나머지 5명은 집안이 한미했다. 당색으로 보면 노론과 소론, 남인이 섞여 있다. 남인 정승 채제공과 노론 정승 박종악이 추천한 결과일 것이다. 이들 초계문신 가운데 가장 큰 문장가요 정치인으로 성장한 사람은 남공철이었다.

3월 23일에는 북경에 서장관으로 간 성능익成能翼이 《사고전서四庫全書》에 대한 소식을 별단別單으로 전해 왔다. 모두 6,144개 함函이고, 그 가운데 교정을 거친 것이 5,850함이라고 보고했다. 그러니까 아직도 교정이 진행 중이라는 것이다. 《사고전서》를 구입하고자 했던 임금의 관심이 얼마나 컸는지를 잘 보여 준다.

3월 24일에는 우의정 박종악이 평안도 출신 문과 급제자의 분관分館에 대하여 건의했다. 옛날에는 유향(儒鄕; 향임)이 급제하면 성균관에 분관하고, 서자庶子와 이교吏校가 급제하면 교서관에 분관했는데, 금년에는 모두 성균관에 분관하여 교서관에서 교정볼 사람이 없으니 옛날대로 교서관에 분관하자고 주장하여 임금이 따랐다.

3월 24일에는 규장각 규정을 일부 수정했다. 하나는 이미 대교待敎를 지낸 사람은 이미 전에 권점을 받은 바 있으므로 직각直閣으로 올라갈 때 권점을 다시 받지 않도록 하고, 제학 위에 처음으로 대제학大提學을 두어 제학이 정승이 되면 자동적으로 대제학이 되도록 고쳤다. 그리하여 노론 제학 오재순吳載純이 대제학으로 승진했다. 이날 권점을 하여 최고점을 받은 남공철을 직각으로 임명했다. 그는 하루 전에 초계문신으로 선발된 인물이기도 하다.

3월 27일에는 의정부 정승들이 모여 홍문관원을 선발하는 도당록都堂錄을 만들어 임금에게 보고하게 했는데, 좌의정 채제공과 우의정 박종악이 서로 실랑이를 벌여 결론을 내리지 못하자 임금이 박종악에게 실망했다고 질책했다. 도당록은 최고의 정승과 대제학이 주도하여 결정하는 것인데 우의정이 지나치게 간섭한 것이 잘못이라는 것이다. 두 사람은 당이 서로 달라 남인 정승과 노론 정승 사이에 충돌이 일어난 것이다.

정조는 조선 전기의 학자나 문인 가운데 우수한 자를 뽑아 문집을 내는 일을 즐겨 했는데, 양성지 문집인《눌재집》과 정도전 문집인《삼봉집》이 지난해 간행되었음은 이미 설명했다. 그런데 이해 4월 3일에는 평안도 관찰사에게 선조 때 문인으로 시를 잘 짓고 문장이 뛰어났던 차천로(車天輅; 1556~1615)의 문집《오산집五山集》을 간행하라고 명했다. 특히 그의 집안이 한미하여 글이 세상에 널리 알려지지 못한 것을 아쉬워하여 이런 명을 내렸다.

정조는 이단을 물리치고 올바른 문풍을 진작시키기 위해 지난해 유생들에게 문제를 내 주고 시험을 보게 하여 우수한 시험 답안지를 모아《경림문희록》을 편찬한 바 있다. 금년에는 경상도에 각신 이만수李晩秀를 보내 영남 유생들에게 임금이 낸 문제를 시험 보게 했는데, 4월 4일 이만수가 그 시권(試券; 시험답안지)을 임금에게 올렸다. 임금이 직접 점수를 매겨 강세백(姜世白; 진주강씨)과 김희락(金熙洛; 의성김씨)을 발탁하여 급제시켰다. 시험 장소는 도산서원陶山書院이고, 시험치는 날은 이황李滉에 대한 제사를 지내던 날로서 이를 기념하여 시험을 보게 한 것인데, 약 1만 명이 모여들었다고 한다. 정조는 우수한 답안지를 골라 경상도에서 책을 만들어 올리라고 명했는데, 이 책이《영남빈흥록嶺南賓興錄》이다.

영남에 간 이만수는 왕명에 따라 김해와 경주 일대의 왕릉을 돌아보고 보존 상태를 점검한 결과를 보고했다. 김해에는 수로왕의 능과

허왕후許王后의 능이 잘 보존되어 있고, 경주에는 28위의 왕릉이 잘 보존되어 있다고 하면서 옛날에는 48위의 왕릉이 있었다는 말도 전했다. 또 경순왕전敬順王殿[31]에는 경순왕의 영정이 있어서 직접 살펴보았다고 아뢰었다.

정조의 정책 가운데 정치적으로 소외된 평안도 지역 사람들에 대한 배려는 매우 큰 비중을 차지한다. 문과에 급제해도 분관分館할 때 차별을 받아 외교문서를 관장하는 승문원承文院으로는 나가지 못하고, 무과에 급제해도 차별대우를 받아 역시 선전관宣傳官 같은 요직에는 못 나가는 현실을 개선하려고 노력했다. 또 유학을 공부하는 유신儒臣도 드물고, 무사들도 제대로 훈련된 사람이 없는 것도 문제로 여겨 유학을 진흥하고 무사들을 훈련하는 일에도 관심을 쏟았다. 그런 시책의 하나가 별부료別付料 무사의 설치이다. 이 별부료 무사제도는 정조 13년부터 시행되었는데, 오래 근무한 무사를 전근시켜 장수로 승진시키는 것을 말한다. 그런데 4월 19일 승문원 판교 손석주는 임금에게 상소하여 실제로 무사들의 승진이 제대로 이루어지지 않고 있다고 지적했다. 이에 병조가 보고하기를 시행된 지 2년밖에 안 되어 아직 오래 근무한 사람이 없어서 그렇게 되었다고 하면서 금년 여름부터 시행하겠다고 하여 임금의 윤허를 얻었다.

언관들이 임금에게 올린 상소 가운데에는 사실관계도 모르면서 비판하는 경우가 적지 않았다. 그 하나의 예를 들어 보자. 4월 18일 사간원 정언 유성한(柳星漢; 진주유씨)의 상소 가운데 임금이 거동할 때 광대廣大가 앞에서 접근하고, 궁중에 여악女樂이 난잡하게 금원禁苑에

---

31 경순왕전敬順王殿은 인조 때 경순왕의 후손과 경상도 관찰사 김시양이 세운 경순왕 사당인데, 처음에는 동천묘東泉廟로 불리고 있다가 경종 때 조태억의 건의를 받아들여 경순왕전이라는 사액을 받았다.

들어간다고 하면서 임금이 경연을 소홀히 하는 것이 혹시 이 때문이 아니냐고 따졌다. 임금은 이 글을 보고 어이가 없어 웃음이 나온다고 말했다. 사실은 임금이 거둥할 때 신은(新恩; 새로 급제한 사람들)이 앞에 서 어가를 인도하는 것을 유성한이 잘못 말한 것이고, 여악이 궁중에 들어간다는 것은 연등절 저녁에 대궐 밖에서 영문營門의 군사들이 풍악을 울리는 것을 오해한 것이다.

이해는 아버지 장헌세자가 세상을 떠난 지 30년이 되는 해로서, 이해를 계기로 지난 30년 동안 가슴 속에 품어 왔을 뿐 한 번도 발설하지 않은 아버지의 억울한 죽음에 대한 신원伸寃을 해야 한다고 결심했다. 그러나 임금이 먼저 이 문제를 거론할 수는 없었다. 아래에서 여론이 일어나기를 기다렸다.

과연 이 문제를 정면으로 거론하는 상소문이 윤4월 27일부터 올라오기 시작했다. 경상도 유학 이우李㙖 등 1만 57인이 연명으로 상소를 올린 것이다. 이렇게 많은 유생들이 상소를 한 것은 역사에서 드문 일인데 노론은 이 상소가 채제공이 뒤에서 사주했다고 의심했다. 채제공이 남인이므로 남인의 소굴인 영남 지역 유생들을 부추겼을 가능성도 없지 않다. 하지만 채제공의 사주를 받아 1만여 명의 유생이 연명상소에 응했다고 보는 것은 무리다.

이 상소에서는 장헌세자가 대리청정하는 14년 동안 학문이 고명하고 예의바르게 처신했으나, 세자의 가차 없는 말과 얼굴빛에 두려움을 품은 흉악한 무리들이 임금을 속여 죽음에 이르게 했다고 하면서 세자의 죄를 씻어 주어야 한다고 주장했다. 영남 유생들은 노론을 싫어하는 남인들이 많기 때문에 장헌세자가 죽은 책임이 노론에 있다는 생각을 품고 있다가 소를 올리게 된 것이다.

경상도 유생의 상소에 이어 5월 2일에는 병조판서 이병모(李秉模;

덕수이씨; 1742~1806)가 임금에게 아뢰기를, 임금의 학문이 군사君師의 자격이 충분하고, 그 위상이 중국 3대의 성인聖人에게는 미치지 못하지만 주공周公과 공자孔子 이후로는 정조와 비교할 만한 사람이 없다고 격찬했다. 그러고 나서 장헌세자의 학문과 예의가 뛰어나 팔도의 백성들이 목을 빼고 세자의 날을 기다리고 있었는데, 흉적들이 세자가 14~15세가 되던 영조 24~25년에 기미機微를 빚어내기 시작하여 세자가 24~25세가 되던 무렵에 일을 크게 만들었다고 했다. 그 중심 인물은 김상로金尙魯이고 여기에 문녀文女, 홍계희洪啓禧, 박치원(朴致遠; 밀양박씨), 윤재겸(尹在謙; 파평윤씨), 이현중(李顯重; 한산이씨), 홍인한洪麟漢, 구선복具善復 등이 함께 도모했으므로, 그 당여인 유성한柳星漢, 박치원, 이현중, 윤재겸 등에게 죄를 내리라고 촉구했다. 이병모는 숙종 때 정승을 지낸 덕수이씨 이단하李端夏의 현손으로 이미 규장각 직제학을 지낸 정조의 총신 가운데 한 사람이었다. 비록 노론이지만 시파에 속하여 누구보다도 정조의 속마음을 잘 알고 이런 말을 한 것이다. 그는 정조가 세상을 떠날 때 영의정을 맡고 있었으나 중국에 사신으로 떠나 임종하지 못했다.

이병모의 주장에 대하여 임금은 "이들에게 본죄로 포고하지 않은 것은 은미한 깊은 뜻이 있다."고 답했다. 그러니까 이들을 이미 처벌했지만 아버지와 관련한 죄는 묻지 않았는데, 그 이유는 깊은 뜻이 숨어 있었던 것이다. 아마도 그 말은 아버지의 죄를 씻어 준 다음에 처벌하겠다는 말로 보인다. 정조는 전부터 임오화변에 대한 말은 일절 꺼내지 말라고 신하들에게 엄한 명령을 내렸기 때문에 영남 유생들에게도 일단 죄를 묻지 않을 수 없었지만, 내심으로 기뻐했다.

이병모에 이어 5월 5일에는 사직 서유린(徐有隣; 서효수 아들; 1738~1802)도 똑같은 말로 세자를 칭송하면서 세자의 억울함을 호소했으며, 이어 5월 7일에는 앞서 상소했던 경상도 참봉 이우를 비롯한 1만 368명이 또 두 번째로 상소하여 속히 세자가 억울함을 당하게 된 연유를 설명하는 윤음을 전국에 내리고 죄인들의 죄를 소급하여 시행하라고 촉구했다.

드디어 5월 22일에 임금은 전직 및 현직 정승과 각신, 비국 당상 등 중신들을 불러 보고, 아버지의 죽음에 관한 경위를 아주 길게 설명했다. 이날은 바로 나경언羅景彦이 세자의 비행을 고발하여 죽음으로 몰고 간 날이었다. 그 요지를 정리하면 다음과 같다.

> 부자간父子間의 윤리가 있은 뒤에 군신간君臣間의 의리가 있는데, 30년 동안 부자간의 윤리를 지키지 못하고 원통함을 삼키면서 살아 왔다. 내가 등극한 이후로 모년[임오화변]의 의리에 대하여 한 번도 분명한 말로 유시하지 못했고, 그들을 죽인 것도 다른 이유로 했으며, 그들을 성토한 것도 다른 조항에 의해서였다. 내가 그렇게 한 이유는 선대왕[영조]께서 직접 몸소 감당할 터이니 아무도 문제를 제기하지 말라고 신신당부하셨기 때문이다. 또 <종통윤음(宗統綸音; 정조를 효장세자의 아들로 입적시킴)>을 내리셨고, 또 '통석痛惜'이라는 말로서 후회하고 계셨으므로 내가 받들어 가슴속에 새겨 왔다.
>
> 또 영조 52년에 아버지 일에 대한 《승정원일기》의 기록을 세초(洗草; 씻어서 지우다)하도록 하셨고, 또 아버지 무덤과 사당[垂恩廟]에 가서 예를 올리도록 허락하시어 아버지의 억울함을 씻어 주셨다. 이렇게 선대왕께서 아버지의 죄를 씻어 주셨지만, 나는 나대로 원수를 갚아야 할 의리가 있다. 내가 흉적들에게 죄를 줄 때 나에 대한 반역만을 문제 삼았을 뿐 아버지에 대한 죄를 넣지 않고 참아 왔는데, 지난번 영남 유생들의 말은 바로 이 점을 지적한 것이다. 나는 《명의록明義錄》에서도 그들이 임오화변의 역적이라고 쓰지 않았는데, 그 이유는 <춘추필법春秋筆法>에 부치려는 뜻 때문이었다. 그래서 구선복具善復을 죽일 때에도 그가 스스로 반역할 때를 기다린 뒤에 죽인 것이지, 그의 병권이 무서워서 그리한 것이 아니다.

임금은 이렇게 자신의 숨은 뜻을 밝히면서 대신들의 이해를 구했다.

5월 28일에는 이해 1월부터 충청도와 평안도 지방의 굶주리는 백성들에게 진휼곡을 나누어 주었는데, 특히 평안도 지역의 굶주린 백성[饑民] 가운데 23만 명은 국가에서 진휼하고, 나머지 20만 명에 대해서는 부자들이 개인적으로 6,359석을 내어 진휼했다. 기민의 절반을 개인들이 구제했다는 것은 놀라운 일이며, 평안도에는 부자가 많았다는 것이 드러난다.

정조는 남단南壇에서 올리는 제천행사祭天行事에 대해서도 그 격을 높였다. 즉위 이후로 흐트러진 국가의 각종 제사 규범을 하나씩 하나씩 바로잡아 갔는데, 이해 8월 7일에는 지금의 용산 미8군 영내에 설치했던 남단(南壇; 風雲雷雨壇)의 실태를 조사하라고 승지 서영보徐榮輔에게 명하면서 이렇게 말했다. "《오례의》에 따르면 정1품이 초헌관初獻官이었던 것을 지금은 2품이 하고 있으며, 똑같은 중사中祀에 속하는데도 잠농단蠶農壇은 정1품이 하고 있으니, 이를 바로잡으라."고 했다.

다음날 서영보가 현장에 가서 남단의 크기를 측량하고, 춤과 음악, 그리고 제사에 쓰는 짐승 등에 관하여 아뢰자, 임금은 8월 12일 남단의 역사에 대하여 대략 이렇게 말했다.

> 남단은 옛날 환구단圜丘壇이다. 예禮에는 제후諸侯가 천지天地에 제사할 수 없다고 했지만, 우리나라는 단군檀君이 하늘에서 내려와 나라를 세우고 돌을 쌓아 하늘에 제사를 지냈다고 한다. 그 뒤에도 계속 그렇게 해 온 것은 우리나라가 중국의 제후로 봉함을 받지 않았기 때문이었다. 그러다가 조선왕조에 이르러 환구단의 예禮가 소국小國에서 할 일이 아니라 하여 세조世祖 때 환구단 제천을 한 뒤로는 이름을 남단(南壇; 일명 風雲雷雨壇)으로 바꾸어 지금에 이르렀다. 남단에는 3개의 위패가 있는데, 가운데에는 풍운뇌우단風雲雷雨壇을 두고, 왼쪽

에는 산천山川, 오른쪽에는 성황城隍의 위패를 모셨다. 그리고 축문에는 '조선국왕 신臣 아무개'라고 쓰여 있다. 그런데 《오례의五禮儀》에도 초헌관은 정1품이 하도록 되어 있는데 지금 2품이 하고 있으니 이를 바로잡으라. 환구단과 남단이 이름이 다르다고 하여 차이를 두어서는 안 된다.

정조는 우리나라가 본래 하늘에서 내려온 단군檀君이 나라를 세우면서 하늘에 제사를 드린[祭天] 뒤로 계속해 오다가 조선왕조 세조 때에도 환구단을 세워 제천했는데, 그 뒤로 소국小國의 예에 어긋난다 하여 이름을 남단으로 바꾸었지만, 환구단과 남단이 이름은 달라도 하늘에 제사 지내는 정성은 같다고 보아 이를 소홀히 하면 안 된다고 강조했다. 그래서 첫 술잔을 올리는 초헌관을 지금의 2품에서 《오례의》의 규정대로 정1품으로 올리라고 명했다. 여기서 정조는 우리나라가 처음부터 중국의 제후국이 아니었음을 정확히 알고 있을 뿐 아니라, 비록 제천단인 환구단이 남단으로 이름이 바뀌었다고 해서 그 격을 낮출 필요가 없다고 본 것이다. 정조가 몇 년 전에 단군릉을 잘 보전하라고 명한 것과 맥이 닿는 조치이다.

이해 5월 말에서 6월 초에 걸쳐 큰 홍수가 났다. 특히 영남 지역의 피해가 가장 크고, 그 다음이 호남 지역이었다. 영남에서는 집이 수천 채가 무너지거나 떠내려가고 수백 명의 사상자가 발생했다. 정조는 8월에 이르러 영남과 호남의 농사가 크게 흉년이 든 것을 걱정하면서 8월 13일에 이 두 지역의 백성을 보살필 것을 신하들에게 명했다.

그런데 8월 21일에 이르러 또 영남에 큰 홍수가 나서 7백여 호가 무너지거나 떠내려가고 359명이 죽었다. 아마도 태풍을 만난 것으로 보인다. 이 지역이 이렇게 큰 홍수를 만난 것은 처음 있는 일이다. 정조는 피해가 심한 지역의 모든 세금을 반으로 줄이라고 명했다. 이어 10월 3일에는 영남의 여러 고을에서 바치는 토산품을 정지시키라고 명했다.

8월 14일에는 임금의 총신 가운데 한 사람인 연안이씨 이복원(李福源; 이철보의 아들; 1719~1792)이 향년 74세로 세상을 떠나자, 임금이 깊은 애도를 표했다. 그는 임금이 세손 때 시강원 익선翼善으로 가르친 인물인데, 정조는 시강원 사師였던 남유용南有容과 익선翊善이었던 이복원을 몹시 존경했다. 그래서 규장각을 세우자 제일 먼저 그를 제학提學으로 삼고 벼슬을 좌의정까지 올렸다. 이정귀李廷龜의 후손으로 좌의정 이성원李性源의 족형族兄이기도 하다. 정조 시대에 학문을 바탕으로 가장 현달한 사대부 집안은 연안이씨, 달성서씨, 연안김씨, 안동김씨 등이었다.

정조가 세손 때 시강원 빈객賓客으로 일했던 황경원(黃景源; 1709~1787)[32]이 5년 전에 죽었으나 시호를 내리지 못했는데 이해 9월 26일 임금은 그에게 문경文景이라는 시호를 내렸다.

정조는 나라를 지킨 역대 명장名將에 대한 추모사업을 즉위 직후부터 지속적으로 추진하여 그들의 문집을 발간하기도 하고, 후손들에게 벼슬을 내리기도 했는데, 8월 19일에는 이순신李舜臣 장군에 대한 추모 사업으로 그의 문집인 《충무공전서忠武公全書》를 규장각에 명하여 편찬하게 했다. 임금은 이순신의 후손을 우대하기 위해 후손

---

32 황경원은 본관이 장수長水이고 이재李縡의 문인으로 춘추대의春秋大義와 존왕양이尊王攘夷, 곧 숭명반청崇明反淸 사상에 투철하여 왕명으로 송나라 역사의 정통성을 밝히는 《송사전》을 편찬하는 데에도 참여했다. 또 오랑캐인 청나라에서 편찬한 《명사明史》에 명나라가 망한 뒤에 남쪽에서 등극한 복왕福王, 당왕唐王, 영명왕永明王 등이 누락된 것을 보고 이들을 정통으로 인정하여 《남명서南明書》를 편찬했으며, 명나라 의종황제 이후로 조선 사람으로 인조 23년까지 명나라에 절의를 지킨 사람들의 열전인 《명조배신록明朝陪臣錄》을 저술했다.

의 실태를 조사하라고 명했는데, 9월 5일 각신 서유방徐有防이 이렇게 아뢰었다. 이순신의 아들 이면(李葂: 제3자)은 고향에 있다가 왜적에게 죽었고, 서자 이훈李薰과 이신李藎은 정묘호란 때 죽기도 하고, 이괄난 때 안현鞍峴에서 죽기도 했다고 말했다. 한편, 좌의정 채제공은, 충무공 이순신의 아들 이면은 총각 때 죽어 후사가 없고, 이훈과 이신도 후사가 없어 증직하거나 정려할 대상자가 없다고 아뢰었다. 하지만 본래 이순신은 장남 이회李薈와 차남 이울李蔚이 또 있었고, 이면李葂은 3남이었다. 이회와 이울의 후손들은 많이 있었는데, 이들은 이미 음보로 벼슬길에 나가 있어서 추천대상에서 빠졌다.

정조는 공자孔子의 후손으로 우리나라에 귀화한 공씨孔氏들에 대해서도 우대하는 정책을 폈다. 마침 8월 21일이 공자의 탄신일인 것을 기념하여 공자의 후손으로 우리나라에 들어온 사람들을 추억했다. 먼저 최초로 귀화한 사람은 원나라 때 공민왕의 왕비인 노국공주魯國公主를 따라 들어온 공소孔紹가 바로 공자의 53대손이고, 그 뒤 과거에 급제한 사람이 모두 4명이라고 하면서, 그 가운데 공부孔頫는 태종조에 태학사[홍문관원]가 되었고 공서린孔瑞麟은 중종 때 기묘명현己卯名賢이 되었다. 그 뒤로 문과급제자가 없다가, 최근 공서린의 9대손 공윤항孔胤恒이 유생이 되었고, 그 할아비 공학수孔學洙도 성균관 유생이었으나 모두 당색黨色 때문에 출세하지 못하고 있다고 하면서 개탄했다.

정조의 공자에 대한 관심은 여기서 끝나지 않았다. 9월 2일에 임금은 공씨들이 현재 수원 구정촌九井村에 살면서 공자의 사당인 궐리사闕里祠를 세웠으며, 공서린의 후손들이 지금 용인에 있는 공서린의 무덤 아래에 살고 있다고 하면서 그곳의 모습을 도면으로 그려 올리라고까지 말했다. 그리고 9월 3일에는 그 후손들을 예우하여 벼슬을 주라고 명했다. 또 9월 5일에는 경기전(慶基殿; 전주에 있는 이성계 영정을 모신 사당) 참봉을 지내고 있는 공윤동孔允東을 불러 보았는데, 공윤동은 말하기를, "수원에 살고 있는 자들이 30여 호인데, 중간에 용인으로 많이 이사했으며, 영남에도 공씨가 많다."고 했다. 정조가 공자와 그 후손들에 대하여 얼마나 세심한 관심을 쏟고 있는지를 알 수 있다.

8월 24일 임금은 서울의 곡식 값이 뛰어올라 백성들이 고통을 받자 처음에는 평시서平市署의 주장을 따라 값을 올리는 것을 금하게 조치했으나, 이날 방침을 바꾸는 명을 내렸다. 아무리 국가에서 값을 억누르더라도 상인들은 먹고살기 위해 싼 값으로 곡식을 사들여 비싼 값에 팔게 마련인데, 이를 막으면 도리어 상인들이 곡식을 가지고 서울에 들어오지 않아 더욱 물가가 올라갈 수 있다. 따라서 차라리 강물이 도도하게 흐르듯이 상품도 도도하게 흐르게 하는 것이 낫다. 상인들이 곡식을 싣고 서울로 들어와서 마음대로 팔게 하라. 그렇게 되면 수많은 곡식이 저자에 쌓여 곡식 값도 떨어져 쌀값이 고르게 될 것이다. 정조의 이 같은 발상은 신하들의 생각과는 다른 것으로, 요즘말로 하면 통제경제를 풀고 시장경제의 원리에 맞게 하자는 것이다. 정조 15년에 내린 신해통공辛亥通共과 아울러 대단한 발상의 전환이다.

9월 7일에 임금은 세조의 능인 광릉光陵에 참배하기 위해 행차를 떠났는데, 모든 수행원들을 각자 점심을 싸 가지고 오라고 명했다. 그 이유는 세조가 옛날에 그렇게 했기 때문이라고 했다. 행차가 미아리에 이르자 잠시 말에서 내려 도봉산의 만장봉萬丈峰을 바라보고 내의원 제조 서유린徐有隣에게 이렇게 말했다.

경도 이곳 산천의 아름다움을 아는가? 동북쪽에 절벽이 서 있는 곳이 만장봉인데, 수려하고 깨끗한 기상과 천지가 개벽하기 전의 형세가 나는 듯 뛰는 듯하니 매우 볼만하다. 일찍이 풍수가의 말을 들으니 풍수가 아름다운 곳을 만나면 매양 기뻐서 춤을 추고 싶다고 했는데 참으로 지나친 말이 아니다.

이렇게 만장봉의 수려한 경치를 말하고 나서, 임금은 누원樓院 주정소(晝停所; 휴게소)에 이르러 오언 사운시五言四韻詩 한 수를 지었다. 시 이름은 〈야차제만장봉野次題萬丈峰〉인데, 그 시는 이러하다.

> 큰 용이 곧은 줄기 뽑으니
> 그 형세 천 리에 뻗쳐 있네
> 칼 차고 달려와 대궐을 에워싼 듯
> 홀 잡고 꿋꿋이 하늘을 향한 듯
> 만 대의 굉장한 기업 이룩하고
> 해마다 풍년 드니 그 공적 드넓네
> 지나는 길 글 읽는 소리 들리니
> 이 골짜기 유독 아름다워 보이네

임금은 수행원들에게도 시를 써서 보이라고 명했다. 장수원長水院에 이르러 사관史官을 보내 지금 거상중居喪中인 전 우의정 김종수金鍾秀의 안부를 묻고, 양주목楊州牧에 이르러 아헌衙軒에서 활쏘기를 했다.

9월 11일 아침에 광릉光陵에 참배하고, 길을 떠나 축석령祝石嶺[33]에 이르자 말에서 내려 사방을 둘러보고 승지 서영보徐榮輔에게 이렇게 말했다.

이 축석령은 백두산의 정간룡正幹龍이요 한양으로 들어서는 골짜기다. 산의

---

33 축석령은 지금 포천시와 의정부시의 경계에 위치한 고개이다.

기세가 여기서 한번 크게 머물렀다가 다시 일어나 도봉산道峰山이 되고, 또 골짜기를 지나 다시 일어나 삼각산(三角山; 북한산)이 되는데, 그 기복이 봉황이 날아오르는 듯하고, 용이 뛰어오르는 듯하여 온 정신이 모두 왕성王城 한 곳에 모여 있다. 산천은 사람의 외모와도 같은 것이어서 외모가 좋은 산천은 기색 또한 좋다. 어제 오늘 지나온 산천은 모두가 좋은 기색이지만 더구나 아침에 비가 갠 모습은 더욱 명랑하고 수려함을 깨닫게 한다.

이렇게 광릉 길에서 바라본 산천 경치를 풍수적으로 풀이하면서 그 모든 기가 백두정간白頭正幹에서 뻗어내려 서울에 모여 있다고 신하들에게 설명하고 있는데, 이런 설명은 정조가 풍수에 대해서도 해박한 지식을 가지고 있음을 말해 준다. 정조의 해박한 지식은 신하들이 감히 따라갈 수 없는 경지에 있었다는 것을 여기서도 엿볼 수 있다.

임금이 축석령으로 되돌아왔을 때 구경 나온 백성들이 산과 들을 가득 메웠다. 임금이 백성들의 고통을 묻자 백성들이 "한 집에서 받는 환곡의 적곡(糴穀; 백성들에게 나누어 준 곡식)이 10여 석에 이르기도 하는데, 모두 군포軍布로 바치고 남는 것이 없습니다."고 하자, 임금이 말하기를, "금년의 적곡(糶穀; 백성이 가을에 국가에 바치는 환곡)은 특별히 감면해 주겠다. 중국 사신을 대접하는 곡식이나 군량은 원래 깎아주는 규례가 없지만 이 또한 모두 없애겠다. 선비나 평민으로 70세 이상 된 자에게는 자급(資級; 품계)을 올려주고 유생과 무사는 과장科場을 베풀어 선발하겠다."고 약속했다. 양주에 이르러서도 고을의 부로父老들을 불러 포천에서처럼 하고, 저녁에 양주목에서 묵었다.

축석령 근처에는 임금이 세손 때 학문을 가르친 찬독贊讀 윤면헌(尹勉憲; 파평윤씨; 1725~1767)의 무덤이 있었는데, 임금은 그가 자신으로 하여금 학문을 좋아하게 만들었다고 칭송했다. 이번 광릉 행차는 참배도 목적이지만 서울 근교의 경관을 감상하고, 백성들을 위로하는 뜻도 함께 있었다. 임금은 교외로 거둥할 때마다 백성들이 올린 상언上言을 받아들여 판결을 내려주는 것이 관례로 되어 왔는데, 이번 행차에서도 상언 80통을 판결하여 조치해 주었다.

정조는 당파를 초월한 탕평인사를 위해 남인 학자 이가환(李家煥; 1742~1801)을 성균관 대사성(정3품) 후보로 올리게 했다. 그는 남인 실학자 성호星湖 이익李瀷의 종손이고, 천주교 세례를 받은 이승훈李承薰의 외숙이기도 했다. 처음에는 이승훈의 서학에 반대하다가 나중에는 설득당하여 신자가 되었고, 그 뒤에는 천주교를 탄압하기도 했던 인물이다.

그런데 9월 14일에 노론 사헌부 지평 김희순(金羲淳; 안동김씨)이 상소하여 이가환은 성균관을 더럽히는 인물이라고 반대하고 나섰으며, 아울러 남인으로 홍문관을 거쳐 첨사僉使에 오른 윤영희(尹永僖; 파평윤씨)의 취임도 반대하고 나섰다. 그러자 임금은 그가 당색에 따른 협잡이라고 하면서 그의 직책을 삭탈했다. 반대당을 배척하는 인사정책에 관여하는 언관은 가차 없이 파직시켜 온 것이 정조의 일관된 정책이었다.

임금은 드디어 9월 17일에 대사성으로 있던 노론 김방행(金方行; 안동김씨)을 파직시키고 이가환을 대사성에 임명했다. 그러나 이날 사간원에서 다시 이가환을 비판하고 나서자 다음날인 9월 18일에 개성유수(開城留守; 종2품)로 임명했다. 대사성보다 더 높은 직책을 준 것이다. 임금이 이렇게 두 사람의 남인을 중용한 것은 남인 재상 채제공에게 힘을 실어주기 위함인 듯하다. 정조는 임금의 정책을 잘 따르는 채제공 체제를 통해 장차 아버지를 위한 신원사업에 박차를 가하고자 한 것이다.

그러나 이가환 임명을 반대한 노론의 비판은 그치지 않았다. 9월 20일에 승지 심환지沈煥之가 또 상소하여 임금의 정책이 중용中庸을 잃었다고 비판하자 심환지를 파직시켰다. 9월 25일에는 우의정이었다가 판중추부사가 된 박종악朴宗岳이 차자를 올려 중용을 어긴 잘못된 인사라고 비판하자, 임금은 이렇게 비답을 내렸다. "나는 사서四書 가운데 《중용》을 가장 많이 공부했다. 경도 서로 다른 사람을 반목함에서는 마찬가지다. 경은 나의 보합대화保合大和하려는 고심과 지성을 돕도록 하라."고 일렀다.

임금은 10월 4일에 좌의정 채제공과 판중추 박종악에게 탕평에 대해 다시 이렇게 언급했다.

> 나의 고심은 오직 보합保合시키고 아주 화목하게 하여 함께 대도大道를 성취시키려는 데 있다. 내가 판부사를 재상[우의정]에 기용한 것은 취할 바가 있어서였는데, 하는 일들이 소망하던 바와는 다른 점이 있다. 앞에서는 김 판부사[김종수]를 배척하더니, 뒤에 와서는 좌상[채제공]을 침해하는 등 조금도 주저함이 없으니, 조정의 수치가 그보다 더 클 수가 없다.

이 언급은 당론에서 벗어나지 못하고 있는 노론 박종악에 대한 불만을 표시한 것이다. 그러나 임금의 이 언급이 있음에도 노론 김문순金文淳과 이병모李秉模, 소론 이문원(李文源; 연안이씨 이천보 아들) 등은 채제공이 오촌 조카인 윤영희를 보호하고 있다고 비판했다. 노론은 철저하게 남인을 견제하는 태도를 버리지 않았다. 임금은 10월 7일 이조판서 이문원을 파직하여 시골로 내쫓고, 이어 이날 오촌 조카 윤영희를 보호한 채제공도 공정하지 못하다고 판단하여 삭탈관직하고, 10월 10일에 황해도 풍천부로 귀양 보냈다. 그리고 이날 노론 김창집의 증손 김이소金履素를 우의정에 임명했다.

채제공을 귀양 보냈음에도 그에 대한 노론의 공격은 그치지 않았다. 10월 15일에 대사헌 홍명호(洪明浩; 풍산홍씨)와 대사간 윤행원(尹行元; 파평윤씨) 등이 연명으로 차자를 올려 채제공을 맹렬히 비난하고 나섰다. 그는 나라를 저버리고 역적과 패거리를 이룬 극악한 큰 죄인이라는 것이다. 또 사헌부 지평 한치응韓致應이 채제공을 어려서부터 스승으로 섬겼다느니, 극악한 역적의 죄가 없다느니 하는 말들을 감히 방자하게 지껄였으니 통분할 일이라고 말하면서 한치응을 체포하여 엄히 국문하라고 주장했다. 한치응은 바로 17세기 초 남인 실학자 한백겸韓百謙의 8대손으로, 그가 같은 남인인 채제공을 스승으로 섬겼다고 말한 것이 큰 죄라는 것이다. 임금은 이에 대해 비답을 내리지 않았다. 탕평에 대한 노론의 저항이 만만치 않았지만 남인 채제공과 노론 이문원을 함께 내치는 것으로 일단락을 지었다.

중국과의 교역에 사용되는 돈은 은자銀子였음은 앞에서 설명했다. 이 은자를 마련하는 방법에는 두 가지 길이 있었다. 대부분의 은은 동래東萊를 통해 들어오는 왜은倭銀이었다. 중국은 일본과의 직접 무역을 허락하지 않아 왜인이 중국 물건을 사고자 할 때에는 동래에 와서 은화로 사 갔다. 조선이 중국과 왜 사이에 중개무역을 한 것이다. 이렇게 동래에서 벌어들인 은화를 우리는 대청무역에 사용했다. 만약 은화가 부족할 경우에는 국산 은銀을 은광을 통해 보충했다.

그런데 영조 23년(1747) 이후에는 왜인이 직접 청나라와 교역하는 길이 열리면서 왜인이 동래로 오지 않게 되었다. 왜은倭銀이 끊어지자 국산 은을 개발했는데, 양이 많지 않아 대청무역 상인들은 은 대신 잡화雜貨를 은값으로 쳐서 가지고 갔다. 그러나 늘 기준치에 미달하여 역관譯官들이 항상 손해를 보고 직업을 포기하는 자가 속출했다.

정조는 동지정사冬至正使가 중국으로 떠날 날자가 다가오자 은이 부족한 문제를 해결하고자 10월 6일 역관譯官들을 불러 그 대책을 물었다. 그러자 역관 이수李洙는 요동 지역에서 청나라 사람들이 1년에 수백만 냥의 은화를 제조하고 있으므로 1년에 10만 냥 정도를 사들여 쓰자는 돈 무역을 주장했다. 그러나 역관 장염張濂은 돈 무역이 당장은 편리하지만 얼마 안 가서 청나라 사람들이 화권貨權을 쥐고 물가를 오르게 할 가능성이 크다고 하면서 반대했다. 묘당에서는 이수의 의견을 받아들여 돈 무역에 찬성하자 임금도 이를 따르기로 결정하고, 중국에 자문咨文을 보내 돈 무역을 허락해 줄 것을 요청하는 한편, 사역원이 돈 무역의 구체적인 절목節目을 만들어 올렸다. 그 절목의 요지는 이렇다.

(1) 1년에 사들이는 은화는 10만 냥으로 한정한다.

(2) 별사別使나 별자행別咨行은 인삼 8포包에 해당하는 돈을 사 오게 한다. 다만 공적인 일을 위한 별포別包는 예외로 한다.

(3) 개인의 돈 무역은 1백 냥으로 한정하고, 그 이상은 극형에 처한다.

(4) 의주부에서는 사 오는 돈의 1퍼센트를 세금으로 받는다.

(5) 청나라 상인들이 돈값을 올려 받으려고 할 때에는 절대 사들이지 않는다.

(6) 각 아문에서 부득이 은화가 필요할 때에는 10만 냥 이외 별도로 사 오도록 하고 세금도 내지 않는다.

(7) 중국 돈을 사온 뒤에 사행使行들이 중국 돈을 가져가는 일이 발각되면 극형에 처한다.

이렇게 중국 은화에 대한 돈 무역이 결정되자, 평안도 관찰사 홍양호洪良浩가 상소하여 돈 무역의 위험성을 들어 반대했다. 그 이유는 한마디로 화폐주권의 중요성이었다. 화폐주권을 빼앗기면 저들이 농간을 부리고 우리를 얕잡아 보아 마침내는 정치주권까지 강대국으로 넘어갈 위험이 있다는 것이다. 임금은 홍양호의 주장이 일리가 있다는 것을 인정하면서도 돈이란 유통수단이므로 막힘이 없어야 한다고 말하고, 그 폐단은 현실에 맞게 대응하여 시험해 보고 나서 결정하자고 대답했다. 그런데 중국 측이 조선 측의 요청을 거부하여 돈 무역은 수포로 돌아갔다.

10월 19일에 임금은 중국에 동지사로 떠나는 박종악朴宗岳과 대사성 김방행金方行에게 선비들의 문체文體가 점점 비속해진다고 한탄하면서, 이를 시정하기 위해서는 사신들이 다녀올 때 일절 패관소품稗官小品은 물론이고, 경서經書나 사서史書도 당판(唐板; 중국판)을 사 오지 말라고 일렀다. 국내에 있는 경서나 사서가 오히려 당판보다 종이도 질기고 글자도 커서 읽기에도 좋을 뿐 아니라, 우리나라는 모든 서책이 갖추어져 있어서 학문을 배우고 문장을 공부하는 데 하등 지장이 없다고 했다. 종이도 얇고 활자도 자잘한 당판을 구태여 구하는 이유는 누워서 책을 읽기에 편하기 때문인데, 성인聖人의 책을 누워서 보는 것은 성인의 말씀을 존중하는 도리가 아니라고 했다.

또 대사성 김방행에게 이르기를, "성균관 유생들의 시험지 가운데 패관잡기에 관련되는 답이 있으면, 비록 전편이 주옥같더라도 '하고(下考; 최하점)'로 처리하고, 그 사람의 이름을 기록하여 과거에 응시하지 못하도록 하라. 엊그제 유생 이옥李鈺이 임금의 명에 응하여 지은 글귀를 보니 순전히 소설체小說體를 사용하고 있어 선비들의 습성에 매우 놀랐다. 앞으로는 매일 숙제로 사륙문(四六文; 사륙변려문)만 50수를 짓게 하여 낡은 문체를 완전히 고친 뒤에 과거에 응시하게 하라."고 명했다.

정조는 이런 말도 덧붙였다.

옛날 세손 때 남유용南有容에게 글을 배웠는데, 그의 문체가 고상하고 격이 높고 무게가 있어 요즘의 문체에 견줄 바가 아니었으므로 그 문체를 좋아하게 되었다. 그런데 일전에 남공철(南公轍; 각신)이 지은 대책對策 가운데에도 소품小品을 인용한 몇 구절이 있었다. 그가 누구의 아들인가? 그 아버지의 아들로서 그런 문체를 본받는다면 되겠는가? 오늘 이 하교를 듣고서 마음을 고쳐먹고 다시 올바른 길로 가기 전에는 비록 대궐에 들더라도 감히 경연에 오르지는 못할 것이며, 집에 있으면서도 무슨 낯으로 가묘(家廟; 아버지 사당)를 배알하겠는가? 남공철의 지제고(知製敎; 임금의 교서를 짓는 직책) 직함을 우선 떼도록 하라. 그밖에 문신들 가운데에도 너무 좋아하는 자들이 상당히 있으나 한 사람 한 사람 지명하고 싶지 않다. 인사를 담당한 관원은 그런 문체를 쓰는 자들을 자세히 살펴 다시는 교수敎授의 후보자로 추천하지 말라.

임금은 10월 24일에 또 교敎를 내려, 남공철이 지은 대책문對策文에 대하여 다시 언급하고, 규장각에서 공초供招를 받아오라고까지 명했다. 또 서울의 사학四學 가운데 서학西學의 교수로 있던 이상황(李相璜; 전주이씨)도 소품을 읽었다 하여 교수직을 해임하고 공초를 받아오게 했는데 과오를 반성하여 용서해 주었다. 남공철의 반성하는 공초는 10월 25일에 전달되어 임금이 용서해 주었다.

11월 3일에는 북경으로 사행을 따라가고 있던 김조순金祖淳에게도 5년 전에 《평산냉연平山冷燕》 같은 청나라 소설을 읽은 죄로 압록강을 건너기 전에 반성문을 받아오라고 명했으며, 심상규沈象奎에게도 반성문을 받아오게 하고, 이들의 반성문을 모두 게시판에 써 걸라고 명했다. 11월 19일 김조순이 함사(緘辭; 반성문)의 시문詩文을 지어 보내오자, 임금은 김조순의 글이 늘상 먹는 곡식 같고, 시詩는 비단이나 자개 같다고 하면서 그 문체가 바르다고 칭찬했다.

정조가 사륙변려문四六騈儷文을 모범적인 문장으로 생각하고 패관소설류稗官小說類를 극도로 나쁜 문체로 보는 이유가 있다. 글은 도道를 담아야 한다는 이른바 '문이재도文以載道'의 생각 때문이다. 쉽게 말하면, 글은 옳고 아름다운 뜻을 담기 위해 필요한 것이다. 그런데 패관소설들은 잡스럽고 야하고 퇴폐적인 시중의 저속한 이야기를 담는 문체이기 때문에 이런 글을 쓰는 사람들의 마음은 옳고 아름답지 못하다는 것이다.

그러면 사륙변려문이란 어떤 글인가? 이 문체는 글자를 4-4, 4-6, 6-6 등으로 조합하여 글을 짓는 것으로, 문장이 짝을 이루고 있어서 글을 읽으면 시詩처럼 리듬이 있고, 우아하고 간결하면서도 함축된 뜻을 담고 있다. 그러니 이런 문체에 음란하고 너절한 이야기를 담을 수 없다. 그와 달리 소설류는 입에서 말하는 대로 구어체로 글을 쓰므로 말과 글이 일치하고, 자유분방한 감정을 표출할 수 있어서 일반 서민들의 취향에는 맞지만, 시적詩的인 우아함이나 간결함을 지니기 어렵다. 그러므로 이 두 개의 문체는 각각 장단점이 있는데, 정조는 일반 서민층에게도 사륙변려문을 강조한 것은 아니고, 지도층인 선비만은 대중적인 글을 쓰지 않기를 강조한 것이다.

지금 학계에서는 정조의 문체반정文體反正을 놓고 자유분방한 서민문화가 발달하던 시대의 흐름에 역행하고, 소설이 발달하지 못한 원인으로 평가하기도 하지만, 사회지도층의 도덕성을 높이는 데 나름대로 기여한 점은 무시할 수 없을 것이다. 오늘날 우리 사회에 만연한 경박한 언동과 글을 보면, 문체반정의 필요성은 지금에도 요구된다고 하겠다.

정조는 조선왕조 어느 임금보다 활 솜씨가 뛰어났는데, 초계문신에게도 활쏘기를 시키고, 신하들과 더불어 활쏘기를 하는 것을 매우 즐겼다. 10월 20일에 임금은 각신 서영보徐榮輔와 김조순金祖淳이 동지사를 따라 중국에 가는 것을 전송하는 뜻에서 춘당대春塘臺[31]에 나아가 여러 각신들 및 장용영 제조 서유린徐有隣과 주교당상 김문순(金文淳; 안동김씨)을 데리고 활쏘기를 했다. 임금은 10순에 50발을 쏘았는데 그 가운데 41발을 명중시켰다. 김문순은 감탄하여, "신이 활 쏘는 기예를 조금 아는데, 전하께서 쏘시는 것을 보니 그것은 거의 천부적인 것이지 사람의 힘으로 된 것이 아니었습니다."라고 칭송했다. 사실, 정조는 활쏘기를 할 때 일부러 몇 개를 빗나가게 하여 신하들의 기를 죽이지 않는 경우가 많을 만큼 뛰어난 궁사였다.

임금은 10월 22일에도 춘당대에 나아가 신하들 및 초계문신들과 활쏘기를 했는데, 이번에는 10순에 46발을 명중시켰다. 10월 30일에는 10순에 49발을 맞췄다. 임금은 이날 신하들에게 고풍(古風; 임금이 신하들에게 물품을 내려주는 것)을 내리고 이어 신하들과 연구시聯句詩를 지었다. 이날 임금은 활쏘기에 대하여 다음과 같이 언급했다.

성조(聖祖; 태조)께서는 하늘이 내신 뛰어난 무예로 활 솜씨가 신비의 경지에 이르렀다. 활 쏘는 것이 우리 왕조의 가법家法이다. 나도 천성이 활쏘기를 좋아한다. 젊은 시절에는 쏘았다 하면 40여 발을 맞춘 적이 있었으나 중간에 10여 년은 그만두기도 했다. 그러다가 이달 12일에 처음으로 10순을 쏘아 41발을 맞춰 50점을 받았고, 16일에는 39점, 17일에는 38점, 18일에는 52점, 20일에는 …… 통틀어 10순을 쏘아 49발을 맞히고 72점을 얻었는데, 이쯤 되고 보니 더 이상은 얻을 수 없는 많은 점수를 얻어 마치 무엇인가 도와주는 것 같았다. 근일에 와서 팔의 힘을 시험해 보려고 몇 차례 10순을 다 쏘아 보았는데, 장난삼아 "49발까지 맞히면 그때 가서 고풍을 청하라"고 했는데 오늘 명중한 화살 수가 약속했던 수와 맞아 떨어졌기에 문방용구와 마첩馬帖 등을 나누어 주었다.

―――――――――――

34 춘당대는 창덕궁 후원에 있는 영화당 앞마당을 말하는데, 이곳에서 지금의 창경궁 쪽을 향하여 활을 쏘았다.

이렇게 자신의 활솜씨를 소개한 임금은 여러 각신들에게 고풍으로 각각 반쯤 성숙한 말 1필씩을 내리고, 검서관 이하에게는 차등을 두어 선물을 내렸다. 임금의 활쏘기는 11월에도 그대로 이어졌는데, 11월 23일 임금은 10순에 49발을 맞혔다. 그 뒤에도 임금은 항상 49발 이상은 맞히지 않았다. 11월 26일에 임금은 그 이유를 이렇게 밝혔다. "내가 요즘 활쏘기에서 49발에 그치고 마는 것은 모조리 다 명중시키지 않기 위함이다."고 하면서 신하들과 더불어 또 연구시聯句詩를 짓게 하고 이를 조각하여 영화당暎花堂에다 걸라고 명했다. 이렇게 잇달아 신하들과 활쏘기를 한 것은 단풍이 짙은 후원에서 신하들과 단합대회를 갖기 위함이었다.

이해 11월 6일에 임금은 신기현과 남인 채제공, 이가환 등을 처벌하라고 청한 부교리 이동직(李東稷; 전주이씨; 소론 이종휘 아들)의 상소를 보고, 문체와 이가환 등에 대한 자신의 의견을 상세히 언급했다.

먼저 가장 좋은 문장은 주자朱子의 글로서 하늘 같고 땅 같고, 바람 같고 구름 같으며, 권도權道와 정도正道를 적절하게 쓰고 천지의 기운을 닫았다 열었다 할 수 있는 큰 역량을 소유하여, 그 맛이란 고기를 씹는 맛이요, 그 용도는 베나 비단처럼 쓰여져, 그 글을 읽노라면 마음이 상쾌해지고 맑아져서 마치 증점曾點의 비파 소리와 안자晏子의 거문고 소리를 듣는 듯하다고 극찬했다. 한편, 왕양명王陽明의 글은 유도儒道에 가까운 자품을 타고 났으나, 양지良知에만 전력하고 반약(反約; 간략함)만을 힘써서 문학問學이 없다고 했다. 왕양명 뒤로는 비속하고 음란한 패관소품이 유행하면서 보잘것없는 글이 되어 버렸다고 했다.

정조는 이가환李家煥에 대해서도 이렇게 평했다.

이가환으로 말하면 좋은 가문의 사람이지만, 1백 년 동안 벼슬길에서 밀려나 수레바퀴나 깎고, 염주 알이나 꿰면서 시골에 묻혀 지내는 백성으로 자처했다. 그러니 나오는 소리는 비분강개한 내용일 것이고, 어울리는 자들은 우스갯소리나 하고 괴벽한 짓이나 하는 무리들일 것이다. 주위가 외로우면 외로울수록 말은 더욱 치우치고, 말이 치우치면 문장도 더욱 괴벽해질 것이다. 그리하여 《이소경(離騷經; 屈原의 시)》이나 《구가(九歌; 초나라 노래)》를 흉내 냈던 것인데, 그것이 어찌 좋아서 한 것이겠는가? 조정이 그를 그렇게 만든 것이다.

내가 마침내 복을 모아 백성들에게 나누어준다는 기자箕子의 《홍범洪範》을 길잡이로 하고, 선왕의 뒤를 이어 침전에다 특별히 '탕탕평평蕩蕩平平'이라는 편액을 달고, '정구팔황(庭衢八荒; 조정의 길이 사방으로 뚫려 있다)'이라는 네 글자를 크게 써서 8개의 창문 위에다 걸어 두고는 아침저녁 눈여겨보면서 끝없는 교훈으로 삼아 오고 있다. 그리하여 한미한 집안의 누더기를 걸친 자들을 초야에서 뽑아 올렸는데, 이가환은 그 가운데 한 사람이다. 그대는 이가환에 대해 말하지 말라. 이가환은 지금 골짜기에서 큰 나무로 날아오른 것이고, 썩은 두엄에서 새롭게 변화한 것이다. 그의 말소리가 왜 점차 훌륭한 경지로 들어가지 못할 것이라고 근심하는가?

이가환이 당쟁 때문에 1백 년 동안 몰락한 남인 후손으로 설움을 받고 살다가 탕평정책에 따라 발탁된 인물임을 동정적으로 설명하면서 그를 공격하지 말라고 소론 이동직李東稷을 나무랐다. 앞에서도 말했지만 이가환은 실학자 성호星湖 이익李瀷의 종손이고, 여주이씨 집안에서 회재晦齋 이언적李彦迪이 나오기도 했다.

정조는 11월 9일 앞서 오촌 조카 윤영희를 보호했다는 노론의 비판을 받고 장단부로 귀양 간 좌의정 채제공을 다시 석방하고, "그는 나를 저버렸지만 나는 그를 저버리지 않았고, 그의 본심에는 거짓이 없음을 내가 훤히 알고 있다."고 하면서 그에 대한 인간적인 신뢰를 보여 주었다.

11월 9일에는 당론과 부모의 거상 때문에 3년 동안 고향에 가 있던 노론 김종수金鍾秀를 파직시키고, 다음날에는 불서지전(不敍之典; 벼슬을 영원히 받을 수 없는 형벌)의 죄를 주었다가, 또 그 다음날인 11월 11일에 죄를 다시 풀어주었다. 그러면서 "이 명을 듣고는 종전과 달리 의리에 바탕을 둔 조화로운 행동이 있으리라 기대한다."고 말하고, 그를 불러 만나 보고 위로의 말을 건넸다. "경을 보지 못한 지가 이미 여러 해가 되었다. 오늘 다시 경의 얼굴을 보니 매우 기쁘다. 나의 얼굴이 전에 견주어 어떠한가?" 하고 물었다.

임금은 당론黨論을 버리지 못하는 그를 길들이기 위해 벼슬을 주었다 뺏기를 여러 번 반복해 오고 있었는데, 이번에 남인 채제공을 불러오면서 노론인 그도 다시 불러온 것이다. 단 하루이지만 벌을 내려 그가 잘못한 것이 있다는 것을 보여 준 다음 죄를 용서하고 다시 끌어안았다. 신하를 길들이는 정조의 통치술이 변화무쌍한 것을 알 수 있다.

11월 19일에는 흉년이 든 전라도 지역의 빈민을 구휼하기 위해 곡식 6만 석과 공명첩 1천 장을 보내 달라는 전라도 관찰사 정민시鄭民始의 요청을 받아들였다. 다만 수령들이 부자들에게서 억지로 곡식을 빼앗아 구휼하고 나서 자신이 마련한 것처럼 거짓으로 보고하는 수령을 단속하고, 자발적으로 곡식을 내놓고 나눠 가지도록 권유하는 부자는 상을 내린 뒤에 벼슬을 주라고 명했다. 여기서 내리는 벼슬은 공명첩空名帖으로 실직이 아니고 품계만 주는 영직影職이었다. 이런 정책은 평안도에서도 이미 시행한 바 있었다.

억울한 죄를 뒤집어쓰고 죽는 사람이 생긴다면 인권이 유린되는 결과를 가져온다. 그래서 공정한 조사와 형벌을 위한 법의학法醫學이 중요한데, 이를 위해 만든 책이 원나라 때 만든 《무원록無寃錄》이다.

조선왕조는 국초부터 《무원록》을 이용했는데, 용어가 다르고 어려워 세종 22년(1440)에 주석을 붙인 《신주무원록新註無寃錄》을 만들었다. 그러나 세월이 흐르면서 새로운 법의학 지식이 늘어 영조 24년(1748)에 구택규具宅奎 등이 내용을 증보하고 잘못된 것을 수정하여 《증수무원록》을 간행했다.

그러나 《증수무원록》도 백성들이 읽기에 어려운 점이 많아 정조 16년 11월 20일에 서유린徐有隣 등에게 명하여 주석을 보완하고, 일반 백성들도 이해하기 쉽게 한글로 번역하여 다시 《증수무원록언해본》을 편찬하고, 교서관에서 간행하여 널리 반포하게 했다. 그러나 실제로 이 책은 간행되지 못하다가 정조 18년 6월 28일에 다시 교서관에 명하여 인쇄하여 반포하라고 명했다. 정조 시대에는 중요한 서적에 대한 언해본이 많이 출간되었는데, 예를 들면 《명의록언해본》, 《무예도보통지언해본》, 그리고 《무원록언해본》 등이 그렇다.

12월 3일에 임금은 지난해 죽은 서명선徐命善에게 술을 보내 제사를 지내 주고, 규장각 제학이자 전라도 관찰사를 겸하고 있는 정민시鄭民始에게 글과 시 한 수首를 내려 주었다. 그 글에는 정조가 세손으로 위기에 빠져 있을 때 정민시와 서명선이 바로 이날 상소를 올려 구해 준 은혜를 다시 한 번 감사한다는 내용을 담고 있었다. 또 시의 내용은 이렇다.

하늘을 떠받든 충절의 그 상소문
섣달 초사흘은 해마다 지나가네
소박한 한 잔 술을 충헌댁[서명선 집]에 보냈는데
햇귤 가지고 돌아올 그대 소식 반가워라

당시 정민시는 전라도 관찰사로 내려가 있어서 직접 만나지 못하고 글과 시를 보낸 것이다. 또 이날 임금은 세손 때 정조를 구해 준 은인 가운데 하나인 김종수金鍾秀에게도 시를 지어 보내 은혜를 잊지 않고 있는 뜻을 전했다.

이해 12월 26일, 임금은 궁궐에서 성균관 유생들에게 응제시應製詩를 보였는데, 유생들이 임금에게 절도 하지 않고, 담뱃대를 물고 다니는 것을 보고 이렇게 유시했다.

나는 군사君師의 책임을 지고 있으면서 너희들을 교화시키지는 못했으나, 요사이 너희들이 군주 앞에서 절을 하지 않으니, 그 죄가 어떠한가? 또 대궐 뜰에서 담뱃대를 물고 다니면 그 죄도 가볍지 않은데, 그것들을 엄히 다스려야 한다는 것을 모르지 않으나 그냥 참아두는 것이다. 옛날 정자程子 문하에서는 제자가 종일토록 모시고 서 있다가 정자가 물러나갔을 때에는 문밖에 눈이 석 자나 쌓여 있었다 한다. 사도師道란 그렇게 엄한 것이니, 이 때문에 너희들을 오랫동안 대궐 뜰에 서 있게 하여 두려움을 알게 한 것이다.

정조는 자신이 단순한 통치자가 아니라 학문을 가르치는 스승이므로 군사君師의 책임을 지고 있다고 자처하면서, 임금에게 절도 하지 않고, 궁궐에서 담뱃대를 물고 다니는 유생들의 방자한 행동을 고치고자 대궐 뜰에 오랫동안 서 있게 하는 벌을 내린 것이다. 12월 3일이면 날씨도 매우 추웠을 것인데, 방자한 유생들이 벌을 받았다.

이해 12월 24일에는 각 도道와 개성, 강화의 어염선세魚鹽船稅와 관련된 기록이 처음으로 보이는데, 이를 통해 당시 어업과 세금의 규모를 알 수 있다. 이를 소개하면 다음과 같다.

충청도 배(1,358척, 선세 729냥), 그물터(276소, 세금 601냥), 온돌세(37냥), 그물(130개, 세금 86냥), 청어어전(32소, 세금 1,147냥), 민어어전(1 소, 세금 6냥), 방구렴(7소, 세금 13냥)

—도합 세금 8,257냥

평안도 배(91척, 파손 42척), 소금가마(41좌, 파손 38좌), 어망(7부), 어전(2 소 파손), 새우어전(3소 파손)

함경도 배(238척, 파손 42척, 새로 만든 배 101척), 소금가마(86좌, 파손 38 좌), 방렴(43좌), 후릿그물(18좌), 가는 그물(6좌), 굴따는 막(27 좌), 소금구이 쇠가마(26좌), 소금구이 토기가마(45좌), 방렴(18좌)

—도합 세금 7,747냥

전라도 배(607척, 부서진 배 341척, 새로 조사된 배 169척), 소금가마(137좌, 세를 낮추어준 것 37좌), 어살(46소), 어조(1소), 어망(파손된 것 107 개), 어렴(2건), 미역밭(1소), 김밭(1소), 청태밭(1소)

경상도 배(6,163척, 축난 배 1,542척, 새로 나타난 배 633척, 세금 면제된 배 291척), 소금가마(805좌), 미역밭(317소), 어조(2,357소), 방렴(895 소), 어장(23소)

황해도 배(1,213척), 소금가마(312좌), 어살(307소), 후릿그물(19좌), 가는 그물(6좌), 굴 따는 막(27좌)

개성 배(125척)

이상 어업 규모 가운데 배의 숫자는 9,795척이고, 소금 가마는 약 1,381개소이다. 그리고 지역적으로 본다면 경상도의 어업 규모가 가 장 크다.

그러면 이해 중앙 각 관청과 여러 군영軍營에서 보유하고 있는 재 물의 현황은 어떠했는가? 지난해 수치와 비교하여 표를 만들면 다음 과 같다. 괄호 안의 수치는 지난해의 것이다.

황금	3백 냥 남짓	[3백 냥]
은자	41만 9,265냥	[42만 113냥]
전문	1백만 5,162냥	[84만 8,395냥]
명주	90동 4필	[86동]
무명	2,996동 40필	[3,560동]
모시	45동 48필	[49동]
마포	1,479동 28필	[1,337동]
쌀	29만 6,077석	[36만 3,552석]
전미	1만 942석	[1만 1,240석]
콩	3만 3,629석	[5만 19석]
피잡곡	9,078석	[9천 석]

위 표를 보면 지난해와 비교하여 전체적으로는 큰 변동이 없다. 다만 쌀이 지난해보다 약 7만 석 정도 줄었고, 콩이 1만 7천 석 정도 줄었다. 이와 달리 전문[돈]은 지난해보다 15만 냥 정도 많아졌다. 황금은 단 한 냥도 소비되지 않았다. 다만, 위에 소개한 재물의 수량에 지방 팔도에 비치된 재물은 포함되어 있지 않다는 것을 알아야 한다.

한편, 이해 12월 30일에 한성부에서는 3년마다 시행되는 전국의 호수와 인구수를 올렸는데, 이를 표로 만들면 다음과 같다.

	호	남자 인구(명)	여자 인구(명)	인구(명)
한성부	43,963	95,879	93,408	189,287
경기도	160,027	333,234	315,686	*648,920
강원도	79,040	163,217	158,944	322,161
황해도	136,077	309,978	258,989	568,967
충청도	221,878	429,640	443,540	873,180
전라도	308,601	553,822	607,935	1,161,757
경상도	363,349	728,218	854,150	1,582,368

평안도	298,503	628,504	646,740	1,275,244
함경도	119,178	324,582	330,325	*654,907
제주	10,779	27,870	36712	64,582
총 수	1,741,395	3,594,944	3,746,429	*7,341,373
3년 전	1,752,837	3,607,376	3,796,230	7,403,606

*《정조실록》에는 경기도의 인구가 74만 8,918명으로 되어 있으나, 계산 착오로 보인다. 남자 인구와 여자 인구를 합치면 64만 8,920명이다. 함경도의 인구 또한 65만 9,792명으로 되어 있으나, 남자 인구와 여자 인구를 합치면 65만 4,907명이 된다. 이 때문에 전체 인구가 잘못 계산되어, 《정조실록》에는 전체 인구가 744만 6,256명으로 되어 있으나, 남자 359만 4,944명, 여자 374만 6,429명으로 실제 총 인구는 734만 1,373명이다.

위 표를 보면, 전체 호수와 인구가 3년 전보다 줄어든 것을 알 수 있다. 호수는 1만 1,442호가 줄고, 전체 인구는 6만 2,233명이 줄었다. 왜 이런 현상이 나타났을까? 확실한 이유는 알 수 없으나 정조 15년과 16년에 잇달아 큰 홍수가 일어난 것과 관계가 있는 듯하다.

5. 정조 17년(1793)
—《주교절목》수정, 수원을 화성으로 바꾸고 유수부로 승격, 《관동빈흥록》편찬, 채제공을 영의정으로, 광산개발 허용,《금등》공개, 장용영 외영 절목, 수원성 설계,《성제도설》,《육영성휘》편찬

정조 17년(1793)은 임금의 나이 42세가 되고, 영조가 탄신한 지 1백 년을 맞이하는 해이기도 하다. 할머니 정순왕후는 49세, 어머니 혜경궁과 아버지 장헌세자는 동갑으로 59세가 되는 해이기도 하다. 정조는 아버지와 어머니가 회갑을 맞이하는 2년 뒤에 큰 효도를 바치

겠다는 계획을 세우고 있었다. 그것은 어머니를 모시고 수원에 행차하여 아버지 무덤인 현륭원에 참배하고, 나아가 어머니를 위한 회갑잔치를 벌이는 행사였다. 정조 13년(1789)에 아버지 무덤을 수원으로 천장하고, 수원부를 팔달산 아래로 옮겨 신도시를 건설한 것도 모두 그런 꿈을 실현하기 위한 사업이었다.

그러나 그것만으로 꿈을 다 실현하는 것은 아니었다. 그밖에도 많은 일을 계획하고 있었다. 수원을 방어하는 성곽을 건설하고, 수원을 지키는 장용영壯勇營 외영外營을 설치하고, 수원부를 격상하여 유수부留守府로 올리려고 했다. 또 장차 세자가 15세가 되는 1804년에는 어머니를 모시고 수원으로 은퇴하려는 계획도 세우고 있었으나, 이 계획은 너무나 큰일이라 신하들에게는 말하지 않았다. 정조 17년은 바로 이런 계획들을 한 걸음 더 진전시키는 해였다.

정조의 큰 꿈을 실현하는 데 반드시 필요한 것은 비용이었다. 만약 그 비용을 국고國庫로 지출한다면 민생에 타격을 줄 것이고, 또 신하들도 반대할 것이 예견되었다. 그래서 정조는 즉위 직후부터 내수사內需司를 통해 들어오는 왕실경비를 절약하여 내탕고內帑庫를 만들고 이를 꾸준히 축적해 갔다. 그렇다고 내탕고를 효도를 위해서만 쓰지는 않았다. 내탕 가운데 보민조保民條를 따로 만들어 흉년이 든 해에는 빈민을 구제하는 진휼에 보태 왔다.

임금은 새해를 맞이하여 1월 1일에 관례에 따라 종묘와 아버지 사당인 경모궁景慕宮에 가서 참배한 뒤에, 돌아오는 길에 종로에 이르러 행차를 멈추고 공인貢人과 시인(市人; 시전상인)들을 불러 보고 고통이 무엇인지를 물었다. 그리고 나서 창경궁 홍화문弘化門에 이르러 설날 문안을 하러 온 전국의 호장(戶長; 향리의 우두머리)들을 만나 보고, 특히 작년에 큰 홍수로 피해를 보아 진휼賑恤이 필요한 삼남 지역의 호장들을 앞으로 나오게 하여 이렇게 유시했다.

구제할 방법은 이미 관찰사와 수령들에게 당부했다. 지금 내탕內帑에서 특별히 진휼 물자를 내릴 것이다. 너희들은 각기 돌아가서 수령에게 내가 우러러 선대왕의 유업을 받들어 백성들을 위하고자 애쓰는 지극한 뜻을 알리도록 하라.

임금이 내탕에서 삼남에 내려 준 것은 돈 4천 민과 호추 5백 근이었다. 1월 1일, 임금은 또 전국의 100세 이상 노인 56명을 가자(加資; 벼슬을 높임)했다.

1월 11일에는 한강에 배다리를 놓는 기관인 주교사舟橋司에서 현륭원 행차를 위한 〈주교절목舟橋節目〉을 올렸다. 이미 정조 14년에 정조가 직접 〈절목〉을 만든 바 있고, 이를 토대로 정조 15년에 처음으로 노량에 주교[배다리]를 놓고 한강을 건너 현륭원에 참배했으며, 정조 16년에도 배다리를 건너 수원에 다녀왔다. 그런데 배다리를 건설하면서 미비한 점이 나타나서 주교사가 새로운 〈주교절목〉을 만들어 올리게 된 것이다. 이번 〈주교절목〉과 이전 〈주교절목〉의 자이섬만 소개하면 다음과 같다.

(1) 노량의 배다리는 [지금 강남구에 있는] 선릉(성종릉), 정릉(중종릉), 영월에 있는 장릉(단종릉), 그리고 현륭원과 온천에 행차할 때만 설치하고, [내곡동의] 헌릉(태종릉), 여주의 영릉(英陵; 세종릉)과 영릉(寧陵; 효종릉)에 행차할 때는 광진(廣津; 광나루)에 옮겨 설치한다.
(2) 선창船艙은 언덕의 좌우에 잡석雜石을 모아 물고기 비늘처럼 높게 쌓아 올리고 석회로 빈틈을 메꾸어 영구히 사용한다.
(3) 남북 선창의 거리가 190발[파]이므로 큰 배 36척을 경강京江의 개인 배와 훈련도감의 배 가운데 택일하여 사용한다.

(4) 훈련도감 배 80척 가운데 36척 이외의 배들을 배다리 좌우에 세워 배다리에 끈으로 묶거나, 호위하는 용도로 쓴다. 이런 배들을 협선挾船이라고 부른다.

(5) 배다리의 남쪽과 북쪽의 항선(項船; 큰 배)을 큰 밧줄로 이물[뱃머리]과 고물[배의 뒷부분]을 나누어 묶어 언덕 위의 못에 잡아매고, 다음에 종량(宗樑; 마룻보)과 버팀목을 묶고, 다음에 가로로 판자를 깔고, 다음에 난간과 홍살문을 설치한다.

(6) 이전에는 배 위에다 발을 깔고 모래와 흙을 채우고, 그 위에 잔디를 깔았으나, 설치하고 철거할 때 일이 너무 많다. 그 대신 두꺼운 소나무판을 종량 위에 고기비늘처럼 나란히 가로로 깔고, 두 판자가 맞닿는 곳에 못을 박아 서로 맞물리게 한다. 판자의 양쪽 끝에는 구멍을 뚫고 삼밧줄로 꿰어서 좌우의 종량에 묶어 움직이지 않게 한다.

(7) 조수가 드나들어 수위水位가 3~4자 정도 바뀌므로 여기에 적응하는 선창船艙을 만들어야 한다. 앞에다 길이 40자 정도의 큰 방목方木 2개에다 5개의 구멍을 나누어 뚫고 5개의 기둥을 박되, 기둥나무 양 끝에는 가로로 비녀장을 박아서 5층 사다리처럼 만든다. 아랫방목을 물속에 3자쯤 내리되 기둥나무 사이사이 네 곳에 8~9자쯤 되는 작은 말목 2개의 위쪽에 구멍을 뚫어 아랫방목 좌우에 꽂고, 비녀장을 말목 위쪽 구멍에 가로질러서 아랫방목이 떠서 이동하거나 솟아오르는 폐단을 막는다.

이어서 모래를 빈 가마에 담아 방목의 상단 양쪽에 쌓아 석축石築 밑쪽을 누르고 있게 한다. 뒤쪽에는 기둥나무를 곧게 세우고, 이어 걸치는 종량을 얹고, 사면을 두 층으로 나누어 가로 세로로 중방목을 박아서 마치 집을 짓는 모양을 한다. 버팀목과 종량과 깔판자와 못과 견철牽鐵과 끈으로 얽는 것은 모두 배다리의 구조와 같게 한다. 그러고 나서 몸체가 큰 가름대의 가장 긴 것 2개로 좌우측 깔판자의 양쪽 가장자리에 덧대어 물러나지 않게 한다.

[널다리를 따로 만들어 널다리의 종량 머리를 항선項船의 종량머리에 연결시키되, 요철 모양으로 깎아 서로 잇대서 비녀장 지르는 것을 마치 삼배목三排木 궤도처럼 하여 자유자재로 구부러지고 펴지게 한다. 이렇게 하면 수위가 높아지고 낮아지더라도 널다리가 여기에 적응할 수 있다]

(8) 쇠줄 10발짜리와 5발짜리를 각기 4개씩 만들어 남북의 항선項船의 이물과 고물을 나누어 묶어서 언덕 위의 못에 걸어 매어 고정시킨다.

(9) 배다리를 설치하고 철거하거나 호위할 군졸(軍卒; 格軍)이 배 한 척마다 12명이 필요하므로 80척이면 거의 1천 명이 필요하다. 이들을 부대로 편성하여 주교사에 편입시킨다. 이들은 거둥할 때 난간 밖에 세운다.

(10) 중앙의 홍살문 양쪽에는 중앙을 상징하는 큰 황색 깃발과 물을 상징하는 큰 흑색 깃발을 세운다. 배마다 이물에는 5개의 선단船團을 상징하는 오방색 깃발[36개]을 한 개씩 세우되, 깃발 앞면에는 아무 선단의 몇째 배라는 것을 써 넣는다. 배의 고물에도 오방색 깃발[36개]을 세우되, 깃발의 앞면에는 새매나 물새를 그려 넣는다. 또 배마다 상풍기(相風旗; 72개)를 한 개씩 세워 바람을 점칠 수 있게 한다. 그밖에 각기角旗 인기認旗, 문기門旗 등이 필요하다.

(11) 나룻머리에 어가가 머물 대차大次를 세운다.

(12) 배다리에 쓰인 종량, 깔판, 난간, 깃발 등의 부속품은 주교사 근방에 70칸짜리 창고를 지어 보관한다.

(13) 노량진 남북 언덕 근처에 사는 배 만드는 장인匠人들을 다리를 놓을 때 사역하고 잡역을 면제해 준다.

(14) 배다리에 동원된 배에 대해서는 보상한다.

새로 만든 《주교절목》의 대강은 위와 같다. 옛날과 다른 점은 배다리 위에 모래와 잔디를 까는 것이 없어지고, 그 대신 나무판자를 깐 것이다. 선창을 만드는 방법을 개선한 것도 다르다. 또 동원되는 배를 큰 배로 바꾸어 36척으로 줄이고, 협선挾船을 배다리 양쪽에 배치하여 배다리에 묶도록 했다. 그리하여 모두 합하여 80척으로 해결한 것도 다르다. 그밖에 왕릉의 위치에 따라 배다리를 광진廣津에 설치하기도 하고, 노량에 설치하기도 한다. 노량 배다리는 지금 강남구의 선릉(성종릉), 정릉(중종릉), 영월의 장릉(단종릉), 그리고 현륭원과 온천에 행차할 때만 설치한다.

임금은 드디어 1월 12일 현륭원 행차에 나서 남대문 밖의 관왕묘關王廟에 들른 뒤에 한강을 건너 과천果川에서 쉬었다. 이어 지금의 의왕시 인덕원을 지나다가 길가의 부로父老들을 불러 위로하며 고통스러운 것이 무엇인지를 묻고 저녁에 수원 행궁에 머물렀다.

이날 수원부의 이름을 화성華城으로 바꾸고, 어필로 현판을 써서 장남헌壯南軒에 걸게 했다. 옛날 요堯 임금이 화華라는 지방에 갔을 때 그곳 사람들이 임금에게 수壽, 부富, 다남多男을 축복했다는 고사에서 그 이름을 따온 것이다. 또 부사(府使; 종3품)를 유수(留守; 정2품 이상)로 승격시키되, 개성유수나 강화유수는 종전대로 종2품이지만 화성유수와 광주유수는 정2품으로 높였다. 그러니까 화성과 광주유수는 판서급으로서 한성판윤과 동급으로 만들고, 다른 유수는 참판급으로 관찰사와 동급으로 만든 것이다. 또 화성유수는 장용영 외사壯勇營外使와 행궁정리사行宮整理使를 겸임하게 했는데, 채제공蔡濟恭을 화성부 유수로 삼았다. 정승을 유수로 삼은 것도 파격적이다.

화성부와 광주부 유수를 한성판윤과 동급으로 만든 것은 큰 의미가 있다. 이것은 바로 화성부와 광주부가 한성부와 동일한 국왕 직속의 왕도王都라는 뜻이고, 장차 임금이 왕도인 화성부에 살겠다는 것을 암시한 것이다. 이렇게 되면 왕도는 세 곳이 되어 광역수도체제를 이루게 된다. 또 수원부를 화성華城으로 부른 것도 정조 자신이 요堯 임금과 동격의 성인聖人임을 선언한 것이다.

장용영의 책임자인 병방兵房을 고쳐 장용사壯勇使로 바꾸었는데, 장용영 문서에는 장용대장壯勇大將으로 부르게 하여 5군영과 격이 같도록 만들었다. 그러니까 하나의 군영이 더 늘어난 셈이다. 장용사에는 왕비의 숙부인 김지묵金持黙을 임명했다. 하지만 5군영과 달리 장용영의 경비는 국고에 의지하지 않고 내탕에 의존하고 있다고 말했다. 이로써 화성부는 서울과 동일한 군사방어체제를 갖추게 된 것이다.

여기서 다시 장용영의 역사를 뒤돌아가서 정리해 보면 이렇다. 정조 6년(1782)에 무예출신과 무예별감으로 장교를 지낸 사람 30명을 뽑아서 창경궁 명정전 남쪽 회랑에 입직하게 한 것이 시초로서, 정조 9년(1785)에 이를 장용위壯勇衛로 호칭하고 20명을 더 늘렸다. 그 뒤 해마다 인원을 늘려 5사五司 5초五哨로 구성했는데, 척계광의 《기효신서紀效新書》의 군제를 따랐다. 정조 12년(1788)에는 장용위를 장용영壯勇營으로 격상시켰으며, 기병騎兵과 보병步兵이 총 5,152명에 이르렀다. 그러다가 정조 17년에 서울에 있는 장용영을 내영內營, 수원에 둔 장용영을 외영外營으로 부르게 된 것이다. 그 뒤로도 장용영의 편제는 더욱 확대되었는데, 장번長番과 번상병番上兵, 납포군納布軍이 추가되어 정조 22년(1798)에는 내영이 약 3천 4백 명, 외영이 약 4천 1백 명에 이르렀다.[35]

정조 17년 1월 25일에 장용영은 새로 정한 내영과 외영의 〈절목節目〉을 올려 장용영의 무관들에 대한 인사정책을 자세히 규정했다. 더욱이 외영이 있는 화성부는 이미 그 격이 유수부로 높아졌으므로 시급히 성城을 축조해야 하며, 그 비용으로 화성부와 안산창安山倉에 보관중인 환곡과 군량 등을 모두 축성築城 재원으로 만들어 매년 모곡耗穀을 받아들여 축적해 가기로 했다. 또 성을 수비하는 데 필요한 군관軍官과 성정군城丁軍을 편성하기로 했다.

이제 다시 화성행차 이야기로 돌아가자. 1월 13일 임금은 현륭원에 참배하고 수원 행궁에 돌아와서 유생과 무사들을 시험하여 각각 1명과 2명의 급제자를 뽑고, 수원, 금천, 과천, 광주의 빈민 1,746명

---

35 장용영의 군제와 재정에 관해서는 방범석, 〈장용영의 편제와 재정운영〉(한국사론 62집, 2016) 참고.

에게 쌀을 하사했다. 1월 14일 수원을 떠나 과천을 거쳐 서울로 돌아왔다.

현륭원에 다녀온 뒤 창덕궁 후원에 봄이 오자 임금은 3월 20일 전현직 각신閣臣과 그 자제들을 함께 부르고, 또 승지나 사관을 지낸 사람 몇몇을 불러서 꽃구경을 시켰는데 이날 모임에 참석한 사람은 모두 39명이었다. 이해가 계축년이고 이달이 늦봄이어서 저 옛날 진晉나라 때 왕희지를 비롯한 39명의 문인들이 난정蘭亭에 모여 계契를 조직하고 꽃을 구경하면서 시를 읊던 고사를 따른 것이다. 임금은 후원의 옥류천玉流泉에 이르러 술과 음식을 내리고, 물가에 앉아 잔을 기울이고, 시를 읊게 했다. 이 모임은 태평성대의 훌륭한 일이라고 전해졌다.

이해 4월 9일 임금은 소외된 관동 지역 유생들을 격려하고자 춘당대春塘臺에 나아가 경학에 밝은 경공생經功生과 문예에 밝은 공령생功令生을 시험 보게 하여 신재화申在和 등 4명에게 급제를 내렸고, 이들에게 돈녕도정(정3품) 또는 동몽교관(종9품) 등의 벼슬, 식량과 노자를 주어 내려 보냈다. 그리고 규장각에 명하여 그동안 임금이 내린 전교傳敎, 신하들이 올린 주계奏啓, 수험생의 답안지 등을 모아 강원도 관찰사에게 보내 책을 간행하라고 명했다. 이 책을 《관동빈흥록關東賓興錄》이라 불렀다.

4월 12일에는 소론 행行 사직司直인 김화진(金華鎭; 강릉김씨; 영의정 김상철 친족) 등이 《담은록覃恩錄》 1권을 올렸는데, 이 책은 설날 아침에 진전(眞殿; 어진을 모신 궁전)에 임금이 제사를 올린 뒤에 여러 신하들과 시를 짓고 화답한 일들을 기록한 책이다.

4월 16일에 임금은 경사가 겹치고 조정과 민간이 조용하고 편안해진 시기에 화기和氣를 돋구기 위해 이조와 병조에 명하여 그동안 당쟁 때문에 막혀 있던 사람들을 소통시키고 진작시키라고 명하고, 구체적으로 한광계韓光繫, 김관주(金觀柱; 경주김씨, 정순왕후 친척)를 비롯한 68명을 추천하여 올리라고 말했다. 이들은 대부분 정조의 등극을 방해하다가 역적으로 몰렸던 노론 벽파계 인사들이었는데, 모두 죄명을 씻어 주었다.

5월 12일에는 그동안 서자庶子와 중인中人들로서 오랫동안 벼슬길이 막혀 있는 자들도 등용하라고 이조와 병조 등 전조銓曹에 명하여 화기를 높이도록 했다. 그리고 이를 반대하던 승지들을 파직시켰다. 정조는 서얼의 벼슬길을 지속적으로 열어 주고 있었다.

5월 22일부터 6월 1일에 걸쳐 지난해 태풍과 홍수로 피해를 입은 전라도, 제주도, 충청도, 강원도, 경상도 등 지역에 대한 진휼을 마쳤는데, 국가와 개인이 힘을 모아 곡식을 내놓았다. 전라도의 경우는 기민饑民 103만여 명에게 국가에서 6만여 석의 곡식을 내리고, 개인이 진휼한 인원은 20만 명으로 1만 3천여 석의 곡식을 지급했다. 그 가운데 수천 석의 곡식을 기부한 전 벼슬아치들에게는 벼슬을 내려주었다. 제주도의 경우는 6만여 명의 기민에게 2만 2천여 석의 곡식을 주었으며, 5백 석을 내놓은 만호萬戶 고한록高漢祿에게 수령직을 주었다.

충청도는 20만여 명의 기민에게 1만 6천 석의 식량을 내려 주고, 개인이 진휼한 것은 25만 5천여 명에게 3만 석의 곡식을 지급한 것이다. 개인이 진휼한 양이 더 많은 것을 알 수 있다. 곡식을 내놓은 사람들은 대부분 낮은 품계를 가진 벼슬아치들이거나 전직 벼슬아치들이었는데, 그 가운데 공주판관 이종휘李種徽는 1천 석을 내놓았다. 이종휘는 소론으로서 바로 유명한 역사가이기도 하다.[36] 강원도는 7천 5백 명의 기민에게 5천 7백 석의 곡식을 주었다.

경상도는 피해가 가장 커서 6월 1일에 진휼을 마쳤는데, 굶주리는 기민饑民이 283만 명에 이르고, 진휼이 20만 6석에 이르렀다. 이 진휼곡은 일부는 국가에서 지급하고, 일부는 개인이 내놓은 것인데, 특히 부유한 백성으로 1천 석을 자원 납부한 가선대부 김상형金相洞에게는 실직實職을 제수하고, 5백 석 이상을 납부한 유덕기劉德基 등 6명에게는 품계를 올려 주었으며, 1백 석 이상을 낸 전 영장營將 김노법은 승진시켰고, 절충장군 이전李烇 등 26명에게는 공명첩을 내렸다. 쌀 291석과 벼 272석을 내놓은 통영 부자 김덕추金德秋에게는 실직을 제수하고, 쌀 136석과 벼 160석을 내놓은 탁만윤卓萬胤에게는 상을 내렸다.

그런데 이상한 일이 있다. 전라도 인구가 지난해 약 116만 명인데, 이번에 진휼을 받은 기민은 그보다 더 많은 123만 명이고, 경상도 총인구가 지난해 약 158만 명인데, 이번에 진휼을 받은 기민은 283만 명으로 호적 인구보다 125만 명이 더 많다는 점이다. 만약 기민의 수치가 여러 차례 진휼을 받은 사람의 수치를 모두 중복해서 합한 것이라면 이해가 되지만, 그렇지 않다면 총인구의 수치가 전체 주민을 포함하고 있지 않다는 것을 말해 준다. 다시 말해, 호적에 누락된 경상도 인구가 아무리 적게 잡아도 125만 명 이상이라는 것이 드러난다. 그렇다면 어림잡아도 실제 인구의 45퍼센트가 호적에 누락되어 있다는 말이다.

이와 관련하여 정조 21년(1797) 7월 14일에 장령 박도상朴道翔이

---

36 한영우, 〈18세기 중엽 소론 이종휘의 역사의식〉, 《조선후기 사학사연구》(일지사, 1989) 참고.

경상도의 여러 문제점을 지적하는 가운데 호적戶籍의 문란을 이렇게 지적했다. 예를 들어 영양현英陽縣의 가난한 진민賑民이 8백 명인데, 이들은 모두 호적에 빠져 있고, 그 뒤 식년式年에 호적을 만들 때에도 이들이 모두 빠졌다고 보고했다. 이 기록을 보면 가난한 진민일수록 호적에 빠져 있다는 것을 알 수 있다. 이런 현상이 어찌 영양현에만 해당되는 것이겠는가? 그러니 앞에서 본 경상도 전체 인구보다 기민의 수치가 더 많다는 것이 이상한 일이 아니다.

5월 25일에는 그동안 노론으로부터 계속적으로 역적이라는 공격을 받아오던 74세의 남인 채제공(蔡濟恭; 1720~1799)을 영의정으로 임명하고, 노론 김종수金鍾秀를 좌의정으로 임명했다. 남인이 영의정에 오른 것은 처음이다. 김종수는 그동안 남인과 소론을 배척하는 당론을 펴 오다가 수차례 유배를 당한 처지였는데, 다시 기용하여 정승을 맡겼다. 이보다 앞서 채제공은 화성 유수로 내려가 있었는데, 수원에 성곽을 축성하는 〈축성방략築城方略〉을 만들어 올리자 임금이 감동하여 영의정을 삼은 것이다. 한편 그동안 채제공과 사이가 나빴던 김종수에게는 '평평탕탕'에 힘쓰라는 당부를 보냈다. 또 다시 채제공과 싸우지 말라는 부탁이다.

그런데 채제공과 김종수 두 사람이 또 싸우는 사태가 일어났다. 매우 심각한 사건이 벌어졌기 때문이다. 그 일은 바로 영의정 채제공이 5월 28일에 장헌세자가 받은 억울한 누명을 벗겨 달라고 임금에게 요청하는 기나긴 글의 상소를 올린 일이었다. 지난해 1만여 명의 영남 유생들이 집단적으로 장헌세자의 누명을 벗겨 달라고 요청한 일이 있었지만, 중앙의 높은 벼슬아치는 누구도 감히 그런 말을 입 밖에 내지 못하고 있었다. 정조 자신도 아버지의 누명을 벗긴다는 말은 차마 꺼낼 수 없다고 말해 왔던 것이다. 그런데 그 엄청난 금기사항을 영의정 채제공이 깨뜨리고 나선 것이다. 먼저 그의 상소문의 줄거리를 소개하면 다음과 같다.

신은 나라를 위해 죽기를 원하는 사람이기에, 죽음이 가까워진 이때에 차마 평소의 회포를 속에만 두고 다시 말하지 않아서 끝내 천고에 눈을 감지 못하는 귀신이 될 수가 없었습니다. 그래서 이에 감히 두려운 마음을 잊고서 그에 대한 말씀을 모두 아뢰려고 하니, 전하께서는 측은한 생각으로 굽어 살펴 주소서.

채제공은 상소문의 서두에, 평소의 회포를 말하지 않고 죽으면 눈을 감지 못하는 귀신이 될 것이 두려워 감히 말씀을 드린다고 전제하고 이야기를 꺼냈다. 그의 말을 계속 들어 보자.

신이 기유년(정조 13년)에 현륭원을 옮길 때 성상께서 입으신 소맷자락에 흐른 눈물이 피로 변하여 붉게 물든 것을 우러러 보았습니다. 아 하늘이여, 이게 무슨 까닭입니까? 신은 전하께서 증자曾子, 민자閔子와 같은 효도를 행하시는 것은 본디 알지만, 진실로 원통함이 하늘에 사무치고 맺힌 한을 펴지 못한 그런 경우가 아니라면 눈에서 흘러내리는 눈물이 어떻게 참으로 피를 이루는 지경에 이르겠습니까? 그런데도 전하께서 가슴속에 가라앉히고, 억제하고 또 억제하여 의리가 크게 천명되지 못하게 하시는 것은 혹시라도 선대왕의 훌륭한 덕에 털끝만큼이라도 관계됨이 있을까 염려하신 때문입니다. 그러나 신은 그렇지 않다고 생각합니다.

선대왕께서 이미 전하를 위해 큰 괴수로서 원수가 되는 자들의 이름을 들어 말씀하셨으니, 선대왕께서 확연히 느껴 깨달았음을 이로 미루어 헤아릴 수 있습니다. 선대왕께서 느껴 깨달으심이 이와 같다면, 전하께서 속히 천토天討를 거행하시어 장헌세자께서 무함을 입은 것을 깨끗이 씻어내는 일이야말로 비록 성인聖人에게 물어보더라도 어찌 의심의 여지가 있겠습니까?

여기서 채제공은 정조가 아버지의 억울한 누명을 씻고 싶어도 할 아버지 영조에게 누가 될 것을 걱정하여 가슴속에만 품고 살아 왔는데, 영조께서도 이미 세자를 무고한 역적들의 이름을 폭로하셨으므로 이제는 더 이상 참고 있을 필요가 없고 누명을 깨끗하게 씻을 때가 되었다고 주장했다. 그러면서 채제공은 여기서 더 나아가 구체적으로 세자가 쓴 누명과 영조가 세자의 죽음을 후회하는 글을 남긴 것을 다음과 같이 언급했다.

> 아, 당시 여러 역적들의 참소讒訴와 무함 가운데에도 세자를 일러 화리貨利와 성색聲色을 탐한다는 말과, 말 달리며 사냥하거나 즐긴다는 말을 만들어 낸 경우는 그 죄가 참으로 하늘에 사무친 것입니다. 그런데도 전하께서 이를 선왕조에 속한 일이라 하여 꾹 참고 발설하지 않으신 것은 그런대로 할 말이 있을 수 있겠습니다. 그러나 신이 수십 년 동안 마음을 썩이고 뼈에 사무치는 아픔으로 마치 살고 싶지 않은 것 같았던 까닭이 있습니다. 곧 여러 역적들이 무함했던 일들은 곧 천고에 차마 말할 수 없는 일이었는데도 아직까지 미처 눈을 부릅뜨고 용기를 내서 그 거짓들을 소상하게 변파하여 천하만세에 알리지 못한 때문입니다. …… 그런데 여러 역적들의 무함은 흉악한 무리들 사이에 널리 퍼졌는데, 그것을 밝게 씻어주는 글은 적막하게 전해진 것이 없다면 장차 믿을 만한 근거가 없어지는 것을 어떻게 하시겠습니까? 신이 매번 생각이 이에 미치면 한밤중이라도 목이 쉬도록 울곤 합니다. …… 당시의 일을 직접 보아 선세자의 원통함을 훤히 알면서도 좌고우면하며 머뭇거리는 것만을 일삼아 …… 예사롭게 세월만 보내고 있으니, 이는 선대왕의 은혜를 저버린 것이요, 우리 전하께서 다시 살려주신 큰 덕을 저버린 것이며, 또 내 자신의 일편단심을 저버린 것이니, 조석 간에 죽어 땅에 들어가게 되면 무슨 말을 선대왕에게 알리며, 무슨 말로 선세자를 위로하겠습니까?

채제공의 상소 가운데 세자가 무함 받은 일을 구체적으로 언급한 것은, 세자가 화리貨利와 성색聲色과 말 달리고 사냥하는 것을 좋아했다는 것이다. 그러고 나서 "차마 말할 수 없는 일"이 있다고 언급했는데, 그것은 아마도 세자가 모역謀逆을 시도했다는 것이 무함이라고 본 것이다. 이밖에도 더 많은 말들이 이어지고 있지만 여기서 끊겠다. 다만 채제공의 상소는 그동안 정조가 국시國是처럼 지켜왔던 둑을 허무는 일이었기에 그 파장이 엄청날 것을 임금은 걱정하여 채제공의 상소를 일단 물리쳐 버렸지만, 내심으로는 채제공이 얼마나 고마웠겠는가?

사실, 채제공은 정조가 즉위하던 해에도 장헌세자를 추숭해야 한다고 주장했고, 지난해 여름에 만여 명의 영남 유생들이 집단적으로 상소를 올려 장헌세자의 억울한 누명을 벗겨 달라고 주장한 것도 뒤에서 사주했다는 혐의를 받고 있었다. 그때 임금은 차마 들을 수 없는 말이라고 하면서 앞으로 세자에 대한 일을 제기하는 자는 반역으로 다스리겠다고 말했다. 그런데 이번에 영의정의 무거운 자리에 있는 채제공이 그 말을 꺼냈으니, 이를 냉큼 용납할 수는 없었다. 임금은 "나같이 어리석은 사람으로 그 일을 오늘날 다시 제기할 수 있겠는가? 나도 모르게 등에 땀이 흐른다. 반드시 노망 중에 미처 점검하지 못한 것이리라. 이 계문啓文을 봉함하여 돌려보내라."고 하면서 사관史官을 시켜 되돌려 주라고 명했다.

정조가 채제공의 건의를 받아들인다면 세자를 죽음으로 몰고 간 노론 벽파들이 가만히 있을 리 만무하기에 속마음으로야 반기는 일이겠지만 엄청난 평지풍파를 일으킬 위험이 있다고 보아 신중을 기한 것이다. 임금은 채제공과 사사건건 대립해 온 노론 벽파의 좌의정 김종수에게 채제공의 상소를 되돌려 보냈다고 말했다. 그러자 김종수는 "이미 저 사람과는 의리상 차마 한 하늘 밑에 있을 수 없는데,

어찌 어깨를 나란히 하여 동료가 될 리 있겠습니까? 군부君父도 안중에 없는 그의 심술은 길 가는 사람들도 다 아는 바입니다. 생각이 여기에 미치자 뼈가 저리고 몸에 소름이 끼칩니다."고 하면서 격렬하게 항의했다. 임금은 "영상의 상소는 늙어 정신이 흐린 소치에서 빚어진 것인 듯한데, 무어 꼭 그렇게 말할 것이 있겠는가?"고 말하고, 김종수가 올린 차자도 되돌려 주었다.

임금은 일단 이 상소사건을 진정시키고자 6월 16일에 74세의 채제공과 66세의 김종수를 동시에 파직시키고, 판중추로 임명했다. 당쟁으로 싸울 때는 싸움 당사자를 일단 모두 내쳤다가 다시 등용하는 것이 정조의 상투적인 인사방침이었기 때문이다.

그 뒤 6월 24일 채제공을 동지정사冬至正使로 임명하여 북경에 다녀오게 했다. 6월 22일에는 정조가 세손 때 스승이었던 홍상한洪象漢의 아들인 76세의 홍낙성(洪樂性; 풍산홍씨; 1718~1798)을 영의정으로, 김장생의 후손으로 규장각 각신 출신인 65세의 김희金憙를 우의정으로 삼고, 김창집의 후손인 59세의 우의정 김이소金履素를 좌의정으로 올렸다. 노론 정권이 구성되고, 모처럼 만들려고 했던 탕평정부가 또다시 무너진 것이다. 하지만 영의정 홍낙성은 비록 노론이지만, 정조의 탕평책을 충실히 따르는 온건한 노론 시파였으므로 임금과 충돌하는 일이 없어 오랫동안 그 자리에 있다가 정조 22년에 향년 81세로 세상을 떠났다.

이렇게 노론의 반발을 무마하기 위해 노론 정권을 세워 주었지만, 노론 벽파들이 채제공을 가만히 놔둘 리 없었다. 7월 2일에 홍낙성과 김종수, 도승지 심환지가 채제공에게 벌을 내리라고 촉구하고 나섰다. 그러나 규장각 제학으로 장용영 제조와 진휼청 당상을 겸하고 있던 소론 정민시鄭民始가 채제공을 옹호하고 나섰다. 임금도 채제공에

게 벌을 내리라는 노론의 주장을 받아들이지 않았다. 뒤에 우의정 김
희마저 채제공을 비판하고 나오자 임금은 8월 4일에 김희를 불러 "채
제공이 함부로 지껄인 자구字句를 가지고 죄라고 한다면 옳지만, 상
소문 전체를 싸잡아서 배척한다면 장차 의리를 어느 곳에다 둘 것인
가? 현재 나를 섬기는 사람들이 참으로 내 마음을 자신의 마음으로
이해한다면 어찌 그 일을 가지고 거듭 나의 마음을 언짢게 하는가?"
라고 하면서 섭섭한 마음을 토로했다.

채제공에 대한 노론의 공격이 그치지 않자 임금은 드디어 중대한
발표를 했다. 8월 8일에 전·현직 대신, 2품 이상의 경재卿宰, 각신,
그리고 삼사의 여러 신하들을 불러 보고 채제공 상소에 관해 말했는
데 그 요지는 이렇다.

전 영상領相의 상소 가운데 한 구절의 말은 곧 모년[임오년]의 큰 의리에 관
한 핵심인데, 내가 양조(兩朝; 영조와 세자)의 미덕을 찬양하고픈 마음이 있어도
감히 한 번도 제기하지 못한 것은 참으로 이 일이 모년에 관계된 것이어서 함부로
말하지도 못하고 차마 제기하지도 못하고 있던 것이다. 전 영상이 국가를 위하여
한번 죽기로 작정하고 미덕을 찬양하려는 애타는 마음과 피 끓는 정성에서 한
말이라 하더라도, 내가 감히 말하지 못하는 것을 감히 말했으니, 그 겉면만을 얼
핏 보면 그의 죄는 용서하기 어려운 것이다. 내가 비지批旨로 이미 도끼 같은 엄
한 뜻을 보인 이상, 조정 신료들이 어찌 놀라 통분하지 않을 것이며, 전 좌상[김
종수]이 성토한 것도 형편상 그럴 수 있었던 것이다.

그러나 전 영상이 그렇게 말한 것은 곡절이 있다. 전 영상이 도승지로 있을 때
선조께서 휘령전徽寧殿으로 나와 사관史官을 물리친 다음 도승지만을 앞으로
나오게 하여 어서御書 한 통을 주면서 신위神位 아래에 있는 요 자리 속에 간수
하도록 했다. 전 영상의 상소 가운데 '즉卽' 자字 아래의 한 구절은 바로《금
등金縢》 가운데의 말이다.

내가 처음 왕위에 오른 병신년 5월 13일에 문녀文女의 죄악을 공포할 적에 전

영상이 윤음을 교정하는 일에 참여하여 아뢴 바가 있었고, 승지와 사관을 보내 이를 받들어 자세히 살핀 일까지도 있었다. 전 영상이 죽음에 임박하여 이런 진실을 말한 것은 그만이 이 사실을 알기 때문에 혼자서 그 일을 말한 것이니, 이는 속에서 우러나온 충성과 의리의 발로라고 하는 것이 옳을 것이다. 《금등》 속의 말은, 하나는 자식을 사랑하는 마음이요, 하나는 지극한 효성에서 나온 것이니, 이 어떠한 미덕인가?

임금은 채제공이 이런 상소를 올린 이유가 영조께서 자신의 처분을 후회하는 《금등》을 만들어 휘령전의 요 밑에 넣어 두었는데, 사관들을 모두 내보내고 도승지 채제공만 그 사실을 보았기 때문이라고 해명했다. 또 채제공의 상소문 가운데 '즉卽'자 다음에 쓴 구절은 바로 《금등》의 내용 가운데 들어 있는 말이라고 설명했다. 그 구절은 밑줄을 그은 부분을 가리킨다.

그리고 나서 임금은 《금등》 가운데 두 구절을 베껴낸 쪽지를 여러 대신들에게 보여주었다. 그 구절은 "피 묻은 적삼이여, 피 묻은 적삼이여, 오동나무 지팡이여, 오동나무 지팡이여, 누가 이를 금장金藏과 천추千秋라 하지 않겠는가? 귀래망사대歸來望思臺를 그리워하고 있노라"[37]는 내용이었다.

이 시를 조금 더 풀이하면 다음과 같다. 앞부분에서 피 묻은 적삼과 오동나무 지팡이를 말한 것은 사도세자가 어머니 정성왕후의 죽음을 슬퍼하여 3년 동안 오동나무 지팡이를 짚고 피눈물을 흘리면서 효도한 것을 칭찬한 말이다. 그 다음 금장과 천추에 대한 이야기는 중국의 충신인 안금장安金藏과 차천추車千秋를 말한다. 안금장은 당나

37　원문은 다음과 같다. 血衫血衫 桐兮桐兮 誰是金藏千秋 予懷歸來望思. 그런데 채제공의 《번암집》에는 마지막 두 구절의 내용이 孰是金藏千秋 予悔望思之臺로 되어 있다. 그러나 글자는 다소 달라도 뜻은 같다.

라 측천무후則天武后 때 사람으로, 당시 태자로 있던 예종睿宗이 반역을 꾀한다는 무고가 들어와 예종의 측근들이 심한 고문을 받았는데, 그 가운데 한 사람인 안금장이 칼로 자신의 배를 갈라 창자를 내보이자 측천무후의 오해가 풀렸다는 이야기다. 또 한나라 무제武帝 때 강충江充이란 권세가가 태자太子가 역심逆心을 품었다고 모함하자 태자가 분노하여 강충을 죽이고 자결했다. 그러나 뒤에 한 무제는 차천추의 말을 듣고 태자의 결백함을 알게 되어 태자를 그리워하는 사자궁思子宮과 귀래망사대歸來望思臺를 지었다는 것이다.

그러니까 이 시는 사도세자가 더없는 효자로서 임금에게 역심을 품지도 않았는데 모함을 받아 억울하게 죽었으며, 영조가 뒤늦게 사실을 깨닫고 아들을 그리워한다는 내용을 담은 것이다.

임금은《금등》의 글 가운데 일부를 보여 준 다음, 이렇게 말했다.

> 내가 이덕사(李德師; 전의이씨)와 조재한(趙載翰; 풍양조씨 趙顯命 아들)을 사형에 처하게 하던 날 문녀文女와 김상로金尙魯도 처분했는데, 나는 그때 이미 《금등》의 글 가운데 들어 있는 선왕의 본뜻을 이해하고 그 뜻을 약간 반영했던 것이다. 내가 비록 보잘것없기는 하지만 일단 결정을 하려면 저울질을 해 보고 결정하지, 어떻게 내 맘대로 경중을 판단할 수가 있는가? 요컨대 전 영상이 상소에서 말한 것이 위에서 말한 바와 같고, 또 좌상이 준엄한 성토를 한 것도 내면의 사실을 모르는 데서 나온 것임을 온 세상 사람들에게 알리고 싶은 것뿐이다. 앞으로 이 일을 빙자하여 이러쿵저러쿵 시끄럽게 구는 일이 있으면 모두 성토할 것이다. 사리를 밝힐 책임은 오로지 경들에게 있다.

정조는 자신이 즉위하던 해 임오화변에 관한 상소를 올린 이덕사와 조재한, 그리고 장헌세자를 핍박한 감상로金尙魯를 처분할 때《금등》의 뜻을 약간 반영했다고 하면서, 그때 이미《금등》을 보았다고 말했다. 이번에 채제공이 장헌세자의 원통함을 풀어달라는 상소도, 영조가 금등을 만들어 숨겨 둔 것을 본 사람이 오직 채제공뿐이기 때문에 영조의 본심을 알고 있어서 그런 상소를 올렸다는 것이다. 따라서 《금등》을 정조가 처음 본 것은 정조 즉위년인데, 당시 승지와 사관史官을 보내 그 문서를 자세히 살펴보았다고 했다. 그러므로 여러 신하들은 채제공을 지나치게 공격하지 말 것이며, 앞으로 이 문제를 다시 거론하면 처벌하겠다는 것이다.

여기서 영조가 정말로 《금등》을 휘령전 요 밑에 묻어두었느냐는 그대로 믿기도 어렵고 의심하기도 어렵지만 아마도 가짜일 가능성이 크다. 그 이유는 세 가지다. 첫째로, 그 글을 본 사람이 오직 채제공 한 사람이라는 것이 의심스럽다. 증인을 만들려면 최소한 두 사람에게는 보였어야 하는데, 영조가 사관史官들을 모두 내보내고 오직 도 승지 채제공에게만 시켜 요 밑에 《금등》을 넣었다는 것이 아무래도 의심스럽다. 둘째, 채제공의 상소 가운데 《금등》의 내용이 담겨 있다고 한다면 왜 채제공이 직접 《금등》을 언급하지 않았는지도 의문이다. 셋째, 정조가 원본을 신하들에게 보여주지 않고 오직 두 구절만 베껴서 보여주었다는 점이다. 이는 원본이 없다는 증거일 수도 있다. 사실 《금등》은 지금 남아 있지 않다. 넷째 정조 즉위년에 승지와 사관을 보내 《금등》을 자세히 보았다고 했으나, 그 문서를 본 사관과 승지가 누구인지를 밝히지 않았다.

하지만, 그것이 가짜이든 진짜이든, 중요한 것은 할아버지와 아버지를 모두 아름답고 명예롭게 만들려는 정조의 마음이다. 아버지의 죽음을 할아버지의 잘못으로 돌리면 할아버지가 나빠지고, 아버지의 죽음을 아버지의 잘못으로 돌리면 아버지가 나빠지는 이 모순을 해결하는 방법은, 할아버지가 자신의 처분을 뒤에 후회했다는 것으로 만드는 것이다. 그렇게 되면 할아버지도 자애로워지고 아버지의 억울함도 증명된다. 참으로 절묘한 묘수가 아닐 수 없다. 정조는 자신이 가장 믿는 채제공과 손잡고 《금등》을 연출했을 가능성이 크다. 당시 채제공이 영조와 가장 가까운 거리에 있던 도승지都承旨였고, 또 채제공이 장헌세자의 죽음을 안타까워한 남인이었기 때문에 정조는 그를 복심腹心 중의 복심으로 만들고 《금등》을 만들어 노론 벽파를 설득하려고 한 것으로 보인다.

그러면 《금등》에 대한 그때 대신들의 반응은 어떠했는가? 누구보다도 김종수가 앞장서서 《금등》의 존재를 불신하는 말을 꺼냈다. 그는 9월 12일에 임금을 만난 자리에서, 채제공이 《금등》을 혼자서만 보고 그런 말을 했다면 왜 곧바로 제기하지 않고 이제 와서 "아직도 확실하게 밝혀지지 않았다"든가 "백 대 이후에는 무엇을 가지고 신빙하겠는가?" 등의 말을 하냐면서, 직접 눈으로 본 것을 잊은 것처럼 속였다고 채제공을 다시 성토했다. 그러면서 "성상의 하늘처럼 포용하는 큰 덕을 신도 살뜰히 받들고 싶지만, 많은 사람의 눈을 가리기 어려운 데서는 어찌하겠습니까?"라고 말했다. 그러니까 김종수는 《금등》이 가짜라는 것을 직설적으로 말하면서 정조를 공격했다.

그런데 눈여겨볼 일이 있다. 이 《금등》을 정조가 대신들에게 보여 주고 논란이 일어났을 때, 그 당사자인 채제공은 중국에 사신으로 가 있었다. 그래서 채제공은 이 사건에 휘말리지 않고 사건이 일단락되었으니, 정조가 얼마나 치밀하게 이 일을 처리했는지 알 수 있다.

이보다 앞서 6월 21일에 임금은 호조판서 심이지(沈頤之; 1735~1796)의 건의를 받아들여 그동안 민폐를 염려하여 금지해 온 광산개발을 허용하는 조치를 내렸다. 심이지는 금은동철金銀銅鐵을 캐는 광산은 재물을 생산하는 원천인데 이를 영원히 금지하는 것은 나라에 방해가 된다고 하면서, 예를 들어 정은(丁銀; 일본 銀)은 지금 씨가 말랐고, 광은(鑛銀; 국산 은)도 캐는 곳이 드물어 사세가 시급하다고 말했다. 임금은 그 말이 옳다고 여겨 공사公私에 필요하다면 법령을 정해 광산을 개발하라고 명했다. 이번 조치는 정조 15년에 내린 금난전권을 폐기한 신해통공 조치와 짝하여 시장경제를 활성화하는 또 하나의 경제정책 변화를 의미한다.

그러나 그 뒤에도 광산개발은 지지부진했다. 감사나 수령들이 민폐를 끼친다고 하면서 이에 협조하지 않았기 때문이었다. 그래서 심이지는 다음 해인 정조 18년 3월 20일에 임금에게 그런 사정을 보고하면서, "호조에서 1년 동안 세금으로 받아들이는 광은鑛銀이 6백 냥에 지나지 않는다"고 하며 북경과의 무역에 쓰는 돈이 적어도 해마다 4~5만 냥 이상이라고 말했다. 임금은 관찰사에게 성심껏 은광을 채취하라고 명했다.

해마다 6월에는 1년에 두 번 하는 도정都政이 시행된다. 도정이란 벼슬아치 전반에 대한 인사 조치를 말한다. 이를 기하여 정조는 6월 22일에 벼슬길이 막힌 사람을 풀어 주고, 멀리 있는 사람들을 등용하여 인사가 편중되지 않게 하라고 명했다. 6월 25일에는 탐라지방의 문신인 고봉서高鳳瑞와 민경우閔景祐를 청직淸職인 사헌부 장령(掌令; 정4품)에 제수하라고 명했다. 지난달에 서얼庶孽과 중인中人을 등용하라고 명한 것과 궤를 같이하는 조치다.

7월 4일에 임금은 머리에 부스럼이 나고 얼굴에 종기가 생겨 침을 맞았다. 무슨 병인지 알 수 없으나, 임금의 건강에 문제가 생긴 것이다. 현대 의학으로 보면 당뇨병일 가능성이 크다. 그런데 지방 의원醫員인 피재길皮載吉이 만든 고약을 바르고 병이 나았다. 그래서 피재길을 약원藥院의 침의鍼醫로 임명했다. 그러나 그는 정조가 세상을 떠날 때 치료를 잘못한 죄로 귀양 갔다가 순조 3년에 풀려났다.

충무공 이순신李舜臣에 대한 정조의 존경심은 남달라 《충무공전서》를 간행했음은 앞에서 이미 설명했다. 이해 7월 21일에는 이순신에게 영의정을 추증하여 최고의 벼슬을 내렸다.

9월 24일에는 비변사가 화성부에 설치한 장용영 외영外營에 대한 〈친군위절목親軍衛節目〉을 올리고, 이어서 10월 21일에는 외영의 〈보군절목步軍節目〉, 〈보군유방절목步軍留防節目〉, 〈친군위유방절목親軍衛留防節目〉, 〈친군위도시절목親軍衛都試節目〉 등을 올렸다. 이로써 장용영의 내영과 외영에 대한 군제를 마무리했다. 수원에다 서울의 장용영과 똑같은 규모의 외영을 둔 것은 장차 임금이 이곳으로 은퇴하겠다는 숨은 목적이 있었던 것이다. 부대 이름이 친군위親軍衛라는 것도 임금을 호위하는 군대라는 뜻이다. 임금이 은퇴한다는 계획을 감추어 왔지만, 장용영 외영 설치가 곧 은퇴를 암시하는 것이다.

10월 28일에 의주부윤 이의직(李義直; 전주이씨)이 북경에서 시헌력時憲曆과 황제의 자문咨文을 가지고 돌아온 홍택복洪宅福의 수본手本을 급히 조정에 알렸다. 그 내용은 지난 영조 39년(1763)에 영국 사신이 중국 황제에게 바친 19종의 조공품에 대한 보고서였다. 그 조공품은 각종 천문기구와 시계, 지구의地球儀, 대포·권총·모형 군선 등 무기, 회전의자, 라이터, 여러 가지 그림, 카펫, 수레, 익력가益力架 등이었는데, 만든 것들이 기이하고 정교하다고 했다. 당시 조선은 서양과 직접 교류를 하지 않아 서양 문물을 많이 접하지는 못했지만 중국에 가는 사신을 통해 꾸준히 서양 문물에 관한 정보를 수집하고 있었던 것이다. 특히 정조는 과학기구에 대한 관심이 매우 커서 궁궐 섬돌에 천체를 관측하는 기구를 설치하고, 뜰에는 풍향風向을 재는 장대를 세워 놓기도 했다.

연말이 가까워진 11월 19일에 영의정 홍낙성洪樂性은 내년에 자전(慈殿; 정순왕후)이 50세, 자궁(慈宮; 혜경궁)과 경모궁(장헌세자)이 60세가 될 뿐 아니라 정조가 그동안 쌓은 치적이 너무 많으므로 네 분에게 모두 존호尊號를 올리자고 청했다. 장헌세자에 대해서는 효성이 높고, 정무를 임금의 뜻에 맞게 처리했으며, 궁궐 밖을 나오지 않았으나 명성이 백성들 마음속에 배어 있었다고 칭송했다. 정조의 업적은 우선 학문이 높고 환하며, 《국조보감》, 《갱장록》을 편찬하여 역대 임금의 심법心法을 계승하고, 규장각을 세워 조상의 훈계를 경건히 모시며, 수원부를 옮기고 행궁을 지어 효성을 바치고, 직접 《자양회통(紫陽會通; 주자전서)》, 《태극강설》, 《사전史筌》 등을 지어 한 세상을 빛나는 문화의 세계로 만들었다.

백성을 보살핀 것으로는, 어린아이를 보호하듯이 상처를 입을까 걱정하면서 정월 초하루에는 권농윤음을 내리고, 내수사 노비를 찾아내는 일을 폐지했으며, 궁방전宮房田 절수를 없애고, 태형笞刑과 장형杖刑 규정을 바로잡고 죄인을 심리하는 일에 힘쓰며, 억울함을 호소하는 길을 열고, 가뭄, 홍수, 전염병이 생기면 조세를 감면하며, 굶주린 백성을 진휼하고자 내탕의 재물을 나누어 주고, 전복, 꿩, 게, 산삼 등을 바치는 것을 줄일 뿐만 아니라, 섣달에 바치는 공물을 폐지하고, 탐관오리를 엄격하게 다스렸다.

검소한 덕으로 말하면, 평상시 곁에 있는 것은 책뿐이고, 평상시 입는 것은 명주나 비단을 쓰지 않으며, 경상비를 절약하여 내수사의 묵은 빚을 없애고, 장용영을 설치할 때도 털끝만큼도 국가의 경비는 쓰지 않았고, 머리에 체발을 올리지 못하게 했다.

세상풍속을 바로잡은 것을 말하면, 당쟁을 통탄하고 외척의 정치

간여를 막았으며, 어진 이를 조건 없이 등용하고, 환관과 궁첩들을 멀리하며, 서얼의 벼슬길을 터 주고, 전랑銓郎의 자리를 폐지하여 인사 청탁을 없애고, 미천한 사람도 모두 등용하고, 옥안(獄案; 재판)은 언제나 가벼운 쪽으로 처결하고, 세신世臣은 극진히 보호했다. 그러니 정조가 존호를 받는 것은 당연하다고 말했다.

사실 정조의 업적은 홍낙성이 말한 것보다도 훨씬 많았지만, 홍낙성은 대강만을 소개한 것이다. 임금은 자전[정순왕후]의 허락을 받아야 존호를 올릴 수 있다고 말하자 홍낙성이 자전의 허락을 받아 냈다.

12월 1일에 호조정랑 정동교(鄭東敎; 동래정씨)가 돈이 유통되지 않아 주전鑄錢하자고 청하여 허락을 받았다. 다만, 동전 한 닢이 10전錢에 해당하는 '십전통보十錢通寶'를 만들어 '상평통보'와 병용하기로 했다. 십전통보의 무게는 상평통보의 20분의 1로 하고, 가치는 10분의 1로 하여 구리와 주석을 아끼기로 했다. 그러니까 요즘말로 하면 가볍고 액수가 작은 동전을 만드는 셈이다.

12월 6일에 임금은 영중추부사 채제공蔡濟恭과 비변사 당상 정민시鄭民始, 심이지沈頤之, 윤행임尹行任, 조심태趙心泰 등 남인과 소론 계열의 최측근 신하들을 불러보고, 수원의 성곽을 10년 기한으로 쌓지 말고 기일을 앞당겨 축성하라고 명했다. 축성 사업을 의정부 대신들과 의논하지 않고 심복 신하들하고만 의논한 것이 주목할 만하다. 다만, 축성 비용은 국가의 경비를 쓰지 않고, 금위영과 어영청에 속한 정번군(停番軍; 시골에 내려가 있는 비번군, 곧 鄕軍)이 내는 돈을 가져다가 쓰는 것이 어떻겠느냐고 물었다. 신하들은 모두 좋다고 대답했다. 이 방법은 지난 11월 16일에 바로 전 수원부사 조심태趙心泰가 제안한 방법이었다. 조심태는 금위영과 어영청의 향군鄕軍 가운데 1개 초哨를 줄이면 해마다 1만 냥이 나온다고 했다.

임금은 다시 "정번군이 내는 돈이 얼마나 되느냐"고 묻자, 조심태는 "1년에 약 2만여 냥이 됩니다."라고 답했다. 임금이 "40~50만 냥이면 준공할 수 있느냐?"고 묻자, 조심태는 "30만 냥이면 가능합니다."고 답하고 채제공은 30만 냥으로는 부족하다고 말했다. 임금은 채제공에게 이 일을 총괄하는 책임을 맡기고, 조심태에게 공사를 감독하는 감동당상監董堂上을 맡겼다. 이날 임금은 조심태에게 수원에 가서 지형을 살펴보고 성터를 정하라고 명했다.

이틀 뒤인 12월 8일, 임금은 조심태에게 성곽의 형태에 대하여 지시했다. 첫째 요철凹凸을 만드는 여장女墻이 있을 것, 둘째 문루門樓를 감싸는 옹성甕城이 있을 것, 셋째 성루城樓를 웅장하게 만들어 보는 사람들의 기를 꺾을 것, 넷째 현안(懸眼; 구멍)을 만들어 뜨거운 물을 흘리거나 총을 쏠 수 있게 할 것 등이다. 그러면서 임금은 1백 년 전에 유형원(柳馨遠; 1622~1673)이 쓴 《반계수록보유磻溪隨錄補遺》에 수원의 읍치를 북쪽 평야로 옮기고 이곳에 성지城池를 구축해야 한다고 썼는데 참으로 놀랍고 기이하다고 말했다.

12월 10일에 임금은 다시 사헌부 집의(執義; 종3품)를 추증받았던 유형원에게 이조참판(종2품)과 성균관 제주祭酒를 더 증직贈職했다. 그러면서 그의 수원성에 관한 논설을 더 자세히 소개하면서, 축성 비용은 향군鄕軍이 번番을 드는 대신 내는 재물로 충당하면 된다고 하여 그의 학문이 매우 실용성이 높다고 격찬했다. 그러고 보면 정조는 바로 유형원의 실학을 1백 년 뒤에 실천한 임금이었다.

정조는 문체文體를 바로잡기 위한 문체반정 정책을 꾸준히 시행해 왔는데, 직접 궁궐에 문신과 유생들을 불러 시험하기도 하고, 성균관 유생들도 시험을 보게 하며 문체의 법식을 다듬어 왔다. 정조는 이해 12월 20일, 그동안 우수한 답안을 만든 사람들을 성姓으로 분류하여 그들의 본관과 세파世派, 그리고 그들이 받은 점수의 등급 등을 적어 모두 29권의 책을 만들었다. 임금은 이 책을 《육영성휘育英姓彙》라고 호칭하고, 책상 곁에 두고 열람했다.

정조 17년은 이렇게 수많은 업적을 내면서 한 해가 지났다. 그러면 이해 정부의 각사各司와 5군영에서 보유하고 있던 재물의 회부는 어떠했는가? 괄호 안의 수치는 지난해 수치다.

황금	299냥 [300냥 남짓]
은자	41만 9,128냥 [41만 9,265냥]
전문	114만 4,167냥 [1백만 5,162냥]
명주	96동 17필 [90동 4필]
면포	3,594동 27필 [2,996동 40필]
모시	47동 28필 [45동 48필]
삼베	1,454동 32필 [1,479동 28필]
쌀	26만 9,619석 [29만 6,077석]
좁쌀	1만 1,510석 [1만 942석]
콩	2만 8,737석 [3만 3,629석]
피잡곡	9,538석 [9,078석]

위 표를 보면 지난해의 수치와 비교하여 거의 모든 부분이 큰 변동이 없는데, 다만 돈이 약 14만 냥 늘었고, 명주, 면포, 모시 등 옷감이 약간 증가한 것이 눈에 띈다. 쌀을 비롯한 식량은 다소 줄었다. 돈이 늘어난 것은 주전鑄錢의 결과로 보인다. 황금은 1냥이 줄었는데, 이는 왕실에서 황금을 거의 소비하지 않았음을 말해 준다.

누누이 말하는 것이지만, 회계부에 기록된 재물이 국가 재물의 전체를 가리키는 것은 아니다. 왜냐하면 전국 각 고을에 보관되어 있는 돈이나 환곡은 여기서 빠져 있고, 또 임금이 사적으로 보유하고 있는 내탕 재물도 누락되어 있기 때문이다.

6. 정조 18년(1794)
—현륭원 행차, 화성건설 시작, 수원행 신작로 건설,
  제9차 초계문신과 〈강제절목〉 수정, 이인을 또 만나다,
  정리소 설치, 《규화명선》, 《사서삼경》, 《탐라빈흥록》,
  《인서록》, 《주서백선》 편찬

정조 18년(1794)은 임금의 나이 43세가 되고, 할머니 정순왕후가 50세, 어머니 혜경궁과 아버지 장헌세자가 60세를 맞이하는 뜻깊은 해이기도 했다. 정조는 아버지와 어머니가 회갑이 되는 다음 해에 어머니를 모시고 수원에 내려가서 현륭원에 함께 참배하고, 수원 행궁에서 회갑잔치를 비롯한 여러 행사를 벌여 못다 한 효성을 바칠 계획을 세워 놓고 있었다. 그리고 금년에는 수원 성곽 건축에 박차를 가할 생각으로 새해를 맞이했다.

수원 성곽에 대한 큰 윤곽은 이미 지난해 이 일을 총괄하는 채제공과 공사를 감독할 책임을 맡은 조심태에게 지시한 바 있었다. 그러나 성곽 전체에 대한 설계는 아직 미비하여, 팔도에 명하여 성지城池의 모양을 그림으로 그려서 바치게 했다. 그리하여 전국 각지에서 그림을 그려 올렸는데, 그 가운데 경상좌도 병마절도사가 그려 바친 그림이 매우 조잡하여 이해 1월 7일 그를 파직시키고 잡아다가 심문까지 했다.

매년 1월에 현륭원에 참배한 전례를 따라 이해에도 1월 12일에 행

차를 떠났다. 아침에 출발하던 관례와 달리 이날은 오후 4시쯤에 궁궐을 출발하여 남대문 밖 관왕묘關王廟를 거쳐 한강 배다리를 건너 저녁에 과천에 도착했다. 여기서 하룻밤을 묵고 다음날 새벽에 출발하여 수원 행궁에 도착했는데, 날이 아직 밝지 않았다. 현륭원에 이르러 참배하다가 임금은 간장이 끊어질 듯 흐느껴 울었다. 이해가 아버지가 육순을 맞이한 해였기 때문이다.

1월 14일 수원에서 유생과 무사에게 시험을 보게 하여 수석을 차지한 이들에게 전시殿試에 곧바로 응시할 자격을 주었다.

1월 16일, 임금은 높은 곳에 올라 읍치邑治를 바라보고 말했다. "이곳은 허허벌판으로 인가가 겨우 5~6호 정도였는데, 지금은 1천여 호나 되는 민가가 즐비하구나. 몇 년이 안 되어 큰 도회지가 되었으니, 지리의 흥성함이 때가 있는 모양이다."고 하면서 도회지로 성장한 화성의 모습에 만족감을 표시했다. 이어 팔달산八達山에 올라 깃발을 꽂아 놓은 성터를 바라보고 또 이렇게 말했다.

현륭원이 있는 곳은 화산花山이고 이곳은 유천柳川이다. 화華 땅을 지키는 사람이 요堯 임금에게 수壽, 부富, 다남多男의 세 가지를 축원한 뜻을 취하여 이 성의 이름을 '화성華城'이라고 했는데, '화花'와 '화華'는 뜻이 서로 통한다. 화산은 8백 개의 봉우리가 이 산을 둥그렇게 둘러싸고 보호하고 있는 형국이 마치 꽃송이와 같아 붙인 이름이다. 그렇다면 유천성柳川城은 버들잎처럼 남북이 조금 길게 만들면 좋을 것이다.

임금은 이어 용연龍淵에 이르러 조심태에게 이르기를, "용연의 기슭이 용의 머리로 되어 있고, 석벽石壁이 웅크린 것처럼 되어 솟아 있으니, 매우 활기찬 기상이 있다."고 격찬했다. 이곳 석벽 위에는 아름다운 방화수류정(訪花隨柳亭; 일명 동북각루)을 세웠다. 이날 임금은 수원을 떠나 사천행궁沙川行宮에서 잠시 쉬었다가 과천을 거쳐 망해정望海亭에서 잠시 휴식을 취한 뒤에 밤 2경에 궁궐에 도착했다.

임금인지 학자인지 헷갈릴 정도로 정조는 책을 편찬하는 일을 좋아했다. 그동안에도 수많은 책을 편찬했지만, 이해 1월 24일에는 정조 원년에 평안도 감영에서 만든 정유자丁酉字 활자를 사용하여 교서관에서 사서삼경四書三經을 간행하여 규장각, 홍문관, 사고史庫, 성균관, 주합루, 그리고 지방에는 도산서원[이황서원]과 해주의 석담서원[이이서원] 및 대로사(大老祠; 송시열 사당) 등에 나누어 보관하게 했다. 또《팔자백선八子百選》도 이 활자로 찍었다. 임금은 자신이 죽은 뒤에 이 책을 함께 묻어 순장殉葬하라고 명했다. 이 책은 당송팔대가唐宋八大家의 글 가운데 1백 편을 뽑아 편집한 책으로 정조 4년에 간행했다. 참고로, 영조는《소학》을 순장했다.

1월 29일에 임금은 판중추부사 김종수金鍾秀를 또 파직했다. 그가 1월 22일에 임금에게 차자를 올려 혜경궁 홍씨의 세 동생인 홍낙신洪樂信, 홍낙임洪樂任, 홍낙윤洪樂倫에 품계를 올려 벼슬을 주라는 임금의 명을 반대하고 나섰기 때문이다. 그 이유는 그들이 역적 홍봉한의 아들들이기 때문이라는 것이다. 정조는 이미 어머니의 처지를 생각하여 홍봉한이 아버지의 죽음에 적극적으로 반대하지 않은 죄를 이미 용서했으므로, 외삼촌인 그 아들들에 대해서도 실직實職은 주지 않았으나 녹봉을 받아 생계를 꾸릴 수 있도록 군직軍職을 주어 너그럽게 포용하는 태도를 보였다. 더욱이 이때 와서 벼슬을 높여 준 것은 회갑을 맞이하는 어머니를 기쁘게 해 드리려는 효심에서였다. 그러나 김종수는 이런 처사가 바로《명의록》의 가치를 떨어뜨리는 일이라고 공격한 것이다. 임금은 김종수의 차자를 1월 29일에 되돌려 주면서 이렇게 말했다.

내가 뜻을 굽혀 이 대신을 보호하여 온전히 살려 준 것이 여러 차례인데, 이것이 어찌 대신만을 위한 것이겠는가? 일전에 올라와 연석筵席에 나왔을 때 지난 날의 잘못을 크게 뉘우치면서 자책하고, 앞으로는 다른 잘못이 없을 것임을 맹세하기에 "경이 오늘 꿈에서 깨어난 것은 한갓 자신만이 살 수 있는 것이 아니라 여러 사람들도 살릴 수 있는 것이다"고 말했었다. 그런데 갑자기 그 이튿날 저녁에 한 통의 차자를 올렸기에 그 내용을 보니, 결코 정상적인 사리로 추측할 수 있는 것이 아니요, 떳떳한 본성으로 미칠 수 있는 것도 아니었다.

역적이라도 큰 죄가 아니면 가능한 포용하려는 정조와 달리, 김종수는 철저하게 당색이 다르거나 약간의 흠이라도 있는 사람은 내치려는 결벽증을 가진 인물이었기에 임금의 포용적인 인사를 사사건건 공격하고 나섰던 것이다. 그래도 임금이 그를 끝까지 버리지는 않고 내쳤다가 다시 끌어들이기를 반복한 것은 그가 정조 즉위 초에 역적을 토벌한 것을 정당화하는 《명의록》을 편찬한 인물이고, 임금이 세손 때 학문을 가르친 스승이라는 점 때문이다. 정조의 처지에서 보면 참으로 뜨거운 감자와 같은 인물이었다. 3월 20일에 임금은 김종수를 멀리 떨어진 섬에 귀양 보내고 가시울타리를 치는 벌을 내렸다. 지금까지 내린 벌 가운데 가장 큰 벌이었다.

정조는 즉위 5년과 7년에 선발된 초계문신抄啓文臣 31명의 우수한 시험 답안지[시문]를 편집하여 《규화명선奎華名選》(33권 6책)[38]이라고 부르고 교서관에서 간행하라고 명했는데, 2월 17일에 그 책이 간행되었다.

2월 21일에는 음력 3월 3일에 시행하는 삼일제三日製 과거를 시행했는데, 장헌세자와 혜경궁의 육순을 기념하기 위한 경과慶科이기도

---

38 《규화명선》에 대한 자세한 내용은 정옥자, 《조선후기 문화운동사》(일조각, 1988) 참고.

했다. 이날 창덕궁 안에 들어온 응시자는 2만 3천 9백 명으로, 인정전 마당에서 금천교 밖에까지 늘어서 앉도록 했다. 그 가운데 시권(試券; 시험지)을 제출한 사람은 1만 568명으로서 수석을 차지한 자는 직접 전시殿試에 응시하게 하고, 1백 명은 회시會試에 응시하게 했으며, 상을 준 사람이 1백 명이었다. 임금은 하루 전에 서울 사람은 5명만 뽑고 나머지는 모두 지방 사람을 뽑으라고 명했다. 지방 사람들을 격려하기 위함이었다. 전시는 2월 28일에 거행하여 문과에 50명, 무과에 817명을 뽑았다.

이해 2월 26일부터 인사발령이 있었다. 이날 조심태趙心泰를 화성부 유수(정2품)로 올리고, 다음날 노론 벽파 심환지沈煥之를 예문관 제학(종2품)으로 삼았으나 부름에 나오지 않자 파직하고 능주목사(정3품)로 좌천시켰다. 심환지는 김종수와 비슷한 성향의 노론 벽파로서 당색이 너무도 뚜렷하여 임금이 버리지도 못하고 쓰기도 어려운 인물 가운데 하나였다. 3월 11일에는 노론 김재찬(金載瓚; 김제남의 후손이자 정승 金㷷의 아들)을 규장각 직제학으로, 3월 12일에는 소론 이존수(李存秀; 연안이씨 李文源의 아들)를 규장각 대교待敎로 임명했다.

3월 24일에 호조판서 심이지沈頤之는 왕명을 받고 옛 도총부都摠府 터와 보루각報漏閣 터를 돌아보고 도형을 만들어 임금에게 올리면서 흠경각欽敬閣 들보와 서까래가 썩었다고 보고했다. 심이지가 답사한 궁궐은 어느 궁궐인지 확실하지 않지만 세종 때 지은 집이라고 하는 것으로 보아 경복궁인 듯하다. 임금은 흠경각의 들보와 서까래가 썩었다는 말을 듣고 이를 보수하라고 명했다. 그러면서 흠경각에 대하여 이렇게 말했다.

이처럼 큰 집을 누가 손을 댈 수 있겠는가? 세 칸짜리 누수각(漏水閣; 報漏

閣)은 단지 이차적인 일에 속한다. 이 집은 세종 때 지은 집으로 우리나라에서 제일 웅장한 건축인데, 지금껏 우뚝 솟아 있어 마치 영광전(靈光殿; 산동성 곡부에 세운 공자 사당)과 비슷하다. 이 건물을 만약 수리하면 조상의 사업을 계승하는 한 가지 일이 될 것이다. 십이선동十二仙童 등의 의기儀器를 만드는 법이 문헌에 상세히 기록되어 있어서 충분히 모방하여 설치할 수 있을 것이다. 지금의 희정당熙政堂 앞에 있는 자명종自鳴鐘의 물방울이 부딪쳐서 돌아가게 되어 있는 것도 바로 옛날의 남겨준 법을 이어받은 것이다. 이런 의기는 정우태丁遇泰 같은 사람은 충분히 만들 수 있겠으나 지극히 정교한 제도를 모방하는 데 이런 뛰어난 장인을 어디서 구해 오겠는가?

정조의 말을 들어보면 세종 때 지은 흠경각이 중국의 영광전靈光殿처럼 웅장한 모습으로 남아 있다고 하는데, 새로 고쳐 짓는 것은 불가능하므로 단지 기와만 고쳐 덮고 썩고 비 새는 곳이나 수리하라고 명했다. 그러면서도 그 속에 들어 있던 자격루自擊漏를 복원하고 싶으나 그것을 할 수 있는 기술자가 없는 것을 안타까워했다.

정조가 그동안 현륭원에 행차하는 길은 노량에서 배다리를 건너 과천果川을 경유하여 인덕원仁德院을 지나 수원에 이르는 길이었는데, 남태령南泰嶺을 비롯한 고개가 많고 험준하며, 다리도 많아 어려움이 적지 않았다. 그래서 임금은 평탄한 새 길을 만들어 보라고 명을 내렸다.

왕명을 받은 경기도 관찰사 서용보(徐龍輔; 徐宗悌의 현손)는 4월 2일에 금천(衿川; 지금의 始興)과 안양安養을 거쳐 수원에 이르는 길은 땅이 평탄하고 길도 넓어 행차에 한층 수월하다고 보고했다. 그리하여 금천 관아를 수리하여 행궁을 만들고 길을 닦기 시작했다. 이 길을 뒤에 신작로新作路라고 불렀다. 그리하여 다음 해인 정조 19년(1795)에 혜경궁을 모시고 행차할 때에는 이 길로 다녀왔다.

날짜는 확실치 않고, 실록에도 기록이 없으나 이해 봄에 의정부에서는 제9차 초계문신抄啓文臣 22명을 선발하고, 뒤에 임금이 특별히 8명을 추가로 추천하여 모두 30명을 선발했는데, 그 명단은 다음과 같다.[39] 최광태(崔光泰; 전주최씨), 오태증(吳泰曾; 해주오씨 대제학 吳道一 후손; 노론), 김근순(金近淳; 안동김씨; 노론), 권준(權晙; 안동권씨), 이존수(李存秀; 판서 이문원 아들; 소론), 조만원(趙萬元; 풍양조씨, 소론), 서준보(徐俊輔; 대구서씨 판서 서유방 아들; 노론), 조석중(曹錫中; 창녕조씨), 이만승(李晚昇; 진성이씨; 남인), 유태좌(柳台佐; 풍산유씨; 남인), 홍낙준(洪樂浚; 풍산홍씨 홍양호 아들), 유원명(柳遠鳴; 진주유씨, 남인), 김희락(金熙洛; 의성김씨; 남인), 윤치영(尹致永; 해평윤씨), 구득로(具得魯; 능성구씨 구윤명 증손자; 소론), 송면재(宋冕載; 여산송씨), 신현(申絢; 평산신씨), 정취선(鄭取善; 해주정씨 정술조 손자), 강준흠(姜俊欽; 진주강씨), 홍명주(洪命周; 풍산홍씨), 황기천(黃基天; 창원황씨), 이동만(李東萬; 전주이씨), 신봉조(申鳳朝; 평산신씨), 김희주(金熙周; 의성김씨; 남인), 김처암(金處巖; 안산김씨), 이영발(李英發; 영천이씨; 남인), 홍석주(洪奭周; 영의정 홍낙성 손자), 김이영(金履永; 안동김씨), 김계온(金啓溫; 강릉김씨; 소론), 이상겸(李象謙; 전주이씨)이다.

당시 영의정 홍낙성을 비롯하여 이들을 추천한 의정부 정승들은 모두 노론이었다. 이들 30명의 집안을 살펴보면 현직 고관대작의 자제들이 많다. 판서 이문원의 아들 이존수, 판서 서유방의 아들 서준보, 판서 홍양호의 아들 홍낙준, 그리고 초계문신을 추천한 책임자인 영의정 홍낙성의 손자인 홍석주가 들어 있다. 그러나 홍석주는 임금이 특별히 추천했다. 하지만 소론과 남인도 섞여 있고 집안이 한미한 사람도 들어 있다. 그런데 이들의 명단이 왜 《실록》에 보이지 않는지

---

39 정조 18년의 초계문신 명단은 《초계문신제명록抄啓文臣題名錄》에 보인다.

는 알 수 없다.

정조는 이해 4월 7일에 초계문신에 대한 교육과정에 문제점이 있다고 여겨 《강제절목講製節目》을 수정했다. 그 요지는 이렇다.

(1) 경학經學을 잘하는 사람이 반드시 제술製述을 잘하는 것이 아니므로, 이를 분리하여 본인의 희망에 따라 선택하게 한다.

(2) 매달 제술과 시험부과는 한 차례로 하고, 강경講經의 시험도 한 차례만 하여 종전 횟수의 3분의 1로 줄인다. 그러나 시험범위는 줄이지 않는다.

(3) 강경에 응하는 자는 매달 시험을 치를 때 제술에도 응시하고, 제술에 응하는 자는 1년에 네 번 강경에 응시해야 한다.

(4) 제술에 응하는 자는 책을 보고 강경할 수 있고, 강경에 응하는 자는 책을 보지 않고 돌아앉아서 외우도록 한다.

(5) 강경에 응한 자는 사서삼경四書三經을 모두 통달한 다음에 제술 쪽으로 옮긴다.

이번 〈절목〉의 요지는 경학과 제술에 똑같이 능숙하기는 어렵다는 것을 감안하여 강학전문가와 제술전문가를 따로 양성하겠다는 것인데, 다만 비중은 낮더라도 강경과 제술을 서로 시험하도록 한 것이다.

정조는 강화도에 귀양 가서 살고 있는 이복동생 은언군 이인李裀게 애틋한 감정을 지니고 있었고, 지난 정조 14년에 군사훈련을 가장하여 한강가로 불러와서 만난 일은 앞에서 이미 살펴보았다. 그때 신하들은 그 일을 몰랐으나 할머니 정순왕후가 이를 탐지하여 대신들에게 알려 주어 한바탕 소동이 일어났었다. 정순왕후는 임금이 역적을 만나는 것은 절대로 용서할 수 없다고 믿어 신하들을 시켜 이를 막는 데 앞장섰다.

그런데 이해 4월 10일에 정순왕후는 또 모든 신하들에게 언문교지를 내려 임금이 이인을 데려오기 위해 가마와 종자從者를 강화도에 보냈다고 말했다. 대신들은 자전의 전교를 받고 임금을 만나려고 찾아갔으나 임금은 문을 닫고 만나주지 않았다. 임금은 판중추 박종악(朴宗岳; 반남박씨), 전 좌의정 김이소(金履素; 안동김씨), 판중추 김희(金憙; 광산김씨), 규장각 제학 정민시鄭民始, 직제학 서유방徐有防, 원임 직제학 서정수徐鼎修, 원임 직각 윤행임(尹行任; 남원윤씨), 검교 직각 남공철南公轍 등 11명을 모두 파직시키거나 귀양 보내거나 의금부에 가두었다.

임금은 이렇게 대신들을 모두 격리시킨 뒤에 이인을 만났다. 자전은 다시 4월 12일에 대신들에게 언문전교를 내려 "죄인이 이미 서울로 들어온 것 같은데, 조정 대신들이 이를 막지 못한다면 나는 모든 공상供上을 전부 물리치겠다."고 말했다. 요즘 말로 하면 단식투쟁을 선언한 것이다. 그러나 임금의 태도는 단호했다. "나도 자전의 전교를 감히 받들지 못할 것이 있다."고 말하고, 다만 김이소에게 명하여 자전에게 공상을 올리라고 명했다. 그러나 임금이 어느 곳에서 이인을 만났는지는 기록이 없다. 다만 궁 밖의 어느 집이었으며, 이인과 그 가족들도 함께 만났다.

4월 13일에 임금은 귀양 보냈거나 의금부에 가둔 대신들을 모두 풀어 주고 14일에 궁으로 돌아왔다. 임금은 4월 14일에 대신들을 불러 보고 말하기를, "이번의 조치가 지나치다는 것을 나도 알고 있지만 충분히 헤아려서 한 것이다. 매년 한 번씩 데려다가 만나는 것인데, 만나는 즉시 내려 보내서 이렇게 일정한 법으로 삼으면 공적인 의리와 사적인 은혜가 둘 다 행해지게 될 것이다. 이것이 권도權道이다."고 말했다. 신하들은 모두 반대했다. 하지만 임금은 이 문제를 언관들이 문제 삼는 것을 금한다고 선언했다.

사실 이인의 죄는 별로 없었다. 그의 아들 이담李湛을 추대하여 홍국영이 역모를 꾸민 것이고, 정순왕후 친척들도 그와 같은 음모를 꾸민 일이 있었고, 구선복 일당도 같은 일을 꾸몄지만, 이인이 직접 관여한 일은 아니었다. 그런데도 정순왕후가 가장 적극적으로 이인을 견제하고 나선 것은 혹시라도 이인이 서울에 들어오는 것이 자신의 친가에 영향이 미칠 것을 두려워했는지도 모른다. 임금이 이런 사정을 잘 알고 있었기에 자전의 뜻을 어기면서 강행했는지도 모른다. 하지만 임금의 말대로, 이인을 완전히 풀어주는 것이 아니라 가끔 한번씩 불러서 만나 보고 돌려보낸다면 공적으로는 그를 용서하는 것이 아니고, 사적으로는 형제간의 우애를 나눈 것이 된다.

소외된 먼 지방 유생들의 사기를 높이기 위해 지난해 4월에 강원도 유생들을 불러들여 시험 보게 하여 급제자들에게 벼슬을 주고, 그들의 시험지와 그밖의 자료들을 모아 《관동빈흥록》을 편찬했던 일은 앞에서 이미 설명했다. 그런데 이해 4월 21일에는 심낙수沈樂洙를 제주도에 어사로 보내 제주도 유생들을 시험하고, 그들의 시권(試券; 시험지)을 수합하여 서울로 보내 임금이 직접 채점하여 논論으로 수석한 변경붕邊景鵬, 책문策文으로 수석한 부종인夫宗仁, 시詩로 수석한 이태상李台祥, 송頌으로 수석한 정태언鄭泰彦 등에게 모두 전시殿試에 응시할 자격을 주고, 책문으로 차석을 차지한 김명헌은 나이가 81세임을 고려하여 특별히 급제를 내렸다. 그리고 영남과 관동 지방의 관례를 따라 그 사실을 모두 기록하고 합격한 여러 시험지를 합하여 책을 만들어 반포하게 하고, 《탐라빈흥록耽羅賓興錄》이라 이름했다. 정조 때 편찬한 빈흥록은 《관동빈흥록》(강원도), 《관서빈흥록》(평안도), 《풍패빈흥록》(함경도), 《영남빈흥록》(경상도), 《탐라빈흥록》(제주도) 등모두 5종에 이르렀다.

4월 28일에는 돈을 새로 주조했는데 액수는 기록이 없다. 아마도 수원 화성 건설과 새로운 행차 길을 닦는 데 필요한 비용을 조달하기 위함인 듯하다.

4월 28일에는 덕수이씨 이단하李端夏의 후손인 노론 이병모李秉模를 우의정으로 삼았다. 그는 정승이 되자 바로 이인에 대한 문제를 들고 나와 언관들에 대한 금령禁令을 거두라고 간언하고 나섰다. 지금 임금이 이인에게 내탕內帑을 보내 생활이 넉넉하고, 별감들이 도로에 끊이지 않으며, 거처의 편안함이 강촌江村의 별장이나 다름없다고 하면서 이런 것에 금령을 내려야지 어찌하여 신하들의 입을 막는 금령을 내렸느냐고 따졌다. 그러나 임금은 5월 25일 그를 파직시켰다. 대신을 공경하는 일도 중요하지만 친친親親이 더 중요하다고 하면서 자신의 처분을 정당화했다. 그러나 혜경궁의 탄신일인 6월 18일이 가까워오자 6월 1일에 귀양 보낸 김이소金履素, 김종수金鍾秀, 파직시켰던 이병모 등을 모두 석방하고 등용하라고 명했다.

5월 22일에 수원성곽 건설의 총책임을 맡은 영중추 채제공蔡濟恭이 성곽 건설 공사에 백성과 승군僧軍을 며칠 동안 부역시키자고 건의하니 임금이 거절했다. 임금은, "수원부의 성역城役에 기어코 한 사람의 백성도 노역시키지 않으려는 것은 내가 뜻한 바가 있어서이다."라고 말했다. 이 말은 부역賦役에 의한 무상노동은 하지 않고 임금 노동자를 고용하겠다는 뜻이었다. 실제로 성역에 참여한 석수石手, 목수木手 등 수천 명의 노동자들에게 모두 근무한 날짜를 계산하여 후한 임금을 주었기에 성역이 빠른 시일에 끝날 수 있었다. 승려 목수도 참가했는데 역시 임금을 주었다. 임금은 모든 백성과 기쁨을 함께 하는 것이 성역城役의 목적이라고 말했다.

6월 16일에는 영조 때 장죄(贓罪; 뇌물죄)를 입은 평안도 관찰사였던 노론 조엄(趙曮; 풍양조씨)[40]의 죄를 씻어 주면서 역안逆案과 장안臟案이 민국民國에 가장 깊이 관계된다고 말했다. 억울하게 역적이 되거나 뇌물죄를 지은 사람이 없게 하는 것이 민국에서 중요한 일이라는 것이다. 아들 조진관趙鎭寬이 아버지의 누명을 벗기기 위해 노력한 결과이기도 하다. 조엄은 일본에 통신사로 다녀올 때 대마도에서 고구마를 가져온 바로 그 사람인데 홍국영에게 밉보여 누명을 썼다고 한다.

6월 18일은 혜경궁의 탄신일로서 임금은 육순 생일을 맞이한 모친에게 옷감인 표리表裏를 올렸다.

6월 28일에 임금은 화성 축성 사업에 백성들을 부역으로 동원하는 것이 타당한지의 여부를 다시 묘당에서 의논하여 보고하라고 명했다. 이에 응하여 우의정 이병모는 백성들의 부역이 타당하다고 하면서 지금 부역을 자원하는 자까지도 허락하지 않고 있는 것은 잘못이라고 건의했다. 그러자 임금은 이렇게 전교했다.

> 대저 성왕聖王의 정치란 사람을 사랑하면서 백성을 부리는 것이 그 전부이다. 사랑하면서도 수고롭게 하지 않을 수 있겠는가? 때에 맞게 부리면 될 것이다. 그럼에도 주저하고 있는 것은 먼저 대민大民, 소민小民들에게 신중히 하고 있는 본의를 알게 하려는 것이다. 이미 누누이 힘껏 청했으니 묘당에서 널리 물어보아 알려라.

임금은 백성을 부역으로 부리는 것이 제도적으로 가능하다는 것을 알고 있지만, 임금이 백성을 아끼고 있다는 뜻을 먼저 보이는 것이 중요하기 때문에 부역을 주저하고 있다고 말했다.

---

40 조엄은 혜경궁 홍씨의 고모부다. 정조 원년 6월에 세상을 떠났다.

한창 무더위가 심한 6월에 수원에서는 축성築城 사업이 한창 진행되고 있었다. 임금은 무더위로 병을 얻은 노동자들의 건강을 염려하여 6월 28일에 척서단滌署丹이라는 열사병을 치료하는 환약을 새로조제하여 4천 정을 수원부에 내려주었다. 그러면서 이렇게 전교했다.

불볕더위가 이 같은데, 성역처城役處에서 공역을 감독하고 공역에 종사하는 많은 사람들이 끙끙대고 헐떡거리는 모습을 생각하니, 밤낮으로 떠오르는 일념을 잠시도 놓을 수 없다. 이런 때 어떻게 밥맛이 달고 잠자리가 편할 수 있겠는가? 그러나 이처럼 생각한다고 해서 속이 타는 자의 가슴을 축여 주고 더위 먹은 자의 열을 식혀주는 데 무슨 보탬이 되겠는가? 따로 한 처방을 연구해 내어 새로 조제하여 내려 보내니, 장수匠手와 모군募軍 등에게 나누어 주어 속이 타거나 더위를 먹은 증세에 1정 또는 반 알을 정화수에 타서 마시게 하라. 이밖에 치료할 처방도 각별히 유의하여 구중궁궐에서의 염려를 덜어 주도록 하라.

건설 노동자들의 건강까지 세심하게 챙겨 열사병 치료제까지 새로만들어 내려 보낸 것이다. 이어 7월 5일에는 장악원掌樂院 소속의 춤추는 공령工伶들에게도 척서제를 나누어 주게 했다. 이들은 다음 해혜경궁 회갑잔치 때 정재呈才를 추게 되어 있는 여성들이었다.

임금은 척서제만으로 성역 노동자들이 무더위를 이기기가 어렵다고 판단하여, 7월 7일에는 돌을 뜨고 기와를 굽는 장인들은 더위가멈출 때까지 공사를 중단하라고 명했다. 한 가지라도 백성을 병들게하게 된다면 설사 공사가 며칠 안에 이루어지는 효과가 있더라도 나의 본뜻이 아니며, 백성들이 기쁜 마음으로 일하게 하는 것이 임금의본심이라고 했다.

7월 11일에 수원부 유수 조심태가 살인적인 무더위 때문에 기우제를 지내자고 임금에게 건의하니 임금이 반대했다. "옛사람의 오행설

五行說을 보면, '많은 사람을 부려서 백성을 수고롭게 하여 성읍城邑을 일으키면 양기陽氣가 성하기 때문에 가뭄이 든다'는 말이 있으니, 사람들을 동원하여 괴롭히는 것을 제대로 조절하지 못하여 이런 가뭄이 생기게 되었는지 어찌 알겠느냐?"고 하면서 임금이 원하는 바에 따라 부역을 정지시켜 비가 오거나 서늘한 기운이 생길 때까지 기다리도록 하라고 일렀다.

6월부터 임금은 부스럼병이 또 나타났는데 한 달이 넘어도 낫지 않았다. 7월 13일 임금은 내의원 제조를 불러 보고 말하기를, "머리의 부스럼은 하찮은 일이다. 그보다도 5월 20일 이후부터는 밤잠을 이루지 못했고, 며칠 전부터 두통이 심하고 진독이 뻗친 데다가 이질 증세까지 있다."고 토로했다. 여기서 5월 20일은 임금이 일주일 동안 재계齋戒를 시작하면서 정사를 돌보지 않은 날이다. 영조 38년(1762) 5월 22일에 나경언羅景彦의 고변사건이 터지고 윤5월 21일에 세자가 세상을 떠난 달이기 때문에, 매년 5월은 정조에게는 아버지의 제삿달인 동시에 악몽과 같은 계절이었다. 그러니 스트레스가 얼마나 컸겠는가? 부스럼과 종기도 이런 심리적 압박감에서 발생했을지도 모른다.

지난해 7월에도 임금이 머리에 부스럼이 나고 얼굴에 종기가 생겨 고생했을 때에는 피재길皮載吉이 만든 고약을 바르고 침을 맞아 나은 일이 있었는데, 이번에는 현감 홍욱호洪旭浩와 이세연李世延에게 치료를 맡겼다. 종기는 정조의 고질병으로, 6년 뒤에 세상을 떠날 때에도 이 병이 원인이었다.

이해 7월은 찌는 듯한 무더위로 성역城役에 참가한 노동자들에게 척서제를 하사하기도 하고 기우제를 지내기도 했는데, 8월 하순에는 태풍이 불어닥쳐 바닷가 지역의 농사가 큰 피해를 입었다. 이해는 큰 기근이 들었다.

정조의 생일인 9월 22일에 임금은 전국에 윤음을 내려 백성들이 굶주리지 않도록 최선을 다하여 내년의 경사를 백성들과 함께 기쁘게 맞이할 수 있도록 하라고 각 도 관찰사들에게 당부했다. 그리하여 대대적으로 세금이 탕감되는 조처가 내려지고, 임금에게 올리는 공물貢物 진상도 중지했다.

9월 24일에는 《인서록人瑞錄》이 완성되어 임금이 편전에서 받았다. 이 책은 자전(慈殿; 할머니)이 50세, 혜경궁이 60세가 되는 이해를 기념하여 70세 이상의 벼슬아치와 80세 이상의 사서인(士庶人; 사족과 평민), 그리고 80세는 되지 않았지만 부부가 해로한 사람들에게 차등 있게 작위를 하사했는데 모두 7만 5,1456명이었다. 《인서록》은 이들의 명단을 기록한 책이다. 이어 임금은 홍낙성, 채제공 등 일흔이 넘은 기로대신들耆老大臣에게 술과 음식을 내리고, 먹다 남은 음식을 싸 가지고 가서 가족들에게 나누어 주라고 일렀다.

이해 가을에 흉년이 들자, 임금은 화성華城의 남문南門과 북문北門 공사가 어느 정도 틀이 잡혔다 하니 이것만 완성하고 나머지 공사는 1~2년 뒤로 미루는 것이 어떠냐고 신하들에게 하문했다. 원래 계획은 10년을 기한으로 시작한 것이니 급할 것이 없다고 말했다. 10년을 기한으로 정한 것은 10년 뒤에 은퇴한다는 목표에 맞추겠다는 것이다. 그러나 이 공사를 총책임지고 있던 채제공은 공사를 중단하면 다시 노동자들을 모으기가 어렵고, 또 이들이 자원하여 공사에 나와 입에 풀칠하고 있는데 공사를 중단하면 이들의 처지가 더욱 어려워질 것이며, 공사를 계속하는 것이 오히려 흉년을 구제하는 방도가 된다고 하면서 반대했다. 좌의정 김이소와 우의정 이병모, 수원유수 조심태도 모두 공사 중단을 반대하고 나섰다.

그러나 정조는 공사 중단의 뜻을 굽히지 않고, 11월 1일에 윤음을 내렸다. 비록 공사가 순조롭게 진행되더라도, 공사의 구령소리가 온 수원부 안에서 그치지 않는다면 처자를 부양하는 잔약한 백성들이 원망하고 눈 흘기면서 "우리 임금은 어찌하여 성 쌓는 데 쓰는 마음을 백성들을 보호하는 데 베풀지 않으며, 성 쌓는 데 쓰는 재물을 백성들을 살리는 데 옮겨 쓰지 않는가?"라고 말할 것이므로 인화人和와 지리地利에 모두 해롭다는 것이 그 이유였다. 말하자면, 일의 우선순위에서 축성 공사보다는 진휼이 먼저라는 것이며, 옛날 성인들도 흉년에는 토목공사를 하지 않는 것이 원칙이었노라고 덧붙였다. 그러나 신하들의 반대로 공사는 중단되지 않았다.

12월에 들어서자 내년에 장헌세자, 자전, 혜경궁에게 올릴 존호尊號를 의논하여 결정했다. 장헌세자에게는 '장륜융범기명창휴章倫隆範基命休彰'를, 자전에게는 '수경綏敬'을, 혜경궁에게는 '휘목徽穆'을 올리기로 정했다.

12월 10일에는 수원부의 재정을 담당하고 내년에 가질 수원 행차를 뒷바라지할 임시기구로 정리소整理所를 설치하고, 그 책임자로 6명의 정리사整理使를 임명했는데, 호조판서 심이지를 비롯하여 서유방, 이시수, 서용보, 서유대, 윤행임 등 가장 신임하던 총신들이 맡았다.

12월 25일에 《주서백선朱書百選》이 완성되었다. 정조는 세손 때부터 주자朱子의 글을 좋아하여 《주자대전朱子大全》과 《주자어류朱子語類》에서 직접 글을 뽑아 《선통選統》, 《회선會選》, 《회영會英》 등을 만들었는데, 이번에 만든 책은 주자의 편지들을 모은 것이다. 각신 이만수(李晩秀; 연안이씨 李福源 아들), 전 승지 한만유(韓晩裕; 판의금부사 韓光會 아들), 초계문신 최광태(崔光泰; 전주최씨), 호조좌랑 이시원(李始源; 연안이씨 李敏輔 아들) 등이 인명, 지명, 훈고, 출처 등을 교감校勘하고,

정유자를 써서 교서관에서 인쇄했다. 책이 완성되자 여러 신하들에게 나누어 주고, 호남, 영남, 평안도의 감영에서 번각翻刻하게 했다.

그러면 이해 호조의 각 관청과 병조의 5군영이 보유한 재물의 회계會計는 어떠한가? 괄호 안의 수치는 지난해 수치다.

황금	301냥 [299냥]
은자	42만 2,699냥 [41만 9,128냥]
전문	80만 3,076냥 [114만 4,167냥]
명주	106동 38필 [96동 17필]
면포	4,832동 5필 [3,594동 27필]
모시	39동 6필 [47동 28필]
삼베	1,328동 2필 [1,454동 32필]
쌀	27만 1,555석 [26만 9,619석]
좁쌀	1만 1,825석 [1만 1,510석]
콩	3만 1,563석 [2만 8,737석]
겉곡식	1만 1,311석 [9,538석]

위 표로 지난해와 이해 수치를 살펴보면 대동소이한데, 가장 큰 변화를 보인 것은 전문 곧 돈으로서 지난해에 견주어 약 30만 냥이 줄어든 것을 알 수 있다. 아마도 수원부 축성 사업에 들어간 비용 때문이 아닌가 여겨진다.

7. 정조 19년(1795)

—부모 회갑기념 화성행차, 혜경궁《한중록》집필 시작,
 수어청 혁파,《성도전편》,《원행을묘정리의궤》,
 《충무공이순신전서》,《풍패빈흥록》,《협길통의》,
 《증정읍취헌집》,《눌재집》편찬, 이인을 만나다

정조 19년(1795)은 정조의 나이 44세, 자전[정순왕후]의 나이 51
세, 혜경궁과 장헌세자의 나이 61세, 곧 회갑이 되는 해로서 정조가
임금이 된 뒤로 가장 큰 목표로 삼았던 아버지와 어머니에 대한 효도
를 화려하게 펼친 뜻깊은 해이다. 아버지에 대한 정조의 효도는 단순
히 자신을 낳아 준 어버이에 대한 효도의 범주를 크게 벗어난 효도였
음은 앞에서 이미 설명했다. 자신 때문에 아버지가 목숨을 잃었으므
로 아버지의 한을 풀어드리지 않으면 죽어서 아버지를 뵈올 수 없다
는 불효자의 피맺힌 한恨이 서려 있는 효도였다. 그래서 정조의 효도
는 해도 해도 풀리지 않는 운명의 굴레를 벗지 못했다. 그래도 이번
회갑 행사는 효도사업의 절정을 장식하는 의미가 있었다.

정조가 펼치고자 하는 이해의 효도는 어머니를 모시고 장차 은퇴
할 화성부에 가서 아버지 묘소인 현륭원에 참배하고, 화성부의 행궁
에 돌아와서 어머니 회갑 잔치를 벌이고, 그밖에 현지 주민들을 위로
하는 여러 가지 행사를 치르는 일이었다. 그리하여 자신이 다만 부모
에만 효도하는 임금이 아니라 민국民國, 곧 백성과 나라를 사랑하는
성군聖君이라는 것을 온 백성과 신하들에게 동시에 보여줌으로써 왕
권을 안정시키고 태평성대를 열고자 하는 꿈이 담겨 있기도 했다. 또
그렇게 하는 것이 아버지에 대한 효도의 일부라고 믿었다.

그래서 새로운 도시로 건설한 화성부를 가장 현대적이고 모범적인

농업도시,[41] 상업도시, 군사도시로 가꾸어 "집집마다 부유하고, 사람마다 평화롭게 즐기는戶戶富實人人和樂" 낙원도시를 만들고, 나아가 화성부를 서울과 동등한 위상을 지닌 국왕 직할의 자급자족 도시로 격상하고자 했다. 이런 형태의 황제직할 도시를 중국 주周나라에서는 탕목읍湯沐邑으로 불렀는데, 한漢나라 때에는 이를 확대하여 수도首都를 세 개의 광역도시로 구성하여 삼보三輔로 불렀다. 삼보는 경조윤京兆尹, 좌풍익左馮翊, 우부풍右扶風을 말한다. 정조는 한성부를 경조윤에 비기고, 광주부를 좌풍익, 화성부를 우부풍에 비유하여, 이 세 개의 도시를 합쳐서 광역수도권으로 편제했다. 그러니까 서울, 광주, 화성은 천자가 다스리는 황도皇都처럼 격상된 셈이다.

서울에서 수원에 행차하는 도로를 지난해 새로 만들고, 도로 곳곳에 만안현(萬安峴; 만냥고개, 지금 상도동 만양고개), 만안교(萬安橋; 지금 안양시 소재), 만석거萬石渠, 축만제祝萬堤, 만년제萬年堤, 만안제萬安堤, 그리고 화성부 남쪽 다리에 황교皇橋, 대황교大皇橋 등의 이름을 붙인 것은 황제를 상징하는 것이다. 또 화성 행궁의 건물들에 장락전長樂殿, 장안문長安門, 신풍루新豊樓 등의 이름을 붙인 것도 한나라와 당나라의 궁궐 이름에서 빌어 온 것이다.

정조는 화성부를 이런 도시로 만드는 이유가 현륭원을 보호하려는 효심의 표현이라고 말했지만, 아들 순조가 임금으로서 자립할 수 있는 15세가 되는 1804년을 기하여 은퇴하고, 어머니를 모시고 현륭원을 지키면서 만년을 보낸다는 원대한 꿈이 서려 있었다. 혜경궁은

---

41 수원부를 모범적인 농업도시로 만들기 위해 수원 북쪽에 만안제萬安堤와 만석거萬石渠라는 큰 저수지를 만들고, 수원 서쪽에 축만제祝萬堤를, 현륭원 남쪽에 만년제萬年堤를 건설했으며, 그 인근에 국영농장인 둔전屯田을 설치했다. 덕분에 이 지역은 흉년을 모르는 곳으로 변했다.

《한중록》에서 정조의 숨은 꿈을 다음과 같이 기록해 놓았다.

선왕[정조]은 남면(南面; 옥좌)에 있음을 즐기지 않았고, 매일 왕위를 떠날
뜻을 비추셨는데, 성자(聖子; 순조)를 얻어 나라를 부탁할 사람이 생기자 화성
華城을 크게 쌓아 경성京城 다음이 되게 하고, 노래당老來堂과 미로한당未老閒
堂이라는 집도 지어 손수 이름을 붙이셨다. 그러고는 말씀하셨다. "저는 왕위를
탐해서가 아니라 마지못해 나라를 위함이 있었습니다. 갑자년(1804)이면 원자의
나이가 15세입니다. 족히 왕위를 전할 것입니다. 그래서 저는 처음의 뜻을 이루
어 마마를 모시고 화성으로 가 제 평생 경모궁 일에 직접 다하지 못한 한恨을 풀
것입니다. 이 일은 제가 영묘(英廟; 영조)의 하교를 받았기 때문에 행하지 못한
일입니다. 비록 지극히 원통한 일이지만 또한 의리입니다. 원자는 내 부탁을 받
아 뜻을 이루어 줄 것입니다. 내가 행하지 못한 것을 아들이 대신해서 행하는 것
이 또한 의리입니다. 우리 모자가 더 살아서 자손의 효도로 영화와 봉양을 받으
면 어떻겠습니까? 그리하여 내가 하지 못한 일을 아들의 효도로 이루고, 죽어서
지하에 가서 뵈면 무슨 한이 있겠습니까?"

정조가 화성 행궁에 노래당老來堂이니 미로한당未老閒堂이니 하는
건물을 짓고, 이름을 그렇게 붙인 이유가 바로 은퇴를 염두에 두고
지었다는 혜경궁의 말은 매우 설득력이 있다. 또 은퇴하는 시기를 순
조가 자립할 수 있는 15세가 되는 1804년으로 정한 것도 매우 합리적
이다. 그리하여 할아버지의 명령 때문에 다하지 못한 효도를 마지막
으로 행하고, 이어서 아들 순조의 효도를 받으면서 만년을 살겠다는
것이 정조의 꿈이었던 것이다. 정조는 어머니에게 이런 꿈을 이야기
하면서 한없이 눈물을 흘렸다고 한다. 인간 정조의 참모습이 여기서
적나라하게 드러난다.

하지만, 정조가 살아 있을 때 은퇴하려고 한 것이 단순히 효도만
을 위해서였을지는 더 생각해 볼 필요가 있을 듯하다. 효도만을 목

적으로 했다면 그렇게까지 화성을 거창한 직할 왕도王都로 건설할 필요가 있었을까? 정조는 아들로서 효자가 되려는 꿈도 있었지만, 임금으로서 성군聖君이 되려는 꿈도 분명히 있었다. 그렇다면 군사력과 경제력을 확보한 상왕上王으로 있으면서 순조를 적극 후원하여 성군聖君 2대가 지배하는 탕평국가로서의 민국民國을 완성하려고 했던 것이 아닐까? 불행하게도 정조가 1800년에 세상을 떠나 그 꿈은 수포로 돌아가고 말았다. 하지만 할아버지가 지나치게 장기 집권한 것이 결과적으로 세자를 죽음으로 이끈 전철을 밟지 않으려는 뜻도 있었지 않았나 여겨진다.

사실, 순조도 아들 효명세자孝明世子에게 대리청정을 시키면서 창덕궁 후원에 단청이 없는 살림집인 연경당演慶堂을 지었는데, 순조 27년(1827)에 세자가 아버지 순조에게 존호를 올리고, 다음 해인 순조 28년(1828)에 어머니 순원왕후純元王后의 40세 탄신을 기념하여 지었다고 되어 있다.[12] 그러나 궁 안에 살림집을 지었다는 것은 예사로운 일이 아니다. 아마도 순조가 살아 있을 때 은퇴하여 살려고 지은 집으로 추측된다. 그렇지 않다면 궁궐 뒷켠의 호젓한 곳에 그런 집을 지을 필요가 없었을 것이다. 하지만 그러한 순조의 꿈도 세자가 21세로 요절하여 수포로 돌아가고 말았다. 장헌세자와 효명세자의 죽음에는 똑같이 왕권이 강해지는 것을 바라지 않는 노론 보수층의 반발이 바탕에 숨어 있었다.

그러면, 이제 눈을 돌려 이해 1년 동안 정조가 어떤 모습을 보여주었는지를 추적하기로 한다.

정조가 화성에 행차하기로 정한 날짜는 윤2월 9일이었다. 예년에

---

12 연경당에 대해서는 한영우,《조선의 집 동궐에 들다》(효형출판, 열화당; 2006) 참고.

는 장헌세자의 생일에 맞춰 추운 겨울인 1월에 행차를 다녀왔으나, 이번에는 복사꽃이 피는 봄철을 택했다. 어머니를 모시고 가는 행차였으므로 추운 날씨를 피한 것이다. 그리하여 새해 초두부터 행차를 위한 준비에 들어갔다.

1월 2일에는 590명의 노인에게 세찬歲饌을 내려주었다. 이어 1월 17일에는 682명의 노인에게 노직老職을 제수했다. 어머니에 대한 효도에 앞서 노인들에 대한 효도를 먼저 보여주고 싶었던 것 같다.

그런데 뜻밖에 정조의 마음을 아프게 하는 일이 일어났다. 정조가 규장각 각신들을 총애하고 우대한 것이 부작용을 일으켜 각신 가운데 분수에 넘치는 권력을 탐하다가 뜻을 이루지 못하자 임금을 비방하고 다니는 자가 나타난 것이다. 정동준(鄭東浚; 1753~1795)이 바로 그였다. 명문 동래정씨 후손인 그는 초계문신을 거쳐 대교待敎와 직각直閣을 지내고, 대사간(정3품 당상관)과 관찰사(종2품)에까지 벼슬이 올랐으나, 임금은 그를 아끼는 의미에서 40대 초반의 그에게 더 높은 요직을 주지 않았다. 정동준은 이에 불만을 품고 장용영과 화성 건설을 비난하고 다녔다. 그러자 1월 11일에 첨지 권유權裕가 그의 비행을 고발하는 상소를 올리자 그는 임금에게 용서받지 못할 것을 알고 스스로 목숨을 끊었다. 정조로서는 그의 배신이 가슴 아팠으나 크게 벌을 내리지는 않았다.

1월 16일에는 장헌세자에 대한 존호를 올리기에 앞서 왕실의 웃어른인 자전[할머니]에게 먼저 존호를 올렸다. 임금은 창경궁 명정전에 나아가 옥책玉冊과 금보金寶를 올리고, 수정전壽靜殿에 가서 음악을 연주하는 가운데 치사致詞와 전문箋文, 표리[옷감]를 바쳤다. 자전은 적의翟衣를 입고 머리를 장식하고 수정전에서 이를 받았다. 이로써 정순왕후는 일곱 번째의 존호를 받았는데, 존호의 이름을 모두 합치면 '예순성철장희혜휘익렬명선수경睿順聖哲莊僖惠徽翼烈明宣綏敬'의 14글자에 이르렀다. 그 가운데 정조가 올린 존호는 다섯 번이었다.[13]

1월 17일에는 아버지에 대한 존호를 세 번째 올리고자 임금은 사당인 경모궁景慕宮에 가서 옥책과 금보를 올리고 제사를 지냈다. 옥책문에 적힌 존호의 호칭은 모두 합하여 '사도수덕돈경홍인경지장륜융범기명창휴思悼綏德敦慶弘仁景祉章倫隆範基命彰休'의 18자에 이르렀다.[14] 같은 날 임금은 어머니 혜경궁에게 네 번째 존호를 올리기 위해 명정전에 가서 직접 죽책竹冊과 금보金寶를 올리고, 치사와 전문, 그리고 표리를 수정전에서 바쳤다. 죽책문에 적힌 존호는 '효강자희정선휘목孝康慈禧貞宣徽穆'의 8자였다.[15] 정조는 이해에 존호를 올린 행사를 기록하여 《상호도감의궤上號都監儀軌》를 제작했다.[16]

1월 21일은 아버지 장헌세자의 회갑생일이었다. 이날 정순왕후와 혜경궁, 그리고 왕비 김씨가 경모궁에 가서 술잔을 올리는 작헌례를 거행했다. 세자와 사이가 껄끄러웠던 정순왕후로서도 회갑을 맞이한 세자에 대하여 예를 갖추지 않을 수 없었을 것이다.

1월 26일 임금은 정승을 바꾸었다. 좌의정 김이소金履素와 우의정 이병모李秉模를 해직하고, 유언호兪彦鎬를 좌의정, 채제공蔡濟恭을 우의정으로 임명했다. 영의정은 여전히 홍낙성洪樂性이 맡았다. 축성

---

13 정조 2년에 '장희莊僖'라는 존호를 올리고, 정조 7년에 '혜휘惠徽', 정조 8년에 '익렬翼烈', 정조 10년에 '명선明宣'이라는 존호를 올렸다.

14 영조는 세자가 죽은 뒤 '사도思悼'라는 시호를 내렸고, 정조 7년에 '수덕돈경綏德敦慶'이라는 존호를, 정조 8년에 '홍인경지弘仁景祉'라는 존호를 올렸다.

15 정조 2년에 '효강孝康', 정조 7년에 '자희慈禧', 정조 8년에 '정선貞宣'이라는 존호를 올렸다.

16 《상호도감의궤》에 대해서는 한영우, 《조선왕조 의궤》(일지사, 2005) 407~409쪽 참고.

사업을 총괄하고 있는 우의정 채제공을 화성행차를 총괄하는 총리사
摠理使로 삼아 행차를 성공적으로 마치겠다는 의지가 반영된 것이다.
규장각 직제학 서유방(徐有防; 1741~1798)을 경기관찰사로 임명한 것도
규장각 각신 출신을 화성 행차의 안내자로 맡기겠다는 뜻일 것이다.
노론의 반대가 많은 남인 이가환(李家煥; 1742~1801)을 공조판서로 임
명한 것은 채제공에게 힘을 보태준 것이다.

　어머니의 회갑 잔치를 위한 화성 행차가 윤2월 9일로 정해졌으므
로 행차에 앞서 그곳에서의 모든 행사와 비용 등을 사전에 치밀하게
준비하도록 했다. 이번 행차에는 어머니뿐 아니라 두 누이동생인 청
연군주(淸衍郡主; 42세)와 청선군주(淸璿郡主; 40세)도 함께 가고, 수행원
도 수천 명에 이르며, 수원부에서 치를 행사가 한두 가지가 아니었
다. 크게 보아 향교의 문묘 참배, 현륭원 참배, 그리고 화성 행궁에
서 노인들을 위한 양로연養老宴, 혜경궁을 위한 회갑 잔치, 문무과 실
시, 수원과 그 인근 지역의 홀아비·과부·고아·독거노인[四民]과
가난한 백성을 위한 쌀 지급, 주간 및 야간 군사훈련 등이 포함되어
있었다. 이런 모든 행사들을 위한 준비와 예행연습이 사전에 치밀하
게 준비되었다.

　1795년의 화성행차는 워낙 규모가 크고 뜻이 깊은 행사였기에, 행
사가 끝난 뒤에 따로 행차보고서를 의궤儀軌 형식으로 따로 기록해
놓았다. 그 책이 바로《원행을묘정리의궤園幸乙卯整理儀軌》이다. 그리
고 화성 건설의 전말을 따로 의궤 형식으로 기록한 것이《화성성역의
궤華城城役儀軌》이다. 이 두 책의 기록은《실록》의 기록보다 월등하게
자세하여, 화성 건설과 화성 행차의 자세한 내막을 알려면 반드시 이
두 책을 보아야 한다. 그래서 이해 화성행차에 대한 설명은 위 기록

을 참고하여 설명하기로 한다.[47]

행사에 쓰이는 총 비용은 대략 10만 냥으로 예정되어 있었다. 이를 조달하기 위해 정리소整理所를 설치했는데, 여기서 마련한 돈은 진휼청에서 화성 시민에게 빌려주었다가 이자로 받은 돈 2만 6천 냥, 평안도의 철산鐵山 등 세 읍에서 포곡(逋穀; 회수되지 않은 환곡)을 돈으로 바꾼 것 3만 1,081냥, 평안도 덕천德川의 환곡을 돈으로 바꾼 것 1만 4,220냥, 호남지방의 모미耗米를 팔아서 만든 돈 가운데 쓰고 남은 것 2만 4천 8백 냥, 모조耗條를 돈으로 바꾼 것 6,960냥이었다. 그러나 화성의 사민과 기민에게 내려주는 쌀과 돈은 혜경궁이 베푸는 형식을 취하여 내탕에서 5천 냥을 내어 충당하게 했다. 이렇게 본다면 10만 냥의 비용은 백성들이 직접 낸 세금은 아니고, 주로 돈과 곡식의 이자를 모아 만든 재원으로 볼 수 있다.

그런데 실제로 행차 비용에 10만 냥이 다 들어가지는 않았다. 그래서 임금은 남은 돈 2만 냥을 재원財源으로 삼아 을묘년정리곡乙卯年整理穀이라고 부르고, 민국民國을 위해서 쓰도록 했다. 구체적으로 말하면 기민을 구제하는 진휼곡으로 지출하거나 화성의 둔전屯田을 만드는 비용으로 썼다.

행차가 떠나기 이틀 전인 윤2월 7일에 임금은 채제공의 건의를 받아들여 용인龍仁, 안산安山, 진위振威 등 세 읍을 수원부에 소속시켜 수원부의 관할 구역을 크게 확대했다. 유수부의 격에 맞는 공간을 확대하여 재정과 군사 기반을 높이기 위함이었다.

임금은 행차를 떠나기 앞서 몇 차례에 걸쳐 신하들에게 주의사항

---

47 화성건설과 화성행차에 대해서는 한영우, 《정조의 화성행차 그 8일》(효형출판, 1998)을 참고할 것. 이 책은 《화성성역의궤》와 《원행을묘정리의궤》를 바탕으로 집필되었다.

을 지시하고, 암행어사를 행차 지역에 보내 민폐를 끼치는 자를 엄단하라고 명했다. 그 요지는 대략 다음과 같다.

(1) 먼 곳에서 진기한 음식을 가져다 바치지 말 것.
(2) 개인이 물건을 바치는 사헌私獻을 금할 것.
(3) 여령(女伶; 기생)과 정재(呈才; 춤꾼)를 각 도에서 데려오지 말고, 반은 궁중에서 일하는 의녀醫女나 침선비針線婢 가운데서 뽑고, 나머지 반은 화성에서 선발할 것.
(4) 악공과 여령은 화려한 옷을 입지 말고 깨끗한 옷을 입을 것.
(5) 임금의 밥상은 열 그릇을 넘지 않게 할 것.
(6) 진연進宴이나 군사들의 음식에 쇠고기를 쓰지 말 것.
(7) 찬품饌品을 높게 차리지 말 것.

대강 이런 주의사항을 내리고도 안심이 되지 않아 임금은 자신이 직접 각 참站의 수라간에 가서 음식을 조사하겠다고 말했다. 실제로 《원행을묘정리의궤》를 보면 고체로 된 음식은 모두 높이가 기록되어 있어 정해진 높이 이상으로 음식을 쌓지 못하게 했던 것을 알 수 있다.

모든 준비가 끝나고, 드디어 윤2월 9일에 대망의 행차가 막을 열었다. 이날 새벽 묘시[6시 무렵]에 임금은 수정전壽靜殿에 있는 할머니 정순왕후에게 가서 인사를 드리고, 6시 45분에 융복(戎服; 전투복)을 입고 뚜껑 없는 가마를 타고 돈화문까지 와서 가마에서 내려 악차(幄次; 텐트)로 들어가 혜경궁을 기다렸다. 혜경궁이 가마를 타고 도착하자 인사를 올린 뒤에 말을 타고 출발했는데, 혜경궁이 탄 가마 뒤를 바짝 따라갔다. 이날 임금을 직접 따라간 수행원은 약 1천 8백 명이고, 그 가운데 말을 타고 간 사람이 약 8백 명이었다. 악대樂隊가 115명, 깃발을 든 군인이 238명, 궁녀인 나인內人이 26명, 각종 군사가 약 670여 명, 그리고 각급 벼슬아치들이 말을 타고 수행했다. 그러나 연도의 24군데에서 파수를 보는 4천 5백 명의 5군영 속오군이 배치되어 있어 실제 참가한 인원은 6천 명이 넘었다.

창덕궁 돈화문에서 출발한 행렬은 종로, 광통교, 남대문을 거쳐 지금의 철길을 따라 용산에 이르러 배다리를 건너 지금의 상도동 터널 입구 왼편 언덕에 있는 노량 행궁, 곧 용양봉저정龍驤鳳翥亭에서 잠시 휴식을 취하고 아침 겸 점심 식사를 들었다. 식사를 마친 일행은 오전 11시 반쯤에 다시 출발하여 노량진 쪽을 향해 가다가 왼쪽으로 방향을 틀어 만안고개[지금의 만양고개]를 넘어 장승배기와 대방동을 거쳐 문성동[신림동] 앞길에서 잠시 쉬면서 혜경궁에게 대추를 삶은 미음차를 올렸다. 그리고 나서 지금의 시흥5동 동사무소에 해당하는 시흥 행궁에서 하룻밤을 보냈다. 시흥현은 본래 금천현衿川縣이었으나 이 행차를 계기로 시흥현始興縣으로 이름을 바꾸고 현감(縣監; 종6품)도 현령(縣令; 종5품)으로 높여 주었다.

윤2월 10일에는 아침에 시흥 행궁을 떠나 안양의 만안교萬安橋[48]를 건너 사근참 행궁(지금의 의왕시 고천동)에서 점심을 들었다. 이때 비가 내리기 시작했으나 우구雨具를 입고 행차를 강행하여 지지대 고개를 넘어 저녁에 수원 행궁에 도착했다. 이번 행차 코스는 지난해 새로 만든 신작로로서 길이 대부분 평지였다. 종전에는 용양봉저정에서 만안고개를 넘어 장승배기를 거쳐 지금의 숭실대학 앞에서 과천 방향으로 가는 길이었다. 그동안 임금이 현륭원에 다녀올 때는 말을 타고 하루 만에 수원에 도착했지만, 이번에는 어머니가 가마를 타고

---

48 만안교는 당시 나무로 만들어져 있었으나, 이해 9월에 경기관찰사 서유방이 아름다운 아치형의 석교石橋로 다시 만들었다. 지금 안양시 만안구 석수동에 남아 있다.

가기 때문에 빨리 갈 수가 없어서 이틀 만에 수원에 도착했다.

이때 수원 화성은 일부 구역을 제외하고는 거의 완성되어 있었고, 행궁도 완비되었다. 혜경궁은 행궁의 장락당長樂堂에서 머물고, 임금은 유여택維與宅을 처소로 삼았다.

윤2월 11일은 공식행사가 시작되는 날이다. 임금은 새벽에 수원 향교의 문묘(文廟; 성현을 모신 사당)에 가서 참배하고 새로 간행한 사서 삼경四書三經과 노비를 하사했다. 역시 유학을 존중하는 임금다웠다. 행궁으로 돌아온 임금은 우화관羽華觀에 가서 문과를 시행하여 5명의 선비를 뽑고, 낙남헌洛南軒에 가서 무사들을 시험하여 56인을 뽑았다. 이날 오후에는 행궁의 가장 중심건물인 봉수당奉壽堂에서 혜경궁 회갑잔치의 예행연습을 했다.

윤2월 12일에는 이번 행차의 주목적인 현륭원顯隆園에 참배하고자 새벽에 혜경궁을 모시고 두 누이와 함께 떠났다. 혜경궁은 묘소에 이르자 통곡했다. 정조에게 울지 않겠다고 약속했으나 소용없었다. 남편의 무덤에 처음으로 와서 참배했으니, 그 슬픔이 오죽했겠는가? 참배를 마치고 돌아올 때 임금은 현륭원을 관리하는 사람들에게 상을 내리고, 현륭원의 원찰願刹인 용주사龍珠寺 승려들에게도 상을 내렸다. 정조는 불교 신자는 아니었지만 아버지의 원혼을 위로하는 뜻에서 사찰을 세우고, 그 안에 《부모은중경父母恩重經》을 비치하기도 했다. 여기에 모셔진 부처님 탱화는 김홍도金弘道의 주관 아래 25명의 승려들이 합작으로 그렸다.

행궁으로 돌아온 임금은 바로 갑옷을 입고 팔달산 꼭대기에 있는 서장대西將臺에 올라 주간 군사훈련과 야간 군사훈련을 거행했다. 화성을 첨단적인 성곽도시로 만들었고 수천 명의 장용영 외영이 있는 만큼 이들을 데리고 성을 공격하고 방어하는 군사훈련을 실시한 것이다. 임금은 성곽의 장엄하고 아름다운 시설들을 내려다보고 매우 흡족해하였고, 신하들도 입을 모아 칭송했다. 야간 훈련에는 횃불을 든 군사들이 성곽을 에워싸고 행궁과 거리에도 횃불 가로등을 밝혔으며, 민가에서도 등불을 걸어 놓았다. 군사들은 조총과 각종 대포를 쏘면서 공격과 방어훈련에 임했다.

화성의 성곽은 전통적인 성과는 다른 점이 많다. 성채의 아랫부분은 돌로 쌓는 전통적인 양식으로 지어졌으나, 상단 부분은 중국식을 따라 벽돌로 쌓았으며, 당시 총포전에 맞게 총구멍을 만들었다. 그밖에 곳곳에 망루望樓, 치첩雉堞, 옹성甕城, 수문水門, 봉대烽臺 등을 세워 장엄하면서도 아름다운 성이 되었다. 이 성은 지금 유네스코 세계문화유산으로 등록되어 많은 관광객의 사랑을 받고 있다.

화성 건설에 관한 보고서로서 약 1천 3백 쪽의 《화성성역의궤》가 편찬되어 금속활자로 인쇄하여 간행했음은 앞에서 이미 언급했는데, 이 책을 보면 건설에 참여한 수천 명의 장인들 이름과 일한 날짜 수, 거주지 등이 상세하게 기록되어 있을 뿐 아니라, 각 건물의 모습이 그려져 있고, 그 건물에 들어간 경비(물건비와 인건비)가 너무도 자세히 기록되어 있어 그의 치밀함에 놀라움을 금할 수 없다. 18세기 말에 이렇게 상세한 도시건설 보고서를 만든 나라는 전 세계적으로 다른 나라에 없었다. 일례로 미국의 워싱턴 D.C.가 이 무렵에 건설되었지만 보고서가 없다.

임금은 성곽을 건설하는 데 가장 공이 많은 채제공의 수고를 격려했다. 채제공은 아직은 도시가 번성하지 못하고, 경제력이 미비하여 왕도王都의 모습을 제대로 갖추려면 몇 년이 더 걸릴 것이라고 말했다. 임금도 이에 동의하면서 앞으로 이용후생의 길을 갖추어 나간다면 백성들이 폭주해 들어올 것이라고 말했다. 채제공이 화성을 가리켜 왕도王都라고 표현한 것이 주목된다. 당시 약 5.7킬로미터에 달하는 성곽의 전체가 완성된 것은 아니었고, 다음 해 10월에 가서야 낙성식을 가졌다.

윤2월 13일은 이 행차의 하이라이트인 혜경궁의 진찬례進饌禮 곧 회갑 잔치가 봉수당奉壽堂에서 열렸다. 봉수당은 어머니의 장수를 비는 뜻이 담겨 있다. 임금이나 왕비에 올리는 잔치는 진연進宴이라 부르는데, 혜경궁은 왕비가 아니었으므로 진찬進饌으로 불렀다. 아침 9시쯤에 시작된 잔치에는 혜경궁의 친척 내외들이 참석했다. 제일 먼저 임금이 술잔을 올리고, 그 다음에는 친척과 외척들이 차례로 술잔을 올리고, 술잔을 올릴 때마다 음악과 정재呈才가 연출되었다. 궁중 무용인 정재는 헌선도(獻仙桃; 선도를 바치는 춤)을 시작으로 몽금척(夢金尺; 이성계가 꿈에 금척을 받은 춤), 하황은(荷皇恩; 중국의 책봉을 받은 것을 표현하는 춤), 포구락(抛毬樂; 구멍에 공을 넣는 춤), 무고(舞鼓; 북춤), 아박(牙拍; 상아 아박을 치며 추는 춤), 향발(響鈸; 향발을 손가락에 끼고 추는 춤), 학무(鶴舞; 학춤), 연화대(蓮花臺; 연꽃 속에서 소녀들이 나와 추는 춤), 수연장(壽延長; 장수를 비는 춤), 처용무(處容舞; 처용 가면을 쓰고 추는 춤), 첨수무(尖袖舞; 소매가 좁은 옷을 입고 추는 춤), 검무(劍舞; 칼춤)가 차례로 연출되고, 마지막으로 모든 춤꾼들이 나와서 추는 선유락(船遊樂; 뱃놀이춤)이 대미를 장식했다.

진찬이 끝난 뒤에 신하들을 불러들여 음식을 내리고 꽃을 나누어 주었다. 일반 7천여 명의 군사들에게도 떡 2개, 탕 한 그릇, 마른 대구 한 조각씩 주었다. 이 잔치에는 화원畵員들도 초대되어 이 잔치를 그대로 그려 병풍을 만들게 했다. 이 병풍을 〈진찬도병進饌圖屛〉이라고 불렀는데, 여기에는 잔치 모습뿐 아니라 화성에서 거행한 여러 행사들이 여덟 폭 병풍에 들어가게 했다. 병풍 제작에 참여한 화원은 최득현崔得賢, 김득신金得臣, 이명규李命奎, 장한종張漢宗, 윤석근尹碩根, 허식許寔, 이인문李寅文 등이었다. 이들은 김홍도金弘道의 지도를 받으면서 병풍을 제작했다. 병풍은 큰 병풍 16좌를 만들어 3좌는 궁에 들어가고, 나머지는 총리대신과 7명의 정리소 당상, 그리고 5명의 정리소 낭청에게 주었다. 그밖에 중간 크기 병풍 5좌를 만들어 3좌는 궁에 들이고, 2좌는 두 명의 감관監官에게 주었다. 현재 큰 병풍 2~3좌 정도가 전해지고 있다.[49]

임금은 이날 회갑 잔치를 끝내고 나서 하교下敎를 내려 정리소整理所 재원 가운데 쓰고 남은 돈을 '을묘년정리곡'이라 부르고, 이를 호조에 귀속시켜 전국 360개 주현에 보관한 다음에 매년 이자를 받아 늘려 가면 머지않아 수만 석이 될 것이니, 이를 진휼에 사용하여 혜경궁의 은혜가 길이길이 이어지도록 하라고 명했다. 그러나 실제 정리곡을 운영하는 과정에 실무자들이 비리를 저질러 민폐를 끼치는 일이 생기자 중단되었다. 이 점은 뒤에 다시 살피겠다.

윤2월 14일에는 화성에서 나흘째 행사가 벌어졌다. 이날 새벽에 임금은 행궁 정문인 신풍루新豊樓에 올라가 그 앞에 모인 가난한 백성 261명과 홀아비, 과부, 고아, 독거노인 등 사민四民 50명에게 쌀 6두씩을 주고, 가난한 진민賑民에게는 성별과 나이에 따라 차등을 두어 쌀과 소금을 나누어 주었다. 또 신풍루 앞에 모인 사람들에게는 죽도 먹였는데, 혹시 죽이 차가울 것을 염려한 임금이 먼저 맛을 보고 확인한 뒤에 먹였다. 또 인근 산창山倉, 사창社倉, 해창海倉에서도 총 539명의 사민에게 쌀 198석 10두를 주고, 4,819명의 진민들에게 쌀 171석과 소금 12석, 미역 925립, 간장 1석 12두를 주었다. 이를 합

---

49 병풍 가운데 하나는 지금 국립고궁박물관에 소장되어 있고, 또 하나는 리움박물관에 소장되어 있다.

치면 쌀이 약 370석에 이르렀다.

　사민과 진민에 대한 쌀 지급이 끝나자 임금은 8시 무렵에 낙남헌 洛南軒으로 가서 양로연養老宴에 참석했다. 양로연에 초대받은 사람은 서울에서 내려온 벼슬아치 가운데 일흔이 넘은 사람과 61세 된 사람 15명이다. 영의정 홍낙성(78세), 우의정 채제공(76세), 판중추 이명식(76세) 등이 여기에 포함되었다. 또 현지 노인 384명이 초대되었는데, 벼슬아치는 70세 이상으로 정하고, 일반 평민은 80세 이상, 그리고 61세 된 사람으로 정했다. 순수 평민은 30명이었다. 전체 노인 가운데 90세 이상이 17명, 80세 이상이 29명이었다.

　근 4백 명의 노인들이 낙남헌 뜰에 모여 앉자 명아주 줄기로 만든 지팡이[靑藜杖]에 노란 비단 수건을 매어 주고, 비단 한 필과 꽃을 나누어 주며, 음식상을 한 개씩 내렸다. 노인들이 임금에게 술잔을 올리자 음악이 연주되고, 신하들이 천세千歲를 불렀다. 주변에 구경 나온 주민들도 불러들여 앉게 하고 술과 음식을 대접하자 일어나 춤추면서 천세를 불렀다. 참가자들은 남은 음식을 모두 싸 가지고 나갔다. 전체 화성 주민들에게는 요역과 세금이 면제되었다. 태평성대에서나 볼 수 있는 정겨운 풍경이 벌어지고, 정조는 백성을 사랑하는 성군聖君의 모습을 한껏 보여주었다.

　양로연을 마지막으로 공식적인 행사는 거의 끝났다. 유생들과 무사들을 격려하고, 군사훈련을 실시하며, 노인들을 위로하고, 가난한 자와 결손가정 사람들에게 쌀과 소금을 나누어 주는 등 각계각층 주민들의 사기를 높여 주는 행사를 골고루 거행했다. 그리하여 어머니 회갑잔치가 백성들의 축복 속에 성대하게 거행되었으니, 그동안 가슴속에 품어온 정조의 아픈 한도 어지간히 풀렸을 것이다.

　정조는 신하들과 더불어 자신이 설계한 성곽을 살피고자 방화수류정(訪花隨柳亭; 일명 동북각루)으로 갔다. 현륭원이 있는 화산花山을 찾고 화성華城의 유천柳川을 따른다는 뜻을 가진 정자인 동시에, 정자 아래에는 대포를 쏠 수 있는 공간을 가진 요새지이기도 했다. 이 정자에 올라 북쪽을 바라보면 광교산光敎山이 눈에 들어오고, 눈 아래에는 절벽 밑에 용연龍淵과 유천이 흐르며, 남쪽을 바라보면 북수문北水門인 화홍문華虹門의 위용이 다가온다. 화성 가운데 가장 아름다운 경관을 갖추고 있어 저절로 시심詩心을 자극하는 곳이기도 하다.

임금은 다시 북문인 장안문長安門에 올라 북쪽으로 만석거(萬石渠; 일명 일왕 저수지) 저수지를 파고 대유둔전大有屯田을 설치할 터를 살펴보았다. 만석거와 대유둔전은 이해 3월에 착공되어 5월에 완공되었다. 이어 정조 23년(1799)에는 수원부 서쪽에도 축만제(祝萬堤; 일명 서호)를 파고 서둔西屯을 건설했으며, 현륭원 입구에도 정조 22년(1798)에 만년제萬年堤를 차례로 건설하여 흉년을 모르는 모범적인 농업도시를 만들어 둔전에서 들어오는 수입으로 화성의 운영경비를 충당했다. 개화기에 축만제 부근에 농업시험장을 만들고 농업학교가 세워져 뒤에 서울대학교 농과대학으로 발전하게 된 것이다.

정조는 본래 성제城制에 대하여 비상한 관심을 가지고 지난해에 중국과 우리나라의 성곽제도 역사를 정리하여 《성제도설城制圖說》(3권)을 편찬하고, 이해에는 다시 우리나라의 성곽들을 그림을 그려 설명한 《성도전편城圖全編》(10권)을 편찬했다. 그러나 아쉽게도 이 두 책은 지금 전하지 않는다. 정조는 활과 칼을 가지고 싸우던 종전의 성곽을 총과 대포를 가지고 싸우는 새로운 전쟁에 알맞는 성곽으로 만들려고 고심하던 끝에 화성을 건설하는 데 성공한 것이다.

성곽 시찰을 끝낸 정조는 행궁으로 다시 돌아와 낙남헌 바로 뒤에 있는 활터인 득중정得中亭으로 갔다. 여기서 여러 신하들과 더불어 활쏘기로 그동안의 피로를 풀었다. 활쏘기는 밤에도 이어졌는데, 임금은 활쏘기가 끝난 뒤에 땅속에 파묻은 화약을 터뜨리는 매화포埋火砲를 구경했다. 요즘말로 하면 불꽃놀이와 비슷하다. 이것이 이번 행차의 마지막 행사가 되었다.

윤2월 15일, 임금은 화성을 떠나 귀경길에 올랐다. 화성으로 내려갈 때의 길을 그대로 되짚어 왔다. 쉬는 곳과 점심을 드는 곳, 잠자는 곳도 똑같았다. 임금은 시흥 행궁에 도착하여 이곳 현령과 암행어사들을 불러 이 지역 백성의 고통이 무엇이냐고 물었다.

시흥 행궁에서 하룻밤을 보낸 다음날 다시 서울을 향해 떠나기 전에 임금은 백성들의 목소리를 직접 듣고자 시흥현령에게 명하여 경내의 부로父老와 백성들을 데리고 넓은 곳에 모이라고 일렀다. 행렬이 문성동(文聖洞; 지금 관악구 신림동 난곡로) 앞길에 이르자 모여 있는 백성들에게 말했다. "너희들의 요역을 감해 주고 폐막을 없애 주고자 하니 하고 싶은 말이 있으면 숨기지 말고 말하라."고 했다. 백성들은, "다행히 성스럽고 밝은 세상을 만나 입는 것, 먹는 것 하나하나가 임금의 은혜가 아닌 것이 없습니다. 별다르게 드릴 말씀이 없습니다."고 하자 임금은 "그런 말은 너희들의 겉치레 인사이다. 너희들은 모두 나의 백성[赤子]으로서 은택이 아래로 미치지 못하는 것을 늘 안타까워하고 있다. 더욱이 구중 깊은 곳에 있어서 민간의 질고를 자세히 알지 못한다. 그래서 그대들을 가까이 불러 하고 싶은 말을 하게 하는 것이다. 말할 수 있는 기회를 만났는데 무엇이 두려워서 말을 하지 않는가?"고 나무랐다. 그러고 나서 승지를 시켜 백성들의 말을 들어 보라고 이르자, 승지가 여론을 들은 다음 임금에게 아뢰었다.

백성들은 실제로 절실하게 고통스러운 것이 없습니다. 다만, 호역戶役에 두 번이나 징발되어 폐단이 없지 않았다고 합니다.

임금은 그 말을 듣고, 이렇게 백성들에게 전하라고 일렀다.

지난해 환곡은 연기한다고 이미 영을 내렸다만 이를 모두 탕감한다. 호역戶役은 일을 줄이는 방법을 강구하겠다. 해마다 1월에 행차하는 관계로 눈을 쓸고 길을 닦는 수고로움이 많았으나 금년부터는 농한기로 바꾸었다. 앞으로 행차가 지나갈 때마다 민정民情을 자세히 채집할 것이다.

백성들은 임금의 말을 듣고 모두 송축하면서 물러났다. 그런데 이때 61세 된 한 노인이 먹을 것을 달라고 했다. 임금은 그의 행동이 외람스럽고 예의가 없기는 하나 그의 소원대로 몇 말의 쌀을 주라고 명했다. 노량의 용양봉저정에서 점심을 가진 행렬은 배다리를 건너 윤2월 16일 저녁에 도성으로 들어왔다. 8일 동안의 행차가 무사히 끝났다. 닷새 뒤인 윤2월 21일에는 그동안 수고한 거의 4천 명의 군사들에게 떡, 마른 대구, 쇠고기, 술을 대접했다. 행차 기간을 8일로 잡은 것은 아버지가 뒤주에 갇혀 8일 만에 숨을 거둔 사실을 상기하는 뜻이 있었다.

윤2월 28일에는 정리소整理所에서 쓰고 남은 돈 2만 냥을 3도三都와 팔도에 나누어 보내 '을묘년정리곡'을 만들게 하는 한편, 당장 탐라의 진휼곡을 보태 주고, 화성의 둔전屯田을 만드는 데 사용했다.[50]

그러면 행차의 주인공인 혜경궁은 이번 행차를 어떻게 느꼈을까? 혜경궁은 《한중록》에서 이렇게 감회를 적었다.

---

[50] 각 지역에 나누어 준 돈은 경기에 2천 냥, 충청·전라·평안도에 각 3천 2백 냥, 경상도에 4천 냥, 화성·강원도·황해도·함경도에 각 1천 냥, 개성·강화에 각 2백 냥씩이다.

노량진의 배다리는 평지를 밟는 것 같고, 깊은 궁중에 있는 몸이 하루아침에 장관壯觀을 보니 실로 쉽게 얻을 일이 아니었다. 주상이 나를 위해 이번 거조를 매우 웅장하고 크게 했다. 곳곳에 허비한 재물이 무수하게 보이니 내 불안한 마음이 갈수록 더했다. 그러나 탁지[호조]의 경비를 조금도 없애지 않고 모두 내부(內府; 내탕)에서 손수 마련한 것이다. 주상의 효성과 재략이 비상함에 매우 감탄했다.

혜경궁은 아들의 효성에 감복하면서도 비용이 많이 든 것을 안타까워하고 있다. 하지만 호조의 경비를 쓰지 않고 내탕으로 경비를 마련한 것을 다행으로 여기면서 아들의 효성과 재략이 뛰어남을 칭찬했다.

그런데 혜경궁의 회갑 잔치를 윤2월에 거행했지만 실제 회갑날은 6월 18일이었다. 그래서 이를 기념하여 6월 17일과 7월에 두 차례에 걸쳐 한성부 5부의 가난한 사람 5,685호를 선발하여 1차 때에는 쌀 3두, 2차 때에는 2두씩을 하사했다. 또 공인貢人과 시인市人 그리고 성균관 반인(泮人; 실무자)들에게도 세금을 탕감하는 조처를 내렸다. 6월 18일에도 서울에서 가장 가난한 사람 512호를 선발하여 임금이 직접 창경궁 홍화문에 나아가 쌀을 지급했으며, 그밖에 5개 처에 신하들을 보내 쌀을 지급했다.

6월 18일 당일, 임금은 창경궁 명정전에 나아가 치사와 전문, 표리[옷감]를 혜경궁에게 바치고, 연희당延禧堂에서 진찬(음식상)을 올렸으며, 내빈과 외빈, 백관과 군병들에게도 음식을 내렸다. 재미있는 것은 이때 혜경궁에게 올린 음식 가운데 구증(狗蒸; 개찜)이 보인다. 여름철이므로 보신탕을 특별히 올린 것이다. 이로써 혜경궁 회갑행사는 모두 끝났다. 아들의 효도를 통해 지아비를 잃은 과부의 설움을 한껏 씻은 혜경궁은 이해부터 저 유명한 《한중록閑中錄》을 집필하기 시작하여 비명에 죽은 남편의 일생을 피눈물을 흘리며 써 내려갔다. 이 책은 순조 초에 완성되었다.

정조는 이번 행차를 의궤儀軌로 만들고자 의궤청儀軌廳을 설치하고, 총리사로서 이 행사를 주관한 우의정 채제공에게 총책임을 맡겼으며, 규장각 각신들로서 정리소 당상을 맡았던 호조판서 심이지沈頤之, 경기관찰사 서유방徐有防, 서용보徐龍輔, 민종현閔鍾顯, 이시수(李時秀; 李福源 큰아들), 이만수(李晩秀; 李福源 작은아들), 윤행임尹行任, 그리고 공조판서 이가환李家煥 등에게 의궤청 당상을 맡겼다. 실제 실무는 검서관이었던 박제가朴齊家와 유득공柳得恭 등이 맡았다. 골수 노론은 배제되었다.

3월 10일에 임금은 규장각 각신과 그 아들, 조카, 형제들까지 대동하여 창덕궁 후원에 초대하여 꽃구경을 시키고 함께 낚시를 즐겼다. 단합대회 겸 경고를 내리기 위해서였다. 임금은 존덕정尊德亭 서쪽 막차에 들어가서 그들을 경계하는 훈시를 내렸다.

나는 세손 때부터 어진 신하를 내 편으로 만들고, 척리戚里는 배척해야 한다는 의리를 깊이 알고 있었다. 그래서 즉위 초에 맨 먼저 규장각을 세웠는데, 이는 문치 위주로 장식하려 해서가 아니라 아침저녁을 가까이 있게 하여 나를 개발하고 좋은 말을 듣게 되는 유익함이 있게 하려는 뜻에서였다. 그리하여 좋은 작위로 잡아매고 예우하여 대접하면서, 심지어는 한가로이 꽃구경을 하고 낚시질할 때에도 각신과 함께 즐거움을 같이하고, 그들의 아들, 조카, 형제들까지 연회에 참석하도록 허락했던 것이다. 그리하여 예법을 간소화하여 은혜로 접하고, 한데 어울려 기뻐하고 즐기는 것을 정례화하고 있다.

그런데 마침내 귀근貴近의 폐단이 일어나더니 요즘에 이르러는 그 극에 달하고 있는 느낌이다. 나가면 물러가게 되고, 느슨해지면 펼쳐지게 되는 것이 정상적인 이치라고 할 것이다. 척신戚臣이 이 뒤를 이어 나오지 않으리라고 어찌 보장할 수 있겠는가? 그러나 사대부를 가까이하려는 것이 나의 평소의 성격인 동시에 내가 고심하는 것이니, 수십 년 동안 해 온 것을 지금 중도에 그만둘 수는 없다. 이에 특별히 경들을 불러 나의 속마음을 펼쳐 보이는 것이니, 여러 신하들은 각자 두려운 마음을 가지고 경계하여 오늘 내가 유시한 것을 잊지 않도록 하라.

정조는 각신을 존중하고 우대하면서도 그들이 특권 세력으로 변질되어 가고 있는 현실을 깊이 우려하여 경고했다. 지난해 정동준鄭東浚 사건이 터진 뒤로 각신에 대한 경계심을 갖게 된 것이다. 임금의 훈시를 들은 좌의정 유언호兪彦鎬와 우의정 채제공蔡濟恭이 임금의 특별한 은혜를 받고 있는 처지에 어찌 나쁜 마음을 갖겠느냐고 다짐했다. 임금은 신하들을 데리고 부용정芙蓉亭에 가서 낚시를 했다. 잡은 고기 네 마리는 도로 놓아주었다.

임금은 이때부터 각신들과도 어느 정도 거리를 두고, 그들을 견제할 세력으로 재야인사들을 중용하여 균형을 이루도록 배려했다.

이 무렵 임금은 이해의 경사를 함께 한다는 뜻으로 고모인 정처(鄭妻; 화완옹주)를 유배지에서 풀어 주어 마음대로 가서 살게 하면서 음식과 의복을 내려 주었다. 그런데 3월 11일에 삼사에서 상소하여 그녀를 다시 유배지로 돌려보내라고 청하고, 그 뒤로 의금부와 봉조하 김종수金鍾秀, 그리고 병조판서 심환지沈煥之 등이 잇달아 상소하여 유배지로 보내라고 청했다. 그러나 임금은 그녀가 이미 10년 전에 용서받았다고 하면서 따르지 않았다. 이어 3월 28일에는 정처를 파주로 도로 돌려보냈다고 하면서 이제는 공법公法도 시행되고 사은私恩도 행해졌으며, 형정刑政도 잘못되었다는 탄식을 하지 않아도 된다고 임금이 말했다. 이로써 이 문제는 일단락되었다.

3월 16일에는 관상감에서 왕명으로 《협길통의協吉通義》를 편찬하여 올렸다. 이 책은 일관(日官; 천문관)의 서적들을 모아 편집하되, 번거로운 것은 삭제하고 잘못된 것은 바로잡아 10문門으로 분류하여 만든 것인데, 중외에 반포하라고 명했다.

임금은 3월 18일 마포 한강가의 읍청루挹淸樓에 나가 수군들을 훈련시켰다. 3백여 척의 배들이 5척씩 대隊를 이루어 선단船團을 만드는 훈련이었다. 훈련이 끝난 뒤에 임금은 신하들을 불러 솔직하게 이인을 만나고 돌려보냈다고 하면서 이렇게 말했다.

> 병사兵事에서는 속이는 일도 마다하지 않는다. 권도權道로 행하되 중도中道를 얻는다고 했다. 그런데 병사가 아니더라도 더러는 속이는 일을 마다하지 않는 경우가 있는 법이다. '권權'이란 한 글자야말로 성인聖人이 아닌 한 하나의 방법이 될 수도 있다. 올해의 큰 경사는 온 백성과 함께 기쁨을 나누었는데, 오직 저 강화도에 유배되어 있는 자만은 한 번도 연회에 참석하지 못했다. 그에게 죄가 있고 없고를 떠나서 인정人情과 천리天理로 보아 내가 어떻게 심회心懷를 금할 수 있겠는가? 잔을 올리는 의식이 일곱 순배로 이루어졌는데, 한 잔씩 올릴 때마다 내가 안주 한 조각 입에 대지 않은 것은 그 자리에 있던 사람들이 모두 확인한 바이다. 내가 그를 생각하는 마음을 표시하고자 한 것이다. 경들은 내가 성인聖人이 되기를 기대하겠지만, 그러나 "실수를 보고서 그 사람의 인仁을 알 수 있다"는 성인의 가르침도 있다. 경들은 나의 마음을 이해하라.

임금은 자신이 군사훈련을 핑계로 신하들을 속이고 이인을 만난 것을 솔직하게 인정하고, 권도權道를 통해 중도中道를 얻을 수 있다고 하면서, 아버지 회갑을 축하하면서 동생이 참석하지 않은 것은 인정상 가슴 아픈 일이어서 잔치할 때 안주를 입에 대지도 않았다고 말했다. 또 신하들은 임금이 성인聖人이 되기를 기대하겠지만, 임금의 실수에서 '인仁'을 찾기를 바란다고도 했다.

좌의정 유언호가 임금의 행동이 《명의록》에 위배된다고 말하자, 임금은 그렇지 않다고 반박했다. 그러면서 또 이렇게 말했다.

> 어젯밤에 그를 불러 도성 안으로 들어오게 한 뒤 그의 집에서 밤을 보내고 아침에 강루江樓에 나왔다. 이제야 회포를 풀게 되었는데, 기쁨과 슬픔이 교차하여 마음의 갈피를 잡을 수 없었다. 그래서 다섯 강의 배들을 집결시키고, 여덟 영營의 악대를 모이게 했으며, 내부內府에서 음식을 대접하고, 액원掖院에서 장막을 설치했으며, 악공樂工이 연주하고, 기녀妓女는 춤을 추면서 앞뒤로 화답하고 …… 전날의 즐거움을 계속하고 이 밤의 기쁨을 길이 간직할 수 있게 되었다. 권도를 써서 중도를 얻은 것이다.

정조는 지난밤과 오늘 아침까지 이인을 만나 잔치를 벌인 일들을 자세히 설명하고, 회포를 푼 기쁨을 전해주었다. 유언호가 "지금 죄인이 어디에 있습니까?" 하고 묻자, 임금은 "저 배 위의 군막軍幕에 있다."고 대답했다. 우의정 김이소金履素는 "신들이 차마 역적과 같은 하늘에서 살고 있는 죄를 지고 있는데, 지금 악대樂隊를 강 복판에 띄우고, 기녀와 악공을 가득 실은 광경을 보고도 당장 죽지를 못했으니, 모두가 신들의 죄입니다."라고 하면서 항의했다. 하지만 정승들은 말로는 임금의 처사를 비판하면서도 강경하게 반대하는 입장은 아니었다. 그런데 규장각 제학 심환지는 달랐다. 3월 25일 그는 차자를 올려 임금의 처사를 비난하고 중도中道에 관한 지나친 분부들을 모두 환수하는 유시를 전국에 반포하라고 다그쳤다. 임금은 세종대왕의 고사를 인용하여 심환지의 차자를 공박했다.

> 옛날 세종대왕도 동쪽 교외에서 군사훈련할 때 양녕대군을 유배지에서 불러

와 연회를 베풀고 위로한 다음 연회가 끝나자 다시 유배지로 돌려보내고 환궁한 일이 있었으며, 이밖에 망원정望遠亭과 희우정喜雨亭에서 수군 훈련을 하신 일이 있었는데, 실록에 실려 있다.

정조는 옛날 세종대왕이 형님인 양녕대군을 몰래 불러서 잔치를 베풀어 위로한 사실을 소개하면서 심환지의 주장을 반박했다. 정조의 해박한 역사지식에 신하들은 이론적으로 임금을 이기지 못했다. 신하들은 더 이상 이 문제를 거론하지 않았다.

광산에서 금金을 캐는 일에 대하여 정조는 반대해 왔지만 이때는 원칙적으로 반대하지 않는 입장을 취했다. 국가의 명령에 따라 풍속이 아름답게 된 상태에서 금을 캐고, 백성이 국가에 세금을 낸다면 양쪽이 다 좋은 일로 보았다. 그렇게 하지 않고 몰래 금을 캐는 일은 엄단해야 한다고 여겨 4월 2일 함경도 정평定平과 평안도 영변寧邊에서 몰래 금 캐는 일을 중지시켰다.

화성 건설이 거의 마무리 단계에 이르자 행궁과 성첩城堞 등을 수리하고, 군영軍營을 유지하는 데 필요한 비용을 마련할 재원이 필요했다. 4월 15일에 비변사에서는 그 방법으로 비변사에서 가지고 있는 곡식 가운데 쌀 1만 석과 겉곡식 2만 석을 재원으로 만들어 '화성행궁정리수성곡華城行宮整理修城穀'이라고 이름하고, 팔도에 비치하여 매년 모곡耗穀을 받아들이고 그것을 돈으로 만들어 충당하기로 했다. 이렇게 되면 국고를 쓰지 않고도 화성행궁과 성곽을 유지할 수 있게 된다고 보았다.

정조는 궁벽한 지역의 유생들을 격려하고자 강원도, 경상도, 제주도 등의 유생들을 임금이 직접 시험하여 급제자들을 손수 전시殿試에 응시할 수 있는 자격을 허락하거나 벼슬을 내리고, 그들의 글을 모아 《빈흥록》을 편찬해 왔다. 이해 5월 1일에는 경모궁에서 제사를 지내고 나서 함경도 함흥咸興과 영흥永興 유생들을 시험한 시권試券을 임금이 손수 채점하여, 함흥에서 수석을 차지한 위광조魏光肇와 영흥에서 수석을 차지한 김이후金履垕에게 전시 응시를 허락했다. 그들의 시험지를 모아 《풍패빈흥록豊沛賓興錄》을 만들게 했는데, 책 앞머리에는 이해 4월에 이곳에서 환조桓祖를 제사한 사실을 써 넣으라고 명했다.

지난해 여름에는 가뭄이 들었다가 8월에는 태풍이 불어 삼남지방에 큰 흉년이 들었다. 먼저 경상도 지역에 1월부터 진휼에 나섰는데, 5월 5일 현재 굶주린 백성 142만 4,008명에게 곡식 10만 5,407석을 나누어 주었다. 그런데 이해 경상도 인구는 157만 6,829명으로 알려져 있어 거의 전 주민이 기민인 것처럼 보인다. 그러나 실제로 경상도 주민의 수치는 이보다 훨씬 더 많았던 것으로 보아야 한다.

제주도는 5월 11일 현재 기민 72만 5,329명에게 나누어 준 곡식이 2만 5,905석에 이르렀다. 이 곡식 가운데 1만 석은 화성 정리소整理所에서 회갑 잔치에 쓰고 남은 돈의 일부를 가지고 사서 보낸 것이다. 전 현감 고한록이 3백 석을 내놓고, 장교 홍삼필洪三弼과 유학 양성범이 각각 1백 석을 내놓았다. 그런데 당시 제주도 인구가 약 6만 5천명인데 어찌하여 기민이 72만 명이 되는지 이해가 되지 않는다. 혹시 기록의 착오가 아닌지 모르겠다.

전라도는 1월~5월 사이에 기민 220만 752명에게 약 11만 석을 주었으며, 충청도는 기민 2만 2천명에게 1,489석을 나누어 주었다. 참고로 이해 전라도 인구는 116만 2,659명인데 기민이 그보다 거의 두 배나 많다는 것이 이상하다. 인구통계에 문제가 있거나, 아니면 기민의 총수가 연인원을 말하는 것일 수도 있다.

평안도 지역의 기민 15만 3,462명에 곡식 4,882석이 지급되었고, 함경도에서는 기민 4만 9,575명에게 곡식 1만 1,332석이 지급되었으며, 경기도에서는 기민 14만 8,490명에게 곡식 1만 2,330석이 지급되었다. 서울은 5,868호[51]에 곡식 1,103석을 지급했다. 수원부에서는 기민 5만 2,704명에게 곡식 3,399석을 주었다. 황해도와 강원도는 제외되었다.

이상 전국의 기민과 진휼곡을 합치면, 기민은 약 479만 명에 곡식은 약 27만 석이 지급된 셈이다. 지난해 흉년이 매우 심각했던 것을 알 수 있다. 재미있는 것은 서울의 기민을 조사하는 과정에 기민 5,868호 가운데 협호挾戶가 1천여 호가 발견된 것이다. 협호는 요즘 말로 세 들어 사는 사람들로서 호적에 올라 있지 않은 사람들이다. 그러나 이들도 진휼대상에는 포함되었다.

6월 2일에는 공조참판 이석조(李奭祚; 여주이씨; 1713~?)가 자신이 지은 《집설輯說》 4책을 임금에게 올리니, 임금이 읽어 보고 깜짝 놀라 지중추부사의 벼슬을 내렸다. 이석조는 수원水原 사람으로 남인에 속하며, 나이는 당시 83세였다. 그 내용은 내편이 수기修己, 치인治人, 질경質經, 감사鑑史로 되어 있고, 외편은 인재, 궁방宮方, 민산民産, 군정軍政, 향제鄕制, 시조時措, 풍교風敎, 법도法度로 되어 있는데, 모두가 학문과 정치의 요결인 동시에 실용적인 내용들이었다고 임금은 격찬했다. 임금은 또 이런 말도 덧붙였다.

내가 속으로 은근히 탄식하고 있는 것은 잘못된 온갖 흐름을 막고, 거꾸로 흐

---

[51] 서울의 5,868호는 5,868명을 잘못 기록한 것으로 보인다. 만약 이 수치를 가호로 본다면 인구는 약 24만 명이 되는데 실제 서울 인구는 약 20만 명에 지나지 않았다.

르는 물을 되돌리려고 아무리 고심해도 정치가 뜻대로 되지 않는 것이다. 그런데 열 사람 가운데 8~9명은 그저 "자신을 반성하여 교화의 근원을 맑게 해서 구하는 것이 제일이다"라고만 말할 뿐 북채를 잡고 북을 치면 곧장 반응이 나오는 것과 같은 말은 하지 않고 있다. 바로 이런 즈음에 경이 상소를 올렸는데, 깜짝 놀랄 만한 의견을 보고 깊이 감동되었다.

그러니까 그동안 신하들이 올린 상소는 대부분 임금이 스스로 자신을 반성하여 교화의 근원을 맑게 하라는 상투적인 말들일 뿐 실용적인 대안이 없는데, 이석조의 상소는 많은 실용적인 대안을 제시하고 있다는 것이다. 그러니 임금이 좋아하는 것은 당연하다.

6월 18일에 혜경궁의 회갑 진찬을 창경궁에서 거행하고 나서, 6월 29일에는 백성들에게 은혜를 베풀고자 전국적으로 49만 6,422석에 달하는 환곡을 탕감해 주었다.

7월 15일에는 비변사에서 화성 성역城役에 들어간 모든 비용에 대한 회계를 보고했다. 그 내용을 보면 비용을 조달하기 위해 가져온 돈은 모두 13만 냥이고,[52] 꾸어 온 돈은 모두 63만 냥으로[53] 이것은 도로 갚아야 할 빚이었다. 이를 모두 합치면 76만 냥이 지출된 셈이다. 비변사는 63만 냥의 빚을 장기적으로 갚을 방도를 만들었다. 하지만 이 모든 비용들이 상당 부분 노동자의 임금이나 토지 보상금 등으로 지급되었기 때문에 낭비라고는 볼 수 없다.

---

52 13만 냥을 가져온 지역은 평양 병영 2만 냥, 평안도의 좁쌀을 판 돈 2만 5천 냥, 비변사에 기부記簿한 돈 1만 6천 냥, 각 도에서 가분加分한 모곡 8천 석을 돈으로 받은 것 2만 4천 냥, 경상도 감영의 별별비別別費 2만 냥, 평양 감영의 별별비 2만 냥, 전라감영의 별별비 1만 5천 냥 등이다.

53 꾸어 온 돈 63만 냥을 도로 갚아야 할 대상은 장용영 25만 냥, 균역청 30만 냥, 어영청 4만 냥, 금위영 4만 냥이다. 그러니까 장용영과 균역청에서 가장 많은 돈을 꾸어 온 것이다.

7월에 들어서자 유생들과 언관들이 천주교인 공조판서 이가환李家煥이 혹세무민하고 있다고 하면서 처벌하라고 요청하는 상소를 올렸다. 먼저 7월 24일 성균관 유생 박영원朴盈源 등이 이가환을 비판하면서 천주교인들이 귀천을 구분하지 않고, 돈과 곡식을 서로 나누어 주어 가난한 자들이 생활할 수 있게 하고, 내외의 구별을 없애 제멋대로 간음하게 한다고 규탄했다. 이에 임금은 이런 상소를 막지 못한 대사성大司成을 추고하라고 명했다. 그의 상소 내용을 보면 천주교도의 나쁜 점은 간음밖에 없고 나머지는 오히려 좋은 점을 나쁘다고 지적한 것이다.

그런데 그 다음날인 7월 25일에는 홍문관 수찬 최헌중(崔獻重; 일명 崔顯重; 삭녕최씨; 1745~?)이 또 상소했다. 그는 특별한 개인을 공격하지 않고, 이단을 물리치는 방도는 임금이 더욱 성학聖學에 분발하고, 군사君師의 자리를 엄히 하여 무신호기(務新好奇; 새로운 것과 신기한 것을 좋아함)의 잘못을 고치는 데 있다고 했다. 임금은 그의 말이 옳다고 칭찬하고 그를 대사간에 임명했다. 그러면서 이날 이가환을 충주목사로 좌천하고 정약용丁若鏞을 금정찰방으로 내려보냈으며, 그 다음날엔 이승훈李承薰을 예산현으로 유배 보냈다. 이가환은 정리소 당상으로서 누차 불러도 오지 않은 것을 죄로 삼았고, 정약용은 속죄하는 기회로 삼기 위해서 이런 조치를 취했다.

사실 이가환은 남인이지만 화성행차와 의궤 편찬을 크게 도와주었고, 정약용도 남인이지만 화성 성역에 사용할 거중기擧重機를 설계하기도 하여 임금이 총애하는 신하여서 가혹한 벌을 내리지 않았다. 정조의 효도사업은 실제로 남인 신하들의 도움으로 이루어진 것이기 때문이다. 이승훈은 그 아비가 천주교 책자를 불태웠다고 하여 죄를 가볍게 처리한 것이다. 그러니까 최헌중을 달래면서 이가환과 정약용 등 천주교인에 대한 처벌을 크게 완화시킨 것이다.

그러나 8월 1일에 대사헌 이의필(李義弼; 광평대군 후손, 李存中 아들)은 이가환에 대한 처벌이 너무 가볍다고 항의했는데, "이른바 사학邪學이라는 것이 어떤 것이고, 어떤 일을 하는지도 모르겠습니다만, 저 추악한 무리들이 점점 퍼져나가고 있습니다."는 말을 했다. 그러자 임금은 "양학洋學을 논하면서 불분명하기 짝이 없다. 무슨 물건이며, 무슨 일을 하는지도 모른다고 스스로 말하면서 그 사람들에 대한 벌을 극죄極罪로 간주하고 있으니, 그래서 정도正道가 확립되지 못하고, 사악한 무리들도 두려워하지 않는 것이다."고 공박하고 이의필을 단천부에 귀양 보냈다. 이의필이 천주교도를 비판한 이유가 남인을 배척하기 위해 편당偏黨하려는 개인감정을 가지고 있다고 보았기 때문이었다.

이해 8월 15일 《원행을묘정리의궤園幸乙卯整理儀軌》가 일단 완성되어 활자로 인쇄되었다. 내용을 보완하여 2년 뒤인 정조 21년(1797) 3월에 가서 다시 인쇄되었고, 그 다음 해인 정조 22년(1798) 4월 10일에 또다시 인쇄하여 올렸다. 보완된 내용은 두 가지다. 정조 19년 4월과 5월에 영흥에서 태조 이성계의 아버지 환조桓祖의 탄생 8회갑을 기념하여 고유제를 지내고 수백 명의 노인들에게 양로연을 베푼 사실을 추가로 기록한 것이고, 다른 하나는 장헌세자가 영조 36년(1760)에 온양에 다녀올 때 그곳에 심은 느티나무가 크게 자란 것을 기념하여 정조 20년(1796) 10월 24일에 온양 행궁에 영괴대비靈槐臺碑를 세우고 행차를 따라갔던 신하들을 조사하여 상을 베푼 사실을 기록한 것이다.

이 책을 금속활자로 인쇄한 것은 대량으로 인쇄하여 행차에 참여한 사람들에게 널리 배포하기 위함이었다. 인쇄가 오랫동안 계속된 것도 내용 보완과 더불어 수량이 많은 까닭이었다. 《원행을묘정리의궤》란 을묘년에 이루어진 현륭원 행차를 정리자整理字로 간행한 의궤라는 뜻이다.

이 책은 활자 인쇄본이므로 그림이 모두 흑백 판화로 되어 있지만, 약 1천 8백 명의 수행원을 그린 거대한 행렬도와 화성에서 거행된 여러 행사, 화성 행궁의 모습이 그려져 있어 시각적인 효과가 매우 크다. 또 8일 동안 먹은 음식의 종류와 음식재료, 음식의 높이 등이 상세히 기록되어 있어 《화성성역의궤》와 더불어 조선왕조 의궤의 백미라고 할 수 있다. 정조 시대 기록문화 수준이 얼마나 높은 단계에 있었는지를 상징적으로 보여주는 자료이다.

8월 18일에는 광주부를 승격시켜 유수부留守府로 올렸는데, 유수의 품계를 정2품으로 정하여 한성부 및 수원부와 동등하게 만들었다. 그 대신 광주 남한산성에 있는 수어청守禦廳을 혁파하고 광주유수가 수어사守禦使를 겸하도록 했다. 이로써 유수부는 서울 북쪽의 개성, 서울 서쪽의 강화, 서울 동쪽의 광주 및 서울 남쪽의 수원 등 4유수부 체제가 완성되었는데, 다만 개성부와 강화부의 유수는 종2품으로 정하여 격을 낮추었다. 또 수어청의 혁파로 5군영이 4군영(강화도의 어영청, 서울의 금위영와 훈련도감, 북한산성의 총융청)으로 줄어들었다. 뒤에 개성에 금천군金川郡을 합속시켜 그 위상을 강화했다.

9월 14일에 《충무공이순신전서忠武公李舜臣全書》를 간행했다. 임금은 정조 16년(1792)에도 《충무공전서》를 간행한 일이 있는데, 그 뒤에 이를 더욱 보완하기 위해 규장각에 명하여 이순신의 행적과 그의 유고遺稿를 모아 책으로 만들라고 하면서 내탕금 5백 민을 내려주어 인쇄하는 비용으로 쓰게 했다. 이순신을 성웅聖雄으로 만든 것은 바로 정조였다.

9월 18일에는 남한산성 안에 있는 백제 시조 온조溫祚의 사당에 이름이 없는 것을 바로잡기 위해 임금이 숭열전崇烈殿이라는 묘호廟號를 내렸다. 단군과 동명왕 사당은 숭령전崇靈殿, 기자 사당은 숭인전崇仁殿, 신라 시조 사당은 숭덕전崇德殿, 고려 시조 사당은 숭의전崇義殿으로 되어 있는데, 백제 시조의 사당만 이름이 없다가 이때에 와서 정조가 이름을 만들었다.

10월 12일에 임금은 숙종 때 영의정이었다가 서인이 집권하면서 관작이 삭탈당한 남인의 거두 허적許積의 관작을 회복시켜 주었다. 허적은 죄가 없었는데도 당화黨禍로 인하여 관직이 삭탈당했다는 것이다. 그러자 영의정 홍낙성洪樂性, 좌의정 유언호兪彦鎬, 영돈녕 김이소金履素 등 노론이 차자를 올려 관작 회복을 취소하라고 청했다. 그러나 임금은 "그들의 상소가 사실 파악도 문제가 있고, 말투도 원만하지 못하며, 당화의 찌꺼기에서 벗어나지 못하고 있다."고 하면서 차자를 되돌려 주라고 명했다. 김이소의 증조인 김창집金昌集이 "허적이 체부體府를 설치한 것이 역모와 무슨 관계가 있느냐?"고 말했다는 말도 덧붙여 김창집의 증손인 김이소의 주장을 막았다. 역시 정조의 해박한 지식을 신하들은 따라갈 수가 없었다.

10월 14일에는 이조판서 심환지沈煥之가 또 허적의 신원伸寃을 거두어 달라고 상소하면서, 앞으로 이이첨李爾瞻이나 정인홍鄭仁弘, 윤휴尹鑴, 민암閔黯 같은 자들도 그 후손들이 모두 신원해 달라고 나설 것이라고 따졌다. 그러나 임금은 "나는 '황극皇極'을 저울처럼 여긴다. 허적의 아들 허견許堅은 역적이지만 허적은 그에 관계한 것이 없다."고 반박했다. 임금은 노론 대신들의 주장이 모두 당론에서 나온 것으로 사실과는 다르다고 일축했다. 정조는 이해에 남인의 명예를 회복시키는 일을 집중으로 거행했다. 이는 전에 볼 수 없던 새로운 변화이다.

정조는 시詩에 대해서도 일가견을 가지고 있었다. 10월 14일에 임금은 "시詩는 악樂과 같은 것으로 교화에 도움을 주어야 한다."고 말했다. 정조가 가장 좋아하는 시는 연산군 때 시인 박은(朴誾; 1479~1504)과 중종 때 시인 박상(朴祥; 1474~1590)이었다. 그래서 박은의 시는 이해 《증정읍취헌집增訂挹翠軒集》으로 간행했는데, 박상의 시도 이해 10월 14일 규장각에 명하여 《눌재집訥齋集》[54]을 중간하여 올리라고 명했다.

정조는 11월 7일에도 자신의 시론詩論을 신하들에게 이렇게 피력했다.

시詩라는 것은 세상 풍속을 교화시키는 것과 관계가 있으니, 보여 주는 것이 있고 하소연하는 것이 있어야 감동을 불러일으키고 잘못을 바로잡을 수 있다. 그리하여 가까이는 아비를 섬기고, 임금을 섬기며, 멀리로는 사방에 사신使臣으로 가서 역할을 수행하는 것이 모두 이 시의 효능이라 할 것이다. 그런데 근세의 시를 보면 슬프고 울적한 음조를 띠고 있으니, 모두 시를 배우는 본뜻을 잃었다 하겠다. 박은이나 박상의 시를 보면, 처음에는 좋게 여겨지지 않다가도 오래 보면 볼수록 좋아진다. 내 생각에 우리 동방의 시집詩集으로는 이 두 사람의 시를 정종正宗으로 삼아야 할 것으로 여겨진다. 그래서 일찍이 홍문관에서 《천마잠두록天磨蠶頭錄》[55]을 찾아내어 간행했고, 또 《눌재집》을 간행하여 배포토록 했는데, 이를 통해서도 순박한 경지로 되돌리려 했던 나의 고심을 엿볼 수 있을 것이다.

김창흡(金昌翕; 1653~1722)[56]의 시를 누가 아끼지 않겠는가마는, 다만 그토

---

54 박상의 《눌재집》과 양성지의 《눌재집》은 이름이 서로 같지만, 다른 사람이다. 정조는 양성지의 《눌재집》도 규장각에서 간행하게 했으므로 혼동할 염려가 있다.

55 《천마잠두록》은 박은朴誾, 남곤南袞, 이행李荇 등 3인이 개성의 천마산을 찾아가 함께 읊은 시를 모은 책이다.

56 김창흡은 안동김씨로서 김상헌金尙憲의 증손이며, 김수항金壽恒의 아들이다. 김창협金昌協과 노론 4대신의 하나인 김창집金昌集은 그의 친형이다. 이들은 모두 노론이다.

록 화려하고 번성한 문족門族에서 이처럼 산야의 싸늘하고 파리한 어휘가 나오게 된 것이 어찌 우연이겠는가? 또 김창협(金昌協; 1651~1708)의 문장을 누가 추중하지 않겠는가? 나 역시 좋아한다. 그러나 그는 늘 명나라 사람들의 어투를 피하려 힘쓴다고 했으나, 가끔 그런 병통을 면치 못한 곳이 나오곤 한다. 이런 경우를 두고 문장도 시운時運에 따라 오르락내리락한다고 하는 것인지도 모른다.

정조는 시가 윤리적인 순박함과 교훈을 주어야 한다는 시각에서 박은과 박상의 시를 정종正宗으로 평가하고, 근세의 시는 슬프고 울적한 음조를 띠고 있다고 비판했다. 예를 들면 숙종 때 명성을 떨쳤던 김창흡의 시는 싸늘한 어휘가 많고, 그의 친형 김창협의 문장은 명나라 패관소품의 어투를 벗어나지 못하고 있다고 비판했다. 이런 시론은 문체반정의 문장론과 궤도를 같이 하는 것으로 볼 수 있다.

11월 7일에는 화성 북쪽 들판에 대유둔전大有屯田이 드디어 완성되었다. 둔전 건설비용으로 임금이 2만 관貫을 내주었다. 이 둔전은 새로 개간하기도 하고, 민전民田을 사들이기도 하여 이루어진 것인데, 이 땅을 교리校吏, 군졸軍卒, 관노官奴들에게 나누어 주어 경작하게 하고, 그 수익으로 화성 주민 1만 명을 먹여 살리기 위함이었다. 그러나 이해에는 땅이 비옥해지지 않아 20두짜리 766섬을 거두는 데 그쳤다. 하지만 그 주변에 만석거萬石渠라는 큰 저수지를 만들었기 때문에 둔전의 생산량은 해마다 늘어났다. 만석거는 지금 복원되어 옛 모습을 보여주고 있다.

12월 16일에는 좌의정에 유언호兪彦鎬 대신 채제공蔡濟恭을 다시 임명하고, 우의정에는 해평윤씨 윤두수尹斗壽의 후손인 67세의 윤시동(尹蓍東; 1729~1797)을 새로 임명했다. 그는 노론 시파에 속했다. 영의정은 여전히 홍낙성(1718~1798)이 맡았으나 나이가 78세로서 적극적인 활동을 보이지 않았고, 당론이 강한 인물도 아니어서 실권은 채제공이 쥐고 있었다. 채제공도 나이 76세였지만 활동이 활발한 편이었다. 그래서 정조는 그에게 크게 의지했다. 유언호는 다음 해 3월 19일에 향년 67세로 세상을 떠났다. 그는 원래 노론 벽파로서 홍봉한의 척신정치를 비판하다가 정조가 즉위한 뒤에 시파로 변신하여 《명의록》 편찬에 참여하고 정승의 자리에까지 올랐다가 생애를 마감했다.

윤시동은 12월 26일 임금을 만난 자리에서 지금의 급선무는 임금의 건강이라고 했다. 밤늦게까지 잠자리에 들지 않고 새벽부터 정무에 임하여 세세하게 부서기회(簿書期會; 관청의 자질구레한 일)까지 챙기고, 살옥殺獄이나 문안文案처럼 방대하고 복잡한 서류에 대해서도 자세하게 살피고 세밀하게 따져서 한 사람이라도 억울하게 되지 않을까 신경을 쓰고 있다는 것이다. 천부적인 총명한 재질을 타고나시어 피곤함을 느끼지 못하고 계시지만 그만두지 않으면 임금의 건강이 크게 염려된다고 말했다. 실제로 그의 지적대로 정조가 5년 뒤에 세상을 떠난 것은 전적으로 과로 때문이었다.

12월 17일에는 현재 전국 팔도의 목장에서 방목하고 있는 말의 수효가 보고되었는데 6,876필이었다. 정조 21년 12월 19일에는 말의 수효가 모두 6,949필이라고 보고되어 있어 뒤에 조금 더 늘어난 것을 알 수 있다. 이 말들은 모두 군마용이었다.

그러면 이해 호조의 각사와 병조의 각 군영에서 보유하고 있던 재물의 회계는 어떠한가? 이를 표로 만들어 보면 다음과 같다. 괄호 안의 수치는 작년도 수치다.

황금	267냥	[301냥]
은자	38만 4천 4백 냥	[42만 2,699냥]

전문	65만 1천 8백 냥 [80만 3,076냥]
명주	125동 [106동 38필]
면포	3,710동 [4,832동 5필]
모시	59동 [39동 6필]
삼베	1,244동 [1,328동 2필]
쌀	12만 3천 7백 석 [27만 1,555석]
좁쌀	6,070석 [1만 1,825석]
콩	2만 3천 석 [3만 1,563석]
겉곡식	- [1만 1,311석]

위 표를 보면 작년도에 견주어 황금, 은자, 전문이 모두 줄어든 것을 볼 수 있다. 이는 화성 건설과 화성 행차에 들어간 비용과 흉년으로 말미암은 진휼 때문으로 보인다. 특히 황금이 34냥이 줄어든 것은 아버지, 할머니, 어머니에게 존호를 올리면서 금보金寶를 제작했기 때문이다. 그러나 명주, 면포, 삼베 등 옷감은 큰 변동이 없고, 오히려 명주와 모시는 늘었다. 고급 옷감을 소비하지 않았다는 증거이다. 쌀, 좁쌀, 콩 등 곡식이 대폭 줄어든 것 역시 화성 건설과 화성 행차, 그리고 흉년으로 말미암은 진휼로 들어간 비용 때문일 것이다. 겉곡식은 통계가 보이지 않는데, 이는 모두 소비되었기 때문일 것이다.

그러나 위 수치는 중앙 관청에서 보유하고 있는 재물의 수량을 가리키는 것이고, 지방 팔도에 분치되어 있는 환곡 등의 재물은 여기에 포함되어 있지 않다는 것을 다시 한 번 명심할 필요가 있다.

한편, 이해에는 3년마다 시행되는 전국의 호구戶口가 12월 30일에 보고되었다. 그 결과는 다음과 같다.

	호	남자 인구(명)	여자 인구(명)	인구(명)
한성부	43,890	97,087	94,414	191,501
경기도	160,627	334,522	317,871	652,393
강원도	80,139	164,465	161,275	325,740
황해도	136,627	310,206	266,885	577,091
충청도	219,660	426,260	444,596	870,856
전라도	308,269	549,739	612,920	1,162,659
경상도	359,314	723,372	853,457	1,576,829
평안도	297,889	634,273	644,680	1,278,953
함경도	120,084	331,935	340,237	672,172
총 수	1,726,499	3,571,859	3,736,335	7,308,194
3년 전	1,741,395	3,594,944	3,746,429	7,341,373

위 표를 보면 전국의 호수는 172만 6,499호에 인구는 730만 8,194명으로, 그 가운데 남자는 357만 1,859명, 여자는 373만 6,335명으로 여자가 남자보다 16만 4,476명이 더 많다. 가호당 평균 인구는 4.23명이다.

이 수치를 3년 전인 정조 16년(1792)과 비교하면, 호수戶數가 1만 4,896호가 줄고, 인구는 3만 3,179명이 줄었다. 이렇게 인구가 줄어든 이유는 지난해 큰 태풍과 흉년으로 경상도, 전라도, 충청도 인구가 줄어든 데 원인이 있다.

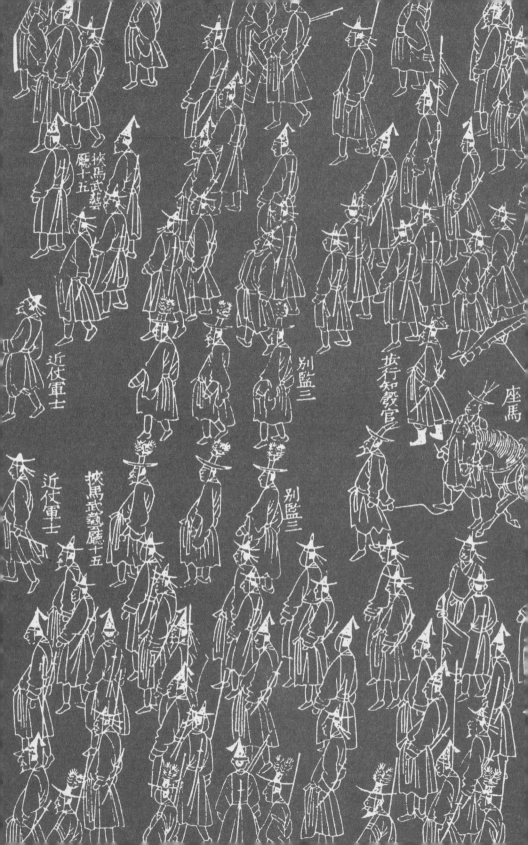

수많은 개울이나 우주만물은 좋은 것도 있고 나쁜 것도 있고,
더러운 것도 있고 깨끗한 것도 있어서 천태만상으로 다르지만,
중천에 떠 있는 밝은 달은 차별 없이 그 모두를 비춰 주고 있다.
북극성은 모든 별들이 움직이는 구심체이다.
임금이라는 존재는 명월이나 북극성처럼
중천에 우뚝 서서 모든 사람과 생명체를 차별 없이 끌어안고
그 장점을 살려 활용하는 임무를 띠고 있다.

제9장

정조대왕 이야기 3
—성군의 마지막 길
: 만천명월주인옹이 되다

1. 정조의 새로운 정국운영 구상

정조 19년(1795)의 화성건설과 화성행차는 정조가 20년 동안 혼신의 힘을 기울여 추진해 온 효도사업의 물질적·공간적 기반이 일단 마무리되었다는 것을 뜻한다. 수도 한양漢陽에 버금하는 또 하나의 왕도王都가 웅장한 신도시로 탄생한 것이다. 화성부華城府에는 피맺힌 효孝의 정신과 백성을 사랑하는 성군聖君의 정신이 담겨 있을 뿐 아니라 이용후생利用厚生의 실학정신이 함께 녹아 있었으니, 정조가 남긴 가장 대표적이고 상징적인 업적이라 아니할 수 없다. 정조의 마음이 얼마나 뿌듯하고 자랑스러웠겠는가. 아버지에 대한 불효의 자책감도 얼마쯤 해소되었을 것이다. 이제 남은 것은 탕평과 민국民國의 꿈을 더욱 충실하게 실현하고, 아들 순조가 15세 되는 9년 뒤인 1804년의 은퇴를 조용히 준비하는 것이었다.

그러나 효도사업의 부작용이 만만치 않았다. 빈민구세용으로 재원財源을 만든 정리곡整理穀이 뜻하지 않게 고리대로 변질하여 백성들의 원망이 발생하고, 채제공蔡濟恭을 비롯한 남인의 주도로 이루어진 화성건설에 대한 노론과 소론의 반발도 심상치 않았다. 화성부가 남인 세력의 성장 거점이 될지도 모른다는 우려 때문이었다. 남인에 속한 윤선도尹善道의 해남윤씨 후손들을 화성부로 이주시킨 것도 노론의 위기감을 부추겼다. 여기에 화성부를 방어하는 장용영壯勇營의 운영경비를 마련하는 일도 쉽지 않았다. 정조는 우선 정리곡을 혁파하여 호조에 넘겨줌으로써 그 문제를 해결했다.

하지만 채제공의 위상이 높아지면서 나타난 노론과 소론의 반발은 그리 쉽게 해결될 일이 아니었다. 여기에 더하여 정조와 규장각 奎章閣을 통해 그토록 열심히 키워낸 이른바 시파時派에 속하는 근신 近臣들이 점차 특권층으로 변신하여 정조에게 실망감을 안겨주었다. 탕평정책의 걸림돌이 되었던 노론 벽파뿐 아니라 시파 세력도 이제 는 믿을 수 있는 처지가 아니었다. 심복心腹 중의 심복으로 임금을 도와준 채제공도 여든을 바라보는 노인이 되어 죽음을 눈앞에 두고 있었으니, 깊이 믿고 의지할 신하가 이제는 없어졌다.

너무 무리하게 추진한 효도사업에 몸과 마음이 지치고, 그 부작용 이 낳은 실의와 허탈감에 빠져 정조의 건강이 급속도로 나빠지기 시 작했다. 하지만 정조는 휴식 대신 깊은 독서에 빠져 9년 뒤를 내다보 는 새로운 정국 운영을 구상했다. 탕평과 민국 건설의 꿈을 새로운 단계로 끌어올릴 길을 찾았다. 우선 시파時派 중심으로 운영되어 온 정부 운영에 그동안 소외되었던 벽파辟派를 끌어들여, 시파와 벽파가 서로 견제하도록 적극적으로 두 파를 길들이는 길을 찾았다.

그래서 끌어들인 인물이 바로 심환지沈煥之였다. 그동안 청의淸議 를 내세워 정조의 탕평책을 비판해 온 노록 벽파의 거두 심환지를 정 조는 내심 신뢰하지 않았다. 그래서 나이 일흔이 가깝도록 정승 자리 를 주지 않고 겉돌게 만들었던 그를 정승으로 발탁한 것은 마지막 승 부수를 던진 것이었다. 그를 어르고 달래고 겁주면서 길들여 벽파의 저항을 무마하려는 속셈이 있었을 것으로 보인다. 정조가 그에게 보 낸 수백 통의 비밀 어찰御札을 보면, 맛있는 음식과 약재藥材도 수시 로 보내고, 칭찬도 하고, 격려도 하고, 지시하고, 질책하고, 겁박도 하여 무엇이 임금의 진심인지를 알기가 어려웠다. 진실로 마음속으 로 서로가 깊이 신뢰하는 사이라면 이렇게 하루가 멀다 하고 비밀편 지를 보낼 이유가 없었을 것이다.

얼핏 보면 심환지가 임금에게 설득당하여 꼭두각시처럼 일한 듯이 보이지만, 그는 그렇게 단순하고 녹록한 인물이 아니었다. 심환지는 끝까지 탕평을 반대하는 벽파였고, 그 본성이 정조가 세상을 떠나고 정순왕후가 수렴청정을 할 때 드러났다. 노론 시파와 소론, 남인들을 대거 숙청하고 일시적이나마 벽파의 시대를 열어놓은 실세가 영상領相으로서 정순왕후를 보좌한 그였기 때문이다. 심환지는 겉으로는 정조의 정책을 칭송하면서 따르는 듯한 모습을 보이면서도 내면으로는 다른 길을 갔던 매우 노련한 정치인이었다. 남인들이 끝끝내 그를 불신하고, 정조의 죽음에 그가 관여했다고 의심한 이유(독살설)가 여기에 있었다. 하지만 그가 정조의 죽음에 관여했다는 명백한 증거는 없다.

정조는 심환지를 끌어들여 정국 운영 방향을 바꾸는 동시에, 흐트러진 국가기강을 다잡고 임금의 효도사업과 탕평 및 민국이념의 정당성을 확보하고자 전국적인 정신재무장운동을 벌였다. 그 하나가 온 백성들에게 효제충신孝悌忠信의 도덕규범을 확립하는 교육 사업이었는데, 정조는 이를 '풍속교정風俗矯正'이라고 불렀다. 다른 하나는 자신의 호號를 '만천명월주인옹萬川明月主人翁'으로 정한 것이다.

일반 백성의 풍속교정을 위한 시책은, 지방사회에 중국 주周나라 때 시행했다는 향약鄕約, 향음주례鄕飮酒禮, 향사례鄕射禮 등을 보급하고, 《소학》 교육을 강화하고, 《오륜행실도五倫行實圖》를 보급하는 것 등으로 나타났다.

한편, '만천명월주인옹'은 우주자연의 이치를 자신의 성군상聖君像에 접합시킨 것이다. 수많은 개울이나 우주만물은 좋은 것도 있고 나쁜 것도 있고, 더러운 것도 있고 깨끗한 것도 있어서 천태만상으로 다르지만, 중천에 떠 있는 밝은 달[月]은 차별 없이 그 모두를 비취 주고[明] 있다. 북극성北極星은 모든 별들이 움직이는 구심체이다. 임금이라는 존재는 명월이나 북극성처럼 중천에 우뚝 서서 모든 사람과 생명체를 차별 없이 끌어안고 그 장점을 살려 활용하는 임무를 띠고 있다. 그것이 바로 탕평이다. 그러니 탕평은 우주자연의 이치에 뿌리를 두고 있어 누구도 이를 거부하거나 훼손해서는 안 되는 절대적 가치이다.

정조는 오랜 독서와 사색 끝에 군사君師와 성군聖君의 위상을 이처럼 이론적으로 정립해 놓고, 이를 게판揭板으로 만들어서 창덕궁 후원에 있는 존덕정尊德亭에 걸어 두어 신하들이 수시로 보도록 지도했다.

하지만, 이렇게 자신의 미래를 새롭게 설계하던 정조는 자신이 5년 뒤에 세상을 떠나게 될 것을 전혀 예상하지 못했다. 9년 뒤에 은퇴한다는 꿈은 물거품으로 돌아갔고, 임금이 가장 걱정했던 노론 벽파의 정순왕후가 수렴청정을 하는 시대가 열렸으며, 정조가 사랑했던 시파와 남인들이 대거 숙청당하는 사태가 벌어졌다. 정순왕후가 순조 5년(1805)에 세상을 떠나고 순조가 친정親政하면서 정조의 정치노선이 조금씩 되살아났지만, 권력은 이미 안동김씨 세도가로 넘어가서 정조가 지향했던 성군聖君의 리더십은 자취를 감추었다. 이것이 19세기 전반기 역사의 불행이었다.

이제 정조 20년을 전환점으로 하여 정조의 정국운영이 바뀌었다는 큰 그림을 염두에 두면서 그로부터 죽음에 이르기까지 4년 동안 정국의 흐름을 시간 순으로 추적해 보기로 한다.

2. 정조 20년(1796)

―화성 준공, 근신에 대한 실망과 재야인사 발탁,
정리자 주조,《자초신방》,《규장전운》,《화성성역의궤》,
《어정사기영선》편찬, 김인후 문묘 배향, 군비 축소,
정권을 벽파에게 맡기고《소학》에 심취하다

정조 20년(1796)은 임금의 나이 45세가 되는 해이다. 지난해 윤2
월에 8일 동안 화성행차를 다녀온 임금은 이해에는 큰 행사를 벌이
지 않았다. 지난 7년 동안 집중적으로 추진해 온 효도사업이 일단 마
무리되었기 때문에, 앞으로 정치의 중심을 풍속교화사업에 집중하여
탕평정치를 확립하고, 동시에 자신의 학문을 발전시켜 군사君師로서
위상을 확립하는 일에 쏟으려는 생각 때문이었다. 하지만 민국民國을
위한 일상적인 정사政事는 그대로 추진되었다.

정조 20년(1796) 1월 3일 우선 흉년을 맞이한 제주도의 구휼사업
부터 정무를 시작했다. 작년에도 진휼했지만 아직도 부족했기 때문
이다. 내탕전 1만 민緡을 내려주어 호남에서 쌀을 사서 보내라고 명
하면서 이렇게 하교했다.

> 호남 관찰사가 제주목사가 보고한 것을 들어 올린 내용을 보니, 바로 곡물을
> 더 조치해 달라는 청이었다. 지난 겨울에 한 지아비가 굶어 죽을 경우에는 하루
> 동안 밥을 먹지 않겠다고 관찰사에게 하유하고, 그 뒤부터는 먹는 것, 입는 것에
> 서부터 일상 쓰는 경비에 이르기까지 각별히 절약하여 별도로 한 창고에 저축했
> 으니, 그것은 바로 백성들에게 신의를 보이고 겸하여 오늘날의 용도로 삼으려고
> 했던 것이다. 특별히 1만 민의 돈을 내리니 관찰사는 숫자에 맞추어 곡식을 사서
> 계속 발송하여 먹여 주라.

제주도에서 한 사람의 지아비가 굶어 죽는 일이 생기면 하루 동안 밥을 먹지 않겠다고 임금이 전라도 관찰사에게 하유했다는 것은 듣는 이의 가슴을 뭉클하게 한다. 임금은 2월 16일에 또 내탕에서 면포 5백 필과 돈 4천 냥, 호추 1백 두, 단목丹木 3백 근을 제주에 보내 진휼에 보태게 했다. 이를 모두 돈으로 환산하면 약 2만 냥에 해당한다고 임금이 말했다.

1월 21일은 아버지의 탄신일이므로 임금은 1월 20일에 현륭원 참배를 위해 행차를 떠났다. 이날 수원에 이르러 새로 만든 저수지와 둔전을 시찰하고 저수지 이름을 만석거萬石渠, 둔전 이름을 대유둔전大有屯田, 근처의 정자를 영화정迎華亭, 들판을 관길야觀吉野로 이름 지었다.

다음날인 1월 21일에는 현륭원에 참배하고 행궁으로 돌아왔다. 1월 22일에는 동장대東將臺에 나아가 무사의 무예를 시험했으며, 매화포를 구경하고, 봉대烽臺를 시찰했다. 1월 23일에 수원에서 보이는 곳에 있는 조광조趙光祖의 사당에 제사를 지내게 했다. 지난해 워낙 큰 행사를 치렀으므로 이해는 비교적 간소하게 일을 치르고 서울로 돌아왔다.

3월 4일에는 소론의 거두였던 윤선거尹宣擧의 부친 윤황尹煌에게 제사를 지내 주었다. 윤황은 바로 율곡과 쌍벽을 이루는 성리학자 우계牛溪 성혼成渾의 사위였다.[01] 이런 조치는 소론을 위로하면서 탕평의 실효를 높이려는 조치이기도 했다.

2년 전 임금이 심혈을 기울여 키워 준 규장각 각신 정동준鄭東浚이 임금을 배신하고, 다른 각신들도 특권세력으로 변질된 것에 대하여

---

01 우계 성혼에 대해서는 한영우, 《우계 성혼 평전-벼슬과 부귀를 멀리한 참선비》(민음사, 2016.12.20) 참고.

회의를 품고 있던 임금은 그 대안으로 재야 은사隱士들을 등용하기로 마음먹었다. 각 도에서 인재를 추천하게 했는데, 3월 3일에는 호서에서 추천된 신창新昌 사람 성시주成時柱를 만나 보았다. 그는 성혼成渾의 7대손이었다.

재야에서 추천된 인사들은 그 뒤에도 계속 올라왔다. 3월 6일에는 칠곡 사람 이만운(李萬運; 함평이씨; 1723~1797), 영해 사람 남기만(南基萬; 영양남씨; 1730~1796), 장흥 사람 위백규(魏伯珪; 1727~1798), 남원 사람 최곤崔崑을 만나 보고 이렇게 말했다. "먼 데 사람을 쓰는 것이 바로 내가 고심하는 바인데, 그대들은 글을 잘한다는 칭찬이 평소 드러났으니, 먼저 시험해 보는 뜻에서 법종(法從; 임금을 호종)의 반열에 두겠다."고 했다. 위백규에게는 "지난번 《환영지(環瀛誌; 역사지리서)》한 책을 보았는데, 역시 박식함을 알 수 있었다. 나이가 이미 노쇠하여 객지에 와서 벼슬하기는 어려우나 백성의 근심과 나라의 계책에 대하여 마음에 강구한 것이 있으면 한 통의 문자로 써서 올리라."고 명했다. 그에게는 현감과 장원서 별제(別提; 정6품) 벼슬이 내려졌다. 그는 실학자로 명성을 떨쳤다. 부모가 노쇠하여 벼슬을 사양한 이만운에게는 안의현감을 제수했다. 뒤에는 오위장과 가승지假承旨에 임명되었다. 그는 《증보문헌비고》 편찬에도 참여했고, 한국 역사책인 《기년아람紀年兒覽》을 편찬하기도 했다.

위백규는 3월 7일 임금에게 상소했다. 그는 먼저 임금의 정치를 칭송하고 나서 여섯 가지 건의사항을 올렸다. 그 내용은 진덕수의 《대학연의》와 율곡 이이의 《성학집요》에 근거한 것으로 수기치인에 관한 원론적인 이야기여서 특별한 실용적인 정책 대안은 없었다.

3월 17일에는 새로 만든 금속활자인 정리자整理字 30만여 자가 완성되었다. 먼저 정조 16년에 《사고전서四庫全書》의 판식板式을 모방하고 《강희자전康熙字典》의 자본字本을 취하여 황양목黃楊木을 사용한 32만 자를 만들었는데, 이를 생생자生生字라고 불렀다. 그 뒤 정조 19년(1795)에 목활자인 생생자를 자본으로 삼아 구리로 주조한 것이 정리자이다. 정리소整理所에서 만들어 화성 성역 및 화성 행차에 대한 의궤를 만들었기 때문에 이 활자를 정리자로 부르게 된 것이다. 중국 활자체를 자본으로 했기 때문에 글자가 날렵한 것이 특징이다.

이해 봄에는 늦추위에 꽃이 피지 않았다. 3월 25일에는 흰 무지개가 해를 꿰뚫는 재변災變이 생겼는데, 이것이 기상 이변과 어떤 관련이 있는지는 알 수 없다. 임금은 이에 정치의 잘못이 있다고 보아 구언求言하는 교지를 내렸다. 많은 상소가 올라왔는데, 그 가운데 임금을 감동시킨 사람은 수원 유생 우하영(禹夏永; 1741~1812)이었다. 그는 여러 번 과거에 응시했으나 낙방하자 실학 공부에 전념하다가 자신의 개혁안을 책자로 만들어 4월 25일 임금에게 올렸다. 이 책은 순조 때 《천일록千一錄》이라는 이름으로 필사본이 나왔다.[02]

우하영의 상소는 13조목에 달하는데, 임금은 그 가운데 2조목을 제외한 11조목에 대해서는 민국民國의 실용에 도움이 된다고 여겨 조목조목 상세하게 답변했다. 주요 내용은 각 읍에 농관農官 설치, 농서農書 반포, 《경민편(警民編; 중종 때 김정국이 지은 책)》의 보급, 수차水車 이용, 양전量田과 조세의 공평, 뽕나무 재배, 《소학小學》 보급, 공명첩에 의한 부농富農 포섭, 수원 장시場市에서 외부 행상 금지, 과거 제도 개혁, 군제와 국방 개혁, 오가작통五家作統 실시, 화포火砲의 장약藏藥에 대한 의견 등이었다. 정조는 추상적인 건의보다는 실생활과 관련된 대책을 내놓은 실학자들을 선호했다.

---

02 우하영의 《천일록》에 대해서는 최홍규, 《우하영의 실학사상 연구》(일지사, 1995) 참고.

5월 12일에는 《자초신방煮硝新方》을 찍어 내 전국에 널리 반포했다. 이 책은 숙종 때 남구만南九萬이 역관 김지남金指南을 시켜 북경에서 화약 원료인 염초焰硝를 사 오게 하여 널리 보급하자고 건의한 것인데, 이 책을 이때에 와서 찍어 낸 것이다. 그 내용은 새로운 화약 제조법을 적은 것으로, 공력功力이 적게 들면서도 화약 생산을 높이고, 폭발 강도가 세며, 지하에 10년을 두더라도 습기가 끼지 않고, 흙과 재를 함께 사용하여 흙을 3분의 1로 줄일 수 있다고 한다. 우의정 윤시동은 화성에서 이 방법으로 화약을 제조하고, 전국으로 확산시키자고 건의했다.

6월 22일에는 판중추부사 이명식(李命植; 연안이씨)이 국가재정이 갈수록 어려운 형편에 빠지고 있는 것을 개탄하면서 그 대책을 건의했다. 그는 여러 도道에 분산되어 있는 환곡[常賑穀]은 흉년이나 비상시에만 사용해야 하는데도 요즘에는 각 도의 감영監營이나 병영兵營의 빚을 갚아 주고, 모든 경비가 부족하면 환곡에서 떼어 주기 때문에 해마다 환곡이 줄어들고 있어 몇 년이 지나면 모두 없어지고 말 것이라고 말했다. 그는 정조 16년의 환곡 회계안會計案과 정조 19년의 환곡 회계안을 비교하면서, 정조 16년에는 각종 잡곡이 277만 4,464석이고 그 가운데 쌀이 7만 석이었는데, 정조 19년에는 잡곡이 233만 677석이고 그 가운데 쌀이 3만 5,190석으로, 4년 사이에 잡곡은 40만 3,799석이 줄고, 쌀은 2만 7,180석이 줄었다고 한탄했다.

그런데 정조 7년 당시의 기록을 보면, 10년 전 팔도의 환곡은 쌀이 296만 8,644석이고, 잡곡이 528만 9,961석으로서 이를 합치면 825만 8,605석이었다. 그러자 정조는 지금은 2백만여 석이니, 그 수치를 다시 조사해 보라고 말했다. 따라서 10년 전 825만 석의 수치가 다소 부정확할 수도 있지만, 이를 감안하더라도 환곡이 2백만에서 8백만

석 사이에 있었음을 알 수 있다. 그러다가 정조 16년에 277만여 석, 정조 19년에 233만여 석으로 줄어든 것이다.

이명식은 상진곡을 아끼는 대안으로 환곡을 감영과 병영의 빚을 갚는 데 쓰지 말고, 진휼곡으로 줄 때에도 쌀 위주로 주지 말고 농민들이 원하는 피잡곡(皮雜穀; 껍질을 벗기지 않은 잡곡) 가운데 콩과 보리로 줄 것을 제안했다. 또 서울 사람들을 위하여 항상 쌀 10만 석을 창고에 비축하자고 주장했다. 그의 주장에 우의정 윤시동이 동의하자 임금이 그대로 따랐다.

7월 2일에는 당론을 주장하다가 임금에게 미움을 받아 시골에 낙향하여 살고 있던 봉조하 김종수金鍾秀가 자신이 무고를 당하여 억울하다고 하면서 규장각에 편지를 보냈다. 요즘 전라도에서 시작하여 충청도로 퍼져 가는 다섯 가지 유언비어가 있는데, 바로 진秦나라처럼 축성築城하고, 한漢나라처럼 매관賣官하며, 수隋나라처럼 사치하고, 당唐나라처럼 여알(女謁; 정사를 어지럽히는 여자)이 성행하며, 전례典禮에 관한 일이다. 김종수가 이 다섯 가지를 가지고 임금에게 상소를 하려고 한다는 소문이 퍼져 있다는 것이다. 김종수는 전혀 그런 생각이 없다고 변명하면서 다음과 같이 임금을 비호하는 말을 덧붙였다.

화성부는 선침(先寢; 조상의 무덤)이 자리 잡고 있고, 경기의 관방關防이 되니 경영하여 성을 쌓고 저수지를 파는 것은 우리 성상의 원대한 규모와 계획에서 나온 것으로, 장정을 고용하여 일을 시키니 농민들에게는 조금도 방해되지 않고, 재물을 저축했다가 분배하여 사용하니 호조에서는 조금도 손해되는 것이 없습니다. 성상의 검소함으로 침실에 단청이 없으며, 휘장에 푸른 목면으로 선을 둘렀고, 자리는 띠풀로 만든 것을 사용하고, 옷은 여러 번 빨아서 꿰맨 곳이 혹 터지기도 하고, 평소의 반찬 수도 점점 줄여 맛있는 음식이 제대로 갖추어지지 않고 있습니다. 이 어찌 저만이 아는 일이겠습니까?

김종수의 말이 변명인지 진심인지는 알 수 없으나, 김종수가 화성 건설을 비난하는 소문에 연관되어 있고, 그 소문이 전라도와 충청도 일대에서 퍼진 것은 사실이다. 아마도 화성 건설을 달갑게 여기지 않는 노론 벽파들이 퍼뜨린 유언비어로 보인다. 그런데 그 유언비어에 자신이 포함되어 있는 것이 불안하여 임금을 칭송하는 글을 올린 것이다.

7월 8일에 임금은 호조판서 이시수(李時秀; 연안이씨 좌의정 李福源 아들)에게 예조의 연혁과 그 기능인 오례五禮를 정리한 《춘관지春官志》를 편찬하라고 명했다. 춘관春官은 예조禮曹에 대한 별명이므로 《춘관지》는 예조의 역사와 그 기능을 적은 책이다. 사실은 영조 때 남인 이맹휴李孟休가 만든 《춘관지》를 정조 초에 이맹휴의 조카인 이가환李家煥을 시켜 증보하고, 다시 유의양(柳義養; 전주유씨)에게 명하여 보완하다가 완성하지 못하고 중지된 것을 이시수가 완성하도록 한 것이다. 이 책은 뒤에 《춘관통고春官通考》라는 이름으로 간행되었다.

정조는 언론의 자유를 최대로 보장하면서도 두 가지 일에 대해서만은 언론을 엄금했다. 하나는 당론黨論에 관련된 언론이고, 또 하나는 임금이 보호하는 이복동생 이인李裀이나 고모 화완옹주에 대한 조치를 반대하는 언론이다. 이와 관련된 상소는 아예 받아들이지도 않고, 또 그런 언론을 제기하는 언관을 파직시켰으며, 비답을 내릴 때에도 매우 감정적인 언사로 배척하는 경우가 적지 않았다. 그런 임금이 자신의 지나친 언사를 사과한 일이 있었다. 7월 11일에 부교리 오정원(吳鼎源; 나주오씨)이 상소하여 임금의 저속한 언사를 거두어들이라고 이렇게 청했다.

금법禁法을 만들어 말하는 것을 금하는 것은 옛 역사책에도 없는 바인데, 조금이라도 마음에 들지 않는 말이 있으면 문득 금지시켜 버리십니다. 한 달쯤 전에 대신(臺臣; 대간)에 대해 처분한 전교傳敎 가운데 "쥐새끼 같은 좀도둑", "만족할 줄 모른다"는 등의 말은 "성인聖人은 말을 박절하게 하지 않는다."는 뜻에 어긋나는 듯합니다. 도로 거두어들이도록 명하여 성덕을 빛내소서.

여기서 임금의 언사 가운데 "쥐새끼 같은 좀도둑"이 성인답지 않은 말이라고 따진 것인데, 임금은 이렇게 비답을 내렸다.

　금령을 설행한 것은 시의時宜를 따른 것이다. "쥐새끼 같다"는 비유는 주자朱子의 책에도 보인다. "도둑"이라는 표현은 오히려 더 자세히 하려는 뜻에서 썼으나, 그대가 이것을 가지고 말하니, 그 말도 옳은 듯하다. 그 표현을 없애도록 하라.

결국 임금도 "쥐새끼 같다"는 비유적 표현은 주자의 글에도 보이지만, "도둑"이라는 말은 취소하겠다고 답한 것이다. 정조는 본래 성격이 다혈질이었고 또 사람인지라 때로는 신하들에게 감정적이고 직선적이며 저속한 말을 하는 경우가 종종 있었다. 이런 어투는 정조가 신하들에게 보낸 개인적인 편지에서도 적지 않게 보인다. 실은 영조도 신하들에게 욕설을 하여 신하들로부터 항의를 받는 일이 없지 않았다.

8월 1일에 임금은 화성華城 운영 경비에 보태고자 전라도 임자도荏子島 목장에 있는 말들을 다른 곳으로 보내고 그 땅을 개간하여 얻은 세입을 화성의 내용고內用庫에 귀속시키라고 명했다. 아직 둔전 수입이 부족한 것을 보충하기 위함이었다.

우리나라 역사에서 나라를 세웠거나, 나라를 지켰거나, 민족을 통일하는 데 기여한 인물들에 대한 정조의 숭앙은 대단하여, 제사를 지내 주고 그들의 문집이나 실기實記를 간행한 일이 한두 번이 아니었다. 이해 8월 4일에는 고려 초 삼한 통일에 기여한 신숭겸申崇謙, 복지겸卜智謙, 유금필庾黔弼 등 세 공신을 기리는 사당에 삼태사사三太師祠라는 편액을 하사하고 제사를 지내 주라고 명했다. 신숭겸의 고향인 황해도 평산平山에 있는 태백산성에는 신숭겸, 복지겸, 유금필 그리고 배현경 등 네 사람의 개국 공신의 모습을 금속으로 만든 철상鐵像이 있다는 기록이 보인다. 고려 시대에는 임금이나 애국 명장들을 금속 인형을 만들어 팔관회八關會 때 숭앙하는 습속이 있었는데, 그런 인형의 하나가 바로 근래 북한 개성에서 발견된 태조 왕건의 전신상全身像이다.

8월 9일에는 왜란 당시 의병장이던 양대박梁大樸과 그 아들 양경우梁慶遇의 문집을 간행하라고 명했다. 그리고 이날 왜란 때 이순신의 노량해전을 도와준 유형柳珩과 그 손자 유병연柳炳然을 포상하라고 명하고, 이순신의 세 아들로서 정유년에 순국한 이면李葂, 갑자년[인조 2년]에 순국한 이훈李薫, 정묘호란 때 순국한 이신李藎에게 좋은 벼슬을 추증하라고 명했다.

8월 11일에는 《어제규장전운御製奎章全韻》을 전국에 반포했다. 중국의 한자 음운音韻은 평상거입平上去入의 사성四聲으로 되어 있는데, 종전의 한자 음운서音韻書들은 그 가운데 입성入聲을 제외한 3성운으로 되어 있어 정확성이 떨어졌다. 이를 바로잡아 4성을 토대로 중국의 한자음을 표시하고, 그 글자에 대한 우리나라의 음운을 병기한 책이 《어제규장전운》이다. 여기에 실린 한자는 1만 3천여 자에 달한다. 이 책은 처음에 이덕무李德懋가 편찬하다가 윤행임, 서영보, 남공철, 이서구, 이가환, 성대중, 유득공, 박제가 등이 교정하여 완성했다.

탕평정책을 위해 각 당파의 스승들에 대한 포용정책이 계속되어 왔는데, 8월 13일에는 북인北人의 존경을 받던 정경세(鄭經世; 진주정씨)와 조식(曺植; 창녕조씨)의 후손들에게 제문祭文을 보내고 제사하게 했다. 이런 정책은 노론, 소론, 남인, 북인을 모두 포용한다는 탕평책의 표현이었다.

8월 19일에 드디어 둘레가 4천 4백 보에 달하는 화성華城 성곽 축성 사업이 끝났다. 임금은 이날 축성 사업에 동원된 장인匠人들에게 음식을 내리고 위로했다.

8월 19일에 홍문관 교리 박재순(朴載淳; 고령박씨)이 상소하여 대과와 소과 시험에 《소학小學》을 넣자고 주장했다. 이 책은 학문적으로는 큰 가치가 없지만 삼강오륜의 풍속을 바로잡는 데에는 큰 도움을 주는 책이어서 영조와 정조는 일찍부터 이 책의 중요성을 강조해 왔었다. 원래 과거시험에는 《소학》이 교재로 들어 있지는 않지만, 이 책의 중요성을 고려하여 응시할 때 《소학》을 읽은 증명서인 조흘강照訖講을 제출해야만 과거 응시가 가능하도록 했는데 잘 지켜지지 않았다. 그래서 조흘강을 강화하는 정책을 펴 왔으나 별 효과가 없었다. 그러던 차에 박재순의 상소가 올라온 것이다.

박재순은 먼저 임금의 검소한 생활을 칭송하면서 이렇게 말했다.

전하의 가장 뛰어난 덕으로 근검에 힘써 침실 몇 칸이 거의 띠집과 같고, 섬돌에 깐 겹자리는 항상 노끈으로 매고, 목면으로 기운 데가 많습니다. 또 날마다 드시는 반찬이 두세 가지에 지나지 않고, 의복은 매번 세 번의 세탁을 거치고 있습니다. 이에 호조에서 안으로 들이는 물품이 거의 없고, 사도시司導寺에서는 상공上供할 쌀이 쌓여 장용영을 설치하기에 이르렀습니다. 화리貨利를 불리지 아니하고, 귀금속을 물리치는 지극한 덕과 선에 대하여 누군들 흠양하면서 감탄하지 않겠습니까?

박재순은 이어서 이렇게 말했다. 임금은 근검절약하면서 재물을 저축하고 그것으로 장용영을 설치한다든가 화성을 건설하는 등의 일을 하고 있지만, 지금의 근신近臣들은 오히려 임금을 속이고 사람들의 마음을 어지럽히고 있어 그 폐단이 옛날의 환관宦官이나 척신戚臣보다도 오히려 심하다고 지적했다. 그러면서 근신들을 지방 수령에 보내지 말라고 건의했다.

임금은 그의 상소를 읽고 적중한 말이라고 칭찬하고 나서 "내가 10여 년 동안 근신들에게 훼손당하여 어진 사대부들을 친히 여기는 본뜻이 막혀 버렸다."고 개탄했다. 이 말은 규장각 각신들을 비롯한 근신들이 세속의 이익을 쫓는 특권세력으로 변질되고 있는 것에 대한 실망감을 나타낸 것이다. 정조는 이 무렵부터 자신이 키워온 근신인 시파時派를 속패俗牌라고 부르기 시작했다. 그러니까 '속된 패거리'라는 뜻이다. 한편 벽파辟派는 벽패辟牌로 불렀는데, '편벽된 패거리'라는 뜻이다. 모두가 부정적인 뜻을 담고 있었다. 이제 마음을 터놓고 믿고 의지할 신하가 없어졌다는 말이기도 하다. 하지만 속패와 벽패 사이에 당쟁이 계속되는 것은 막아야 하므로 새로운 정치운용을 시도하지 않으면 안 되는 처지에 놓였다.

그런데 여기서 눈여겨보아야 할 일이 있다. 이 무렵부터 정조가 재야인사들을 발탁하여 등용하고, 노론 벽파의 영수인 심환지沈煥之에 접근하여 그를 심복으로 만들고자 비밀 어찰御札을 보내기 시작했다는 사실이다.[03] 심환지는 경종 때 소론이 노론 4대신을 죽인 신임

---

03 2009년에 성균관대학교 출판부에서 간행한 《정조어찰첩正祖御札帖》을 보면, 정조 20년(1796) 8월 20일부터 심환지에게 어찰을 보내기 시작하여 정조 24년(1800) 6월 15일까지 약 297통의 어찰을 보냈다. 물론 정조는 다른 신하들에게도 어찰을 보냈지만 특히 심환지에게 보낸 어찰이 가장 많다.

사화辛壬士禍에 대한 의리를 지키면서 소론이나 남인과는 협조할 수 없다는 당론을 고집하여 정조의 마음을 애타게 한 인물이지만, 처신이 청렴하여 선비들의 존경을 받고 있던 점을 고려하는 한편 그의 신임의리를 탕평의리로 바꾸어 새로운 탕평책의 중심인물로 활용하겠다는 생각이 있었다. 그리하여 그에게 이조판서와 규장각 제학 등의 중책을 맡기고, 뒤에는 의정부 우의정과 좌의정까지 맡기면서 길들였다. 당시에는 시파 세력이 매우 강대하고 벽파세력이 미약했지만, 당론을 일으키는 것은 주로 벽파였기 때문에 벽파의 지도자인 심환지가 탕평의리로 돌아선다면 벽파 잔당을 효율적으로 제압할 것으로 기대했던 것 같다.

정조는 심환지의 마음을 사기 위해 진귀한 음식과 약재들을 수시로 보내 심환지와 그 아내의 건강까지 챙겨 주고, 그의 의리를 존중하는 모습을 보였다. 그러면서 임금은 어찰을 통해 심환지가 조정에서 해야 할 말과 상소문의 내용 등을 일일이 지시했는데, 그는 정조가 시키는 대로 대부분 따르면서 마치 꼭두각시처럼 처신했다. 그러나 임금의 말을 듣지 않아 질책을 받는 일도 허다했다.

정조와 심환지가 4년 동안 맺은 밀접한 관계가 과연 진심을 가지고 이루어진 것인지, 피차 정략적으로 협조하는 듯한 모습을 보인 것인지는 알 수 없다. 그러나 편지 왕래가 끊어진 뒤로는 정조가 심환지에게 선전포고에 가까운 협박을 공식석상에서 표시하다가 10여 일 뒤에 세상을 떠나고, 죽기 직전에 소론 우의정 이시수李時秀가 좌의정 심환지의 접근을 막은 것, 정조가 죽은 뒤에 심환지가 실권을 장악하고 소론과 남인 시파들을 대대적으로 밀어낸 것을 보면 그의 본심이 바뀐 것으로는 보이지 않는다. 심환지의 정조 독살설이 남인들 사이에서 나온 이유가 여기에 있었다.

이제 다시 정조 20년의 정치현실로 돌아가 보자.

이해 정조는 전라도 장성長城 출신 유학자 하서河西 김인후(金麟厚; 울산김씨; 1510~1560)[04]를 성균관 문묘에 배향하는 조치를 취했다. 그동안 유생들은 계속 상소하여 조헌趙憲, 김집金集, 김인후金麟厚 등 세 사람을 성균관 문묘에 배향하자고 요청했는데, 임금은 이를 계속 물리쳐 오다가 9월 17일에 이르러 김인후 한 사람만을 선택하여 영의정으로 추증하고 문묘에 올리라고 허락했다. 그 이유는 김인후가《대학》과《서명西銘》의 은미하고도 깊은 뜻을 밝혀냈고, 경敬을 생활화함으로써 마음을 바르게 하는 공부와 도학道學 연원의 정통을 이어받은 것으로 보여 우리나라 유학의 종장宗匠이기 때문이라고 했다. 그러고 나서 11월 8일에는 그의 문묘종사를 선포하는 교서를 내렸는데, 이 글에서는 김인후를 "해동의 염계(濂溪; 주돈이)이자 호남의 공자孔子"라고까지 치켜세웠다. 그는《태극도》에 밝았고,《소학》에 힘 쏟았으며,《역상편易象篇》을 저술했고, 이기理氣와 사단칠정四端七情을 후련하게 풀어 주었으며, 곧고 단정한 성품은 엄동설한의 송백松柏과 같았고, 동궁(東宮; 인종)의 신임을 크게 받아 마치 고종高宗과 부열傅說, 성탕成湯과 이윤伊尹의 관계와도 같았다고 했다.

그러나 다른 한편으로 생각해 보면, 임금이 조헌이나 김집을 버

---

04 김인후는 김안국金安國에게서《소학》을 배우고, 문과에 급제한 뒤에 호당湖堂에 들어가서 사가독서賜暇讀書하기도 하다가 홍문관 부수찬(종6품)이 되고 겸하여 시강원 설서(정7품)가 되어 세자인 인종仁宗을 가르치기도 했다. 또 기묘사화 때 화를 입은 인사들의 원한을 풀어 주자고 처음으로 주장하여 파란을 일으키기도 했다. 그러다가 부모의 봉양을 위해 옥과 현감을 자청하여 시골로 내려갔다. 중종이 세상을 떠나고 인종이 즉위하자 제술관으로 서울에 올라왔으나 다음 해 인종이 죽고 명종이 즉위하여 소윤파들이 을사사화를 일으키자 벼슬을 버리고 다시 고향 장성長城으로 내려가 울분을 토하면서 학문연구에 전념했다. 명종이 여러 가지 벼슬을 내렸으나 모두 거부하고 살다가 향년 51세로 세상을 떠났다.

리고 김인후를 선택한 것은 그의 학문이나 문장뿐 아니라 당파와 무관하고 오로지 임금仁宗에 대한 충성만을 고집한 것도 고려한 듯하다. 또 조헌과 김집은 당색이 너무 뚜렷하여 노론 이외의 지지를 얻기 힘든 것도 고려했을 것이다. 그동안 조선 후기에 문묘에 종사된 사람은 이언적李彦迪과 이황李滉을 제외하면 이이李珥, 성혼成渾, 송시열宋時烈, 송준길宋浚吉, 김장생金長生, 박세채(朴世采; 소론) 등 모두 서인이거나 노론, 소론뿐이었다. 여기에 조헌과 김집까지 추가한다면 서인 일색이 될 것이고, 특히 김집은 김장생의 아들이므로 부자가 모두 문묘에 종사되는 것도 부담스러웠을 것이다. 또 당파가 없던 시절의 호남 출신 인사가 한 사람도 문묘에 배향되지 못한 점도 고려한 듯하다.[05] 그러니까 탕평정책을 추구하던 정조의 처지에서 보면 당색이 없으면서 인종에게 충성을 바친 김인후같은 인물이 필요했을 것이다.

임금은 11월 18일에 김인후의 후손 김직휴金直休를 불러 보고,《하서문집河西文集》을 다시 간행하라고 명했다.

이해 정조는 금金을 대청무역에서 화폐로 사용하는 것을 허락하는 파격적인 조치를 취했다. 그동안 금金은 왕실에서 금보(金寶; 도장)를 만들거나 금실로 곤룡포의 용보龍補를 수놓는 데 쓸 뿐 백성들에게는 거의 쓸모없는 물건이었다. 그래서 금광 개발을 억제하고 국가에서 금화金貨를 금지하고 있었다. 그렇지만 중국에 가는 역관譯官과 장사치들이 몰래 금을 가지고 가서 팔아서 장사하고 있었다. 10월 18일 우의정 윤시동尹蓍東은 이런 사정을 임금에게 알리면서 차라리 화폐로 허가하자고 건의했다. 그러자 임금은 이렇게 답했다.

---

05 김인후의 생애와 사상과 대해서는 한영우, 《한국선비지성사》(지식산업사, 2010) 참고.

이 일은 나도 오래 전부터 생각해 왔다. 이익을 좇는 것을 막기란 흐르는 냇물을 막는 것보다 어려운 법이다. 화폐를 다루는 방법은 물을 다스리는 것과 같아서 형세에 따라 이로운 쪽으로 인도해야 한다. 또 금은 우리에게 쓸모없는 물건이니, 이것을 가지고 저들 나라의 유용한 물건과 바꾸는 것은 화폐를 유통시키는 방법이다. 현재 우리나라에는 은화銀貨가 점점 귀해져서 사신使臣이 가지고 가는 것조차 정해진 수량을 충당해 주지 못하고 있다. 금을 은으로 바꾸어 실용으로 돌리는 것은 바로 시세에 따라 알맞게 처리하는 요령이라 하겠다. 그러나 처음 시작하는 일이라 매우 신중해야 할 것이다.

정조는 이익을 좇는 것은 물이 흐르는 것과 같아서 억지로 막을 수 없다고 하면서, 금화를 막지 말고 중국과의 교역에 사용하자는 의견에 동의하고 있는 것이다. 특히 금은 실제로 실용성이 없는 물건이므로 이를 화폐로 사용하면 은화銀貨의 부족을 보충하는 효과도 있을 것으로 기대했다. 정조는 재위 15년 무렵을 고비로 하여 통제경제를 시장경제로 바꾸는 일을 그동안 꾸준히 해 왔는데, 금화도 그런 시각에서 긍정적으로 바라보고 있는 것이다. 다만 처음 시작하는 단계에서는 그 방법을 신중하게 할 것을 당부했다.

10월 22일에 임금은 호조판서 이시수(李時秀; 연안이씨 좌의정 李福源 아들)에게 부국안민富國安民이 중요하다고 하면서 국가 재정이 부족한 것을 걱정하고, 이를 해결하는 방법은 군영軍營과 군량軍糧을 점차로 줄이는 것밖에 없다고 말했다. 그러면서 군대의 비용이 얼마나 많은지를 알 수 있는 예로써 화성 축성 사업을 들었다. 화성 축성은 3년 만에 완공했으나 백성들을 번거롭게 동원하지도 않았고, 국가의 경비를 축내지도 않았다. 그 이유는 80만 냥의 경비 가운데 절반은 내탕고에 비축했던 돈으로 충당했지만, 나머지 40만 냥은 금위군禁衛軍 10여 초哨의 번番을 10년 동안 중지하여 얻었기 때문이다. 이것을 보아도 나라 경비가 대부분 군대를 기르는 데 들어간다는 것을 알 수 있다. 우리나라의 이름난 석학碩學인 김육(金堉; 청풍김씨; 1580∼1658), 민유중(閔維重; 숙종비 인현왕후 아버지), 이성중(李成中; 광평대군 후손, 영조대 인물) 같은 이는 모두 경제經濟를 자신의 일로 삼았던 사람들인데 요즘에는 경제에 관심이 없고 자기 이익만 취하는 데 여념이 없다고 한탄했다. 호조판서가 경제에 힘써주기를 당부한 것이다.

임금의 당부를 받은 이시수는 11월 3일에 금위군의 번番을 1년 동안 중지하여 부족한 호조의 경비를 해결하겠다고 말했다. 이를 통해 얻게 되는 3만 6천여 냥으로 쌀 7천여 석을 살 수 있고, 향군鄕軍에게 지급할 쌀 4천 석을 합하면 1만 석이 넘는다. 이 돈으로 선혜청에서 1만 석의 쌀을 사겠다고 건의하자, 임금은 이를 허락했다. 이시수는 임금이 언급한 대로 금위군의 번을 중지하여 생긴 돈으로 쌀을 살 수 있게 된 것이다. 이 방법은 군영을 폐지하지 않으면서도 향군鄕軍이 서울로 번 들러 올라오는 것을 면제하여 재정수입을 늘이는 효과를 가져왔다.

이해 11월 9일에 약 1천 3백 쪽에 달하는 방대한《화성성역의궤華城城役儀軌》가 완성되었다. 축성 사업이 끝난 것이 8월 19일인데 그로부터 3개월도 안 되어 화성 축성 사업 보고서인 의궤가 완성된 것은 놀라운 일이 아닐 수 없다. 이렇게 의궤가 빠르게 완성된 것은 공사를 진행할 때 업무별로 여러 개의 소所를 만들어 세밀하게 일을 분담하고, 소별로 작업을 기록하여 작은 의궤를 만들었다가 일이 끝나면 이를 합쳐서 전체 의궤를 완성하는 방식을 따랐기 때문이다. 그래서 의궤 속에는 작은 의궤들이 많이 들어 있다. 이 의궤도 정리자整理字로 인쇄하여 1백 부 이상을 발간하여 성역에 참여한 신하들에게 나누어 주었다. 그 기록의 세밀함이 놀라워《원행을묘정리의궤》와 더불어 의궤문화의 백미를 보여주고 있다.

임금은 화성유수 조심태趙心泰에게 이르기를, "성을 쌓는데 든 비용이 거의 80만 냥[쌀 20만 석]에 가까운데, 소중한 역사役事를 조금이라도 구차하게 하고 싶지 않은 것이 짐의 본래 생각이었다. 이 책을 간행하여 모든 사람들이 성의 공사工事에 관한 본말을 분명하게 알도록 하라."고 말했다. 임금은 혹시라도 백성들이 막대한 국고를 탕진하여 성을 쌓았다고 오해할 것을 걱정하여 이 책을 널리 반포하는 것이 좋다고 본 것이다.

11월 19일에 임금은 우의정 윤시동尹蓍東에게 앞으로 근신(近臣; 각신)을 멀리하고, 정치를 의정부 대신들에게 맡기겠다는 견해를 피력했다.

즉위 이후 어진 신하를 우대하고 외척들을 멀리하여 직접 선비들을 접하고 있지만 선비라고 하는 자들도 모두 다 어질다고 할 수만은 없다. 도리어 무한한 폐단이 생겨 점차 간사한 무리들의 계책이 먹혀 들어가게 되었다. 외척들을 쓸 수 없는 것이라면 한쪽 명색名色의 쫓겨난 사람들을 어떻게 등용할 수 있겠는가? 근신近臣이라는 자들은 경전經典을 모르고, 역사도 모르고, 정사政事를 해 나가는 일과 조정의 득실과 민생의 질고에 대해서도 전혀 관심이 없다. 이 다섯 가지를 모르는데, 자주 만나 본들 무슨 도움이 되겠는가.

또 짐이 언동을 삼가야 한다는 것을 늘 염두에 두고 있지만, 내 성품이 간혹 말을 할 때 지나치게 드러내놓고 하는 결점이 없지 않다. 근래 이들을 자주 만나지 않는 것은 이런 이유 때문이다. 그래서 내가 책을 보는 여가 시간이 재작년부터 해마다 늘어가고 있다. 지금부터 나라의 정사를 처리하는 책임을 오로지 대신에게만 구할 것이다. 경들에게 모든 것을 위임할 것이니, 경들은 나의 뜻을 잘 알아서 처리해 갈 방도를 생각하라.

외척도 등용할 수 없고, 쫓겨난 당파 사람들을 쓸 수도 없고, 근신近臣도 믿을 수 없으니, 대신들에게 정사를 맡기겠다는 것이다. 여기서 근신이란 임금이 극진히 사랑하고 키웠던 규장각 각신 출신을 말한다. 각신 출신으로 임금을 배신한 자로서 정동준鄭東浚이 나서서 장용영壯勇營과 화성華城을 비난하다가 자살했고, 뒤이어 김종수金鍾秀도 화성 건설을 비난하는 소문에 휘말려 있었던 것이다. 이렇게 믿고 키웠던 근신들이 하나둘씩 임금을 비난하는 대열에 서고, 특권세력으로 비행을 저지르며, 또 민심을 선동하는 일에도 나서고 있으니 임금의 실망이 클 수밖에 없었다. 그래서 지난해 큰일을 치른 뒤의 허탈감에 빠져 있던 임금은 근신 위주의 정치에서 점차 손을 떼고 의정부 대신들에게 정치를 맡기기로 결심한 것이다.

그러면 앞으로 정사를 맡기겠다는 대신들은 누구일까? 이날 임금은 지난 10월 22일에 면직시켰던 영의정 홍낙성洪樂性과 좌의정 채제공蔡濟恭의 면직을 취소하고 다시 불러들이라고 명했다. 홍낙성, 채제공, 윤시동 등 세 정승들에게 정치를 맡기겠다는 뜻이었다.

11월 24일, 임금은 정권을 맡길 세 정승에 대한 자신의 결단을 이렇게 털어 놓았다.

> 나의 규모는 이미 정해졌다. 영의정[홍낙성]은 늙었으니 대궐에 누워 있거나 해야 할 형편이며, 좌의정[채제공]도 중서中書의 고사故事로 말미암아 조정에 나오려고 하지 않기에 내가 강요하지 않고 있다. 내가 맡겨서 성과를 기대할 사람은 바로 우의정[윤시동]이다.

그러니까 정조는 세 정승 가운데 79세인 영의정 홍낙성은 너무 늙었고, 좌의정 채제공도 77세로서 나이 때문에 정승 자리를 사양하고 있어 의지할 사람은 68세의 우의정 윤시동(尹蓍東; 해평윤씨) 밖에 없다고 말했다. 하지만 임금은 노론에 속하는 윤시동을 전적으로 신임하고 있지는 않았다. 그는 해평윤씨 윤두수尹斗壽의 후손으로 그동안 탕평정책을 반대해 오다가 여러 차례 귀양을 간 일이 있었기 때문이었다. 그래서 임금은 마음속으로는 좌의정 채제공에게 실질적으로 의정부의 수장을 맡기겠다는 마음을 가지고 있었던 것으로 보인다. 정조가 끝까지 믿고 의지한 신하는 바로 채제공이었다.

그런데 성격이 원만한 영의정 홍낙성은 2년 뒤에 향년 81세로 세상을 떠나고, 채제공도 3년 뒤에 80세로 세상을 떠났다. 그래서 영의정을 이병모(李秉模; 덕수이씨)에게 맡기고, 좌의정에 윤시동, 우의정에 심환지沈煥之를 임명했다. 결과적으로 의정부는 완전히 노론정권이 되어 버렸던 것이다. 임금으로서는 채제공의 빈 자리를 메울 만한 총애하는 신하가 없었기 때문에 부득이 노론정권을 세울 수밖에 없었다.

이해 11월 19일에 안동 출신으로 영남 남인에 속하는 대사간 김한동(金翰東; 의성김씨)이 임금을 위로하는 소를 올렸다. 임금이 그토록 근검절약하고 지내는데도 세상의 풍속이 나빠지고 있는 것을 개탄하면서 이렇게 말을 이었다.

신이 보건대 주무시고 거처하시는 것은 서까래 몇 개를 얹은 데에 불과하고, 평소 드시는 음식은 몇 가지 반찬이 모두이며, 평상복은 서너 번씩 세탁한 것이고, 수레와 의장儀仗들은 붉은 색이 변하고 푸른 장식이 떨어져 나간 것입니다. 창호지는 구멍을 바르고 먹칠을 했으며, 대청의 자리는 왕골이나 부들을 엮어서 만든 것입니다. 이 모든 것들은 누추하고 초라하여 보기에 민망스럽습니다. 신은 늘 이런 사실을 시골에 가서 이야기하곤 했는데, 먼 지방의 난잡하고 속된 사람들은 임금이 사는 곳은 필시 금과 옥으로 누각을 짓고, 구슬주렴과 비단 휘장을 드리우는 등 가지가지 기이하고 화려한 것들이 인간 세상 같지 않을 것이라고 생각하고 있는 터라 처음에 이 말을 듣고는 믿지 않으려 들었습니다.

그런데 효과와 교화가 미치는 바는 전혀 상반되기만 한단 말입니까? 유언비어가 징계되지 않아 사람들을 현혹시키고, 탐관오리는 모두 권력자를 팔아대고 세력가와 결탁하여 세속을 속이고 있습니다. [벼슬아치들의 행동거지를 보면 경망스럽고 어느 곳이 먹을 것이 많은지 이런 것들만 말하고 있습니다] 며칠만 새벽 일찍 출사하게 되면 괴로운 표정을 짓고, 하룻밤만 숙직하게 되면 마치 죽으러 가기나 하는 것처럼 여기니, 습속이 물들어 가는 것이 어쩌면 이렇게도 잘못되었단 말입니까?

기강이 서지 않는 이유는 궁액(宮掖; 궁중의 하인, 내시)과 신하들에게 있습니다. 액례(掖隷; 내시부 소속 노비)들은 수령이 새로 나갈 때마다 첩지帖紙를 가지고 가서 돈을 요구하는 관행을 일반화하고, 여염의 부자들이 경사스런 일로 손님을 부를 때면 채화綵花와 금승金勝이 좌우에서 번쩍거립니다. 삼사三司의 관원 가운데 녹봉을 받지 못하는 자가 많은데, 이는 호조의 1년 수입이 10만 석에 못 미치는데 관원이 너무 많기 때문입니다. 군문軍門을 축소하여 그 비용을 호조에 넘겨 벼슬아치들이 녹봉을 받을 수 있게 하소서.

김한동은 이렇게 풍속이 나빠진 것을 고치려면 임금이 위에서 의식주를 근검절약하는 모범을 보이는 것만으로는 부족하니, 《소학》 교육을 강화하고 향음례鄕飮禮를 시행하자고 주장했다. 임금의 정치는 아름다우나 신하들이 잘못하여 풍습이 나빠졌다고 비판하면서 《향약》이나 《소학》 교육의 강화를 주장했다.

임금은 김한동의 건의가 매우 좋다고 칭찬했다. 그의 상소가 올라오자 영의정 홍낙성과 좌의정 채제공은 정치가 잘못된 책임을 지고 사직하겠다고 하였으나 임금은 허락하지 않았다.

김한동의 따뜻한 상소와는 달리 11월 20일에는 이조판서 심환지가 임금이 대간을 무시하고 언관을 죄준다는 이유로 사직상소를 올렸다. 그러나 임금은 심환지에게 싸늘한 비답을 이렇게 내렸다.

대각(臺閣; 사헌부와 사간원)이 지금 그 구실을 하지 못하고 있다. 힘 있는 자들에게는 할 말을 못 하고 약한 자들에게만 위세를 부리고 있다. 또 드러내서 말하지 않아야 할 것을 심하게 건드린다. 경이 어떤 정사를 알맞게 하고, 어떤 일을 사람들이 두려워 복종하게 했는지 알 수 없다. 경의 손을 통해서 임명된 대각臺閣은 다 말을 하게 되면 죄를 짓게 되는 무리이니, 이것이 과연 경은 바른 말을 하는 선비를 등용했는데 짐이 도리어 남의 말을 듣지 않으려 해서 그런 것인가? 경들의 죄를 어떻게 처벌해야 마땅하겠는가?

정조는 심환지가 이조판서로서 등용한 언관들이 당론黨論만을 일삼고 죄를 짓고 있는 무리인데도 심환지는 도리어 그들을 옹호하면서 임금을 비판하고 있다고 본 것이다.

그러면서도 정조가 심환지를 버리지 않고 계속 등용한 것은 그를 비롯한 노론 벽파를 어떻게든 길들여 복종시키기 위함이었다. 그러나 심환지는 끝까지 자신의 경직된 태도를 바꾸지 않았다. 정조로서는 쓰기도 어렵고 버리고 힘든, 참으로 뜨거운 감자와 같은 존재였다.

다음날인 11월 21일에 임금은 이조참의 한용귀(韓用龜; 1747~1828)[06]를 삭주로 귀양 보냈는데, 그에 대하여 이런 욕설이 담긴 악평을 내렸다.

저렇게 행동이 깨끗하지 못한 자를 진흙탕에서 꺼내어 죄명을 씻어 주고 관직에 등용했으니, 그나마 양심이라도 남아 있다면 어리석은 돼지나 물고기, 하찮은 참새나 쥐새끼보다는 나았을 것이다. 그런데 조금이라도 고마운 줄을 알고 은혜에 감격하여 분수와 의리를 두려워하는 말이나 행동을 한 적이 있는가? …… 항복한 자를 불러들이고, 배반한 자를 받아들여 패거리를 만들고, 뜻이 다른 사람을 공격하는 것만을 일삼았다.

---

06 한용귀는 조선 초기 인수대비의 아버지인 한확韓確의 후손이자 영조 때 영의정을 지낸 한익모韓翼謩의 친척이다. 한익모는 홍인한 등과 가까운 사이였다.

정조는 한용귀를 진흙탕에서 꺼내 주었더니 이조참의로 있으면서 심환지와 더불어 패거리만 만들고 뜻이 다른 사람을 공격하는 것만 일삼고 있다고 비판했다. 그러면서 한용귀를 돼지, 물고기, 참새, 쥐새끼 등에 비유하여 비판했는데, 이는 분명 공개적으로 말하기 어려운 욕설에 가깝다고 할 수 있다. 정조가 이렇게 욕설을 하는 대상은 주로 탕평을 반대하고 당론을 일삼는 노론들이었다.

정조는 이조판서 심환지와 이조참의 한용귀를 똑같이 편협한 노론 인물로 보고 있었다. 하지만 정조는 심환지를 끝까지 버리지는 않고 개인적인 편지를 수없이 보내고 어르고 달래고 때로는 협박하면서 다시 등용하여 길들여 갔다. 하지만 심환지는 끝까지 길들여지지 않았다. 몇 년 전 정조가 심환지에게 보낸 어찰御札이 발견되어 화제를 모았는데,[07] 정조는 서찰에서만 아니라 공식석상에서 당론을 일삼는 노론 언관들을 나무랄 때에도 앞에서 소개한 것처럼 돼지, 물고기, 참새, 쥐새끼 등의 거친 표현을 쓰는 일이 종종 있었다. 그만큼 사회통합, 정치통합을 방해하는 당론에 대해서는 감정을 억누르지 못하고 강한 거부감을 보였던 것이다.

11월 25일에 임금은 제주 기생 만덕萬德이 재물을 풀어서 굶주리는 백성들의 목숨을 구해주었다는 제주목사의 보고를 받았다. 임금이 상을 주려고 하자 만덕은 이를 사양하고 금강산이나 유람하기를 원했다. 임금은 그의 소원을 허락하고 그가 금강산에 갈 때 지나는 고을에서 양식을 지급해 주라고 명했다. 기생이 어떻게 재물을 모았

---

07 2009년에 성균관대학교 동아시아학술원에서 《정조어찰첩》을 발간하고, 이 책의 내용을 토론한 《정조어찰집》을 발간했는데, 그 속에 정조가 정조 20년 (1796) 8월 20일부터 정조 24년(1800) 6월 15일까지 297통의 서찰을 보낸 것으로 알려져 있다. 이 시기에 심환지는 이조판서를 거쳐 의정부 우의정과 좌의정을 맡고 있었다.

는지도 의문이지만, 그 재물을 가난한 사람들에게 베푼 것은 참으로 기이하고도 기특한 일이었다.

12월 7일에 규장각 대교 서유구(徐有榘; 徐命膺 손자)와 초계문신 김희조(金熙朝; 청풍김씨 金翊休 아들)가 주관하여 성균관 유생들을 데리고 사서삼경四書三經의 구두句讀를 교정하는 일을 마쳤는데, 임금이 이들에게 상을 내렸다.

12월 9일에 임금은 우의정 윤시동을 만난 자리에서 자신이 무슨 책을 읽고 있는지를 말해 주었다. 지난해에는 《주서백선朱書百選》을 읽었고, 금년에는 경서經書에서 1백 편을 뽑아 30일 만에 다 읽었으며, 얻은 것이 뿌듯하여 최근에는 다시 《춘추좌전春秋左傳》을 읽으려 한다고 말했다. 정조의 독서력은 일반 학자들도 따를 수 없는 초능력을 지니고 있었지만, 정치를 정승들에게 맡긴 뒤에 임금은 더욱 독서에 깊이 빠져 있었다.

12월 12일에 정조는 신하들에게 사서삼경四書三經에 포함되어 있지는 않지만 《소학》에 대하여 비상한 관심을 가지고 이렇게 말했다.

　　나는 아홉 살 이전에 《소학》을 다섯 번 강독했는데, 한 번 강독할 때마다 1백 번 이상 읽도록 규정을 정해 놓았었다. 그런데도 36년이 지난 지금에 와서 구두句讀를 점검해 보니 초학자나 다름없다. 근래 밤이 깊어 경전을 공부하다가 이 책에까지 손이 가다가 보니 의례依例를 교정하지 않을 수 없다는 것을 절감했다. 붙여 놓은 훈의(訓義; 소학훈의)를 소주小註에다 실어 놓은 것은 더더구나 도리가 아니다. 나라 안팎에 익히게 하는 것은 교정하여 인쇄한 다음에라야 가능하다. 내각이 주관하여 이 일을 하라. 원임 직제학 판부사 이병모(李秉模; 덕수이씨), 직제학 이만수(李晩秀; 연안이씨 이복원 아들), 원임 직각 남공철南公轍, 봉조하 서유신徐有臣, 행호군 이의준(李義駿; 전주이씨 李徽中 아들), 춘천부사 한용화(韓用和; 청주한씨), 이천부사 이술원李述源은 내일 입궐하여 규장각에서 교정을 보게 하고, 더 임명해야 할 사람은 다시 아뢰도록 하라.

임금은 《소학》을 보급하기 전에 의례依例를 교정해야 한다고 하면서, 그 일을 규장각 각신 출신과 과거 세손 때 계방(桂坊; 세자익위사)에 있던 신하들에게 맡겼다. 그러면서 12월 13일 판부사 이병모李秉模를 만나 《소학》에 대한 교정을 이들에게 맡기는 이유를 이렇게 설명했다.

경이 예순이 가까운 나이에 높은 지위에 있으면서도 《소학》을 읽고 있다고 하니 가상히 여겨 경탄을 금할 수 없다. 서유신徐有臣은 문청공 서지수徐志修의 아들이고, 남공철南公轍은 문청공 남유용南有容의 아들이며, 이의준李義駿의 아버지 이휘중李徽中에게 도움을 많이 받았다. 이만수李晩秀는 아버지 이복원李福源이 시강원 익선翊善으로 있을 때 《소학》을 읽었다. 한용화韓用和와 이술원李述源도 계방에서 나의 질문에 답하던 사람들이다. 그러니 이번 일들을 경들이 하는 것이 어찌 좋은 일이 아니겠는가?

《소학》 교정을 맡긴 사람들은 모두 임금이 세손으로 있을 학문을 가르쳐 준 스승이거나 그의 아들이기에 인연이 깊다는 것이다. 그러면서 임금은 《소학》이 왜 중요하며, 또 텍스트의 문제점이 무엇인가를 이병모에게 이렇게 설명했다.

책을 펼칠 첫 번째 의의는 바로 사람을 만든다는 것이다. 옛날의 교육은 모두 《소학》으로 입학하고, 자라서는 《대학》을 가르쳤다. 선왕[영조]이 이 책에 정성을 쏟았기 때문에 나도 반복해서 읽었었는데, 지금은 구두句讀마저 이해하지 못하는 부분이 많으니, 이번에 교정하라고 명한 데에는 뜻하는 바가 있다. 《소학훈의小學訓義》[08]에는 주자朱子의 본주本註가 없으니 헤아려서 집어넣고, 《소학집주小學集註》[09] 가운데 쓸데없이 긴 것은 빼서 소주小註에 넣는 것이 좋겠다. 《소학》은 주자 혼자서 만든 것이 아니라 여러 문하의 제자들을 시켜서 편집하게 한 것이다. 주자의 말은 모두가 아름다운 말과 착한 행동에 관계된 것으로 취사선택할 여지가 없다.

여기서 임금은 《소학》은 무엇보다 사람을 만드는 책이라고 규정하고 있다. 오륜五倫의 기본적인 도덕을 가르치는 책이기 때문이다. 다만, 《소학》의 텍스트 가운데 쓸데없는 소주는 대폭 줄이고, 주자의 훈의訓義를 살려서 편집하라는 것이다.

《소학》은 조선 시대 8세 이상의 아동에게 도덕성을 가르치는 필수 교재로 널리 읽힌 책이다. 내용은 모두 다섯 가지로 구성되어 있다. 첫째 입교入敎로서 태교胎敎에서 시작하여 어린이를 교육하는 방법을 설명하고 있는데, 청소를 잘하고, 어른에게 공경하게 응대하고, 어른 앞에서 걸음걸이를 단정하게 할 것을 가르친다. 그런 다음에 명륜明倫으로서 오륜五倫 곧 부자유친父子有親, 군신유의君臣有義, 부부유별夫婦有別, 장유유서長幼有序, 붕우유신朋友有信의 내용을 설명한다. 셋째는 경신敬身으로 자신의 몸을 닦는 방법을 가르치고, 네 번째는 계고稽古로서 옛 성현의 행동을 소개하여 배우도록 하고, 다섯 번째는 가언嘉言으로서 옛 성현들의 좋은 교훈을 가르친다. 여섯 번째는 선행善行으로 선인들의 착한 행실을 소개한다.

그런데 《소학》은 아동 교육 교재이지만, 어른들도 평생 이 책을 읽어 반듯한 사람이 된 사람이 적지 않았다. 예를 들면 조선 초기 김굉

---

08 《소학훈의》는 영조가 재위 30년(1754)에 직접 지은 책이다.
09 《소학집주》는 명나라 진선陳選이 지은 책이다.

필金宏弼은 스스로 '소학동자小學童子'라고 불렀는데, 뒤에 모범적인 선비로 추앙을 받아 성균관 문묘文廟에서 제사를 받는 인물이 되었다.

이렇게 《소학》을 배운 뒤에 《대학》을 배우면 수신修身, 제가齊家, 치국治國, 평천하平天下의 도리를 제대로 알게 되어 집안이 편안해지고, 나라가 잘 다스려지고, 세계평화가 달성된다고 보았다. 그래서 하극상下剋上으로 말미암아 문란해진 풍속을 바로잡으려면 《소학》을 적극적으로 배우도록 권장해야 한다. 영조도 만년에 정조에게 《소학》을 열심히 가르쳐 주었는데, 정조도 영조의 영향을 받아 만년에 이르자 《소학》의 중요성을 다시 깨닫고 교재를 다시 좋게 만들어 보급하는 정책을 추진한 것이다.

이해 12월 25일에는 주자소에서 인쇄하여 올린 《어정사기영선御定史記英選》을 신하들에게 나누어 주고, 지방 사고史庫에 비치하게 했다. 이 책은 정조가 직접 사마천司馬遷의 《사기史記》와 반고班固의 《한서漢書》 가운데서 주로 열전列傳을 뽑아서 편집한 책으로 모두 8권이다.

이상 정조 20년의 후반기는 거의 경학經學에 관한 출판 사업에 정력을 쏟은 것을 알 수 있는데, 그 의도는 오륜의 기강을 바로잡아 임금에 대한 충성심을 강화하고 풍습을 정화하는 데 목적이 있었다. 그리고 도덕적 풍습이 확립되면 임금을 얕잡아보는 붕당정치를 극복하는 데에도 도움이 될 것으로 기대했다. 《소학》에 대한 비상한 관심은 이와 같은 정치적 목적도 있었다.

그러면 이해 호조 각사와 병조 각 군영에서 보유하고 있던 재물의 회계부는 어떠했는가? 괄호 안의 수치는 지난해 수치다.

| 황금 | 267냥 [267냥] |
| 은자 | 38만 4,824냥 [38만 4천 4백 냥] |

전문	66만 1,728냥	[65만 1천 8백 냥]
명주	132동 6필	[125동]
면포	4,580동 18일	[3,710동]
모시	61동 12필	[59동]
삼베	1,296동 32필	[1,244동]
쌀	13만 4,980석	[12만 3천 7백 석]
좁쌀	4만 7,990석	[6,070석]
콩	2만 4,196석	[2만 3천석]
피잡곡	8,116석	[-]

위 표를 보면 지난해에 견주어 황금, 은자, 전문 등 돈은 거의 변동이 없다. 이해에 화성 축성 사업이 끝나고, 농사가 자못 풍년이 들어 빈민에 대한 진휼 사업도 별로 없었던 결과로 볼 수 있다. 명주, 면포, 모시 등 옷감은 지난해에 비해 소폭으로 늘어났다. 역시 큰 행사가 없었던 결과이다. 쌀, 콩, 피잡곡도 소폭으로 늘어났는데, 좁쌀만은 큰 폭으로 늘어났다.

3. 정조 21년(1797)
─건강 악화,《소학》교정,《오륜행실도》,《향례합편》, 《육주약선》,《성단향의》편찬, 정약용의 자백상소

정조 21년(1797)은 임금의 나이 46세로서 세상을 떠나기 3년 전이다. 그런데 이해 초부터 임금의 건강에 이상이 생겼다. 그것은 가슴에 기가 치밀어 오르는 격기膈氣였다. 이 병은 감정 조절이 잘 안되어 일어나는 증상으로, 평소에도 있었지만 2년 전의 화성행차 이후로 더 나빠졌다. 지난해에 정승이나 중신들에게까지도 욕설에 가까운 말을 하여 신하들의 항의를 받고 임금이 후회하는 일이 종종 일어났는데, 이것이 바로 감정 조절이 잘 안되어 일어나는 증상이었다. 그런데 이해에 들어와 그 증세가 악화한 것이다. 그 증상으로 정무를 중단하는 일이 1월 5일에 발생했다.

정조의 건강이 악화된 것은 2년 전에 있었던 화성행차 뒤로 탕평책을 따르지 않고 권귀로 변하고 있는 근신들에 대한 불만이 커지면서 허탈감에 빠지고, 과로가 겹친 데서 생긴 것으로 보인다. 하지만 1월 4일까지는 다음과 같은 정사를 폈다.

1월 1일에는 예년의 행사대로 종묘와 경모궁에 가서 참배하고, 궁궐로 돌아와 창경궁 홍화문에서 지방에서 문안차 올라온 각 도의 호장(戶長; 우두머리 향리)들을 만났다.

보통 1월 1일에는 전국 백성들에게 농사를 권장하는 권농윤음勸農綸音을 내리는 것이 관례였는데, 최근 몇 년 동안 임금은 권농윤음을 내리지 않았다. 이해에도 권농윤음 대신《소학》과《오륜행실도》, 향약鄕約, 그리고 향음주례鄕飮酒禮의 중요성을 강조하는 윤음을 내렸다. 이제는 농사보다도 사치가 범람하고, 근신들이 이익을 탐하고, 당론이 그치지 않고 있는 풍속을 교정하는 일이 더 중요하다고 판단한 것이다. 이를 바로잡고자 임금의 위상을 군사君師의 위치로 확고하게 정립시켜 임금에 대한 충성심을 드높이고, 삼강오륜의 위계질서를 확립하려는 것이었다. 더욱이 그 가운데서도 '효'의 중요성을 일깨워줌으로써 어른과 임금에 대한 충성심을 모으고자 했다. 지난해 영남 남인 출신 대사간 김한동金翰東의 상소가 임금에게 큰 지극제가 되었다.

《소학》의 교본을 다시 정리하고, 세종 때 만든 《삼강행실도三綱行實圖》와 중종 때 김안국金安國이 편찬한 《이륜행실도二倫行實圖》[10]를 합쳐 《오륜행실도五倫行實圖》라 이름하고 권장한다고 밝혔다. 그러나 이런 책만 공부한다고 사람이 바르게 되는 것은 아니므로, 이를 생활 속에서 실천하는 행사로서 향약과 향음주례의 시행을 강조한 것이다. 《오륜행실도》는 이해 7월 20일에 주자소에서 인쇄하여 올렸는데, 각신 심상규沈象奎 등이 《삼강행실도》와 《이륜행실도》를 합하여 바로 잡고 언해했다.

임금은 특히 향음주례와 향약에 대해서 다음과 같이 그 기능을 설명했다.

공자孔子께서 향음주례鄕飮酒禮를 보고 "왕도王道가 참 쉽다는 것을 알았다."고 했다. 향음주례는 노인을 보살피고, 농민을 위로하며, 기쁨을 가져오고, 나이를 구별지으며, 귀천을 밝히고, 높고 낮음을 분간하게 하는 것이니, 몸을 바르게 하고 나라를 편안케 하는 요결要訣이 이것을 따라 일어나는 것이다. 그런데 향약鄕約도 백성을 교화하고 풍속을 바로잡는 데 도움이 된다. 주자朱子가 일찍이 초하루에 향약을 읽고 삼대三代의 제도를 다시 보는 것 같다고 했다. 그래서 나는 지금의 백성을 옛날의 풍속으로 바꾸어서 인의仁義로 감싸고, 근본의 진실을 보여주는 데는 향약의 효과가 향음주례에 못지않다고 생각한다. 이 규례規例로 강론하여 밝히지 않을 수 없기에 <향음의식鄕飮儀式>과 <향약조례鄕約條例>를 편찬하는데, 내용이 자상하고 진지하며, 형식과 실질이 갖추어져서 백성이 가슴 뭉클하게 느끼고, 숙연히 질서를 깨닫도록 하고자 한다.

여기서 향음의식鄕飮儀式과 향약조례鄕約條例를 합치고, 또 관례冠

---

10 《이륜행실도》는 오륜 가운데 장유유서長幼有序와 붕우유신朋友有信의 두 가지 윤리만을 설명한 책이다. 이 두 가지는 주로 향촌사회의 질서를 유지하는데 도움이 된다.

禮와 혼례婚禮에 관한 여러 서적도 함께 묶어서 책으로 만든 것이 6월 2일에 완성된 《향례합편鄕禮合編》이다. 처음에 임금은 향음주례만 하고, 향약은 단지 한 고을에서만 할 만하므로 이를 국가에서 법을 만들어 널리 행하면 효과는 없고 폐단만 있을 것으로 우려했으나, 우의정 윤시동이 강력하게 주장하여 따르게 되었다.

향음주례와 향약의 시행기관인 예조에서는 향음주례는 《국조오례의國朝五禮儀》에 규정되어 있는 의식을 그대로 준행하면 될 것이라고 말했다. 그리고 향약은 주자朱子가 보완[증손]한 《여씨향약呂氏鄕約》을 지방에 반포하되, 그것이 풍속과 맞지 않는 점이 있으면 향음주례하는 날에 이를 조정하여 문사文詞가 있는 사람이 한 번 읽고 듣게 한 뒤에 물러가게 하는 것이 좋을 것이라고 건의했다.

《여씨향약》은 중종 때 조광조趙光祖가 시행하다가 우리 현실에 맞지 않는 점이 많아 실패한 경험이 있었다. 이를 우리나라 현실에 맞게 수정한 것이 율곡 이이李珥가 만든 여러 종류의 향약인데, 이것도 지방사회에 덕망 높은 유지인사가 있는 곳에서는 잘 시행되었으나 그렇지 못한 곳에서는 오히려 역효과가 나타났다. 그래서 정조도 향약 시행을 우려했지만, 우의정 윤시동이 강력하게 주장하여 그대로 따랐다. 하지만 결과적으로 향약은 지방 세력가들이 백성을 억압하는 수단으로 악용되어, 19세기 초 정약용은 향약의 폐단이 도적보다도 심하다고 말했던 것이다.

그런데 1월 5일에 임금의 건강이 더 악화했다. 가슴에 화가 치밀어 오르는 격기[11] 때문에 풍년을 기원하는 기곡제祈穀祭를 대신들이

---

11 정조 21년(1797) 1월 5일 심환지에게 보내 어찰에서는 자신의 병이 곽란[급체] 같기도 하고 아닌 것 같기도 하다고 말했다. 그러니까 격기는 곧 곽란 비슷한 증세임을 알 수 있다.

하도록 했다. 1월 13일에도 똑같은 병이 생겼으나 내의원의 진찰을 거부했다. 임금의 환후가 잇달아 생기자 1월 17일 사헌 집의 이명연 (李明淵; 광평대군 후손; 1758~?)이 임금의 환후를 걱정하면서 임금이 요즘 감정을 다스리지 못하여 생겼다는 요지의 상소를 올렸다. 그의 말을 들어 보자.

근래 성상께서 가슴 사이에 치밀어 오르는 기(氣; 격기)로 말미암아 화기和氣를 잃은 지 여러 날이 되었으므로 백성들이 초조하고 근심스러워 새해의 기쁨이 썰렁하기만 합니다. 이 기운은 내상內傷에 연유한 것으로 성상의 뜻에 격동된 것이 있을 때마다 약속이나 한 듯이 찾아오곤 하는데, 이것은 신하들의 죄이니 만번 죽어도 속죄하기 어렵습니다. 전하께서는 태양증太陽症이 주된 증상이 되어 있습니다. 그렇기 때문에 마음에 불평이 있으면 그 기운이 솟구쳐 올라와서 안정하려 해도 잘 가라앉지 않아 그런 것입니다. 이런 증상은 대현大賢도 있는 증상이지만 성인聖人에게는 없습니다. 신이 마음속으로 가장 답답하게 여기는 바를 아뢰겠습니다. 지난여름 이래로 신하들이 하는 말이나 일들이 더러 성상의 마음에 맞지 않으면 말씀에 간중簡重함이 없고 처분을 내리실 때마다 엄하고 급하셨습니다. 이런 것은 모두 사책史冊에 기록되어 만세에 우러러 볼 것인데 어찌하여 이렇게까지 잘못되셨단 말입니까?

일전에 문에 납시어 신국訊鞫하신 조처는 너무나 조급한 실수를 하셨습니다. 저 기회나 엿보는 잔재주나 도리에 어긋나는 버릇은 참으로 천하고 가증스러우므로 일찌감치 베어 끊어 버려야 하겠지만 그의 지체를 생각하면 그래도 모두 현인의 후손이며, 그 벼슬을 보면 병조판서와 재상입니다. 이런 일은 정사의 체통에만 해로울 뿐 아니라 이런 증상이 자주 일어나면 격기가 따라 일어나는 것입니다.

이명연이 올린 상소는 임금의 병이 감정을 다스리지 못하는 조급한 성격에서 비롯된 것인데, 지난여름 이후로 신하들의 말이나 행동이 조금이라도 마음에 들지 않으면 말씀이 지나치게 가볍고 엄하다는 것이다. 더욱이 며칠 전에 임금이 창덕궁 숙장문(肅章門; 인정전 앞문)에 나아가 병조판서와 재상을 직접 신문한 일은 너무나 지나친 처사라고 말했다. 여기서 병조판서는 소론 정호인(鄭好仁; 연일정씨)을 가리키고, 재상은 이조참의 성덕우(成德雨; 성혼의 6대손)를 가리킨다. 지난해 12월 말에 이조참의 성덕우는 장용영 종사관 홍수영洪守榮을 제관祭官에 임명하여 임금이 크게 노했다.

홍수영은 바로 홍봉한洪鳳漢의 종손宗孫이자 혜경궁의 조카로서 홍봉한이 정조의 즉위를 방해한 죄로 함께 연좌되어 역적을 토벌한 사실을 기록한 《명의록明義錄》에 그의 죄가 언급되어 있었다. 그래서 임금은 홍수영을 등용하지 않고 있다가 홍봉한의 제사를 받들 종손임을 고려하여 몇 년 뒤에 벼슬을 주었으나 지방 수령이나 하찮은 벼슬을 주어 생계나 유지하도록 했으며, 국가의 제사를 지내는 제관祭官에는 임명하지 말라고 금령을 내렸다.

그런데 성덕우가 그를 제관에 임명하여 왕명을 어긴 데다가 《명의록》을 더럽히는 결과를 가져온 것이다. 이에 승지가 성덕우를 비판하고 나서자 병조판서 정호인이 도리어 성덕우를 옹호하고 나서 임금이 두 사람을 함께 체포하여 직접 신문했던 것이다. 그런데 이명연이 새삼스레 그 일을 거론하고 나서서 임금의 처사가 성급한 실수였다고 공격한 것이다. 그러면서 현인賢人은 정조와 같은 병이 흔히 있지만, 성인聖人은 그런 병이 없다고 하면서 정조는 성인聖人이 아닌 현인賢人에 지나지 않는다고 평가했다.

임금은 이명연의 상소를 보고나서 비답하기를, "나이 젊은 사람이 생각한 바를 숨기지 않고 말하니 매우 가상하다. 하지만 너도 올바르게 하는 도리를 깊이 강구하라."고 하여, 이명연의 상소가 정호인과 성덕우를 비호하고 있음을 못마땅하게 여겼으나 그를 처벌하지는 않았다. 그러자 신하들이 들고 일어나 그를 처벌해야 한다고 성토하고 나섰다. 그러나 임금은 신하들을 만류하여 무마시켰다. 정조는 당론에 관한 언론은 심하게 탄압했지만, 그렇지 않고 임금을 비판한 언론은 언제나 너그럽게 받아들였다.

1월 29일 임금은 현륭원에 참배하기 위해 행차에 나서서 저녁에 화성 행궁에 도착했다. 이날 이미 준공된 화성 성곽을 둘러보면서 공심돈空心墩은 우리나라 성제城制에서는 처음 있는 것이라고 말했다. 공심돈은 2층으로 누각을 지어 위아래를 층계로 오르내리며 적의 동향을 파악하고 총이나 대포를 쏠 수 있는 집을 말한다. 임금은 방화수류정(訪花隨柳亭; 동북각루)에 이르러 신하들 및 현지 주민과 활쏘기를 하고, 신하들에게 술을 내렸다. 광주유수廣州留守 서유린徐有隣에게 이르기를 "옛날 정승 유성룡柳成龍이 말하기를, '경기 지역에 둔전을 설치하고 훈련도감 군사 1만 명 가운데 5천 명이 둔전屯田을 경작하게 하면 병농兵農이 서로 의지하는 효과가 있다.'고 말했는데, 내가 이를 모방하여 장용영 향군鄕軍을 설치하여 경기도의 둔전을 경작하게 하여 그 수입을 군수軍需에 쓰도록 했다."고 말했다. 유성룡은 영남 남인으로서 노론이 싫어하는 인물이지만 임금은 그의 경륜을 높이 평가했다.

임금이 동장대東將臺에 이르자 여러 신하들에게 말했다. "우리나라 성제城制가 고루하여 본래 치첩雉堞이 없었다. 또 성이 둥글어 모서리가 없기 때문에 성 위에 죽 둘러서서 지켜야 했는데, 지금 이 성은 처음으로 치첩을 도입하고, 따로 모서리를 만들었기 때문에 두서너 사람만 세워도 적의 동태를 엿볼 수 있고, 치첩을 지키는 사람의 수를 적이 알 수 없다. 이제야 우리나라도 성이 있다고 말할 수 있다."

고 말했다. 임금은 팔달산 위 서장대西將臺에 올라 신하들에게 점심을 대접했다.

밤에는 서장대에 올라 횃불을 올리는 훈련을 하고 나서, "앞으로는 집집마다 부유하게 하고, 사람마다 화락하게 하는 것이 가장 급하다."고 말하고, 그해의 군향곡軍餉穀과 환곡의 모곡耗穀을 탕감해 주었다.

1월 30일에는 현륭원에 가서 참배하고 행궁으로 돌아왔다. 다음날 2월 1일에 서울로 환궁했다.

2월 18일에 우의정 윤시동尹蓍東이 69세를 일기로 세상을 떠났다. 윤두수尹斗壽의 후손이자 판서 윤급尹汲의 종손으로 원래는 탕평을 반대하는 노론 벽파에 속했는데, 뒤에 시파時派로 전향하여 정승에까지 올랐다.

2월 22일에 비변사에서는 화성 주민을 부유하게 만드는 〈실호절목實戶節目〉을 만들었다. 중국이나 의주義州에서 사다가 파는 모자帽子와 중국에 수출하는 가삼家蔘을 판매하는 특권을 화성 주민에게 주기로 결정했다. 이를 위해 서울의 의관醫官이나 역관譯官 등 부호富豪 20명을 모집하여 계契를 만들고, 기와집을 짓고 살도록 도와주고, 경상 감영의 돈 5만 냥을 빌려주어 장사 밑천을 삼게 하여 모자와 가삼을 팔게 했다. 모자 1천 개까지는 면세하여 점포에서 팔게 하고 나머지는 물주들이 각 지역에서 팔게 했다. 연경燕京에 가는 사신들은 8포의 인삼을 오직 화성에서만 사도록 했다. 또 부호 가운데 성실한 자는 벼슬을 주기로 했다. 상인들은 이익 가운데 매년 1천 냥을 수원부에 납부하여 화성 주민이 혜택을 받도록 했다.

그런데 판중추 이병모李秉模가 2월 25일 차자를 올려 〈실호절목〉의 여섯 가지 문제점을 지적했다. 첫째, 강제로 부호를 모집하는 것은 구차스럽다. 둘째, 모자와 인삼만으로 생활을 충족시키는 것은 부족하다. 셋째, 땅을 개간하고 전국적인 상업 유통망을 확충하여 부호들이 저절로 모여들게 해야 한다. 넷째, 서울의 부호는 나그네이고, 화성 주민이 주인인데 주객이 뒤바뀌게 하면 화성 주민의 불평이 일어나서 흩어질 우려가 있다. 다섯째, 인삼은 전해에 돈을 풀어놓았다가 가을이 되면 인삼을 거두어들이는 것인데, 금년 가을의 인삼은 이미 다른 사람들이 거두게 되므로 20호의 부호들은 돈을 풀어도 이익을 잃게 된다. 여섯째, 그들에게 변장실직邊將實職을 주는 것은 의관醫官이나 역관譯官들이 통상적으로 받는 벼슬이므로 부호들이 영광스럽게 여기지 않을 것이다. 그렇다고 이보다 더 좋은 벼슬을 준다면 그것도 문제가 된다.

임금이 이 절목을 만드는 데 참여한 좌의정 채제공蔡濟恭의 의견을 물었다. 채제공은 화성 주민에게 그 절목을 말해 주었더니 환영하는 사람과 걱정하는 사람이 반반으로 갈렸다면서, 이해득실을 가지고 논한 이병모의 의견이 옳으므로 시행하지 않는 것이 좋겠다고 말하여 임금이 그대로 따랐다.

3월 16일에 이미 죽은 윤시동의 후임으로 56세의 이병모(李秉模; 1742~1806)를 다시 우의정에 임명했다. 그는 덕수이씨 이단하李端夏의 후손으로 노론이다. 성품이 원만하여 영의정에까지 올랐는데, 정조가 세상을 떠날 때 중국에 사신으로 가 있어서 임종하지 못했다.

충청도 신창 농민 이존창李存昌이 세례를 받고 천주교주로 자처하다가 정조 10년에 붙잡혔는데 마음을 고치겠다고 하여 풀어 주었다. 그런데 이해 2월 23일에 또 붙잡혔다. 이번에는 마음을 고친다고 공초하지 아니하여 신하들이 모두 사형에 처하자고 주장했으나 임금은 이에 반대하고 관찰사가 끝까지 교화하라고 일렀다. 이존창은 순조 원년(1801)의 신유박해 때 사형당했다. 정조는 천주교인에 대한 형벌을 될 수 있는 대로 피하는 정책을 썼다.

2월 25일에 동지경연사 심환지沈煥之가 임금에게 오위장 박제가朴齊家를 파직시키라고 청했으나 임금이 반대했다. 현륭원에 행차할 때 그가 호상胡床에 앉아 있어 물어봤더니 집에서 가져온 것이라고 하면서 화를 내는 등 태도가 공손치 못했다는 것이다. 그러나 임금은 박제가의 파직을 반대했다. 그는 본래 사람이 경솔하여 격례를 모르니 나무랄 것이 없다고 했다. 그러면서 앞으로 규정을 가르쳐서 폐단이 없게 하라고 일렀다. 박제가는 서자 출신으로 규장각 검서관을 지내다가 오위장의 벼슬을 받았는데 심환지는 천한 그가 호상에 앉아 있는 것이 못마땅했던 것이다. 그러나 임금은 그를 총애하여 감쌌다.

6월 21일에는 천주교도로 몰려 있던 36세의 승지 정약용丁若鏞이 자신의 잘못을 자백하면서 사직을 청하는 상소를 올렸다. 그 요지는 다음과 같다.

신이 일찍이 이른바 서양의 사설邪說을 보고 기뻐하면서 사모했고 여러 사람에게 자랑했으니, 그 본원인 심술의 바탕에는 기름이 퍼지자 물이 오염되고, 뿌리가 견고하여 가지가 얽히는 것과 같은데도 스스로 깨닫지 못했습니다. 이는 마치 맹자孟子 문하에 묵자墨子인 격이며, 정자程子 문하에 선파禪派인 격으로, 큰 바탕이 어그러졌으며, 본령이 그릇된 것으로, 그 빠졌던 정도의 깊고 얕음이나 변했던 정도의 느리고 빠름은 말할 것도 없는 것입니다. 비록 그렇기는 하지만, 증자曾子가 이르기를, "내가 올바른 것을 얻고서 죽겠다."고 했으니, 신 또한 올바른 것을 얻고서 죽고자 합니다.

신이 이 책을 얻어다 본 것은 약관의 초기였습니다. 이때 원래 일종의 바람기가 있었는데, 천문과 역상曆象 분야, 농정農政과 수리水利에 관한 기구, 측량하고 실험하는 방법 등에 대하여 잘 말하는 자가 있었으며, 유속流俗에서 서로 전하면서 해박하다고 했으므로 신이 어린 나이에 마음속으로 이를 사모했습니다. 그러나 성질이 조급하고 경솔하여 무릇 어렵고 교묘한 데 속하는 글들을 세심하게 연구하고 탐색할 수 없었기 때문에, 그 찌꺼기나 비슷한 것마저 얻은 바가 없이 도리어 생사生死에 관한 설에 얽히고, 남을 이기려 하거나 자랑하지 말라는 경계에 마음이 쏠렸으며, 지리地理, 기이奇異, 달변達辯, 해박한 글에 미혹되었습니다. 그리하여 그것이 유문儒門의 별파나 되는 것으로 인식했고, 문원文垣의 기이한 구경거리나 되는 것으로 보아 다른 사람과 담론하면서 꺼리지 않았고, 다른 사람의 비난이나 배격을 당하면 그의 문견聞見이 적고 비루한 것으로 의심했는데, 그 근본 뜻을 캐어 보면 대체로 이문異聞을 넓히려는 것이었습니다.

그러나 신이 지업志業으로 삼은 것은 영달하는 데 있었습니다. 상상(上庠; 성균관)에 오르면서부터 오로지 정밀하게 한결같이 뜻을 두었던 것은 바로 공령功令의 학문이었으니, 어떻게 방외方外에다 마음을 놀릴 수 있었겠습니까? 어떻게 뜻이 확립되었다고 표방하여 경위經緯를 구별하지 않은 채 지금까지 벗어나지 못하겠습니까?

그 글 가운데 제사를 지내지 않는다는 설은 신이 옛날에 보았던 책에서는 못 본 것이니, 이는 제사를 지내지 않았던 갈백葛伯이 다시 태어난 것으로 조상을 알아차리는 승냥이나 수달도 놀랄 일인데, 사람으로서의 도리가 약간이라도 있는 자라면 어찌 마음이 무너지고 뼛골이 떨려 그 어지러운 싹을 끊어버리지 않겠습니까? 그런데 불행하게도 정조 15년의 변고가 발생했으니, 신은 이때부터 화가 나고 서글퍼 마음속으로 맹서하여 미워하기를 원수처럼 했으며, 성토하기를 역적처럼 했습니다. 양심이 이미 회복되자 이치를 보는 것이 분명해져 지난날 일찍이 좋아하고 사모했던 것을 돌이켜 생각하니 허황되고 허무하지 않은 것이 없었으며, 지리, 기이, 달변, 해박한 글도 패가소품稗家小品의 지류支流에 지나지 않았습니다. 중국의 문인인 전겸익錢謙益, 담원춘譚元春, 고염무顧炎武, 장정옥張廷玉과 같은 사람들은 일찍이 그 거짓됨을 환하게 알고 그 핵심을 깨뜨렸습니다. 그러나 신은 멍청하게도 미혹되었으니 이는 유년기에 고루하고 식견이 적어서 그렇게 되었던 것으로, 몸을 어루만지며 부끄러워하고 후회한들 어찌 돌이킬 수 있겠습니까?

애당초 그것에 물들었던 것은 아이들 장난 같은 일이었으며, 지식이 조금 성장해서는 문득 적이나 원수로 여겨 알기를 이미 분명하게 하고, 분변하기를 더욱 엄중히 하여 심장을 쪼개고 창자를 뒤져도 실로 남은 찌꺼기가 없습니다. 그런데 위로는 군부君父에게 의심을 받고 아래로는 세상에 나무람을 당하여, 입신한 것이 한번 무너지자 모든 일이 기왓장처럼 깨졌으니, 살아서 무엇을 하겠으며, 죽어서는 장차 어디로 돌아가겠습니까? 신의 직임을 체임하시고, 이어서 내쫓으소서.

정약용의 자백상소는 요컨대 유년기에 천주교나 그밖에 천문, 지리, 농정, 수리, 기이, 달변, 박식 등 사학邪學에 빠진 것을 후회하고, 성장하면서 지금은 정학正學으로 돌아왔다고 회고했다. 하지만 이미 임금과 세상에 의심받고 욕을 먹고 있으니 직임을 해직시켜 달라고 청했다.

정약용의 상소를 읽은 임금은 "착한 싹이 봄바람에 만물이 싹트듯하고, 종이에 가득 열거한 말은 듣는 사람을 감동시키기에 충분하다. 사직하지 말라."고 하면서 너그럽게 용서했다. 임금은 그를 내심 매우 아꼈다.

그러나 우의정 이병모는 정약용의 상소에 대하여 이치에 맞지 않는 것이 많다고 하면서 그를 파직시켜야 한다고 주장했다. 이병모는 역시 노론이었으므로 남인인 그를 용서하지 않는 태도를 보인 것이다. 하지만 임금은 다시 그를 변명했다.

그는 바야흐로 움츠러들었던 벌레가 우렛소리를 듣고 절명한 듯하다가 다시 소생한 것과 같으니, 그 한창 자라는 가지를 꺾어 버리지 않는다는 뜻에서 하필이면 이와 같이 해야 하겠는가? 사학邪學의 폐단은 일찍이 좌상左相을 대했을 때 이미 말하고 바로잡도록 했다. 그러나 나는 형법으로 그것을 다스리는 것을 옳지 않게 여긴다. 태양이 떠오르면 반딧불과 횃불은 저절로 빛을 잃게 되며, 원기가 충실하면 외기外氣가 침범하지 못하니, 내수內修와 외양外攘을 잘하여 먼저 근본을 다스려 시례詩禮 가문의 사람들이 모두 고가故家의 유풍을 지키고, 예교禮敎의 모범을 잃지 않게 한다면 저들 또한 앞으로 없어지기를 기약하지 않아도 저절로 없어질 것이다.

임금이 생각하는 사학의 퇴치방법은 어디까지나 교화를 통해서 해야 하며 형벌로 다스려서는 안 된다는 것이다. 그래서 태양이 떠오르면 반딧불이나 횃불이 모두 빛을 잃게 되는 이치와 같다는 것이다. 임금의 옹호로 이병모의 반대는 수그러들었다.

윤6월 11일에 임금은 대호군 심환지沈煥之와 또 충돌했다. 비변사 제조提調로 임명된 노론 이서구(李書九: 전주이씨: 1754~1825)가 34세 연상인 남인 채제공蔡濟恭과 함께 일하기 어렵다는 이유로 벼슬을 거부하자 임금이 "이서구가 어떤 사람인가? 내가 진작시키고 가르쳐서 여기에 이르렀는데, 감히 이런 따위의 습속을 행하려고 하는가? 내가 덕이 없기는 하지만 군사君師로서 책임이 나 한 사람에게 달려 있다. 오늘날 조정의 신하로시 풍속을 바로잡으려는 내 고심을 안다면 누가 감히 명령대로 따르지 않겠는가?"고 나무랐다.

그러자 대호군 심환지가 따지고 나섰다. "명령이란 명령은 모조리 따르라는 하교는 아마도 십분 지당하지는 않은 듯합니다. 요 임금이나 순 임금의 조정에서도 명령을 거부하는 아름다움이 있었습니다. 이번의 하교는 신은 어떤지 모르겠습니다."

이서구는 초계문신을 거쳐 고관에 이르렀는데 당색은 심환지와 같은 노론이기에 남인 채제공과 함께 비변사에서 일하기를 꺼려한 것이다. 특별히 채제공이 잘못이 있다면 모르지만 당색이 다르다고 거부하는 태도가 임금은 마땅치 않았다. 그래서 임금은 자신이 군사君師

의 위치에서 탕평을 하고 있으니 명령을 따라야 한다고 이른 것이다.

임금은 다음날 규장각 제학 정민시鄭民始를 만나 어제 일을 다시 꺼내 말했다.

> 어제 주연(胄筵; 경연)에서 내린 하교는 오로지 풍속을 바로잡으려는 뜻에서 나온 것이다. 내가 주장하는 바가 의리와 도덕에 해로운 것이 아니라면 신하된 자로서는 단지 따르면서 어기지 않는 것이 합당하다. 그리고 이것은 "오로지 내 말을 어기지 말라"는 것과는 의미가 완전히 다른데 심환지는 "명령대로 따르라는 것"을 "나라를 망칠 잘못된 한마디 말"로 만들었다. 어찌 굳이 하고 싶지 않은 것을 강요하겠는가마는 이서구가 이미 비국 당상의 임무를 수행하면서 유독 유사有司의 명칭만 회피했으니, 그로 하여금 공무를 집행하도록 하는 것이 무슨 불가함이 있겠는가? 내가 군사君師의 지위에 있으니, 하교를 따르지 않는 자는 처벌하겠다. 이 자리에 참가하여 하교를 들은 자는 나가서 심환지에게 전하라.

그러니까 심환지의 비판에 굴복하지 않겠다는 뜻을 정민시에게 말하여 심환지의 귀에 들어가도록 유도하고 있다. 임금과 심환지 사이의 신경전이 또 벌어지고 있는 것이다. 임금은 7월 1일자로 심환지에게 보낸 어찰御札에서 이서구의 말을 두둔한 심환지의 태도에 실망감을 보이면서 나무랐다.[12]

윤6월 12일 《육주약선陸奏約選》이 완성되었다. 임금은 평소 당나라 때의 학자 관료인 육지陸贄가 황제에게 올린 주의奏議가 명백하고 간절하여 정치와 교화에 보탬이 된다고 여겼다. 즉위한 초기에 교서관에 명하여 전집을 인쇄하여 반포하도록 했다. 그 뒤 그 가운데 가장 정수에 해당하는 29편을 뽑아 이황李滉이 만든 《주자서절요朱子書節要》의 의례를 모방하여 자구를 간략히 하여 읽는 데 편리하게 했는

---

12 《정조어찰첩》(성균관대학교 출판부, 2009) 79쪽 참고.

데, 이때에 이르러 다시 고쳐서 2편으로 만들고, 각신 서유구 등에게 명하여 교정을 거쳐 활자로 인쇄하게 했다.

윤6월 16일에는 《성단향의星壇享儀》가 완성되었다. 임금은 별 가운데 농업을 관장하는 영성靈星과 수성壽星에 대한 제사를 회복하고자 두 별에 대한 제사규범을 언급한 책들을 널리 모아 한 책으로 엮어 책상 위에 놓고 수시로 살펴보았다. 마침 예조판서가 《국조오례의》에 기록된 의례를 따라 두 별에 대한 제사를 거행할 것을 청하니, 임금이 그전에 편집한 책 속에서 오늘날 시행할 수 있는 것을 고르고, 또 악가樂歌와 악무樂舞를 붙여서 《성단향의》라고 이름을 지었다. 그러나 일이 많아 시행하지는 못했다.

정조는 담배에 대하여 어떤 생각을 가지고 있었을까? 임금은 7월 8일에 사복시 제조 이병모에게 말하기를, "남초(南草; 담배)를 심은 땅에 모두 곡식을 심으면 몇만 섬을 얻을 수 있을 것이다." 하니, 이병모가 "기름진 땅에 모두 남초를 심는데, 평안도가 더욱 심하니 이것이 가장 애석합니다."고 대답했다. 임금이 "일절 금지시킬 수 없는가?" 하니, 이병모가 "남초를 금지하는 것은 술을 금지하는 것과 다르니, 어려울 바가 없습니다. 그러나 청나라 사람이 우리나라에서 돌아갈 때 군중軍中에서 담배를 피우는 것을 처음에는 금지했으나 군사의 마음이 변하는 것을 보고 드디어 그 명령을 철회했다고 합니다. 지금 천하에 통행하니, 어찌 기수氣數가 그렇게 되도록 한 것이 아니겠습니까?"라고 하면서 금연이 어려움을 토로했다. 임금은, "그렇다. 담배가 남방 해외의 여러 나라에서 처음 나왔으나 사실은 서양에서 온 것이다. 서양의 학문이 점차 중국에서 행해지고 있으니, 어쩌면 서방의 바람기가 늦게 열려 그런 것이 아니겠느냐?"라고 말했다.

결국 이병모의 반대로 정조는 금연정책을 접었다. 당시는 아직 담배가 몸에 해롭다는 사실은 잘 몰랐고, 그저 식량을 증식하기 위해 담배 밭을 없애려고 한 것이다.

이해 7월 14일 사헌부 장령 박도상(朴道翔; 밀양박씨)은 영남 지방의 시무時務 9개항을 임금에게 보고했는데, 그 가운데 주목할 내용들이 많이 보인다. 몇 가지만 소개하면 다음과 같다. 옛날에는 영남에 유학자가 많이 배출되어 추로지향(鄒魯之鄕; 공자와 맹자가 태어난 곳)으로 불리고 있었으나 지금은 유학자가 별로 없다는 것, 서원書院의 노비가 많으면 50~60명이고, 적어도 30~40명으로 제사가 너무 사치스럽다는 것, 영양현英陽縣에서 환곡 10석을 나누어 주었는데, 50년 동안 모곡耗穀을 받아 지금은 7천 석에 이른다는 것, 영양현의 가난한 진민賑民이 8백 명인데 이들은 3년마다 시행되는 식년 호적에서 매번 빠져 있다는 것 등이다.

여기서 영양현이라는 조그만 고을에서 환곡 10석을 나누어 준 것이 50년 뒤에 이자로 받은 모곡耗穀이 쌓여 7천 석으로 늘었다는 것도 놀랍고, 영양현의 가난한 진민 8백 명이 매번 호적에 빠져 있다는 것도 놀랍다. 이런 현상들이 경상도 일부 지역의 현상으로만 볼 수 없다면, 당시 360개에 달하는 전국 고을의 모곡이 어림잡아 수백만 석에 이르렀을 것이 짐작되고, 전국의 가난한 백성들 상당수가 호적에 등록되지 않고 있었다는 것도 알 수 있다. 정조 18년(1794) 당시 호적에 등록된 경상도 총인구가 158만 명인데, 그때 진휼을 받은 경상도 진민賑民의 수가 283만 명이라는 것도 이유가 있다는 것을 알 수 있다.

이해 8월 1일에 예조판서 소론 이시수(李時秀; 이복원 아들)는 재미있는 보고를 올렸다. "황해도 평산平山의 태백산성에 철상鐵像 4구가 있는데, 고노古老들의 말로는 고려 때 신숭겸申崇謙, 복지겸卜智謙, 배현경襄玄慶, 유금필庾黔弼 등 4인이라고 합니다. 이들을 세속에서 삼태사三太師라고 하여 작년에 삼태사사당이라는 편액을 내렸습니다. 그 지역 읍邑에서 잘못하여 배현경을 제사에서 뺐는데, 아울러 제사해야 합니다."라고 하니, 임금이 따랐다. 그러니까 삼태사사당을 사태사사당으로 바꾼 것이다.

참고로, 1992년 북한에서 통천관通天冠을 쓰고 앉아 있는 나체동상이 발견되어 지금 개성박물관에 전시되어 있는데, 학자들은 이 동상이 왕건상王建像이라고 보고 있다. 그런데 위에 언급한 네 사람은 모두가 왕건을 도와 고려를 건국한 개국공신들이다. 이로 미루어 보면 고려시대에는 왕건과 대표적인 개국공신들을 동상銅像으로 만들어 숭배했던 것을 알 수 있다. 팔관회나 연등회 때에도 이런 동상들을 숭배하면서 국태민안을 빌었다.

임금은 이해 8월 15일에 김포에 있는 인조의 능인 장릉長陵에 참배하는 행차를 떠났는데, 내친 김에 인천仁川과 안산安山을 거쳐 8월 17일에 화성華城에 도착하여 현륭원에 참배했다. 1년에 두 번 현륭원에 참배한 것은 이번이 처음이다. 이날 현륭원에 참배하고 수원 행궁으로 돌아와 하룻밤을 묵었다. 8월 18일에는 낙남헌에서 현지 무사들의 활쏘기를 시험하여 상을 내렸다. 8월 19일에는 서울로 환궁하여 84건의 상언上言을 판하(判下; 민원을 판정하여 행정 처리하는 것)했다. 임금은 행차할 때마다 연도의 백성들이 올린 민원이 담긴 상언上言을 받아가지고 서울에서 와서 처리해 주었는데, 이번 행차에도 예외가 아니었다.

9월 9일에는 노론 대사간 윤장렬(尹長烈; 해평윤씨)이 남인 승지 이기양(李基讓; 광주이씨 李德馨 7대손)을 파직시키라는 상소를 올렸으나 임금이 사실관계를 잘못 알고 있다고 하면서 허락하지 않은 일이 있었다.

임금이 장릉長陵과 현륭원에 행차했다가 돌아올 때, 광해군 때 좌의정이었다가 인목대비를 폐위시킨 일에 참여했다고 하여 인조반정으로 관직이 삭탈당한 남인 한효순韓孝純[13]의 7대손 한석조韓錫朝와, 숙종 때 경신환국庚申換局으로 노론에 의해 죽임을 당한 남인 대신 조성(趙䃏; 평양조씨)의 고손자인 조섬趙暹이 임금에게 상언하여 조상의 억울함을 신원한 사건이 있었다. 이때 승지 이기양은 같은 남인으로서 그 상언을 임금에게 올렸는데, 윤장렬은 이기양이 은근히 흉악한 남인의 후손들을 도와주려고 임금에게 그 상언을 올렸다고 하면서 벼슬에서 파직시키라고 주장한 것이다.

실제로 한효순과 조성은 남인이라는 이유로 억울하게 서인과 노론에 의해 핍박받았기에 후손들이 신원운동을 벌인 것인데, 임금과 승지는 이들의 억울함을 이해하고 도와주려고 했으나, 노론 신하들이 사실을 왜곡하면서 그들을 공격하고 나선 것이다.

9월 26일에는 노론 이조판서 민종현閔鍾顯이 또 남인 이기양을 승지 후보자 명단에서 빼 버렸으나 임금이 그에게는 아무 잘못이 없다고 하면서 다시 올려놓았다. 임금은 탕평을 위해 남인을 보호하고 노론을 견제하는 데 힘을 기울였다. 당색에 대한 배타성은 노론이 가장 심했기 때문이다.

9월 24일에는 수원유수 서유린徐有隣의 요청에 따라 시흥始興과 과천果川을 수원부에 합속시켰다. 이보다 앞서 용인龍仁, 진위振威, 안산安山 등 세 고을을 수원부에 합속시켰기 때문에 이제 다섯 고을이 수원부에 합속되어 행정적으로도 그 위상이 더욱 높아지고, 군사적으로도 수원을 외곽에서 방어하는 협수군挾守軍이 모두 5사司 27초哨

13　한효순의 생애와 업적에 대해서는 한영우, 《나라에 사람이 있구나—월탄 한효순 이야기》(지식산업사, 2016) 참고.

로 늘어나서 당당한 하나의 군영軍營을 이루게 되었다.

10월 4일에 임금은 비변사 당상 이서구李書九에게 이르기를, "어제 환곡還穀 분류안을 보니, 경상도의 곡부穀簿는 겨우 154만 석이고, 전라도는 겨우 137만 석뿐이었으니, 저축이 해마다 줄어드는 것이 이와 같았다. 경은 조사하여 반드시 바로잡으라."고 일렀다. 이 기록을 보면, 중앙의 회계부와 다른 지방별 환곡의 곡식장부가 있는데, 경상도와 전라도의 환곡이 크게 줄어들었음에도 이 둘을 합치면 환곡 보유량이 291만 석, 거의 3백만 석이나 되는 것을 알 수 있다. 그러니 팔도의 환곡을 합치면 적어도 5백~8백만 석이 넘을 것으로 보인다. 중앙에서 보유하고 있는 쌀이 해마다 20만 석 남짓한 것과 비교하면 엄청난 차이가 있음을 알 수 있다.

10월 4일에 우참찬 심환지沈煥之는 정조 19년에 화성 행차를 기념하여 혜경궁의 은혜를 소민小民들에게 베풀기 위해 만든 정리곡整理穀이 지방에서 착취의 수단으로 변질되고 있다는 사실을 임금에게 보고했다. 이 정리곡은 10만 냥을 재원으로 하여 곡식을 사서 지방의 어려운 백성들에게 봄에 나누어 주고 가을에 이자를 받는 주자朱子의 사창제社倉制와 비슷한 성격을 지니고 있었는데, 현장에서는 오히려 봄에 돈 수십 문文을 나누어 주고 쌀 7~8두를 강제로 거두어들이거나, 아니면 봄에 수십 문을 주고 가을에 3~4배를 거두어들이는 일이 많다는 것이다.

임금은 그 보고를 듣고 통탄스럽다고 말하고, 수령들이 엄하게 집행할 것을 명하면서, 정리곡의 폐단을 사실대로 알려 준 심환지에게는 표피豹皮 1점을 하사했다. 정조는 10월 5일에 심환지에게 어찰을 보내 정리곡이 악용되고 있는 데 대해 개탄하는 뜻을 다시 밝혔다.

10월 12일에 사헌부 집의 신우상(申禹相; 고령신씨)이 과거시험장의 문란상을 임금에게 아뢰었다. 그 문란상의 원인은 호미를 가지고 농사짓는 농민[鋤耰]이나 창을 들고 싸우는 무사[棘矜]의 아들, 그리고 남의 집 노비로서 면천免賤된 무리가 유학幼學이라 일컬으면서 외람되게 과거 시험장에 나아가는 데서 발생한다고 말했다. 이를 방지하려면 향시鄕試에서 급제한 자들을 병영兵營에 모이게 해서 일일이 면대하고 시험을 보게 하여, 글을 못하면서 요행히 합격한 자들을 적발하여 군정軍丁으로 충정하자고 했다. 임금은 그 말을 따르기로 했다.

그런데 여기서 주목할 것은 농부나 무사의 아들, 그리고 면천된 노비들이 스스로 유학幼學으로 자처하면서 과거시험에 무수히 많이 참가하고 있다는 사실이다. 이들은 신분적으로는 아무런 제약이 없지만, 문제는 공부를 제대로 하지 않은 상태에서 시험장에 몰려들고 있기 때문에 시험장이 문란스럽다는 것이다. 그래서 그 대책으로 향시에서 합격한 자들의 학문을 다시 테스트하자는 것이다. 그러니까 급제자의 신분을 문제 삼은 것이 아니라 실력을 문제 삼은 것이다. 이를 뒤집어 말하면 이들이 공부를 잘하여 급제하기만 했다면 신분은 문제가 되지 않는다는 것을 말해 준다. 또 문과 급제자 명단인 《문과방목》에 급제자의 신분이 유학으로 기록되어 있다고 해서 이들을 모두 양반으로 간주해서는 안 된다는 것도 알려 준다. 즉 과거에 응시하는 사람들이 모두 양반인 것처럼 생각하는 것이 얼마나 잘못된 것인가를 알 수 있다.

11월 8일과 12일에 잇달아 임금은 문체文體의 문제점을 또 지적했다. 요즘 젊은 사람이 어른을 능멸하고, 천한 사람이 귀한 사람을 능멸하며, 군부君父를 대수롭지 않게 여기는 병폐가 모두 소품(小品; 문학 작품)을 읽는 데서 발생하는데, 그 소품이란 명나라와 청나라 문체文體의 지류支流라고 했다. 이를 없애기 위해서는 소품을 멀리하고 성현聖賢의 경전經傳을 읽도록 유도해야 한다고 말했다. 또 좌의정 채제공 쪽에 속하는 사람[남인]들이 사마천司馬遷의 사기史記를 먼저 읽는 것도 병폐라고 지적했다. 임금이 《사기영선史記英選》을 편찬할 만큼 《사기》를 높이 평가한 것은 말할 것도 없지만, 이 책을 경전보다 먼저 읽는 것은 문제가 있다고 본 것이다.

12월 20일에는 주자소에서 《춘추春秋》를 인쇄하여 올렸다. 임금은 편전에서 네 번 절을 하고 이 책을 받은 다음 이렇게 하교했다.

> 《춘추》는 성인聖人이 대일통大一統한 책이다. 그런데 현행 책은 경經과 전傳의 구별이 없다. 그래서 우리 성조(聖祖; 영조)께서 유신에게 명하여 예例를 바로잡고 의義를 바르게 하여 경經을 강綱으로 삼고, 전傳을 목目으로 삼아 대일통의 의의를 붙여서 허물어짐이 없게 했다. 다행히 2백 년 동안 미처 겨를이 없어 못 하던 것을 찬술했는데, 이제 와서 인쇄하여 책을 올리는 예를 마쳤다.

공자가 자신이 태어난 노魯나라의 역사를 기록한 책이 《춘추》인데, 뒤에 좌구명左丘明이 원본을 쉽게 풀이한 책을 민들이 이를 《춘추좌전春秋左傳》이라고 불렀다. 그런데 영조 때 경(經; 원본)과 전(傳; 좌전)을 강綱과 목目으로 나누어 다시 편찬했는데, 이제 와서야 인쇄하여 올리게 되었다는 말이다. 이 책은 주周나라를 높이고 오랑캐를 배격하며, 옳고 그름을 명확하게 평가하여 허황된 귀신 이야기는 기록하지 않는 것을 원칙으로 삼았는데, 이러한 역사서술 방법을 '춘추 필법春秋筆法'으로 불러 왔다. 정조는 그동안 이 일을 맡았던 채제공, 이병모, 이서구, 조윤형曹允亨, 황운조黃運祚 등에게 차등을 두어 상을 내렸다.

12월 21일에 우의정 이병모李秉模는 임금에게 차자를 올려, 그동안 임금께서 군사君師의 위치에서 인재를 양성했기 때문에 교화의 효과가 크게 나타나고 있지만, 과거에 급제한 뒤에 가르치는 것보다 과거에 오르기 전에 가르치는 것이 더 나으니, 앞으로 성균관 유생들을 전강殿講할 때 자원에 따라 《춘추》를 강하게 하는 것이 좋겠다고 건의했다. 그러자 임금은 "경經은 도道를 말하고, 사史는 일을 기록했는데, 경經 가운데 사史가 바로 《춘추》이다. 관각(館閣; 홍문관, 예문관, 춘추관, 규장각)에서 의논하여 올리라."고 명했다. 그러니까 임금의 말은 《춘추》가 일을 기록한 사서史書인 동시에 옳고 그름을 밝혔다는 점에서 경서經書를 겸비했다고 본 것이다.

이해 임금은 초계문신抄啓文臣에게 8차에 걸쳐 친시親試를 거행했는데, 12월 20일에는 지난 한 해 동안 시험성적을 합산하여 상을 내렸다. 그동안 화성공사와 화성행차 등으로 다소 소홀했던 초계문신에 대한 친시를 이해에는 자못 많이 거행했다.

12월 21일에는 옛날의 명망 있는 유신들의 후손들에게 벼슬을 주기 위해 그 명단을 만들어 올리라고 관찰사에게 명했다. 그 대상자는 경상도의 조위(曺偉; 창녕조씨), 조식曺植, 정구(鄭逑; 청주정씨), 장현광(張顯光; 인동장씨), 충청도의 유계(兪棨; 기계유씨), 윤황(尹煌; 파평윤씨), 김경여(金慶餘; 경주김씨), 김홍욱(金弘郁; 경주김씨), 전라도의 박상(朴祥; 충주박씨), 기대승(奇大升; 행주기씨), 고경명(高敬命; 장흥고씨), 김천일(金千鎰; 언양김씨) 등이었다. 당색으로 보면 북인, 남인, 노론, 소론이 모두 포함되어 있어 탕평의 모습을 보여주고 있다.

그러면 이해 호조의 양향청과 선혜청, 그리고 병조의 장용영, 훈련도감, 금위영, 총융청에서 보유하고 있는 재물의 회계부는 어떠한가? 괄호 안의 수치는 지난해 수치다.

황금	267냥 [267냥]
은자	41만 3,915냥 [38만 4,824냥]
전문	131만 1,187냥 [66만 1,728냥]
명주	153동 [132동 6필]
면포	5,982동 [4,580석]
모시	352동? [61동 12필]
삼베	1,173동 [1,296동 32필]
쌀	25만 9,146석 [13만 4,980석]
좁쌀	8,882석 [4만 7,990석]
콩	3만 1,297석 [2만 4,196석]
피잡곡	8,561석 [8,116석]

위 표를 보면 지난해와 비교하여 황금은 똑같다. 지난 1년 동안 황금을 전혀 사용하지 않았다는 것을 말한다. 은자는 약 3만 냥이 늘고, 전문은 무려 2배 가량 늘어 131만 냥에 이르렀다. 여기서 전문이 크게 늘어난 이유는 알 수 없으나, 백성으로부터 받은 각종 세금의 액수만은 아닌 듯하다. 아마도 주전鑄錢한 것이 아닌가 추측되나 기록이 없다. 명주, 면포, 모시, 삼베 등 옷감 가운데 삼베는 큰 변동이 없으나, 면포와 모시가 늘었다. 더욱이 모시가 61동에서 352동으로 5.6배 가량 늘어난 것은 이상하다. 1년 동안 모시 생산이 이렇게 큰 폭으로 늘어났다고 보기는 어렵기 때문이다. 그 다음 해인 정조 22년의 모시 보유량이 57동인 것을 보면, 이해의 모시 보유량을 352동으로 기록한 것은 아마도 52동을 잘못 기록한 것이 아닌가 한다.

쌀도 약 2배 가량 늘었으나, 좁쌀은 4만 8천 석이 8,882석으로 획기적으로 줄었다. 아마도 진휼곡을 쌀 대신 좁쌀로 바꾼 데 원인이 있는 듯하다. 콩과 피잡곡도 약간 늘었다.

전반적으로 이해에는 크게 흉년이 들지 않아 이런 결과가 나온 것으로 보인다.

4. 정조 22년(1798)
—4도 체제 완성, 정리곡 폐지, 만년제 완성,
《오경백편》,《두륙분운》,《사부수권》,《심리록》편찬,
금광개발 허용, 수원부 5위체제 완성,
호를 '만천명월주인옹'으로 삼다

정조 22년(1798)은 임금의 나이 47세이고, 세상을 떠나기 2년 전이다. 이해에 임금의 건강은 전보다 악화되었다. 그래도 정사政事는 지장 없이 정상적으로 집행되었다.

1월 1일에는 4도都와 8도道에 권농윤음을 내렸다. 종전에는 양도兩都와 팔도에 윤음을 내렸는데, 금년에는 양도를 4도四都로 바꾼 것이 눈에 띈다. 종전에는 유수부가 개성부와 강화부뿐이었으나, 지금은 여기에 화성부와 광주부가 추가되었기 때문에 4도로 바뀐 것이다. 권농윤음으로는 지난해 겨울에 눈이 많이 내려 풍년이 들 조짐이라고 말하고 수령들이 권농에 힘쓸 것을 당부했다.

1월 2일에는 관례대로 종묘와 사직, 그리고 경모궁에 나아가 참배하고, 돌아오는 길에 종로에서 공인貢人과 시인市人을 불러 보고 그들의 고통이 무엇인지를 물었다. 서울을 대표하는 시민을 상업을 하는 공인과 시인으로 보았기 때문에 이들의 생계를 염려하여 해마다 정초에 이들을 만나 보는 것이 관례적인 행사가 되었다.

1월 4일에는 서울에서 현륭원에 가는 행차 도로를 닦으라고 지시했는데, 다만 도로에 수용되는 백성들의 땅에 대해서는 10보步마다 1부負의 조세를 감면해 주도록 하라고 명했다.

당시 세금은 크게 세 종류가 있었다. 신세(身稅; 군포), 호세(戶稅; 요역), 전세(田稅; 전세와 대동미)가 있는데, 호세는 닭 한 마리를 내는 것이었다. 원래는 8결마다 장정 1인을 내어 무료로 국가의 요역徭役을 담당시켰는데, 거의 대부분 노동이 임금을 지불하는 고용노동으로 바뀌면서 요역 대신 닭을 바치고 있었다.

1월 10일에는 4도와 8도에서 나이가 차도록 혼인하지 못한 사람들을 조사하여 도와주라고 명했다. 충청도가 14명으로 가장 적자, 임금이 충청감사를 처벌하라고 명했다. 과년한 사람들에게 혼사 비용을 도와주는 일은 일상적인 정사로 자리잡고 있었다. 그 이유는 가난한 사람의 복지 증진과 더불어 인구 증식을 위한 것이었다.

1월 11일에는 사헌부 지평 윤함(尹涵; 파평윤씨)이 상소하여 민생문제를 논했는데, 두 가지를 지적했다. 하나는 호적법戶籍法이 문란하여 군역을 피해 호적에서 빠지는 자가 많다는 것이고, 또 하나는 환곡還穀으로 수령이 집행하는 환곡 이외에도 각 도의 감영監營, 병영兵營, 수영水營에서도 별도의 환곡을 만들어 비장裨將과 교리校吏들에게 맡겨 운영하기 때문에 폐단이 많다고 지적했다. 실제로 조선 후기 백성들에게 가장 큰 고통을 준 것은 환곡이었다. 환곡은 원래 비축곡의 절반만 대여하도록 했는데, 절반 이상을 대여하여 모곡(耗穀; 이자)을 취하는 것이 문제로 지적된 것이다. 그러니까 백성들이 원하는 것보다 더 많은 환곡을 대여하고 모곡을 받아들여 지방 관청의 재정으로 충당하고, 때로는 아전이나 수령들이 착복하는 것이 문제였다. 이렇게 절반 이상을 대여하는 것을 가분加分이라고 불렀다. 그래서 임금은 기회 있을 때마다 가분의 금지를 지시했지만, 지방에서 제대로 지켜지지 않았다.

1월 21일에는 아버지 장헌세자의 생일을 맞이하여 사당인 경모궁
景慕宮에 가서 참배했다. 이는 매년 하는 일이었다.

1월 26일에는 대신들을 만나는 차대次對에서 우의정 이병모가 임
금에게 쓴소리를 올렸다. 임금이 좋은 뜻으로 정사를 베풀어도 아
래에서 신하들이 그 뜻을 제대로 받들지 못하고 오히려 민폐를 끼치
고 있기 때문에, 백성들은 "조정은 겉치레를 먼저 하고, 실상을 뒤로
하는 뜻이 있다."고 말하기도 하고, 또 "조정은 아랫사람에게 손해
를 지우고, 윗사람을 유익하게 하는 마음이 있다."고 의심한다는 것
이다. 그래서 임금께서 겉치레보다는 실상을 도와주는 정사를 펴기
를 바랐다. 임금은 그 말을 듣고 "경의 말이 참으로 절실하다."고 칭
찬했다. 이병모가 이런 말을 한 것은 특히 팔도에 나누어 주고 모곡
耗穀을 받고 있는 정리곡整理穀의 폐단을 염두에 두고 한 말이었다.
정조가 좋은 뜻으로 만든 정리곡이 환곡과 똑같은 고리대금으로 변
질되었다는 것이다. 임금의 뜻과 현실은 이렇게 서로 어긋나는 것이
적지 않았다.

2월 1일에는 예년과 마찬가지로 현륭원 참배를 위한 행차를 떠나
화성 행궁에 도착했다. 원래는 1월에 행차를 떠났으나 이해에는 시
기를 조금 늦춘 것이다. 이유는 임금의 건강 때문이었다. 임금의 건
강이 좋지 않아 신하들이 화성행궁의 유여택維與宅에 있는 임금을 찾
아가서 문안을 드렸다. 2월 3일에 임금은 여러 신하들을 불러 그동
안 폐단이 많이 생긴 정리곡을 폐지하겠다는 뜻을 신하들에게 이렇
게 밝혔다.

을묘년[정조 19년]에 정리곡을 설치할 때 이를 화성華城에 붙여서 모곡耗穀

을 면제해 주려고 했으나 의논이 일치하지 않아 이를 각 도에 나누어 주고 말았다. 그런데 3백 개 주군州郡에서 이것을 나누어 주고 거두어들일 때 폐단이 없지 않아 내 본의와는 어긋난다. 이 곡식을 모두 수원부에 붙여 화성부 백성들이 영원토록 환곡에 대한 모곡이 없도록 하는 것이 어떤가?

임금이 이렇게 물으니 신하들이 모두 좋다고 대답했다. 그리하여 정리곡은 상진청常賑廳에 소속시키고, 수성정리곡修城整理穀도 비변사로 옮겨 관리하게 했다.

2월 4일에는 임금의 건강이 조금 회복되어 현륭원에 가서 참배하고 돌아왔다. 다음날 서울에 환궁했다.

3월 16일에 임금은 대신들과 평안도의 재정문제에 대하여 논의했다. 정민시鄭民始는 자신이 평안도 관찰사를 할 때에는 환곡還穀의 원래 수량이 120만 석이었다고 말했다. 임금은 환곡에서 모곡(耗穀; 이자)을 받아들이는 것이 원래의 제도가 아닌데도 이를 당연하게 여겨 경상비용으로 쓰고 있는데, 앞으로 그 절반만 나누어 주는 것이 어떠냐고 묻자 정민시는 국가의 모든 경비가 여기서 나오므로 폐지할 수 없다고 말했다. 정민시는 또, "평안도의 1년 전세 수입은 9천 석인데 이것은 전부 환곡으로 만들어 쓰고 있으며, 또 대동미大同米도 전부 영읍營邑의 민고民庫로 귀속시켰기 때문에 평안도에서 나오는 세금은 국가 경비에 거의 도움을 주지 않고 있습니다."라고 말했다. 그러자 임금은, "그래서 관서지방은 다른 도에 견주어 민력民力이 조금 펴졌다."고 말했다. 여기서 평안도의 세금은 모두 평안도에서 사용하고 있었음을 알 수 있다.

2월 8일에는 돈을 주조하는 문제로 신하들과 의논했다. 그런데 3월 16일에 임금은 호조판서 김화진金華鎭에게, "경이 주전鑄錢을 관장했는데, 옛날 돈은 크고 무거운데 요즘 돈은 얇고 작은 이유가 무엇이냐?"고 묻자, 규장각 제학 정민시가 대답하기를, "주전에 대한 제도가 옛날에는 10분의 7이었는데, 지금은 10분의 2밖에 안 됩니다"면서 "옛날 것만 못한 것은 구리가 귀하여 협주挾鑄할 때 관청용 돈에는 납을 많이 섞고, 거기서 남은 구리를 가지고 협주할 때 쓰기 때문입니다."라고 대답했다. 여기서 돈을 주조할 때 원래는 10분의 7이라는 말은 돈의 액수가 10일 때, 그 돈에 들어간 재료값이 7이라는 뜻이다. 그래야 양화良貨가 된다. 그런데 지금은 돈의 액수가 10일 때 재료값은 10분의 2에 지나지 않으므로 악화惡貨를 만들고 있다는 뜻이다.

임금이 "협주가 무엇이냐?"고 물었다. 그러자 김화진은 "돈을 주조할 때 5일 동안은 관전官錢을 주조하고, 그 뒤에는 자기 기관의 돈을 주조하는 것을 허락하고 있는데, 이것이 협주입니다."라고 대답했다. 그러니까 협주는 끼워넣기로 돈을 주조한다는 말이다. 정민시는 말하기를, "금위영과 어영청에서 돈을 주조할 때 자기 기관의 빚을 갚기 위해 협주를 허락한 것입니다. 협주를 없애면 돈의 모양을 복구할 수 있습니다."고 대안을 제시하자 임금이 협주를 없애 돈의 모양을 복구하라고 명했다.

3월 28일에 호조판서 김화진은 돈을 주조하려 하는데 구리가 귀하여 크고 무거운 돈을 주조할 수 없으니 대책을 강구해 달라고 청했다. 상민常民이나 천민이나 모두 놋그릇을 쓰기 때문에 구리가 귀하다고 말했다. 그러자 임금은 여기 있는 신하들부터 놋그릇을 쓰지 말라고 말하고, 무거운 돈을 만들지 못할 바에는 주조하지 말라고 명했다. 그러니까 무게가 가벼운 악화惡貨를 주조할 바에는 차라리 주조하지 말라고 결정한 것이다.

3월 18일에는 안악군수 이시원李始源이 임금에게 아뢰기를, "황해도 봉산鳳山을 비롯한 여러 곳에 둔전屯田을 설치하여 장용영壯勇營의 비용을 충당하고 있는데, 수확의 3분의 1을 받기로 한 세금 때문에 백성들이 앞다투어 경작하고 있으나, 중간에서 일 보는 둔감屯監들이 농간을 부려 더 많이 받아내고 있습니다."라고 말하자, 임금이 둔감을 처벌하라고 명했다. 여기서 장용영의 비용을 충당하는 곳이 황해도의 여러 둔전이었음을 알 수 있다.

3월 28일에 임금은 소론 병조판서 이시수(李時秀; 이복원 아들)에게 무관에게도 당색黨色을 따지거나 당파를 분배하는 것은 잘못이라고 질책했다. 쓸 만하면 쓰는 것이지 왜 색목을 따지거나 분배하느냐고 했다. 무관에게까지 탕평을 하는 것은 잘못이라고 본 것이다.

정조의 아들 원자[순조]는 이해 9세가 되었다. 그동안 《소학》, 《사략史略》 등의 강독을 마치고 4월 3일부터는 《대학》 교육으로 들어갔다. 이를 계기로 임금은 원자의 스승인 이성보(李城輔; 연안이씨; 1738~1811)[14]와 더불어 4월 5일에 오랜만에 창덕궁 희정당에 나아가 조강朝講 겸 차대次對를 했다. 《대학》의 〈신독愼獨〉을 놓고 이성보와 토론했다. 이성보는 "선정신 율곡栗谷이 말하기를, '도통道統이 위에 있으면 도道는 한 시대에 행해지고, 은택은 후세에까지 미치는 법'이라고 했는데, 신도 전하께 도통을 바랍니다."고 말했다. 그러자 임금은 이렇게 말했다.

《대학》의 〈신독〉과 《중용》의 '계신공구(戒愼恐懼; 경계하고 삼가고 두려워하는 마음)'는 똑같은 주경主敬 공부로서 모두가 '신愼' 자를 썼는데, 《대학》의 서문에 "총명예지聰明叡智가 능히 그 성性을 다할 수 있는 자가 있으면 하늘이

_____

14 이성보는 뒤에 이름을 이직보李直輔로 바꾸었다.

반드시 그를 명하여 억조 인민의 군사君師로 삼는다."고 했다. 그러니 진실로 천하사해天下四海의 1인자가 아니면 위에 있는 도통道統을 논의할 수 없는 것이다. 그러나 나처럼 부덕한 사람이 어찌 감히 융성한 시대에 비유할 수 있는가? 세도世道와 조정의 체모도 수습하지 못하는 내가 비록 도통을 자처하고자 한들 되겠는가? 지금 경의 말을 듣고 나니 나도 모르게 부족함을 느끼는구나.

이성보가 임금에게 도통道統을 가지고 군사君師가 되라고 청한 데 대하여, 임금은 겸손하게 자신이 그럴 자격이 없다고 말한 것이다. 그러나 이성보는 물러나지 않고 이렇게 말했다.

신이 삼가 온 나라 신민臣民들의 말을 들어 보니, 모두가 이제삼왕二帝三王의 일로 전하께 우러러 기대했습니다. 더구나 밝으신 공부가 이미 고명광대高明廣大한 경지에 이르셨으니, 어찌 수많은 성왕聖王들이 서로 전해 온 도통을 성상께 바라지 않을 수 있겠습니까?

모든 신하들과 백성들의 여론을 들어 보면 정조를 중국 고대의 성인聖人인 이제삼왕二帝三王, 곧 요제堯帝, 순제舜帝, 하나라 우왕夏王, 은나라 탕왕湯王, 주나라 문왕文王과 똑같은 성인군주로 보고 있다는 것이다. 그러므로 성인의 도통道統을 이을 자격이 있다고 이성보는 주장했다.

정조는 이 말에 이렇게 응답했다.

제왕帝王의 학문은 선비의 학문과는 다른 점이 있다. 만일 심성心性이나 이기理氣의 낡은 담론에만 얽매인다면 실제를 힘쓰고 꾸밈을 뒤로 미루는 뜻이 되겠는가? 다만, 실천을 하려면 반드시 사리를 분명하게 알아야 하니 문의文義를 강구하는 것이 비록 쓸데없는 것 같지만 이 또한 소홀히 할 수 없는 것이다.

제왕의 학문은 이론에만 매이면 안 되고 실천이 중요한데, 그렇더라도 이론을 아는 것도 소홀히 하면 안 된다는 것이 정조의 생각이었다. 여기서 제왕의 학문은 이론과 실천을 겸비해야 한다고 말한 것은 자신이 치통治統과 도통道統을 겸비한 군사君師의 위치에 있다는 것을 내보인 것이다. 사실 그동안 정조는 스스로 군사로 자처하면서 모든 신민의 학문을 지도해 왔던 것이다.

그동안 조선왕조의 역대 신하들은 임금이 요순堯舜과 같은 군사君師가 되어야 한다는 것을 당위론으로 요청해 왔지만, 어느 임금도 군사를 당당하게 자처하지는 못했다. 그만큼 신하들을 압도할 만한 학문이 부족했기 때문이다. 영조가 만년에 군사가 되려고 노력했지만 정조만큼 학문이 뛰어나지는 못했다. 세종도 신하들이 군사의 위치에 올랐다고 칭송했지만, 군사로 당당하게 자처하지는 못했다. 그런데 정조는 군사를 자처했고, 신하들도 이를 당연한 일로 여겼다.

정조는 어쩌면 원자가 《대학》을 공부하는 것을 계기로 이성보李城輔로부터 군사의 지위를 확인받고 싶어 했는지도 모른다. 그렇지 않다면 그동안 하지 않던 경연經筵을 할 이유가 무엇이겠는가? 이성보는 원래 명신 이정귀李廷龜의 후손으로 지방에서 어린이를 가르치는 하찮은 동몽교관(童蒙敎官; 종9품)이었다. 말하자면 산림山林 처사였다. 정조가 발탁하여 원자의 유선(諭善; 당하 3품~종2품)으로 삼고, 벼슬을 계속 내려 공조판서에까지 이르렀다.

정조는 이성보의 말에 고무되었는지, 이해 말인 12월 3일에 드디어 자신의 호號를 '만천명월주인옹萬川明月主人翁'이라고 부르고, 그 뜻을 풀이한 〈자서自序〉를 게판揭板으로 만들어 청덕궁 후원의 존덕정尊德亭에 걸어 놓았다. 자신이 수많은 강을 비추는 한 개의 달이라는 뜻인데, 군사君師로서 만백성을 골고루 보살피는 초월적 임금이라는 뜻을 달에 비유하여 묘사한 것이다. 자세한 내용은 뒤에 다시 설명할 것이다.

4월 5일에 황해도 관찰사 이의준(李義駿; 전주이씨 李徽中 아들)이 상소하여 규장각奎章閣과 장용영壯勇營의 경비를 부당하게 황해도에서 징수한 사실을 아뢰었다. 각 군현에서 환곡으로 쓰기 위해 보유하고 있는 곡식 가운데 절반은 원칙적으로 환곡으로 나누어 주지 않고 보관하도록 했는데, 이를 어기고 더 많은 환곡을 방출하여 모곡을 받아 이익을 챙긴 것[加分]이다. 영조 48년에 교서관의 주자鑄字를 만드는 비용을 조달하기 위해 평안도의 쌀 1만 석을 교서관에 부치고 그 모곡을 취하기 시작했는데 정조 6년에 가분한 것이 2만 5천 9백 석, 정조 18년과 정조 21년에 장용영이 가분한 것이 4만 6천 석, 정조 19년에 황해도에서 장계로 청하여 가분한 것이 4만 4백 석, 도합 11만 2천 5백 석 정도가 강제로 대출되었다는 것이다.

그런데, 이 가분을 처음에는 열읍에 골고루 배정하고, 쌀값도 상정가詳定價로 계산하여 돈을 받아가서 큰 폐단이 없었으나, 지금은 곡식 값이 비싼 곳으로 옮겨서 팔아 돈을 받아가서 폐단이 많다는 것이다. 그래서 앞으로는 원래대로 모든 고을에 골고루 배분하고 상정가로 돈을 받아가기를 청했다.

임금은 이 상소를 보고 4월 8일에 이렇게 한탄하는 말을 했다.

나는 우문右文의 정치를 일으키고자 규장각을 설치했는데, 그것은 사대부들이 척리戚里와 서로 결탁하는 폐습을 씻으려는 것이었다. 그런데 내각을 설치한 지 20년 이래 전혀 없었던 일이 발생했으니, 그 수치가 과연 어떠한가? 해당 각신閣臣은 바로 김면주(金勉柱; 경주김씨)인데, 그때 마침 입직하고 있어 그런 공문을 작성해 준 듯하다. 주자가미(鑄字價米; 활자를 조주하는 데 필요한 비용)는 영

조 48년부터 관서의 쌀 1만 석을 교서관에 부치고 그 모곡을 취해 썼는데, 그 뒤로
도 계속해서 모곡을 취해 써 왔다. 부끄럽다. 장용영의 경우는 이를 처음 설치한
뜻이 어떠한가? 그런데 지금은 궁방이나 각 아문의 꼴이 되었으니 한심하다.

임금은 좋은 뜻으로 규장각과 장용영을 설치했는데, 모두 강제로
모곡을 취하여 민폐를 끼치고 있는 데 개탄을 금치 못했다. 이렇게
될 줄은 몰랐던 것이다. 그러나 규장각 제학 정민시鄭民始는 그의 상
소 내용이 지나치다고 하면서 사직을 요청했으나 임금이 허락하지
않았다. 임금은 가분곡을 없애고 항상 곡식의 절반은 대여하지 말고
유치해 두라고 명했다. 그러면서 우리나라 세금은 본래 십일세十一稅
에도 미치지 못했는데 각종 불법적인 세금이 늘어 지금은 거의 결마
다 50~60퍼센트의 세금을 내고 있으니 이를 바로잡아야 한다고 하
면서, 그렇게 된 가장 큰 이유는 군대 수가 너무 많아 지출이 많아진
때문이라고 했다.

4월 16일과 19일에 임금은 내수사內需司 노비와 시노비寺奴婢의 고
통이 큰 것을 걱정하고, 더욱이 그 가운데 함경도의 내수사 해노비海
奴婢가 1년에 30냥에 해당하는 해산물을 공납하고 있는 것을 줄여 겨
울에 바치는 공납을 없애라고 명했다.

4월 19일에는 대신들을 차대次對하는 자리에서, 자신의 평생 공부
는 주자학朱子學에 있다고 하면서 그동안 편집해 온 주자 관련 책들을
회고했다. 20대에 《주자회선朱子會選》, 《주자어류朱子語類》에 구두점
을 찍었고, 30대에 《주자회통朱子會通》, 《자양회영紫陽會英》, 《주서각
체朱書各體》를 편찬했으며, 40세 이후 근년에는 《주서백선朱書百選》을
편집하고, 작년 여름부터 가을까지 《주서전서朱書全書》, 《주자대전》,
《주자어류》에서 구어句語를 절략節略하여 《주자서절략朱子書節略》을

편집했다고 했다. 요즘에는 주자의 모든 글을 모아 《주자전서朱子全書》를 편집하려고 하는데, 다 이루어지면 주합루 곁에 방 하나를 따로 마련하여 주자의 진상眞像을 봉안하고, 그 곁에다 《주자전서》의 판본을 보관하려고 한다고 말했다.[15] 아마 조선 전 시대를 통틀어 주자의 저서를 이렇게 자상하게 정리한 사례는 처음 있는 일이었다.

또 정조는 명나라 정주학자 구준丘濬이 지은 《대학연의보大學衍義補》를 남송 학자 진덕수眞德秀의 《대학연의大學衍義》와 합쳐서 내용을 가려 뽑고, 《대학》의 경문經文과 전문傳文 및 주자의 장구章句를 각 단段의 첫머리에 실어서 이를 초계문신들에게 정서하게 하고, 호남의 유생들에게 교정하게 했다. 이것이 임금이 요즘 공부하는 대략인데, 임금의 몸과 마음의 유익함을 위해서라고 말했다. 여기서 정조 학문의 근본 바탕은 주자학이라는 것을 다시 한 번 확인시킨 것이다. 다만 정조 학문의 바탕은 주자학이지만, 정조가 주자학만 가지고 정치를 한 것은 아니라는 점을 주의할 필요가 있다. 한 가지만 예를 들면, 주자는 붕당정치朋黨政治를 옹호했지만, 정조는 붕당정치를 없애기 위해 얼마나 피나는 노력을 했던가?

4월 27일에는 화성의 만년제萬年堤가 완성되었다. 이 저수지는 현륭원 동구洞口에 있는데, 임금은 그 의미를 이렇게 설명했다.

> 이번 만년제 공사는 백성 한 사람의 힘도 쓰지 않고서 며칠 만에 완공되었으니 참으로 다행이다. 이 만년제의 물을 저장해 두면 현륭원 부근의 백성들이 이 물을 이용할 것이니, 장안문 밖에 만석거萬石渠를 만들고 대유둔大有屯을 설치한 것과 같은 뜻이다. 그런데 만석거와 대유둔을 설치할 당시에는 백성들이 모

---

15 정조의 주자서朱子書 정리사업에 대해서는 김문식, 《정조의 제왕학》(태학사, 2007) 참고.

두 좋아하지 않아 내탕전 수만금을 내려 결심하고 시행했는데, 지금에 와서는 백성들이 오히려 면적이 넓지 않은 것을 원망하고 있다. 백성들과는 이루어진 일을 가지고 함께 즐길 수는 있으나 일의 시작을 함께 꾀할 수 없다는 것이 바로 이러하다. 하지만 지극히 신명神明한 것이 또한 백성들이니 뒤에 의당 나의 고심을 알 것이다.

백성들은 처음에 만석거 공사를 시작할 때는 불평하다가 일이 이루어지고 나면 좋아하고, 오히려 면적이 작다고 불평한다고 하면서 그래도 백성들이 현명하다고 칭찬하고 있다.

5월 2일에는 호조판서 김화진(金華鎭; 강릉김씨)이 전황(錢荒; 돈의 품귀현상)과 주전鑄錢에 대한 대책을 임금에게 상소한 내용을 두고 임금이 대신들과 이 문제에 대하여 논의했다. 지난 3월에 의논하다가 중지된 주전에 관한 문제를 다시 논의한 것이다.

먼저, 김화진은 동전을 만드는 재료가 귀하기 때문에 동전 한 개로 동전 다섯 개의 가치를 지니는 한漢나라의 오수전五銖錢을 만들어 돈이 귀한 선황에 대응하는 것이 좋겠다고 건의했다. 그러자 임금은 여러 대신들의 의견을 물었다. 대신들의 의견은 대부분 부정적인 견해를 보였다. 김화진의 의견은 비용을 적게 들이고 이익을 늘리자는 방법인데, 이렇게 하면 당장은 이익이 늘지만 길게 보면 반드시 병폐가 생긴다는 것이다. 지금 쓰고 있는 돈은 비용 10을 들여서 12를 얻는 것이고, 만일 오수전이나 당오전當五錢을 만들면 10을 들여서 60 혹은 120을 얻자는 것인데, 그렇게 되면 두 가지 병폐가 있다고 했다. 돈의 가치가 떨어져 물가가 뛰어오를 뿐 아니라 개인이 몰래 돈을 주조하는 사주私鑄, 곧 도주盜鑄가 발생할 우려가 있다는 것이다.

원래 가장 이상적인 돈은 10만 냥을 들여 10만 냥을 주조하는 것이다. 그렇게 되면 이익이 없는 것으로 생각할 수 있지만 그렇지 않다. 왜냐하면 돈을 만드는 데 들어간 돈 10만 냥은 그대로 나라 안에 남아 있고, 여기에 새로 만든 10만 냥이 유통되므로 이를 합쳐 20만 냥이 나라 안에서 유통되기 때문이다. 그런데 지금은 10만 냥을 들여 12만 냥의 돈을 만들고 있으므로 국가가 이미 2만 냥의 이득을 취하고 있는데, 이보다 더 이득을 취한다면 득보다는 실이 많다는 것이다. 그러므로 돈을 주조하여 재정의 부족을 메꿀 것이 아니라, 지출을 줄이고 절약하는 것이 정도이다. 지금 해마다 돈을 주조하고 있지만, 그것으로 국가와 백성의 생활이 넉넉해진 것은 없다. 이렇게 여러 대신들의 의견이 부정적으로 나타나자 임금은 결론을 내리지 않고 유보했다. 두 번에 걸친 논의에도 통화정책은 결론을 얻지 못한 것이다.

5월 3일에는 정조 18년에 착수한 《오경백편五經百篇》이 완성되었다. 이 책은 왕명으로 《시경》, 《서경》, 《주역》, 《춘추》, 《예기》 가운데 중요한 내용 99편을 뽑고,[16] 여기에 주자의 저술 2편[17]을 합쳐 엮은 책이다. 일부는 성균관 도서관인 존경각尊經閣에 보관하고, 아울러 임금이 개인적으로 읽기 편하게 하기 위해 글자를 크게 하여 판각板刻했다. 이보다 앞서 임금은 사서삼경四書三經과 《춘추좌씨경해春秋左氏經解》를 판각하여 존경각에 보관한 바 있었으므로 삼경(三經; 시경, 서경 주역)은 중복된 셈이다. 그러나 이 책이 실제로 인쇄된 것은 7월 29일이었다.

---

16 《오경백편》은 《주역》에서 5괘卦와 2전傳을 뽑고, 《서경》에서 우서虞書 5편, 하서夏書 1편, 상서商書 3편, 주서周書 3편, 《시경》에서 국풍國風 21편, 소아小雅 19편, 대아大雅 17편, 송頌 10편을 뽑고, 《춘추》에서 10편을 뽑고, 《예기》에서 악기樂記, 대학, 중용의 3편을 뽑아 99편이 되었다.

17 주자의 글에서 뽑은 것은 〈중용장구中庸章句〉와 〈대학장구大學章句〉이다.

지난해 가을에 삼남 지방과 강원도에 부분적으로 흉년이 들어 이해 1월부터 5월에 걸쳐 굶주린 백성[기민]에 대한 진휼이 이루어졌다. 각 도별 진휼 상황은 다음과 같다.

영남   5월 7일에 진휼을 마쳤다.

           공진(公賑; 국가 진휼)은 기민 36만 478명에 진곡賑穀 2만 6,190석 지급, 사진(私賑; 개인 진휼)은 기민 8만 2,153명에 진곡 5,361석 지급.

           도합 기민 44만 2,631명에 진곡 3만 1,551석 지급.

호남   5월 12일에 진휼을 마쳤다.

           공진은 기민 46만 9,072명에 진곡 2만 7,504석, 사진은 기민 25만 3,651명에 진곡은 1만 4,967석 지급.

           도합 기민 72만 2,723명에 진곡 4만 2,471석 지급.

호서   5월 12일에 진휼을 마쳤다.

           기민 2만 8,308명에 진곡 2,115석 지급.

관동   5월 26일에 진휼을 마쳤다.

           사진은 기민 386명에 진곡 252석과 돈 51냥 남짓 지급.

이상 경상도, 전라도, 충청도, 강원도 등 4도의 기민을 모두 합하면 119만 3,662명이고, 이들에게 지급된 식량은 7만 6,389석이다. 그 가운데 개인이 진휼한 것은 기민 33만 6,190명에 2만 580석이었다. 전체 진휼의 약 3분의 1을 개인이 담당한 것이다. 1인당 평균 약 6.4 되가 지급된 셈이다.

5월 22일에 호조판서 김화진(金華鎭; 강릉김씨)을 파직했다. 여러 지방에 금광[金店]과 은광[銀店]을 개발할 만한 수십 곳에 관문(關門; 허가장)을 발송했는데, 반드시 묘당회의를 거쳐 허가하는 것이 원칙임에도 이를 어겼기 때문이다. 하지만 정조는 금광과 은광을 개발하는 것이 필요하다는 것은 인정했다. 그리하여 6월 3일에 임금은 새 호조판서 조진관(趙鎭寬: 풍양조씨 趙曮 아들)에게 명하여, 중국에서 금화를 몰래 들여오는 사람이 많다고 하는데 이를 금할 수 없을 바에는 차라리 세금을 조금 받고 그 길을 터 주어서 이권이 흐르는 대로 가게 하는 것이 낫다고 말했다. 금광 개발을 허용하여 상업유통을 자유롭게 터 주는 정책을 펼친 것이다. 그 결과 이해 황금 보유량은 826냥으로 늘어났는데, 이 수치는 지난해 267냥에 견주어 3배 이상 많아진 것이다.

5월 22일에는 충청도 지방에 천주교도가 점점 늘어나고 도성에까지 퍼져가고 있다는 상소가 올라오자 좌의정 채제공이 교주를 자처하는 이존창李存昌을 먼저 벌해야 한다고 말하고 임금이 이를 따랐다. 하지만 그를 죽이지는 않았는데, 정조 23년 8월 3일에 형조에서 올린 보고를 보면 그는 석방된 뒤에 이단異端에서 벗어난 생활을 하고 있었다고 한다. 이존창은 앞서 정조 10년에도 체포되었다가 풀려났고, 정조 21년에도 다시 체포되었다가 풀려나기를 반복했는데, 그 뒤 또 태도를 바꿔 천주교를 신봉하다가 순조 원년(1801) 신유사옥辛酉邪獄 때 사형당했다.

7월 27일에 《두륙분운杜陸分韻》이 완성되자 임금이 신하들에게 나누어 주었다. 임금이 "평소에 생각하기를, 시詩가 느슨해진 뒤로 《시경》의 남긴 뜻을 잃지 않은 것은 오직 당나라 두보杜甫가 거기에 가까운데, 율律은 특히 성聖의 경지에 이르렀다. 송나라의 육유陸游 또한 그 체體가 순수하고, 음音이 우아하여, 낮게 깔리며 애조를 띠는 것과는 같지 않다"고 하여 특별히 드러내어 밝혔다. 그리하여 여러 문신들에게 명하여 교정하는 일을 분담하게 한 뒤 운서체韻書體의 체재로 편집하고 정리자로 간행하게 했다. 이것은 당시 시詩의 풍조에 침을 놓아 교정하기 위함이었다. 말하자면 시 부문의 문체반정이었다.

문과에 급제한 사람에게 첫 벼슬을 주는 것을 분관分館이라고 한다. 그런데 신분이 낮은 사람은 책을 교정하는 교서관校書館에 분관하고, 문벌 출신 급제자는 외교문서를 관장하는 승문원承文院에 분관하는 것이 오랜 관례였다. 더욱이 평안도나 함경도 출신 급제자는 대부분 교서관이나 성균관에 분관해 왔다. 그러나 정조는 지역과 신분을 차별하는 분관제도를 매우 못마땅하게 여겼다.

8월 4일에 함경도 사람 필성뢰弼聖賚가 문과에 급제한 뒤 교서관校書館에 분관되자, 임금은 필성뢰가 지벌이 낮은 사람이 아니라고 하면서 권점(圈點; 후보자에게 동그라미를 쳐서 점수를 매김)을 담당한 승문원 박사에게 이유를 물었다. 승문원 박사가 그의 성씨가 괴팍해서 권점을 하지 않았다고 하자 임금은 그를 꾸짖고 필성뢰를 승문원承文院에 소속시키라고 명했다. 그는 뒤에 성균관 사성(司成; 종3품)에까지 올랐다.

사실 필성뢰는 조선 시대 무과에 급제한 필몽량弼夢良을 시조로 하는 대흥필씨(大興弼氏; 충남 예산) 후손으로 유일하게 문과에 급제한 인물이므로 신분이 낮은 것은 사실이었다. 2000년 현재 대흥필씨 인구는 52가구에 172명에 지나지 않는 매우 희성에 속한다.

8월 26일에는 전라도 보성 출신의 전 사간원 헌납(정5품) 임장원(任長源; 장흥임씨)이 만언소를 올렸다. 그 요지는 이렇다. 앞부분에서는 임금이 민력을 번거롭게 하지도 않고, 아랫사람의 재물을 축내지도 않으면서 효심을 가지고 화성華城을 건설한 사실을 칭송하면서, 그 장엄함에 놀랐다고 말했다. 그러면서 상소문의 뒷부분에 가서는 백성이 곤궁하고 재정이 고갈된 상태에서 이렇게 나라를 동요시키는 일을 한 것은 지나친 일이라고 비판했다. 그리고 마지막 부분에서는 8가지 강령綱領을 제시하고 있는데, 중(中; 중용), 성(誠; 참됨), 경(敬; 정신집중), 명(明; 자신만이 밝다고 자부하지 말 것), 관(寬; 포용력), 정(靜; 고요함), 검(儉; 검소함), 겸(謙; 겸손함)을 강조했다.

임금은 화성 건설을 비판한 것이 마음에 걸렸을 테지만 내색을 하지 않고, "가상하다."고 칭찬했다. 그러나 사헌부 장령 정최성(鄭最成; 하동정씨)은 화성을 건설할 때 이런 말을 했다면 모르지만, 이미 화성 건설이 끝난 지 3년이 지난 지금에 와서 효도가 지나쳤다고 말하는 것은 임금을 조롱한 것이라고 하면서 그를 유배 보내야 한다고 주장했다. 그러나 임금은 오히려 언관을 죄줄 수 없다고 하면서 정최성을 삭직하고 임장원을 동부승지(정3품 당상관)로 승진시켜 주었다. 정조는 당론이 아닌 비판은 언제나 너그럽게 용납해 왔다.

8월 28일에는 69세의 심환지沈煥之를 우의정에 임명하고, 57세의 우의정 이병모李秉模를 좌의정으로 올렸다. 심환지는 나이나 경력으로 보면 정승에 오른 것이 너무 늦었다. 이렇게 출세가 늦은 이유는 강직하고 청렴한 장점이 있지만 노론 벽파의 영수로서 당론에 너무 치우쳐 있어 탕평정책에 불만을 드러내고, 은언군 이인과 고모 화완옹주의 처벌을 완화하려는 정조의 정책을 항상 역적을 옹호한다고 반대했으며, 화성 건설에 대해서도 반대하지는 않았지만 적극 후원하지도 않은 그를 임금이 중용하지 않았기 때문이다.

정조는 그런 심환지에게 판서직과 참판직을 수없이 오르내리게 하고, 실권이 없는 한직을 주어 맴돌게 하면서 정승의 직은 한 번도 주지 않았다. 겁박도 하고 달래기도 하면서 길들여 왔다. 특히 정조는 2년 전부터 그에게 많은 어찰을 보내면서 그를 적극 포섭해 왔기 때문에 이제는 믿고 정승을 맡긴 뒤에 길들이겠다는 생각을 했던 것으로 보인다. 임금은 그에게 칭찬과 위로가 담긴 말로 유시하면서 시골에서 올라오라고 명했다. 정조가 그에게 사적인 어찰御札을 수없이 보낸 이유가 여기에 있었던 것이다. 이 편지를 보면 정조가 심환지를 깊이 신뢰하고 있는 듯한 느낌을 받을 수 있겠지만 내심은 그를 좋아하지 않았다. 아마도 정조의 마음속에는 기대와 의심이 반반으로 섞인 착잡함이 있었을 것이다.

경의 탁 트인 풍도야말로 아첨 잘 하고 오그라들기만 하는 습속을 바로잡을 수 있는 데야 말해서 무엇하겠는가? 그리고 벼슬길이 늘 통했다가 막혔다가 하는 가운데 꾹 참고 10년 동안이나 불우하게 지냈는데도 굳게 참으며 궁색한 생활을 견뎌냈고, 요직에 올랐을 때에도 포의布衣 때의 옛 자세를 바꾸지 않았으니, 정신廷臣들을 두루 헤아려 보아도 경처럼 훌륭한 자가 누가 있겠는가?

칭찬이 담긴 임금의 유시(諭示; 어찰)를 받은 심환지는 몇 달 전에 금강산 유람을 떠났다가 서울로 돌아오는 길에 임금의 어찰을 받은 것인데, 도성 밖에서 서울로 올라오지 않고 있다가 거의 한 달이 지난 9월 24일에야 시골에서 상소를 만들어 수령을 통해서 임금에게 전달했다. 자신이 아무런 재주도 없고 식견도 없고 시사도 모르는 데 중책을 맡긴 이유가 무엇이냐고 하면서 사양했다. 임금은 그 상소에 비답하면서, 오직 탕평蕩平에 힘써 모든 생명들이 화합하면서 평화롭게 사는 세상을 만들어 달라고 부탁했다. 그러나 심환지는 올라오지 않았다. 사실은 그가 오지 않은 이유는 정조가 어찰을 보내면서 계속 자리를 사양하는 상소를 올리다가 10월 중순 이후에 궁궐에 나오라고 지시한 때문이었다. 아마도 정조는 심환지의 고고한 모습을 띄워주면서 그를 천천히 활용하겠다는 생각이 있었던 것으로 보인다.

좌의정 채제공(蔡濟恭; 1720~1799)은 이미 나이가 79세의 고령에 이르러 한직인 판중추로 임명했는데, 다음 해 1월 18일에 향년 80세로 세상을 떠났다. 거세고 고집스런 노론의 압박 속에서 정조가 그래도 하고 싶은 일을 할 수 있었던 것은 자신의 뜻을 충실하게 받들어 준 채제공이 있었기에 가능했다. 그런 의미에서 채제공의 죽음은 그대로 정조의 죽음으로 이어졌다고 해도 지나친 말이 아닐 것이다.

영의정 홍낙성(洪樂性: 1718~1798)도 81세로서 고령이기에 영중추부사의 한직에 임명했는데, 이해 12월 30일에 세상을 떠나 그 자리가 비었다. 뚜렷한 업적은 없었으나 성품이 온화하고 당성黨性이 약하여 정조의 탕평정책을 충실히 따랐다. 이제 정조는 믿고 의지할 신하를 거의 다 잃었다.

9월 4일에는 장용대장 조심태趙心泰의 건의를 따라, 화성부를 장용영 외영外營으로 승격시키고, 과천, 시흥, 용인, 안산, 진위 등 다섯 고을의 군정軍丁을 외영에 소속시켰다. 이로써 장용영은 서울의 내영과 수원부의 외영을 아우르는 큰 군영으로 커지고, 화성부를 방어하는 군사체제가 완결된 셈이다. 그러나 구체적인 방어체제 절목節目은 10월 19일에 비변사에서 만들었다.

9월 8일에 이르러 임금은 또 강화도에 유배중인 이복동생 은언군 이인李䄄을 서울로 불러들여 서울 집에서 이틀 밤을 재우고 돌려보냈다. 이인을 만나는 일은 거의 해마다 반복되어 왔는데, 그럴 때마다 대신들이 들고 일어나 역적을 비호한다고 하면서 임금의 거조를 비판하고 나섰다. 그러나 임금은 그럴 때마다 이인의 죄를 용서하는 것이 아니라 인정상 만나는 것은 권도權道이기 때문에 명분에 어그러지는 일이 아니라고 변명하면서 신하들을 설득했다.

9월 8일 채제공, 서영보, 서호수, 이시수 등은 이인을 만난 것을 항의하는 상소를 올리고, 또 좌의정 이병모가 백관을 이끌고 임금을 만나기를 요청하자, 임금은 그동안 이인을 만난 과정을 상세하고 솔직하게 신하들에게 알려주면서 양해를 구했다.

　　이런 거조는 읍청루(挹淸樓; 마포 한강가 정자)에서 시작되었는데, 거기에서
두 번 만났고, 남소영(南小營; 지금의 장충단 부근)에서 한 번, 북영(北營; 지금
의 원서동 소재)에서 한 번, 태창太倉, 경기감영(지금 서대문 밖 적십자병원), 돈녕
부(창덕궁 앞) 앞길, 훈련원(동대문 부근, 디자인센터 자리)의 교외 관사, 금릉(金
陵; 지금 홍익대 부근)의 행재소, 오늘의 이 훈련원에서 각각 한 번에서 두 번 만
났으니, 모두 10여 차례쯤 되는 셈이다. 이것은 참으로 보고 싶은 마음에서 꽉 막
힌 나의 개인적인 정리를 펴지 않을 수 없었다. 그러나 자전[정순왕후]의 뜻을 따
라야 하기 때문에 멀리 전송할 때는 교외까지 나갔었고, 조금 가까이 갈 때에는
성문 안에까지 가기도 했다.

　　이인을 만나기 위해 봄 경치를 감상한다고 핑계 대기도 하고, 말 달리고 칼 쓰
는 것을 시험하는 일을 슬쩍 이용하기도 했다. 서리 내리고 눈 오는 밤이나 비바
람 치는 새벽녘에 이모저모로 궁리를 짜내느라 정신을 많이 소모했다. 그런데 한
번 소란스러운 과정을 거칠 때마다 그만큼 괴로움이 더해져서, 기력이 쇠하기도
전에 머리칼이 희어지고, 늙기도 전에 이가 빠지게 되었으니, 요즘 나의 몰골이
어떤 모습인가? 천 년 뒤에라도 나를 이해하고 용서해 줄 사람이 있을 것이다.

　　내가 비록 혼미하지만 어찌 그를 강화에서 꺼내어 서울 집에다 놔두고 아침저
녁으로 계속 만나고 싶은 생각이 없겠는가? 하지만 서서히 기다리는 바가 있다.
1년에 한 번 정도 만나는 것을 가지고 시끄럽게 떠드는 자들의 눈과 귀가 조금
익숙하게 될 것이다. 내 마음이 이 지경에 이르렀으니 편하겠는가, 편하지 못하겠
는가? 괴롭겠는가, 괴롭지 않겠는가?

　　임금은 그동안 이인을 만난 과정을 자세히 설명하면서, 머리를 짜
내느라 이가 빠지고 머리칼이 희어졌다고 고백하며 신하들을 설득했
다. 하지만 신하들의 처지로 보면 이를 잘했다고 말하기도 어렵고 침
묵을 지키고 있기도 어려운 일이었을 것이다. 그래서 형식적인 항의

를 관례처럼 표해 온 것이다. 며칠 지나면 다시 평상으로 돌아오곤 했다. 임금도 신하들의 이런 마음을 알기 때문에 서서히 신하들의 마음을 돌려 이 일에 익숙하게 만들려고 하고 있는 것이다.

9월 9일에 또 정승 이병모가 대신들을 이끌고 임금의 청대를 요청하자, 임금은 "그를 이틀 밤 서울 집에서 재우고 아침에 출발시켰다. 그런데 이번에는 경들이 이미 알고 있기에 그를 보낼 때 행색을 비밀에 부치지 않고 저잣거리를 지나게 했으니, 저자의 백성들이 보았을 것이고, 나루를 건널 때 그곳을 지키는 관장官長도 보았을 것이다. 속히 물러가라."고 했다.

임금의 하교를 들은 신하들은 결국 물러갔다. 그러나 우의정 임명을 전달받은 심환지沈煥之는 고집을 꺾지 않았다. 그는 10월 19일에 네 번째 소를 올려 우의정을 면직시켜 달라고 요청하면서 임금이 지난번 정청庭請에서 내린 하교가 잘못되었다고 따졌다. 내년에는 임금의 가마가 또 어디로 향할지 알 수 없고, 장차 이인이 섬에서 육지로 옮겨 오고, 그 다음에는 성안으로 들어오게 될 것이라고 말했다. 임금은 이렇게 비답했다. "경이 이렇게 나오다니 지나치지 않은가? 허구한 날을 서로 버티고만 있는데 일의 체면도 들어보지 않으면 안 된다. 경은 모쪼록 취소하라는 청을 그만두고 조금 차도가 있는 대로 곧장 출발하라."고 타일렀다.

이렇게 임금이 간곡하게 유시해도 올라오지 않자, 10월 21일 임금은 다시 그에게 간절한 유시를 내렸다.

거취를 결정하는 것이야말로 큰일인데, 경이 무엇 때문에 고집하고 있는지 정말 모르겠다. 지난 역사를 보면 송나라 범순인范純仁이나 그밖에 여러 사람이 오지 않았던 것은 각각 병이나 정리 또는 의리라는 그럴만한 곡절이 있었다. 그런데 경의 경우는 이런 이유들 가운데에서 하나도 고집해야 할 이유가 없는데도 강변에 물러나 있으면서 몇 달이 지나도 뻐기고만 있으니, 옛날에도 이렇게 한 일이 있었던가? 경은 나의 하교를 취소하라고 청하면서 핑곗거리를 삼고 있는데, 이 일은 직접 만나서 시비를 가릴 때가 있을 것이다. 이에 승지를 보내는 바이니, 그와 함께 들어오도록 하라.

임금의 간곡한 유시를 들은 심환지는 다시 소를 올렸다.

이 일이 삼강오륜에 관계되지 않고 성상의 위대하신 덕업에 손상이 되지 않는다면 무엇 때문에 죽음을 무릅쓰고 두 번 세 번 호소를 하겠습니까? 평생 고집하면서 전하를 섬겨온 것은 바로 난적亂賊을 토벌하고 의리를 밝히는 한두 가지 일에 지나지 않았는데, 이것마저 버린다면 신의 존재 가치가 없어져 버리기 때문입니다.

심환지는 삼강오륜을 지키고자 하는 것이 자신의 존재 이유이므로 물러설 수 없다고 고집했다. 그러나 임금도 지지 않았다.

경이 상소하여 취소하라고 청한 것에 대해 처음에는 요지부동으로 거절했다마는, 어떻게든 나오게 하려는 급한 마음에서 직접 만나서 시비를 가려 보자고 말했던 것이다. 그러니 고집할 이유가 없지 않은가? 즉시 일어나 출발하도록 하라.

여기서 심환지는 임금이 먼저 하교를 취소하면 올라오겠다는 것이고, 임금은 올라와서 직접 하교의 시비를 가려 보자고 말한 것이다. 이러한 두 고집의 밑바탕에는 비록 이인이 죄인이지만 인정상 만나는 것이 삼강오륜을 무너뜨리는 것이 아니라고 보는 임금과, 삼강오륜을 무너뜨린다고 보는 심환지의 가치판단의 차이가 깔려 있다. 임금은 자신의 행동을 권도權道라고 변명하고, 심환지는 권도가 나쁘다고 본다. 그러니 이론적으로 본다면 양쪽이 모두 일리가 있지만, 따뜻하고 차가운 온도의 차이가 있는 것은 사실이다. 심환지는 결국 만나서 시비를 가리자는 임금의 논리를 받아들이고 우의정을 맡았다.

9월 24일에 임금은 하교하여 화성부華城府는 임금의 탕목읍湯沐邑이라고 선언했다. 탕목읍이란 중국 황제가 목욕비를 충당하는 고을이라는 뜻인데, 이것은 곧 행정·군사·경제가 독립된 황제 직속의 황도皇都라는 뜻을 지니고 있었다. 우리나라 역사에서는 이런 왕도는 아직 없었다가 정조가 처음으로 만든 것이다. 따라서 왕도에 필요한 독자적인 군사체제와 경제체제가 필요했는데, 그동안 군사체제는 장용영 외영을 설치했지만, 새로이 편입된 5읍의 군사를 포괄하는 군사체제는 아직 완비되지 않았다.

정조는 10월 9일에 장용영 외사外使에게 화성부의 군사체제에 대한 기본방향을 유시하자, 이에 응하여 비변사가 새로 개편된 군사체제에 대한 상세한 절목節目을 만들어 올렸다. 그 요지는 이렇다. 그동안 사司와 초哨로 구성된 군사체제를 5위五衛 체제로 격상시켜 이를 장락위長樂衛로 부르고, 여기에 새로 편입된 5읍의 군사를 편입시켜 수원부를 다섯 구역[5부]으로 나누어 방어하도록 했다. 장락위의 총 병력은 1만여 명으로, 그 가운데 정병正兵은 3,175명이다. 남쪽을 지키는 팔달위八達衛를 장락전위長樂前衛로 부르고, 북쪽을 지키는 장안위長安衛를 장락후위長樂後衛로, 동쪽을 지키는 창룡위蒼龍衛를 장락좌위長樂左衛로, 서쪽을 지키는 화서위華西衛를 장락우위長樂右衛로, 중앙을 지키는 신풍위新豊衛를 장락중위長樂中衛로 불렀다.

화성부를 이렇게 5위체제로 편제한 것은 현륭원을 보호한다는 명분을 내걸었지만, 내면상으로는 임금이 장차 은퇴할 왕도이기 때문에 임금을 보호하고자 그렇게 만든 것이다. 하지만 2년 뒤에 정조가 세상을 떠날 줄은 정조 자신도 몰랐을 것이다. 결국 정조가 세상을 떠나자 화성부의 군사체제는 저절로 해체되고 말았다.

또 군사들의 부담도 줄였다. 양인납미군良人納米軍이 종전에 바치던 4두와 노비납미군奴婢納米軍이 바치던 6두를 모두 1두씩 감해 주었다. 군사들이 충성을 바치도록 유도한 것이다.

10월 21일에 임금은 추위가 다가오자 서울과 지방에서 의탁할 곳이 없어 떠돌아다니는 거지들과 노약자들을 두루 찾아내어 진휼청으로 보내 쌀과 자리와 솜옷을 주라고 명했다. 아울러《자휼전칙字恤典則》의 규정에 따라 떠돌아다니는 고아들도 찾아내어 똑같이 도와주라고 일렀다. 이런 정책은 정조가 지속적으로 추진해 온 것이다.

11월에는 가을 수확이 끝났으므로 환곡還穀을 출납하는 계절이 왔다. 11월 24일 임금은 환곡의 폐단을 반드시 바로잡겠다고 하면서 무엇보다 나누어 주고 남겨 두는 곡식을 각각 절반으로 하는 규칙을 반드시 지키라고 호조에 명했다. 그동안 환곡을 지나치게 많이 풀어 남겨 둔 곡식이 크게 줄어들고, 모곡이 많이 들어와서 백성의 부담이 커진 것을 막겠다는 뜻이다. 또 환곡의 이자로 받아들이는 모곡은 반드시 규정대로 원곡의 10분의 1을 받으라고 호조에 엄명을 내렸다. 모곡도 지역에 따라서는 4분의 1이나 또는 그 이상을 받는 경우가 많았기 때문이다.

11월 29일에 우의정 심환지가 상소하여 경연을 자주 하기는 어렵더라도 가끔 열어서 임금이 편찬한《주자서》와《성학집략聖學輯略》을 가지고 번갈아 강독하고, 한 달에 세 번씩 성균관 유생들에게 시행하는 강론에서도 주자서의 하나를 가지고 강론하기 바란다고 청하자 임금이 따랐다.

정조가 음악에 일가견을 가지고 그동안 많은 음악을 새롭게 정리했음을 앞에서 설명한 바 있다. 11월 30일에 정조는 음악에 대하여 이런 말을 했다. "태평시대의 음악은 펴지고 느려야 하며, 더구나 제사를 지내거나 조회를 할 때 연주하는 음악은 더욱 느리고도 느려야 하며, 오래 끌어야 한다."고 하면서 다시 한 번 음악의 방향을 지시했다. 그러니까 제사나 조회 같은 엄숙한 의식에서는 느린 음악이 좋다는 것이다.

11월 30일에 《사부수권四部手圈》이 완성되었다. 정조는 경부經部에 해당하는 《주례周禮》, 《의례儀禮》, 《예기禮記》 등 삼례三禮와 사부史部에 해당하는 《사기史記》, 《한서》, 자부子部에 해당하는 송나라 5가五家의 책, 그리고 집부集部에 해당하는 당송 팔대가의 글을 가져다가 매일 읽으면서 마음에 드는 구절이 있으면 직접 권점(圈點; 동그라미)을 쳤다. 그리고는 규장각 각신들에게 명하여 필사하게 하여 30권을 편찬한 것이다. 사부史部란 경사자집經史子集을 말한다.

12월 3일, 정조는 드디어 자신의 호號를 '만천명월주인옹萬川明月主人翁'이라고 부르고, 그 뜻을 설명하는 〈자서自序〉를 게판揭板으로 만들어 창덕궁 후원의 존덕정尊德亭 정자에 걸어 수시로 신하들을 불러 이를 깨우쳐 주었다.[18] 정조는 세손 때 자신의 처소에다 '홍재弘齋'라는 게판을 걸었다. 이는 《논어》에서 "선비는 도량이 넓고[弘] 의지가 굳세다[毅]"는 '홍의弘毅'의 뜻에서 따온 말이다. 처음 공부하던 시절에 붙인 자호이다. 뒷날 순조 때 정조의 문집을 간행하면서 이 호를 따서 《홍재전서弘齋全書》로 불렀다. 그런데 정조 말년인 재위 22년 12월에 가서 호를 바꾼 것이다. 그리고 이 호를 도장으로 만들어 신하들에게 보내는 서찰에 찍어 자신의 뜻을 전달했다.

---

18 만천명월주인옹자서는 《실록》에는 보이지 않고 《홍재전서》 권10 서인序引에 보인다.

그러면 '만천명월주인옹'은 무슨 뜻인가. 그 뜻은 계판에도 적혀 있지만 《홍재전서》에도 실려 있다. 그 글이 매우 길어 그 요지만 소개하면 다음과 같다.

복희씨伏羲氏는 음양을 가지고 이치를 밝혔고, 우禹는 오행五行의 이치로 다스렸다. 물과 달을 보고서 그 이치를 깨친 것이다. 달은 하나뿐이고, 물은 1만 개나 되지만, 물이 달빛을 받으면 모든 개울에 달이 보여 달과 개울의 수가 같다. 그래서 개울이 1만 개이면 달도 1만 개가 되지만 하늘에 떠 있는 달은 오직 하나뿐이다.

밝음을 주는 것은 오직 해와 달뿐인데, 나는 밝은 남쪽을 향하고 앉아 세상을 이끌어 가는 가장 좋은 방법을 터득했다. 무武를 숭상하던 것을 문文으로 바꾸고 관청을 환하게 만들었으며, 어진 이는 높이고 척신戚臣은 낮추었고, 환관과 궁첩宮妾은 멀리했으며, 어진 사대부를 가까이했다. 사대부가 흑백과 남북을 가리지 못하는 편폐(便嬖; 궁첩)나 복어(僕御; 환관)보다는 낫기 때문이다.

내가 많은 사람을 겪어 보았는데, 아침에 들어왔다가 저녁에 나가고, 무리지어 쫓아다니며 가는 것인지 오는 것인지 모르는 자도 있었다. 모양이 얼굴빛과 다르고, 눈이 마음과 다른 자가 있는가 하면, 트인 자, 막힌 자, 강한 지의 부드러운 자, 현명한 자와 교활한 자, 뜻만 높고 실행이 따르지 않는 자, 생각은 부족하나 고집스럽게 자신의 지조를 지키는 자 등 그 유형을 나누자면 천만 가지 백 가지일 것이다. 내가 처음에는 그들 모두를 내 마음으로 미루어도 보고, 일부러 믿어도 보고, 그 재능을 시험해 보기도 하고, …… 규제하여 바르게도 하고, 굽은 자는 곧게 하여 바로잡아 보기도 하는 등 마치 맹주盟主가 규장(珪璋; 옥으로 만든 홀)으로 제후를 통솔하듯이 하면서 그 숱한 과정에 피곤함을 느껴온 지 어언 20여 년이 되었다.

근래 와서 다행히 태극, 음양, 오행의 이치를 깨닫게 되었고, 사람은 각자 생김새대로 이용해야 한다는 이치도 터득했다. 그리하여 대들보감은 대들보로, 기둥감은 기둥으로, 오리는 오리대로, 학은 학대로 살게 하여 나는 그에 맞추어 필요한 데 이용만 하는 것이다. 다만, 그의 단점은 버리고 장점만 취하고, 재주보다는 뜻을 더 중히 여겨 양단兩端을 잡고, 거기에서 중中을 택했다. 그리하여 마치 하늘에서 구천九天의 문이 열리듯 앞이 탁 트이고 환하여 누구라도 머리만 들면 시원스레 볼 수 있도록 만들었다.

…… 공자의 제자가 3천 명이었지만, 각자의 물음에 따라 대답을 달리했고, 봄이 만물을 화생化生하여 제각기 다른 모양을 이루듯이 …… 한 치의 선善이라도 남이 아니라 내가 하고, 이 세상 모든 선이 모두 나의 것이 되도록 했다. 물건마다 가지고 있는 태극太極의 성품을 거스르지 않고, 그 모든 존재들이 다 나의 소유가 되도록 하는 것이다.

태극이 나뉘어 만물이 되고, 만물은 일리一理로 귀결된다. 태극은 상수象數가 나타나기 이전에 이미 상수의 이치를 갖추고 있으며, 동시에 형기形氣가 그 이면에 갖추어져 있다. 태극이 양의(兩儀; 음양)를 낳았지만, 태극은 태극 그 자체이고, 양의가 사상(四象; 日月星辰)을 낳으면, 양의가 태극이 된다. 사상이 팔괘八卦를 낳으면 사상이 태극이 된다. 사상四象 위에 획이 하나씩 생겨 다섯 획까지 이르게 되고, 그 획에는 기우奇偶가 있게 되며, 그것을 24로 제곱하고 또 제곱하면 획의 수가 1천 677만여 개에 달한다. 그것은 또 모두 36분分 64승乘에서 말미암은 것으로 그 수는 우리 창생들의 수만큼이나 많다. 그러므로 거기에는 한계를 지을 것도 없고, 멀고 가까운 것도 없이 그 모두를 자기의 것으로 거두어 행하며, 그것을 정당한 길 또는 정당한 교훈으로 삼아 모든 백성들에게 골고루 적용하면 여러 방면의 훌륭한 인물들이 배출되고 오복五福이 고루 갖추어진다. 따라서 그 온화한 빛을 내가 받아들이면 되는 것이니, 그것이야말로 얼마나 깊이 있고 원대한 제도이겠는가?

…… 내가 바라는 것은 성인聖人을 배우는 일이다. 비유하자면, 달이 물속에 있어도 하늘에 있는 달은 그대로 밝다. 그 달이 물 위에 그 빛을 발산할 때 용문龍門의 물은 넓고도 빠르고, 안탕雁宕의 물은 맑고 여울지며, 염계濂溪의 물은 검푸르고, 무이武夷의 물은 소리 내어 흐르고, 양자강의 물은 차갑고, 탕천湯泉의 물은 따뜻하고, 강물은 담담하고, 바닷물은 짜고, 경수涇水는 흐리고, 위수渭水는 맑지만, 달은 그 형태에 따라 비춰 줄 뿐이다.

물이 세상 사람들이라면, 달이 비춰 그 상태를 나타내는 것은 사람들의 모습이다. 달은 태극이고, 그 태극은 바로 나라는 것을 알고 있다. 이것이 바로 옛 사람이 만천萬川의 밝은 달에 태극의 신비한 작용을 비유하여 말한 뜻이 아니겠는가. 그러나 저 달이 너그럽게 비춰 준다고 해서 그 영역을 엿보는 자가 혹시 있다면, 물속에 들어가서 달을 잡아 보려는 것과 다를 바 없는 아무 소용없는 짓임도 알고 있다. 그리하여 나의 연거燕居 처소에 '만천명월주인옹'이라고 써 자호自號로 삼기로 한 것이다. 무오년 12월 3일이다.

다소 긴 설명이지만, 그 요지는 《주역》의 태극설을 가지고 우주의 원리를 설명한 것이다. 하나의 태극太極에서 음양陰陽이 생기고, 음양에서 사상(四象: 日月星辰)이 생기며, 사상에서 팔괘八卦가 생기고, 팔괘가 발전하여 수많은 각양각색의 다양한 생명체가 발생하므로, 우주 생명체의 뿌리는 하나의 태극이라는 것이다.

《주역》에 담겨 있는 태극과 만물의 이치를 알기 쉽게 비유한 것이 바로 달과 만천萬川의 관계이다. 수많은 개울이 다양한 모습으로 흐르고 있지만, 모든 개울에 달이 비치고 있어 달은 개울의 수만큼 많다. 그러나 물에 비친 수만 개의 달의 근원은 중천에 떠 있는 하나의 달일 뿐이다.

인간을 다스리는 정치도 태극이나 달의 이치와 같은데, 하나의 태극, 하나의 달이 바로 임금이다. 신하들이나 백성이나 악한 자도 있고, 선한 자도 있고, 별의별 인간이 다 있지만, 임금이 선善을 가지고 그 사람의 단점을 버리고 선을 취하는 방법으로 모든 인간을 포용하여 다스리면 인간사회가 편안해진다. 그래서 자신의 호號를 '만천명월주인옹'으로 삼았다는 것이다. 그러면서 정조는 달이 이처럼 너그럽게 만물을 밝게 비춰 준다고 해서 그 영역을 침범하려고 한다면, 마치 물속에 들어가서 달을 잡으려고 하는 것처럼 어리석은 짓이라고 못 박고 있다. 그러니까 임금에게 도전하는 것은 어리석은 짓이라는 것을 경고하고 있는 것이다. 그 도전은 다름 아닌 탕평정책에 대한 도전을 가리킨다. 탕평이야말로 만 개의 개울을 고르게 비춰 주는 달과 같기 때문에, 탕평에 도전하는 것은 물속에 들어가서 달을 잡으려고 하는 어리석음일 뿐이다. 그러므로 탕평은 절대로 바꿀 수 없는 우주 자연의 이치다.

정조는 세손 때에는 공부를 넓게 하겠다는 뜻으로 '홍재'를 스스로 표방했다가, 임금이 된 뒤에는 자신을 임금인 동시에 스승이라는 뜻으로 '군사君師'로 자처해 왔는데, 말년에 가서는 그 〈군사〉의 개념을 철학적으로 풀이하고 쉽게 비유를 든 것이 바로 '만천명월주인옹'이라는 자호이다. 여기서 비로소 정조의 군사상君師像이 최종적으로 자신의 호號로 정착되어 완결된 것이다.

그런데 달이 수많은 개울을 비춘다는 말은 세종 때 부처님의 공덕을 찬양하여 지은 《월인천강지곡月印千江之曲》에도 보인다. 부처는 수많은 개울을 차별 없이 비춰 주는 달과 같은 포용력을 지니고 있다는 뜻이다. 물론 정조는 불교를 숭상하는 입장에서가 아니라 유교철학을 바탕으로 하여 태극을 달로 대치시킨 것이지만, 일반 백성들의 시각에서 보면 태극보다는 달이 더 친숙하고 이해하기 쉽기 때문에 달을 끌어들여 달의 위치에 부처 대신 임금 자신을 대입한 것이다.

그러면, 이제 다시 눈을 돌려 자호自號를 만든 뒤의 정사를 살펴보기로 하자.

12월 16일에는 곡식을 담는 말의 크기를 표준화했다. 영암군수가 상소하여 관청에 따라 말[斛]의 크기가 다르다고 하면서 이를 바로잡아 달라고 청했는데, 예를 들면 경창京倉의 말은 보통 말로 12~13되[斗]가 되고, 외방의 말은 13~14두가 되며, 조창漕倉 말은 큰 것은

17~18되이고, 작은 것은 15~16되라고 말했다. 그러자 임금은 각 도의 감영監營에 놋쇠로 만든 말이 있으니, 이를 표준으로 삼아야 한다고 대답했다. 말의 크기가 다르면 마음대로 백성을 착취할 우려가 있기 때문에 놋쇠로 만든 말을 표준으로 삼아 말의 크기를 통일시킨 것이다. 정조 대에 이르러 죄수들에게 사용하는 형구刑具를 통일한 데 이어 도량형의 표준을 세운 셈이다.

12월 30일에는 영의정을 지낸 홍낙성洪樂性이 향년 81세로 세상을 떠났다. 풍산홍씨 홍주원(洪柱元; 선조의 딸 정명공주의 남편)의 후손으로 성품이 온화하고 남을 해치지 않았으며, 포의布衣의 선비처럼 검소하게 살았다. 그러나 재상으로서 칭찬할 만한 업적은 없었다.

그러면 이해 호조의 양향청과 선혜청, 병조의 장용영, 훈련도감, 금위영, 어영청에서 보유하고 있는 재물의 회계부는 어떠한가? 괄호 안의 수치는 지난해 수치다.

황금	826냥 [267냥]
은자	42만 1,677냥 [41만 3,915냥]
전문	157만 7,799냥 [131만 1,187냥]
명주	135동 27필 [153동]
면포	6,342동 20필 [5,982동]
모시	57동 49필 [352동?]
마포	1,530동 36필 [1,173동]
쌀	26만 423석 [25만 9,146석]
좁쌀	7,510석 [8,882석]
콩	3만 4,692석 [3만 1,297석]
피잡곡	9,750석 [8,561석]

이해와 지난해를 비교해 보면 황금, 은자, 전문 등이 지난해보다 늘었는데, 특히 황금은 3배 이상 늘어난 826냥에 이르렀다. 이 황금 보유량은 정조 시대를 통틀어 가장 많은 양일 뿐 아니라 조선왕조 시대를 통틀어도 가장 많다. 금광을 개발하여 대중국 무역에서 화폐로 이용한 결과이다. 또 금광에서 세를 받아 국고에 보태기도 했다. 전문은 약 25만 냥이 더 늘어 157만 냥을 넘어섰는데, 주전鑄錢의 결과로 보인다.

명주, 면포, 모시, 삼베 등 옷감 가운데서 모시만 352동이 57동으로 줄어 3백 동 정도가 갑자기 줄어든 것이 눈에 띄고 나머지는 약간 늘어났다. 여기서 모시가 이렇듯 큰 폭으로 줄어든 것은 실제로 모시가 줄어든 것이 아니고, 지난해 모시의 수치가 52동인데, 이를 352동으로 잘못 기록한 데서 생긴 기록상의 착오로 보인다. 쌀, 좁쌀, 콩, 피잡곡 등 곡식은 큰 변동이 없다.

다음에, 3년마다 시행되는 전국 호구조사의 결과는 어떠한가? 정조 24년 동안의 수치와 비교하여 표로 만들면 다음과 같다.

	호	남자 인구(명)	여자 인구(명)	인구(명)
한성부	44,945	98,693	95,090	193,783
경기도	161,772	339,145	323,847	662,992
강원도	80,740	166,693	162,762	329,455
황해도	136,199	311,413	268,432	579,845
충청도	220,693	432,257	438,800	871,057
전라도	316,732	584,807	641,440	1,226,247
경상도	358,893	725,743	856,359	1,582,102
평안도	299,441	639,622	643,617	1,283,239
함경도	121,769	338,281	345,685	683,966
총 수	1,741,184	3,636,654	3,776,032	7,412,686

정조 19년	1,726,499	3,571,859	3,736,335	7,308,194
정조 16년	1,741,395	3,594,944	3,746,429	7,341,373
정조 13년	1,752,837	3,607,376	3,796,230	7,403,606
정조 10년	1,740,592	3,576,514	3,754,451	7,330,965
정조 7년	1,733,757	3,563,685	3,753,239	7,316,924
정조 4년	1,714,550	-	-	7,228,076
정조 원년	1,715,371	-	-	7,238,523

위 표를 보면 전국의 민호民戶는 174만 1,184호에 총인구는 741만 2,686명인데, 그 가운데 남자는 363만 6,654명이고, 여자는 377만 6,032명으로, 여자가 남자보다 13만 9,378명이 더 많다. 이런 현상은 어느 시기나 똑같다.

그런데 지역별로 보면, 한성부와 경기도, 강원도, 황해도만은 남자 인구가 여자 인구보다 많고, 그 나머지 지역은 여자가 더 많다. 특히 경상도는 여자 인구가 남자 인구보다 13만 명이 더 많아 여자 비율이 가장 높고, 그 다음으로 높은 곳이 전라도로서 5만 6,633명이 더 많다. 그 이유는 확실히 알 수 없으나 남자의 출생률이 낮다기보다는 사망률이 여자보다 높아서 나타난 현상이 아닌가 짐작한다. 남방지역 남자의 사망률이 높은 것은 어업의 영향이나 태풍의 피해가 원인일지도 모른다.

이해의 인구를 앞 시기와 비교해 보면 정조 원년에 723만 8,523명이던 것이 시기마다 늘었다 줄었다를 반복하면서 꾸준히 늘어나서 정조 22년에는 741만 2,686명에 이르렀다. 그러니까 21년 동안 17만 4,163명이 는 셈이다.

다만, 호적에 등록된 인구가 실제 인구와는 상당한 차이가 있다는 점을 알아야 한다. 셋방을 사는 이른바 협호挾戶가 호적에 빠지고,

가난한 자들도 대부분 호적에 빠져 있으며, 또 공노비公奴婢는 따로 호적을 만들기 때문이다. 당시의 실제 인구는 정확한 파악이 어렵지만, 실제 인구의 약 30~40퍼센트 정도가 누락된 것으로 짐작된다.

그러니까 실제 인구는 1천만 명이 넘었을 것으로 보인다.

5. 정조 23년(1799)
—김종수와 채제공이 죽다, 화완옹주의 죄를 씻어주다, 《은배시집》,《아송》,《군서표기》,《제중신편》, 《두륙천선》,《묘모휘편》 편찬

정조 23년(1799)은 정조의 나이 48세로 죽음을 1년 남겨 놓은 해였다. 정조는 이가 빠지고 눈이 침침하고 머리가 희어져서 자신의 체력이 쇠약해진 것을 알고 있었지만, 1년 뒤에 죽을 것을 예견하지는 못했을 것이다. 임금은 여전히 민국을 사랑하고, 탕평을 이루어 성군聖君이 되려는 의욕에 불타 있었다.

1월 7일에 봉조하 김종수(金鍾秀; 청풍김씨)가 향년 72세로 세상을 떠났다. 그는 정조가 세손 때 학문을 가르치고, 정조 즉위 초에는 역적을 토벌한 사실을 정당화하는 《명의록明義錄》을 편찬했으며, 초창기 규장각의 제학을 맡는 등 임금을 적극 도운 공이 큰 인물이었다. 우의정을 지낸 김구金構의 증손으로 본관은 청풍淸風이다.

그러나 정조의 탕평정책이나 역적을 다시 용서하려는 정책에는 극력 반대하고 나서서 왕의 마음을 애타게 만든 것이 한두 번이 아니었다. 그래서 여러 차례 버슬자리에서 쫓겨나기도 했다. 정조에게는 참으로 내칠 수도 없고 등용하기도 부담스러운 두 얼굴의 신하였으나 청렴하고 처신이 깨끗한 선비였다. 마치 뜨거운 감자처럼 정조가 평생 가장 다루기 어려운 신하가 있다면 아마도 김종수와 심환지 두 사람일 것이다.

이해에는 서울과 지방에서 전염병이 크게 유행하여 1월 13일 현재 12만 8천여 명의 사망자를 냈다. 임금은 전국에 혼령을 위로하는 위제慰祭와 상주가 없어 떠돌아다니는 혼령을 위로하는 여제厲祭를 지내게 했다. 국가에서는 임자 없는 귀신을 위로하려고 각 읍마다 여제단厲祭壇을 설치했는데, 전염병이 크게 돌 때마다 거기서 제사를 올려 혼령을 위로했다.

1월 18일에는 정조가 가장 아끼고 의지하던 채제공(蔡濟恭; 평강채씨)이 향년 80세로 세상을 떠났다. 임금의 슬픔은 김종수의 죽음보다 훨씬 더 컸다. 김종수가 당론을 고집하는 명분론자라면 채제공은 실학자로 일컬어도 좋을 만큼 행정실무에 밝고, 상공업 발전을 위한 개혁을 주도한 인물이다. 특히 정조 15년의 시전 상인의 금난전권禁亂廛權을 철폐한 신해통공辛亥通共 정책과 수원부 건설, 그리고 정조 19년의 화성행차는 채제공이 주도하여 이룩한 사업이었다. 또 장헌세자를 위한 정조의 효도사업을 헌신적으로 도와준 이도 그였다. 남인으로서 노론의 끊임없는 견제를 받으면서도 정승의 반열에 오른 것은 정조의 탕평정책이 아니었으면 불가능했을 것이다. 인조~효종때 대사헌과 대제학을 지낸 평강채씨 채유후蔡裕後의 방계 5대손으로 호는 번암樊巖이다.

순조 때 노론 벽파가 편찬한 《정조실록》의 졸기卒記에는 권모술수가 능한 인물로 좋지 않게 평했으나, 임금은 다음과 같이 그를 극구 칭찬했다.

내가 이 대신에 대해서는 남은 알 수 없고 혼자만이 아는 깊은 계합契合이 있었다. 이 대신은 불세출의 인물이다. 품부받은 인격이 우뚝하게 기력이 있어, 무슨 일을 만나면 주저 없이 바로 담당하여 조금도 두려워하거나 굽히지 않았다. 영조께 인정을 받아 금전과 곡식을 총괄하고, 세법稅法을 관장했으며, 임금의 글을 윤색하고, 내의원에 있으면서 선왕의 옥체에 정성을 다했다. 임금에게 말씀을 올릴 때마다 선왕의 웃음이 새로웠는데, 그때는 그의 수염이 아직 희어지지 않았다.

내가 즉위한 뒤로 참소가 빗발쳤으나 뛰어난 재능은 조금도 꺾이지 않았고, 극히 위험한 가운데서 그를 발탁하여 재상의 지위에 올려놓았다. 이어 규장각에서 기로소로 들어갔고, 나이가 팔십이 되어서는 구장(鳩杖; 지팡이)을 하사하려 했었다. 그 지위가 높고 직임이 나와 친근했으며, 권우眷遇가 두텁고 은총이 풍성하여 한 시대 사람들이 모두 입을 못 열고 기가 빠지게 했으니, "저렇듯 신임을 독점했다."고 이를 만한 사람으로서 옛날에도 들어보기 어려운 인물이다. 더구나 50년 동안 조정에 벼슬하면서 굳게 간직한 지절志節은 더욱 탄복되는 바인데, 이젠 다 그만이구나.

대신이 죽은 뒤에 임금이 이렇게 '불세출의 인물'이라고 격찬을 아끼지 않은 경우는 처음이다. 더욱이 그와 임금은 "남이 모르는 계합契合이 있다"는 말은 의미심장하다. 계합의 뜻이 무엇인지는 알 수 없으나, 마음속에 품고 있던 비밀스런 일을 맡겼다는 뜻일 것이다. 혹시 화성건설이 장차 은퇴할 공간으로 만들려고 했다는 것을 그에게만 말한 것으로 보인다. 또 정조가 아버지 신원사업과 추숭사업을 벌이면서 영조가 죽은 세자를 위해 휘령전 요 밑에 《금등金縢》을 지어 넣어 두었던 것을 당시 도승지였던 채제공만이 보았다고 하면서 신하들을 설득했는데, 사실 《금등》은 정조와 채제공이 비밀리에 만들어 낸 작품으로 보인다. 어쨌든 채제공의 죽음은 정조 시대의 종말을 의미하는 것이었다.

1월 3일에 청나라에서는 61년 동안 황위皇位를 지켜오다가 태상황太上皇으로 물러나 있던 건륭제(乾隆帝; 1711~1799)가 향년 89세로 세상을 떠났다. 위구르와 대만을 평정하는 등 영토를 크게 늘리고 청나라 역사에서 가장 국력이 커졌으며 문화가 융성하여 전성기를 구가한 황제이다. 강희제康熙帝의 손자이자 옹정제雍正帝의 후궁의 아들로 태어났다. 그러나 그가 죽고 나서 청나라는 소퇴의 길을 걸어갔는데, 그 모습이 조선왕조와 매우 비슷했다.

건륭제의 죽음에 앞서 지난해 겨울에 이조원(李祖源; 연안이씨)을 동지사로 북경에 보냈는데, 12월 29일에는 태상황을 직접 만나기도 했었으나, 이해 1월 3일에 세상을 떠나자 1월 5~6일에 곡반哭班에 참여했다. 1월 22일 동지사가 태상황이 세상을 떠난 일을 급히 본국에 알려 오자, 정조가 상복喪服을 입는 문제가 제기되었다. 정조는 《상례보편喪禮補編》의 규정에 따라 3일 동안만 상복을 입었다. 그러자 3월 2일에 조선에 온 청나라 칙사가 중국에서는 신하들이 27일 동안 상복을 입는데, 왜 조신은 3일 만에 상복을 벗느냐고 묻자 역관이 우리나라 규례가 그렇다고 답했고 사신은 아무 말도 하지 않았다.

정조는 비록 황제를 위해 상복을 입지만 청나라를 어디까지나 오랑캐로 여기고 있었으며, 선비들이 청나라를 숭모하는 풍조를 걱정하는 말을 승지 이서구李書九에게 이렇게 피력했다.

세상 수준이 낮아지면서 인심이 거기에 익숙해져 중국을 높이고 오랑캐를 배척하는 대의를 밝힐 곳이 없고, 비분강개하는 빈말마저도 적막하여 들을 수가 없다. 그리고 심지어는 청나라 칙사가 서울에 들어올 때면 사대부집 자제들이 모두 달려 나와 구경을 하면서도 부끄러운 줄을 모르는 지경에 이르렀다. 의리가 날로 어두워져서 세속에서 숭상하는 것이 예스럽지 못하니, 생각이 여기에 미치면 어찌 개탄스럽지 않은가? 지금 비록 갑자기 옛 제도를 고쳐서 시끄러운 사설들을 불러일으키기는 어렵지만 의리만큼은 이러한 것이다.

정조는 청나라를 사대事大조공관계로 받아들이고 있으면서도, 문화적으로는 청나라를 어디까지나 오랑캐로 멸시하고 있었던 것이다. 그래서 사신들이 북경에 다녀오고 상품을 교류하는 것은 국가를 보전하고 이용후생에 도움이 된다고 여겨 허락했지만, 패관소품 등 서적을 사 오는 일은 막아 왔다. 다만, 《고금도서집성》이나 《사고전서》와 같은 책은 청나라의 현대문화가 아니라 중국 전全 시대의 문화를 총정리한 것이기에 구입하려는 노력을 해 왔던 것이다. 또 임금은 7월 16일에 북경에 가는 사신들에게 말하기를, 지금 청나라의 학문은 오로지 왕양명의 양명학陽明學과 육구연陸九淵의 육학陸學의 여파가 극에 이르고 있다고 진단하면서 이런 학문은 정학正學이 아니라고 말했다. 그러면서 《주자대전》과 《주자어류》의 진짜 대본大本을 구해 오라고 이르기도 했다.

그러면 정조가 이토록 주자학을 높이 평가한 것이 시대역행적인 것인가를 음미할 필요가 있다. 주자학과 양명학 또는 육학을 비교해 보면 학문으로서의 완성도는 주자학이 가장 높다. 양명학과 육학은 학문이라기보다는 마음을 다스리는 종교에 가깝다. 또 주자학 때문에 조선이 망했다고 보기도 하고, 주자학을 극복한 학문이 실학實學이라고 보는 견해가 있었지만 그것은 잘못된 해석이다. 주자학과 실학은 반대개념이 아니다. 주자학자 가운데는 지나치게 명분에 치우친 부류와, 부국안민을 위한 실용성을 존중한 부류의 차이가 있을 뿐인데, 그 가운데 후자를 실학으로 부르는 것이다. 정조의 경우는 바로 주자학을 명분과 이용후생의 실용성을 합쳐서 수용하고 있다고 볼 수 있다. 그러니 정조의 주자학은 바로 실학적 주자학이다.

북경에 간 서형수徐瀅修 등 사신들은 11월 17일에 돌아왔는데, 청나라 학자 기균(紀昀; 1724~1805)이 주자의 저술을 편년체로 기술하면서 주석을 달아 놓은 주옥朱玉의 《주자대전운편朱子大全韻編》(110권)과 여정덕黎靖德이 편찬한 《어록합편語錄合編》을 구해 놓았다가 다음 사신이 올 때 주겠다는 약속을 받았다고 보고했다. 이 책들은 주자학에 대한 최고의 선본善本이라고 말했다. 그리고 이번 사행에서는 다만 《주자대동집朱子大同集》과 《주자실기朱子實記》를 사 가지고 왔는데, 이 책들도 《주자대전》에 없는 내용이 적지 않다고 말했다.

1월 29일에는 진휼청에서 가난하여 자력으로 살 수 없는 자 483명과 가난하여 장례를 치르지 못하는 자 149명을 조사하여 483인에게는 쌀 66석을 지급하고, 149명에게는 돈 728냥과 삼베 7동 38필을 지급했다. 또 2월 8일에도 가난한 자 162인에게 쌀을 지급했다.

정조는 3월 4일 죄인으로 귀양 갔던 고모 화완옹주의 죄를 완전히 씻어 주겠다는 명을 내렸다. 그녀가 이미 정조 19년부터 서울의 집에 와서 살고 있다고 하면서, 영조가 생전에 가장 사랑했던 딸이었기에 할아버지의 마음을 헤아려 죄를 용서한다고 말했다. 그러자 좌의정 이병모와 우의정 심환지는 이를 반대하기 위해 대신들을 거느리고 임금을 만나겠다고 청했다. 그러나 임금은 면대를 거부했다. 대신들은 다시 차자를 올려 정치달鄭致達의 처[화완옹주]는 《명의록》에 역적의 괴수로 올라 있는 인물이므로 죄를 씻어 준다는 명을 거두라고 청했다.

또 이날 삼사三司의 관원들과 규장각의 전현직 각신들인 서정수徐鼎修, 서용보徐龍輔, 이만수李晚秀, 남공철南公轍, 서영보徐榮輔, 김조순金祖淳, 심상규沈象奎 등이 연명으로 명을 거두라고 청했으나 임금은 그들을 모두 해임시켰다. 우의정 심환지가 강력하게 항의하자 그도 파직시켰다. 그런데 《정조어찰첩》을 보면 3월 6일자로 보낸 편지에서 왕은 심환지에게 《명의록》의 의리를 강력하게 아뢰고, 즉시 뜰로 내려와 관을 벗고 견책을 청하라고 지시하고 있어 임금과 심환지가 사전에 미리 각본을 짜고 있었음을 보여 준다. 정조는 심환지를 면직시키거나 파직했다가 다시 임명하겠다는 약속까지 했다. 말하자면 정조는 《명의록》의 권위와 심환지의 체면도 세워 주면서 동시에 화완옹주가 서울에서 와서 사는 것을 허용하는 일거양득의 교묘한 통치술을 구사하고 있다. 정조는 다시 3월 24일에 보낸 편지에서 "이번에는 의리가 더욱 무거워지고 은미한 아름다움이 드러나면서도 정치달의 처[화완옹주]는 죄가 감해지지 않았고, 조정 신하들이 처신하기 어려운 단서도 없어졌으니, 어찌 편하게 된 것이 아니냐"고 평가했다.

신하들은 결국 임금의 처분을 따랐다. 사실, 고모를 23년 동안이나 귀양 보냈으면 죄를 용서할 때도 되었다. 더구나 화완옹주는 오라버니 장헌세자와의 관계가 크게 나쁘지도 않고 좋지도 않았지만, 정조를 해치려고 했던 것은 아니었다. 오히려 정조를 손아귀에 넣고 권력을 잡으려고 했을 뿐이었다. 정조와 사이가 나빴던 것은 고모의 양아들 정후겸鄭厚謙이었기 때문에 정후겸이 역적으로 죽자 연좌되어 귀양 갔던 것이다.

3월 28일 주자소에서 《은배시집銀杯詩集》을 인쇄하여 올리자 임금이 여러 사람들에게 하사했다. 성균관 유생들이 궁궐에 와서 강경講經과 제술 시험을 치를 때 임금이 특별히 은으로 만든 술잔을 하사하여 성균관에 보관하게 하고, 대제학 홍양호(洪良浩; 풍산홍씨)와 대사성 이만수(李晩秀; 연안이씨 이복원 아들)에게 은배에 대한 명銘을 짓게 했으며, 어제서문을 내려 주어 현판을 만들어 성균관 명륜당에 걸게 했다. 그리고 나서 규장각 신하들과 초계문신, 그리고 제술 시험에 응시했던 여러 유생들에게 시가詩歌를 지어 이 일을 읊으라고 명했다. 그 뒤 이 글들을 모아 주자소에 넘겨 인쇄하게 했는데, 이때에 이르러 완성된 것이 《은배시집》이다.

조선 시대 은銀에는 정은丁銀과 천은天銀의 두 종류가 있었다. 정은은 순도가 70~80퍼센트인 은이고, 천은은 순도가 100퍼센트인 은이다. 그래서 이해 3월 28일 임금은 비변사의 건의를 받아들여 공인貢人들이 은을 공납할 때, 정은 10냥을 천은 8냥으로 계산하여 받아들이도록 정했다. 은자는 주로 중국이나 일본과의 교역에서 사용했던 돈이다.

4월 3일에는 파직된 우의정 심환지沈煥之의 후임으로 56세의 이조참판 이시수(李時秀; 1745~1821)를 우의정에 임명했다. 종2품이던 참판이 정1품 정승으로 발탁된 것은 매우 파격적인 인사라고 할 수 있다. 그는 정조 5년에 초계문신으로 발탁되었던 인물이므로 정조가 길러낸 인재로서 당색은 소론少論이다. 탕평정부를 구성하고자 소론을 정승으로 임명하여 노론 정승 이병모(덕수이씨)의 대항마로 삼은 것이다. 그는 연안이씨 이정귀李廷龜의 후손으로 좌의정을 지낸 이복원(李福源; 1719~1792)의 아들로서 부자가 대를 이어 정승이 된 것이다. 대사성 이만수李晩秀는 그의 동생이다. 정조 시대 가장 출세한 집안이 달성서씨와 연안이씨였다.

임금은 탕평책의 일환으로 일부 남인을 우대했는데, 채제공蔡濟恭, 이가환李家煥, 정약용丁若鏞이 그 대표적 인물이었다. 이가환은 실학자 성호星湖 이익李瀷의 종손으로 천문학과 수학에 능통한 학자로서 그동안 성균관 대사성, 공조판서, 한성부 판윤 등의 벼슬을 했다. 이미 정2품 이상의 벼슬을 받았으므로 이해 4월에 그 아버지 이용휴李用休와 할아버지 이침李沉에 대하여 증직을 내렸다. 그러자 노론 계열의 신하들이 들고 일어나 이가환이 천주교인이었다는 이유로 증직을 반대하고 나섰다. 이가환은 바로 천주교인 이승훈李承薰의 외숙이기도 했으며, 권일신, 정약용 등과도 절친한 사이였다.

이가환의 조상에 대한 증직贈職은 법에 규정되어 있는 사항이므로 아무런 특혜도 아니었으나, 노론파 신하들은 이가환이 천주교도이고 남인이라는 이유로 증직을 철회하라고 요구하고 나섰다. 먼저 좌의정 이병모가 반대했다. 그러나 임금은 이가환이 한때 죄를 지었으나 뒤에는 반성하여 수령으로 있을 때 천주교인을 법으로 엄히 다스린 공적이 있다고 하면서 그를 옹호했다.

5월 5일에 이병모는 차대次對하는 자리에서 물러서지 않고 또 말했다. 근래 한 무리의 중인中人들이 저지른 잘못은 오로지 이가환에게서 말미암은 것이라고 했다. 그러자 임금은 이렇게 반박했다.

> 이른바 중인中人이란 자들은 나아가 사대부도 될 수 없고, 물러나 상민이 될 수도 없어 스스로 불우한 처지에 절망하여 실사(實事; 정치)에는 뜻이 없다. 간혹 재능이 있는 자들이 있는데, 이들은 기량을 펴 보고 싶은 욕망을 이기지 못하고 문득 망령된 생각을 하여 오로지 새로운 것만을 숭상하게 된다. 옛날에는 초학자들이 먼저 사서삼경을 배우고 나서 역사책을 읽었으나, 이를 반대하는 자들은 먼저 역사책을 읽고 나서 경서經書를 가르치므로 사덕(四德; 인의예지)이나 오상(五常; 오륜) 같은 도덕을 모른다. 그래서 바른 학문을 쉽게 받아들이기 어렵다.
>
> 오늘날의 폐단은 동서남북의 당색黨色이나 저쪽과 이쪽의 같고 다름을 논할 것 없이, 평소 당연히 해야 할 일을 버리고, 명나라와 청나라의 괴이한 문체가 있는 줄만 아는 것이다. 패관잡기稗官雜記에 이르기까지 온갖 책들을 열심히들 읽

고 있다. 이렇게 되면 결국 얻는 것이 어떤 모양이 되겠는가? 작게는 사람을 속이고 물건을 취하는 거간꾼의 술수가 되기 때문에 한 번 구르면 바른 학문을 할수가 없게 되고, 두 번 세 번 구르면 마침내 불순한 학설로 흘러들어가게 되는 것이다. 크게는 어버이도 안중에 없고, 임금도 안중에 두지 않는 귀신이나 불여우 같은 자가 되어서 자신의 몸도 자신의 집안도 보전할 수 없게 된다. 오늘날의 폐단을 바르게 하려면 반드시 먼저 올바른 학문을 높이고 장려해야 한다. 그런 뒤에야 이단을 물리칠 수 있다.

　나는 본래 잡된 책을 보기를 좋아하지 않는다. 《삼국지》 같은 책도 한 번도 들여다 본 적이 없다. 그런데 몇 년 전부터 눈이 점점 어두워지더니 올봄 이후로는 더욱 심하여 글자의 모양을 분명하게 볼 수가 없다. 안경을 끼고 조정에 나가면 보는 사람들이 놀랄 것이니, 6월에 행하는 몸소 하는 정사[인사]도 시행하기가 어렵겠다. 그러나 경전에 대한 공부는 오히려 게을리하지 않는다.

다소 긴 말을 요약해서 소개한 것인데, 요지는 이렇다. 천주학만이단이 아니라 일반 사대부들이 읽고 있는 패관잡기류들도 이단이고, 역사책을 먼저 읽고 경학을 뒤에 읽는 공부방법도 이단에 빠지게하는 요인이라는 것이다. 그러면서 임금은 자신의 눈이 어두워져서책을 제대로 읽지 못한다고 한탄하고 안경을 끼고 독서하고 있음을암시했다. 임금의 이런 말은 그동안 늘상 해오던 말이었는데, 요컨대남인들이 빠져 있는 천주학만을 꼬집어 큰 죄로 다스릴 필요가 없고,천주학을 비판하는 노론이나 소론들이나 모두 넓은 틀에서 보면 이단에 빠져 있다는 것이다.

그런데 천주학에 대한 비판은 5월 26일에 또 일어났다. 사헌부 장령 강세륜姜世綸이 상참常參 자리에서 사학邪學의 폐단을 거론했다.그가 "서울에도 '사학의 종자'가 끊어지지 않고 계속 이어지고 있다."고 말하자, 임금은 "나는 불순한 학문을 막는 방도가 법에 있지 않고 크고 올바른 기운을 가득히 배양하는 육예六藝의 학문을 하면 그밖에 모든 것들은 저절로 없어질 것으로 본다. 서울에 사학邪學의 종자가 있다는 것은 구체적으로 누구를 말하는 것인가? 이 자는 13년 전에도 채제공을 철저하게 조사하라고 청하던 대간臺諫이다. 그 당시 이미 두 가지 의도가 담겨 있었다."고 하면서 강세륜을 파직시켰다. 임금은 그가 단순히 사학의 폐단만을 걱정하여 말하는 것이 아니라 남인을 제거하려는 목적이 함께 있다고 보고 그를 파직시킨 것이다.

강세륜에 이어 대사간 신헌조(申獻朝; 평산신씨)가 또 사학邪學 비판에 동참했다. 그는 "사학의 소굴 속에 누구나 다 아는 사람을 말하자면 조정의 벼슬아치로는 이가환이 있고, 경기에는 권철신과 정약용丁若鏞 같은 무리들이 있습니다. 더구나 김려(金鑢; 연안김씨; 1766~1822)나 강이천(姜彛天; 姜世晃의 손자; 1768~1801) 같은 무리는 취향은 다르나 길을 같이하고, 얼굴은 다르나 배짱은 맞는 자들로서 빈틈없이 일을 해 나가는 것이 지극히 흉악합니다."고 말했다.

신헌조의 말을 들은 임금은, "장차 세상의 절반을 들어서 강이천이나 김려의 무리라고 몰아붙일 작정인가? 이처럼 과격한 것은 조정이 안정되지 못할 단서만 열어 놓을 뿐이다."고 개탄하면서 신헌조를 파직시켰다. 김려는 패관소품을 잘 하는 문인이었고, 강이천은 천주교인이었으므로 정조의 처지로서는 마땅치 않은 사람들이었지만 이들을 벌주는 일은 원하지 않았다.

이렇게 잇달아 사학을 비판하는 논의가 일어나자 임금은 6월 4일에 대신들을 차대次對하는 자리에서 사학을 물리치는 방도는 바른 학문[정학]을 밝히는 것뿐이라고 거듭 강조하고, 사학뿐 아니라 조정의 높고 낮은 벼슬아치들도 경학經學의 뜻을 모르고 있는 풍습도 사학과 똑같은 문제라고 지적했다. 그러면서 반고班固의 《한서》나 사마천

司馬遷의 《사기》의 문장은 예로부터 일컬어지고 있지만 곽광霍光이나 조황후趙皇后 등의 열전 따위가 이미 소품小品의 뿌리가 되고 있다고 생각한다고 말했다.

여기서 임금이 해로운 글로 본 〈곽광전霍光傳〉의 내용은 이렇다. 한 무제가 간신들의 말을 들어 태자를 죽인 뒤 일곱 살 된 아들을 임금으로 앉히고, 곽광에게 후사를 부탁하고 죽었는데, 그 뒤로 각종 음모가 일어나 조정이 어지러워지는 이야기가 담겼다. 또 조황후는 송나라 인종仁宗의 황후였는데, 그 다음 영종英宗이 즉위하자 황태후가 되었는데, 황제가 병이 나자 국정에 참여했다. 신종이 즉위하자 태황후로서 왕안석王安石의 개혁을 비판했다. 그러자 황제가 그녀에게 경거輕擧하지 말라고 부탁했다. 소동파가 시 때문에 하옥되자 황제에게 말해 구원해 주었다. 이런 글들은 재미는 있으나 임금의 잘못을 대신하여 신하나 황후가 국가를 다스리는 내용을 담고 있기 때문에 정조의 눈으로 보면 별로 달가운 이야기가 아니었을 것이다.

지난해 충청, 경상, 전라도 지역에 흉년이 들어 이해 1월부터 굶주린 백성에 대한 진휼이 시작되었는데 5월에 이르러 끝났다. 재작년에도 삼남지방에 흉년이 들었는데, 2년 연속 이어졌다.

먼저 충청도는 5월 9일에 진휼이 끝났다. 국가에서 진휼한 공진公賑과 개인이 진휼한 사진私賑이 함께 이루어졌다. 공진은 기민 50만 9,722명에 진곡賑穀 4만 5,810석이 지급되었고, 사진은 평민 안치택安致宅 등 3인이 1천 석 이상을 자원하여 내놓았으며, 평민 박성권朴聖權 등 3인은 1백 석 이상을 내놓았다. 그 대가로 안치택 등에게는 실직實職을 제수하고, 박성권 등에게는 가자첩(加資帖; 자급을 더 올려 주는 첩지)을 지급했다. 그리고 3백 석을 바친 청주의 김한걸金漢杰은 선비였으므로 낭관(5~6품)의 직첩을 주었다.

경상도의 진휼은 5월 23일에 끝났다. 공진은 기민 46만 3,948명에 진곡 3만 4,340석이 지급되었다.

전라도의 진휼도 5월 23일에 끝났다. 기민 65만 2,693명에게 공진으로 진곡 4만 1,563석을 지급하였다.

이상 삼남의 기민을 모두 합치면 162만 6,363명이고, 진곡은 공진이 12만 1,713석이고, 그밖에 개인이 내놓은 3천 6백 석 이상이 추가되었다.

6월 18일은 어머니 혜경궁의 생일이므로 진찬進饌을 열어 경축하고, 이어 22일에는 대신들을 만난 차대에서 혜경궁의 건강과 근황을 이렇게 대신들에게 알렸다.

> 자궁은 변함없이 건강하시고 시력과 정신은 내가 따르지 못할 정도이다. 평소에 경서나 역사책에 나오는 구절 및 고사故事에 대해 내가 잘 알지 못하는 것을 간혹 자궁께 물어보는 일이 많다. 요즘처럼 무더운 날에도 한밤중까지 책을 읽으시고, 또 등잔불 아래에서 1백여 장이나 되는 책자를 손수 쓰셨다.

65세 된 혜경궁의 건강은 오히려 임금보다도 좋으며, 경서와 사서에 해박하여 정조가 오히려 물을 때가 있고, 또 1백여 장이나 되는 책을 썼다고 한다. 이 말을 들으면 혜경궁의 학문도 보통이 아닌 것을 알 수 있다. 최근에 썼다는 책은 아마도 《한중록》인 듯하다. 《한중록》은 이때 모두 완성된 것이 아니라 정조가 세상을 떠난 뒤에도 계속 집필하여 순조 초에 완성되었다. 혜경궁은 순조 15년(1815)에 향년 81세로 별세했다. 11세에 동갑 장헌세자와 결혼했다가 28세에 남편을 여의고, 정조가 임금이 되고 나서 지극한 효성을 받았으나, 아들이 먼저 세상을 떠나자 열 살 아래인 시어머니 정순왕후 김씨로부터 심한 푸대접을 받다가 정순왕후가 먼저 세상을 떠나자 손자 순조純祖의 효도를 다시 받으면서 생을 마감했다.

정조는 그동안 시행해 온 초계문신抄啓文臣에 대한 친시親試 제도를 바꾸었다. 젊은 유신들을 그저 화려한 문장이나 짓는 데 매달리게 할 뿐 정치를 운영하는 데 실속이 없다고 판단하여 앞으로는 고사故事를 시험 보는 새로운 시험제도를 만들기로 했다. 말하자면 화려한 문장 공부보다는 정치에 도움이 되는 역사를 배우게 한다는 것이다. 그리하여 6월 25일에 규장각 직제학 이만수李晩秀, 검교 직각 심상규沈象奎, 김근순金近淳을 만나 보고 이렇게 일렀다.

올 여름은 삼복더위가 혹심하지만, 나는 정사를 보는 여가에 책을 보는 공부를 한 번도 그만둔 적이 없다. 초계문신들은 요즘 하는 일이 없는데, 이런 여가에 강독講讀을 하거나 작문을 하거나 해야 한다. 거행하지 못한 친시親試가 아직도 여러 차례나 남아 있는데, 과거시험의 법식에 맞춘 틀에 박힌 형식의 글을 짓는 것은 다만 재주나 겨루고, 책임이나 때우는 데 지나지 않는다. 새로 자라나는 젊은 사람들이 한갓 실속 없는 화려한 문장이나 짓는 데 매달리게 하는 것은 인재를 기르는 방도가 전혀 아니다. 홍문관과 세자시강원에서 고사故事를 써내는 규례規例가 있는데 이제 이 규례를 따르고자 한다. 이번 4월치의 친시부터는 "고사에 대해 적어 내라"는 제목으로 출제하되 날짜를 넉넉하게 주어 깊이 연구해서 자기의 생각을 진술하게 하고, 각자 책으로 만들어 올리게 하려고 한다.

정조는 문학적인 재능보다는 시사時事에 대한 대책對策을 물어서 민국民國을 경제經濟하는 데 필요한 실용적인 경륜을 가진 신하로 키우면 실제 정치에도 임금이 자문을 받을 수 있다고 보았다. 말하자면 초계문신을 실학자實學者로 키우겠다는 전략이었다.

임금은 고사故事 시험에 필요한 참고서적을 소개했는데, 경사자집

經史子集의 사부四部로 나누어 제시했다. 경서經書로는 사서삼경四書三經과 삼례(三禮; 周禮, 儀禮, 禮記), 《춘추春秋》를, 역사책으로는 《사기》, 《전한서》, 《후한서》, 《당감唐鑑》, 《송명신록宋名臣錄》을, 자子와 집集으로는 송나라 다섯 성리학자[周敦頤, 程顥, 程頤, 張載, 朱熹]의 글과 육선공陸宣公의 《주의奏議》를 지적했다. 그리고 우리나라의 글로는 《국조보감》, 《오례의》, 《문헌비고》, 《경국대전》, 《대전통편》 등의 책을 모두 달을 나누어 배정하되, 어느 달에 어느 책을 할 것인지 등을 자세히 정해서 올리라고 명했다. 이런 책들은 과거시험의 과목보다는 한층 범위가 넓어진 것이다. 또 단순한 시험지를 바치는 것이 아니라 책자를 만들어 올리게 했으니 말하자면 각자 한 권의 책을 저술하라는 것이다.

위에 보이는 경서에 삼례三禮가 보이는데, 삼례 가운데 《주례》가 맨 앞에 있는 것도 눈여겨볼 필요가 있다. 이 책은 일군만민一君萬民의 정치사상을 담고 있어 군주가 백성을 직접 다스리고 중간의 지배층을 용인하지 않는다. 바로 이런 사상은 정조의 취향과 일치한다. 또 직업을 전문화시키면서 사농공상士農工商을 굳이 차별하지도 않는다. 선비나 지주층의 정치적 주도권을 옹호하는 주자의 정치사상이나 경제사상과는 매우 다르다. 정조가 학문적으로 강상綱常의 윤리를 존중하는 주자학을 정학正學으로 인정하면서도 전적으로 주자학만으로 나라를 다스린 것은 아니라는 점을 주목할 필요가 있다.

왕명을 받은 이만수 등 각신들은 임금의 방침을 환영했으나, 다만 초계문신들이 적어 올린 책자들을 모두 읽으려면 임금이 쏟아야 하는 정력이 클 것을 걱정하면서 구체적 실행 절목을 만들어 올렸다. 더욱이 여기서는 글을 쓸 때 먼저 '삼가 상고하건대'와 '우러러 여쭙건대'라는 두 개의 부분으로 나누어, 전자에서는 옛날의 고사를 소개하고, 후자에서는 고사에 대한 자신의 의견을 개진하도록 했다. 그러니까 역사적 사실과 그에 대한 자신들의 의견을 구별해서 서술하라는 뜻이다.

임금은 이해에 들어와서 눈이 어두워 책을 읽기가 어렵다는 말을 자주 하면서 안경을 끼지 않으면 독서가 어렵다고 신하들에게 자주 하소연했다. 그런데 7월 10일에는 대신들을 만난 차대에서 자신의 건강에 대하여 더욱 자세하게 말했다. 임금의 말을 들어보자.

> 내 시력이 점점 전보다 못해져서 경전經傳의 문자는 안경이 아니면 알아보기가 어렵지만, 안경은 2백 년 이래 처음 있는 물건이므로 이것을 쓰고 조정에서 국사를 처결한다면 이상하게 볼 것이다. 이는 예사로운 눈병이 아니어서, 깊은 생각을 한다거나 복잡한 일이 있을 경우 어김없이 이상이 생겨 등골의 태양경太陽經과 좌우 옆구리에 햇불이 타는 듯한 열기가 있는데 이것이 눈병의 원인이 되고 있다. 간혹 시험 삼아 불을 때지 않은 온돌바닥에 누워 있으면 몸의 열기로 바닥까지 차츰 따뜻해지므로, 처음에는 조금 시원해진 것 같아도 나중에는 견디기가 어려우니, 이는 전부 태양경의 울화가 팽배해 있는 결과로서 내 학문의 힘이 깊지 못해 의지의 힘이 혈기를 제어하지 못한 때문이다.

임금은 자신의 병을 자가진단하면서 등골과 좌우 옆구리에서 불이 나는 듯한 열기 때문에 눈이 나빠졌다고 판단하고 있다. 현대 의학으로 보면 무슨 병인지 알 수 없으나, 정조의 판단에 따르면 그 원인은 과로와 스트레스로 말미암은 듯하다. 이런 증상은 다음 해 온몸에 종기와 고름이 나타나는 것으로 확대되어 임금은 마침내 사망에 이르게 된다.

8월 20일에 임금은 현륭원 참배를 위한 행차에 나섰다. 예년에 하던 1월 행차를 하지 못해 가을에 거행한 것이다. 1월에 전염병이 만연하고, 채제공마저 세상을 떠난 것이 원인인 듯하다. 이날 현륭원에 참배하고 다음날 환궁했다. 그 다음날에는 관례에 따라 행차 중에 받아온 114건의 상언을 판하判下했다. 전보다 행사를 간단히 치르고 환궁했다.

9월 27일에는 임금의 심복 가운데 하나였던 조심태(趙心泰; 1740~1799)가 향년 60세로 세상을 떠났다. 평양조씨로 통제사를 지낸 조경趙儆의 아들로 무예에 뛰어났는데, 음보로 선전관이 되고, 남도의 병사兵使를 지냈으며, 정조의 사랑을 받아 수원부사, 수원유수, 어영대장, 형조판서 등을 지내면서 채제공과 손발을 맞추어 현륭원 이전과 수원의 도시 건설, 화성 축조에 가장 큰 공을 세웠다. 무인이므로 당색이 뚜렷하지는 않았다. 그가 죽자 임금은 "나도 모르게 목이 메인다."고 하면서 애석하게 여겼다. 임금은 그에게 좌찬성(左贊成; 종1품)을 추증하고 무의武毅라는 시호를 내렸다.

이제 정조가 아끼던 총신들이 거의 세상을 떠나, 믿고 의지할 신하가 거의 없었다. 자신이 길러낸 시파 계열의 각신들도 특권층으로 변하면서 임금에게 실망감을 안겨 주었다. 이런 상황에서 정조는 9월 28일 70세의 심환지沈煥之를 다시 불러 좌의정을 맡겼다. 정조는 화완옹주의 일로 심환지의 우의정 직책을 박탈했는데, 그때 어찰을 보내 적당한 기회에 다시 등용할 것을 약속한 바 있다. 이제 그 약속을 지킨 것이다.

10월 3일에는 《아송雅頌》이 완성되었다. 임금은 이 책에 대하여 이렇게 설명했다.

순 임금은 뒤를 이을 아들에게 가장 먼저 음악을 가르쳤다. 음악 교육은 시詩를 통해서 이루어져야 하는데, 시 3백 편 이후로는 '사무사(思無邪; 사특한 생각이 없다)'의 뜻을 가진 것은 오직 주자朱子의 시밖에 없다. 따라서 주나라 문왕文王을 기다려야 하는 선비들을 흥기시키려면 주자의 시를 가르쳐야 할 것이다.

정조는 《시경》과 주자朱子의 시가 가장 좋다는 생각으로 직접 사부詞賦, 금조琴操, 고체시古體詩, 근체시近體詩 등에서 359편을 뽑고, 그 끝에 명銘, 잠箴, 찬贊, 제題, 사辭 등의 글을 부록으로 실어 모두 415편을 수록하고 8권으로 정리한 뒤 이를 《아송》이라고 이름지었다. 그리고 주자소에 일러 인쇄하여 바치게 하고, 임금의 경연經筵과 세자의 주연(冑筵; 書筵)에서 진강하도록 했으며, 성균관 존경각에 소장해 두고 유생들이 매월 시험 보는 교재로 삼도록 했다. 정조가 칭송한 우리나라 시인詩人은 조선 전기의 읍취헌 박은(朴誾; 1479~1504)과 눌재 박상(朴祥; 1474~1530)으로 두 사람의 문집을 간행해 주었음은 앞에서 이미 설명했다. 시와 음악이 모두 도덕적 우아함을 지녀야 한다는 것이 정조의 생각이었다.

10월 15일에는 충청도 성리학자로서 유명한 호락논쟁湖洛論爭에서 호론(湖論; 충청도)의 대표자였던 남당南塘 한원진(韓元震; 정주한씨 개국공신 한상경 후손; 1682~1751)에 대한 관작 추증과 시호를 내리는 문제를 논의했다. 서울의 학인인 낙파洛派 학자들은 인성人性과 물성物性이 같다는 주장을 폈으나, 한원진은 이에 반대하여 인성과 물성은 다르다고 주장하여 맞섰다. 같은 노론인 좌의정 심환지는 적극 찬성하고 나섰으나, 소론 출신인 우의정 이시수(李時秀; 연안이씨)는 어머니의 고조가 윤선거尹宣擧이고, 증조가 윤증尹拯인데, 노론 한원진이 두 분을 비난했다는 이유로 의논에 참여할 수 없다고 하자, 임금이 "개인적인 의리로 보면 당연히 그렇겠다."고 하면서 안심하고 일을 보라고 타일렀다.

정조는 지방에서 경전과 주자의 글을 연구하는 학자들을 널리 조사하여 등용하겠다고 여러 차례 유시를 내렸는데, 10월 24일에 추천된 학자들의 명단이 올라왔다. 좌의정 심환지는 여주 유학幼學 김일주金日柱, 목사 임육任燠, 서산 유학幼學 이동윤李東允, 성주 진사 강시환姜始煥을 추천하고, 우의정 이시수는 정산定山 생원 윤두기(尹斗基; 파평윤씨; 소론), 안동 유학 강필효(姜必孝; 남인)를 추천했다. 그 뒤 11월 28일에는 이조에서 송시열宋時烈의 6대손인 송치규宋穉圭, 풍양조씨 조진구趙鎭球, 대제학 오재순吳載純의 아들 오희상吳熙常을 추천했다.

강화도에 유배중인 이복동생 이인李裀을 해마다 몰래 불러다 만나는 일이 이해 10월에도 일어났다. 10월 26일 새벽에 내수사 관원이 빈 가마 두 채를 가지고 강화도에 가서 이인을 데려오려 하자 강화유수와 경력經歷 등이 엄히 막으면서 이 사실을 승정원에 급히 알렸다. 그러자 우의정 이시수와 좌의정 심환지가 10월 27일에 임금을 청대하기를 청하니 임금이 두 사람을 파직시켰다. 전부터 정조는 동생을 만나는 일을 반대하는 신하는 가차 없이 파직시켰다가 다음날 다시 복직시켜 왔는데, 이번에도 예외가 없었다.

다음날 심환지와 이시수가 다시 대신들을 이끌고 임금을 청대하기를 청하니, 임금이 이렇게 말했다.

강화에 있던 사람은 어제 이미 올라왔다. 봄에는 전염병으로 시달리고, 여름에는 무더위로 고생하고, 가을엔 백성들의 일로 바쁘다가 요즘 조금 여유가 생겼다. 이런 한가한 때를 당하여 불러서 보고 싶은 것이야말로 정리상 어쩔 수 없는 일이다. 경들이 물러가지 않으면 오늘 안으로는 결코 환궁하지 않는다.

임금은 이인을 대궐에서 만난 것이 아니라 이인의 집에서 만난 것이다. 임금은 두 정승을 파직시킨 전교를 취소하여 복귀시키고, 그 대신 서영보徐榮輔, 정대용(鄭大容; 동래정씨), 이만수李晚秀, 김근순(金近淳; 안동김씨) 등 각신들을 삭직시키고 그들을 체포하여 공초를 받으라고 명했다. 그러나 옛날에 견주면 신하들의 저항은 크게 완화되었다. 그것은 좌의정 이병모李秉模가 신하들을 만류하여 사건을 마무리해 주었기 때문이었다.

10월 29일에는 그동안 공석으로 있던 영의정 자리에 58세의 좌의정 이병모를 임명했다. 덕수이씨 이단하李端夏의 후손으로 학문이 뛰어났으며, 정조 즉위 뒤 30대 중반의 젊은 신하로서 장헌세자를 핍박한 김상로金尙魯를 비판하여 임금의 사랑을 받기 시작했다. 그 뒤 육조 판서와 관찰사, 규장각 각신 등을 두루 거친 뒤에 우의정과 좌의정에까지 올랐던 인물이므로 수상에 오른 것도 이상한 일은 아니었다.

그러나 이병모는 그동안 임금이 이인李䄄을 만나는 일에 대해서는 여러 차례 반대하는 언론을 펴다가 몇 차례 쫓겨난 전력이 있었는데, 이번에는 태도를 바꿔 이인을 만난 임금을 도와주었으니 임금이 얼마나 고마웠겠는가? 그래서 그의 공로를 인정하여 영의정으로 올린 것이다. 나이로 보면 영의정에 오를 처지가 아니었으나, 좌의정 심환지보다 12세나 아래인 그를 수상으로 임명한 것은 고집 센 심환지를 견제하도록 기대한 측면도 있었을 것이다. 정조는 11월 7일 심환지에게 어찰을 보내, 그에게 영의정을 주려고 했으나 물망이 부족하여 할 수 없이 그리 했다고 말했다.

임금은 이병모를 만난 자리에서 자신의 답답한 심정을 이렇게 털어 놓았다.

어제 일은 경 때문에 모양이 조금 이루어져서 일찍 돌아올 수 있었다. 해마다 이런 일이 있을 때면 번번이 응수하느라 허비하곤 했는데, 일단 일을 치르고 나면 피곤함을 가누지 못하겠다. 그런데 요즘에는 정력이 점점 예전과 같지 않으니 더욱 안타까운 느낌만 들 뿐이다. 이번 일은 강화유수가 엄하게 막는 바람에 빼내올 길이 없어 하루를 지체하게 되어 꽤나 애를 태웠다. 그런데 우상(右相; 李時秀)은 빈 수레가 강화로 들어갔다는 소식을 듣고는 곧장 경재卿宰들을 이끌고 들어왔으니, 이것이 우상이 바로 경에게 미치지 못하는 점이다. 서용보徐龍輔는 성후(聖后; 영조비 정성왕후 서씨) 집안사람으로 특별히 돌보아 주었는데, 이번 일로 장차 성후의 집안에도 누를 끼치게 될 것이다. 두 직제학[李晩秀, 徐鼎修]도 요즘 들어 두루뭉술하여 우상보다도 크게 못 미친다. 반나절 동안 장막 속에서 동생을 잇달아 만나는 기쁨을 누리지는 못했지만 잠깐이나마 시끄럽게 반대하는 걱정을 피할 수 있었던 것은 경이 이런 때에 들어와 주었기 때문이다. 그래서 경을 영의정으로 임명했다.

동생을 만나는 것을 극구 반대하는 정승들과 규장각 각신들에 대한 섭섭함이 묻어 있다. 그러면서 이병모가 임금을 도와준 데 감사하고 있다. 그러나 이병모는 자신의 무능함을 자책하면서 영의정을 사양하는 상소를 올렸으나, 임금은 황극皇極을 잘 협찬하는 것이 수상首相이 할 일이라고 타일렀다. 여기서 임금은 자신이 침범할 수 없는 황극으로 자임하면서 임금이 하는 일을 도와주는 것이 수상이 할 일이라고 못 박았다.

11월 17일에는 건륭황제의 장례식과 가경嘉慶 황제의 등극을 축하하는 진하겸사은사進賀兼謝恩使로 중국에 갔던 조상진趙尙鎭, 서형수, 한치응 등이 귀국하여 보고서를 올렸는데, 특히 한백겸韓百謙의 후손으로 서장관으로 다녀온 남인 한치응韓致應은 중국의 학문에 대하여 다음과 같은 별단別單을 올렸다.

중국의 학술은 풍속이 날로 달라지면서 더욱더 심하게 지리멸렬되는 모습을 보이고 있는데, 말로는 정주程朱도 함께 떠받들고 있다고 하지만, 실제로는 그 대체적인 내용조차 엿보지 못하고 있는 형편입니다. 조금 지식이 있다고 하는 사람들의 경우에도 기록이나 의례依例에 대해서 출처가 어디인지 분별하지 못할 때가 있으며, 심지어는 왕양명이나 육상산의 학문도 발전시키고 있다는 말을 들어보지 못했습니다.

서양의 사교邪教에 대해 조정 관리와 이야기를 해 보았는데, 그들이 말하기를 "천당과 지옥에 대한 설은 일반 서민들을 바보스럽게 미혹시키는 데 지나지 않았던 것으로 처음에는 점점 만연되었으나 치성해지지는 않았는데, 요즘에는 국가에서 법으로 엄히 금지하기 때문에 민간에서 거의 자취를 감추었다."고 합니다.

한치응이 보고 들은 당시 청나라의 학문은 주자학은 말할 것도 없고 양명학이나 육학陸學도 제대로 하는 이가 없고, 서양의 천주교는 국가의 금지로 거의 사라졌다는 것이다. 그래서 주자학에 대한 선본을 구하여 오라는 왕명을 받았지만 《주자대동집朱子大同集》과 《주자실기朱子實記》만을 사 왔을 뿐이고, 최고의 선본善本인 주옥朱玉의 《주자대전운편朱子大全韻編》과 여정덕黎靖德의 《어록합편語錄合編》은 기균紀昀에게 부탁하여 구하게 한 다음 다음번 사행 때 받기로 약속하고 돌아왔다.

당시 청나라에서는 주자학, 양명학, 육학이 모두 후퇴하고, 그 대신 고증학考證學이 발달하기 시작했는데, 고증학은 도덕성을 따지는 학문이 아니고 사실 고증에 치중하는 학문이었지만 아직 조선에는 크게 알려지지 않았다.

11월 29일에는 《군서표기群書標記》가 완성되었다. 이 책은 정조 시대 임금이 어정御定한 책과 왕명으로 편찬한 151종의 책들을 연대순으로 배열하여 해제한 책이다.[19] 규장각 직각인 서영보와 심상규에게 명하여 편찬케 했는데, 이때 필사본이 완성되었다. 그러나 이 책이 나온 뒤에도 간행된 책이 또 있어서 최종본은 순조 14년(1814)에 완성되어 6권 3책으로 인쇄되었으며, 정조의 문집인 《홍재전서弘齋全書》에 수록되었다. 정조 시대에 어떤 책이 편찬되었는지를 일목요연하게 보여주는 서목書目이다. 《군서표기》를 이 무렵에 편찬한 것은 정조가 자신의 건강에 자신이 없어서 일을 앞당긴 것이 아닌가 추측된다.

12월 8일에는 새로 간행한 《춘추》를 다 읽은 것을 기념하여 각신들과 함께 혜경궁이 마련한 책씻이 음식을 들었다. 임금이 어제御製를 써서 내리고 여러 신하들이 화답하는 시를 지으라고 명했다.

12월 11일에는 의학서인 《제중신편濟衆新編》이 완성되었다. 임금은 세손으로 있을 때 10년 동안 영조의 약 시중을 들면서 진맥診脈과 탕약湯藥에 대한 이론들을 연구하기 시작했다. 이를 계기로 정조는 위로는 《황제내경黃帝內經》의 〈소문素問〉과 〈난경難經〉부터 아래로는 역대의 의학서를 골고루 공부했다. 우리나라의 의학서로는 허준의 《동의보감東醫寶鑑》이 가장 좋다고 알려져 왔으나, 내용이 중복되고 빠뜨린 부분이 많아 이를 보완하여 《수민묘전壽民妙詮》 9권을 직접 편찬한 다음 내의원 의원 강명길康命吉에게 명하여 요점만 추린 뒤 경험방經驗方을 첨부하여 《제중신편》을 완성한 것이다.

이 책은 원편原編이 8권, 목록이 1권으로 모두 70목目으로 되어 있다. 목마다 진맥에 대한 비결과 증세를 서술한 다음 그 처방과 약제를 소개하여 누구나 쉽게 알도록 했는데, 약물의 효능을 노래로 만든

---

19 《군서표기》에 대해서는 정옥자, 〈규장각의 지식기반사회적 의의와 동아시아문화〉, 《조선시대문화사(상)》(일지사, 2007) 참고.

약성가藥性歌 386수가 실려 있는 것이 특징이다. 주자소에서 활자로 간행하게 했다. 내의원 제조 이병모가 서문을 지었다.

12월 21일에는 76세의 노신으로 대학자인 지중추부사 이계耳溪 홍양호(洪良浩; 1724~1802)가 《흥왕조승興王肇乘》이란 책을 지어 올리면서 차자를 함께 올렸다. 이 책은 조선왕조의 건국 이후부터 정조 시대에 이르기까지의 왕업을 주로 서술한 것인데, 단군조선, 기자조선, 삼한[삼국], 신라, 고려로 이어져 온 조선왕조 이전의 역사도 중국과 동등한 '소중화'와 '군자국'으로 불린 자랑스러운 역사로 서술하여 한국사 전체의 흐름을 정리한 책이다. 더욱이 조선왕조는 가장 문화가 융성한 시대로서 유구琉球가 공물을 바쳐 오고, 섬라(暹羅; 태국)에서 귀순해 왔으며, 여진족들이 서로 이끌고 와서 지시를 받기도 했다고 썼다. 조선왕조의 문화가 이렇게 융성하게 된 것은 마치 높은 산이 밑동이 있고, 큰 강물이 근원이 있는 것과 같다고 했다.

홍양호는 이 책에서 정조의 업적 가운데 선조들의 공적을 선양하는 사업을 극구 칭송했다. 이런 일은 수백 년 동안 처음 있는 일이라는 것이다.

이 책을 쓰는 데 이용된 자료는 《고려사》와 《조선왕조실록》, 《용비어천가》, 《여지승람》, 《능전지陵殿誌》, 《송경지松京誌》, 각종 문집 등이며, 북방 지역의 고적들을 직접 답사하여 얻은 자료들을 토대로 했다. 임금은 이 책을 받아 보고 《국조보감》이 조선왕조 이전의 역사를 다루지 못한 것을 보완했다고 크게 기뻐하면서 교서관에서 간행하도록 하겠다고 말했다. 홍양호는 이밖에도 《해동명장전海東名將傳》, 《북새기략北塞記略》 등 여러 명저를 남긴 역사가이기도 했다.

12월 21일에는 또 정조가 세손으로 있을 때부터 이해에 이르기까지 발표해온 글[御製]들을 규장각 각신들이 모아 깨끗이 정서하여 임금에게 바쳤다. 이 작업은 정조 즉위년에 규장각을 설치한 직후부터 시작해 왔는데, 임금의 글을 시詩, 서書, 서인序引, 기記, 비碑, 지誌, 행록行錄, 행장行狀, 제문祭文, 윤음綸音, 교敎, 돈유敦諭, 유서諭書, 봉서封書, 비批, 판判, 책문策問, 설說, 논論, 찬贊, 잠箴, 명銘, 송頌, 잡저雜著, 강의講義, 유의평례類義評例, 고식故寔, 《심리록審理錄》, 《일득록日得錄》, 《군서표기群書標記》로 분류했는데, 모두 191편이었다. 그 가운데 《강의講義》가 56편으로 가장 많고, 《심리록》이 그 다음으로 25편이며, 《일득록》이 19편으로 이어지고 있다.

《강의》는 각신이나 경연에서 신하들과 경전의 뜻을 가지고 토론한 내용을 말하고, 《심리록》은 각종 범죄인에 대한 재판기록 곧 판례집 判例集[20]으로 정조가 공정한 재판을 위해 얼마나 부심했는가를 잘 보여 준다.

정조 어제집을 분류하여 정서한 이 책의 편찬에 참여한 각신들은 서호수(徐浩修; 徐命膺 아들)를 비롯하여 이만수李晚秀, 김조순金祖淳, 이존수李存秀, 서영보徐榮輔, 정대용鄭大容, 심상규沈象奎, 김근순金近淳 등이다. 이 책은 2부를 작성하여 하나는 임금의 처소에 보관하고, 다른 하나는 각신 집무소인 이문원摛文院에 보관하게 했다. 임금은 이 일에 참여한 각신들에게 상을 내렸다.

이 책은 정조가 세상을 떠난 뒤인 순조 원년(1801)에 심상규가 주도하여 다시 내용을 가감하여 184편을 만들고, 순조 14년(1814)에 이르러 정리자 활자로 간행했는데, 이름을 《홍재전서弘齋全書》로 불렀다. 모두 184권 100책의 방대한 분량으로 정조가 직접 썼거나 왕명으로 간행된 모든 책들의 목록과 해설이 들어 있다. 정조가 평생 얼마

---

20 《심리록》에 대해서는 심재우, 《조선후기 국가권력과 범죄 통제—《심리록》 연구》(태학사, 2013) 참고.

나 많은 학술적 업적을 냈는지를 일목요연하게 보여준다.

12월 25일에 임금은 한 해를 마무리하면서 경연관들에게 회고하는 말을 남겼다.

> 내가 요즘 정치하는 면에서는 볼만한 것이 점점 없으면서도 오직 문자 쪽으로는 발전되는 바가 있는 것은 글 읽기를 그만두지 않기 때문일 뿐이다. 이른바 훌륭한 사대부라는 이들이 옛날과 같지 않기 때문에 접견하는 일이 점점 뜸해지는 결과를 면치 못하고 있다. 아침저녁으로 일과로 삼는 일은 오직 경전을 탐구하는 것이다. 내가 선조의 뜻을 계승하는 의미에서도 활 쏘는 것만큼은 그만둘 수 없는데, 팔 힘이 점점 예전과 같지 않아서 뜻대로 되지 않는다. 내가 지금 한 해를 결산해 보건대 공은 한 가지도 말할 만한 것이 없는데, 명령하고 조처한 일치고 과오로 결산해야 할 아닌 것이 없다.

임금은 오늘날의 사대부가 옛날 같지 않아 자주 만나지 않고 있어서 정치가 볼만한 것이 없다고 자책하고, 그래서 오직 경전을 보면서 공부에만 전념하고 있다고 말했다. 실제로 정조는 만년에 들어와서 주로 책을 발간하고 공부하는 데 치중해 온 것이 사실인데, 그 배경에는 신하들에 대한 실망과 정치에 대한 의욕이 크게 낮아진 것과 관련이 있다.

12월 28일에는 《두륙천선杜陸千選》이 완성되었다. 정조는 시詩야말로 정치교화의 성패에 직결되는데, 근대의 시는 수준이 낮고 슬픈 음조를 띠고 있다고 생각했다. 그래서 옛날의 순박했던 시로 되돌리기 위해 이미 주자朱子의 시를 뽑아 《아송》을 편찬했다. 그런데 주자는 당나라에서는 유독 두보杜甫의 시만을 취했고, 육유陸游는 주자와 동시대의 인물인데도 그의 시를 평하여 "화평하고 순미純美하여 태평시대의 기상이 담겨 있다."고 인정했다. 그래서 정조는 두보의 시에서

5백 수를 뽑고, 육유의 시에서 5백 수를 뽑아 8편으로 만든 것이 이 책이다. 이 책을 주자소에 넘겨 인쇄하여 신하들에게 하사했다.

이해 마지막 날인 12월 30일에는 《묘모휘편廟謨彙編》이 완성되었다. 이 책은 영조가 재위 53년 동안 내린 하교下敎, 비답 및 계책과 관련된 계본啓本 등을 정리한 것인데, 이서구李書九 등이 완성했다. 모두 75권이다.

그러면 정조 23년(1799) 현재 호조의 양향청, 선혜청, 병조의 장용영, 훈련도감, 금위영, 어영청, 총융청에서 보유하고 있는 재물의 회계부는 어떠했는가? 괄호 안의 수치는 지난해 수치다.

황금	260냥	[826냥]
은자	41만 4천 7백 냥	[42만 1,677냥]
전문	167만 1천 2백 냥	[157만 7,799냥]
명주	140동	[135동 27필]
면포	6,498동	[6,342동 20필]
모시	58동	[57동 49필]
삼베	-	[1,530동 36필]
쌀	26만 1천 2백 석	[26만 423석]
좁쌀	6천 5백 석	[7,510석]
콩	3만 3천 4백 석	[3만 4,692석]
피잡곡	1만 48석	[9,760석]

위 표를 보면 먼저 황금이 지난해 825냥이던 것이 260냥으로 대폭 줄었다. 그 이유는 알 수 없으나 국내에서 왕실용으로 소비한 것 같지는 않다. 아마도 대중국 무역에서 화폐로 사용한 것으로 보인다. 은자는 약 7천 냥이 줄었으나 전문[돈]은 약 9만 3천 냥이 늘었다. 명

주와 면포, 모시 등은 약간씩 늘었으나, 삼베는 기록이 보이지 않는다. 아마도 기록과정에서 누락된 듯하다. 쌀을 비롯한 각종 곡식은 큰 변동이 없다. 다만, 여기에 각 사와 각 영에 보관 중으로 기록된 재물은 중앙에서 보유하고 있는 재물일 뿐, 지방의 감영과 군읍에서 보유하고 있는 재물은 제외되어 있으므로 국가 재물의 총량을 가리키는 것은 아니다.

6. 정조 24년(1800)
─세자 책봉과 세자빈 간택, 제10차 초계문신,
정민시 죽음, 경과와 인일제 시험에 25만 명이 모이다,
《관서빈흥록》,《관북빈흥록》 편찬, 정조 훙서

정조 24년(1800)은 정조가 49세가 되는 해인 동시에 6월 27일에 서거한 해이다. 또 세계사로 보면 18세기가 끝나고 19세기로 접어든 해이기도 하다. 그러니까 정조는 18세기 말의 조선왕조를 화려하게 장식하고 떠난 임금인 셈이다. 그러면 정조는 이해 자신의 생애를 어떻게 마감했을까?

1월 1일에 임금은 11세가 된 원자元子를 비로소 다음 왕대를 이을 세자世子로 책봉했다. 아버지 장헌세자도 너무 일찍 세자로 책봉되어 고립된 공간에서 살다가 불행한 결과를 가져온 것을 알고 있던 정조는 자신의 원자를 그렇게 만들고 싶지 않았던 것이다. 임금은 이날 세자를 책봉하면서 대신들에게 관례(冠禮; 성인식), 가례(嘉禮; 혼인), 책례(冊禮; 책봉식)를 거행하라고 명했다. 결과를 놓고 보면, 이번에 세자를 책봉했기 때문에 반년 뒤에 세자가 왕위에 오르는 길이 순탄하게 열렸다.

1월 1일, 임금은 영의정 이병모李秉模에게 세자를 위한 모든 의식의 총책임을 맡기고, 그밖에 우의정 심환지沈煥之를 비롯하여 홍양호洪良浩, 정민시鄭民始, 홍억(洪檍; 남양홍씨), 이만수(李晚秀; 소론), 송환기(宋煥箕; 송시열 5대손), 이성보(李城輔; 연안이씨), 김조순金祖淳, 서용보(徐龍輔; 영조 장인 서종제 현손), 신현(申絢; 평산신씨; 소론), 박길원(朴吉源; 반남박씨), 박종순(朴鍾淳; 고령박씨), 김굉(金�; 의성김씨; 남인), 이인채(李寅采; 한산이씨), 조득영(趙得永; 풍양조씨), 김근순(金近淳; 안동김씨), 홍명주(洪命周; 풍산홍씨), 이존수(李存秀; 연안이씨), 송치규(宋穉圭; 송시열 6대손) 등 학문이 높은 신하들을 세자시강원의 스승으로 임명했다. 1월 2일에는 김희순(金羲淳; 안동김씨), 이노춘(李魯春; 덕수이씨), 윤광보(尹光普; 파평윤씨; 소론)를 추가로 시강원 관원으로 임명했다. 당색으로 보면 노론과 소론을 안배했다.

1월 16일에는 예년대로 현륭원에 행차하여 제사를 올리고 그곳의 재실에서 유숙했다. 재실에서 묵은 것은 처음이다. 이것이 아버지에 대한 마지막 인사가 될 줄을 그가 알았을까? 임금은 현륭원에서 땅을 치면서 통곡했다. 신하가 만류하자 임금은 "경사를 맞이하여 더욱 가슴이 북받친다."고 말했다. 아들 순조를 세자로 책봉한 경사를 맞이하여 더욱 슬픔을 가누지 못한 것이다.

1월 17일에 화성 행궁에서 하루 더 유숙하고, 1월 18일에 환궁했다.

장헌세자의 생신인 1월 21일에 임금은 아버지 사당인 경모궁敬慕宮에 참배하면서 또다시 오열했는데, 가슴에 치밀어 오르는 증세가 심하여 탕약을 잇달아 임금에게 올렸다.

1월 26일에는 건륭 황제의 죽음을 알리는 조칙을 가지고 온 칙사가 서울에 도착했는데, 일체의 연회를 중지하게 했다.

2월 2일에는 왕세자의 관례冠禮와 책례冊禮를 창경궁 집복헌集福軒에서 동시에 거행했다.

2월 3일에서 2월 5일에 걸쳐 임금은 세자의 경사를 기념하여 이인좌난과 홍인한, 정후겸에 연좌되었거나 천주교인으로 죄를 입은 소론이나 남인 사람들의 죄를 씻어주는 사면령을 내렸는데, 신하들이 강력하게 반발하고 나섰다. 그러나 임금은 신하들에게 이렇게 타일렀다.

> 모든 사람들이 '일시동인一視同仁'의 품 안에 들게 하는 것이 태평성대를 이루는 방편이다. 그러면 그들이 옛날과 같은 세족世族이 되어 나라에 충성을 바치게 될 것이다. 그때는 그렇게 처분할 수밖에 없었지만 지금은 다르다. '역모'라는 명칭을 너무 함부로 쓰면 오히려 무서운지를 모르는 법이다. 죄를 씻어 주고 나서 역적의 철안鐵案만 바꾸지 말아야 그것이 진짜 역적을 엄히 다스리는 방법이고, 그래야만 역모라는 이름이 과연 무섭다는 것도 알게 될 것이다.

임금의 말은 참으로 옳은 지적이다. 사실 조금만 거스르는 일을 해도 '역모'로 몰아세우는 것은 인권 탄압에 속한다. 그동안 억울하게 역모로 몰린 사람을 임금이 차례로 풀어주는 정사를 펴 온 것은 매우 잘한 것이지만, 대부분의 노론 신하들은 명분과 의리를 무너뜨린다고 반발해 왔고 임금은 따르지 않았다. 이번에도 마찬가지다.

2월 2일에 관례와 책례를 거행한 세자는 가례嘉禮를 위한 준비에 들어갔다. 그래서 2월 26일에 초간택을 했는데, 행호군 김조순金祖淳 딸, 진사 서기수徐淇修 딸, 유학幼學 박종만朴宗萬 딸, 유학 신집申緝 딸, 통덕랑 윤수만尹守晩 딸 등 5명을 후보로 선택했다. 이날 임금은 국가 소속 점쟁이를 불러서 그 가운데 김조순 딸에 대한 사주四柱를 물으니, 점쟁이가 매우 좋다고 말했다. 그러자 임금이 현륭원에 참배하던 날 좋은 꿈을 꾸었는데, 오늘 김조순 딸을 보니 얼굴에 복이 가득하고, 자전[할머니 정순왕후]과 자궁[혜경궁]께서도 한 번 보고 좋아하셨다고 말했다.

임금은, 재간택과 삼간택도 형식상으로 하겠지만, 이날 이미 세자빈은 내정되었다고 말하고 김조순에게 다음과 같은 편지를 보냈다.

처음 가마에서 나왔을 때 자전과 자궁이 여러 처자處子들 가운데 특별히 그를 가리키면서 뉘 집 처자냐고 물으시고, 이어 앞으로 오게 하여 한 번 보시고는 상하 모두가 진심으로 좋아하면서 그런 처자는 처음 보았다고들 하셨다. 이 모두가 하늘이 명하신 일이고 하늘에 계신 영령께서 주신 일이며, 청음(淸陰; 金尙憲), 문곡(文谷; 金壽恒), 몽와(夢窩; 金昌集), 죽취(竹醉; 金濟謙)가 쌓아 올린 경사인 것이다. 경은 앞으로 더욱 자중해야 할 것이다.

김조순은 바로 명문 안동김씨 김상헌, 김수항, 김창집, 김제겸으로 내려오는 가통을 이은 자로서, 그의 딸이 자전과 자궁의 눈에 쏙 들어서 첫눈에 간택된 것이다. 이가 바로 뒷날 안동김씨 세도정치의 중심에 선 순원왕후(純元王后; 1789~1857)다. 순조보다 한 살 위였다. 이렇게 복스럽게 생긴 처자가 뒷날 막강한 권력을 가진 여군女君이 될 줄을 아무도 몰랐다.

다음날인 2월 27일에 임금은 대신들을 차대次對한 자리에서 그간 정사에 소홀했던 이유와 자신의 건강 상태에 대하여 다음과 같이 설명했다.

2월 이후 자궁慈宮의 환후 때문에 초조하게 날을 보냈고, 무릇 민국民國에 관계되는 일을 전혀 수응하지 못했으며, 대신들과의 차대도 한 번도 못했다. 지금은 정력이 스스로 버티기가 어려울 정도인데, 오늘 이 자리는 부득이한 것이다.

이제 근력도 날이 갈수록 쇠미해지고. 먹고 자는 것도 제대로 안 되며, 시력도 자 잘한 글자는 볼 수가 없고, 정신 역시 왔다 갔다 하여 참으로 보는 것은 어둡고 생각은 막혔다고 한 말 그대로이다.

원릉(元陵; 영조릉) 행차를 새 달에 해야 하는데, 지금의 내 근력으로는 오르 내리는 일이 힘들어서 하기 어려울 것 같다. 그 전에는 걷는 정도는 무난했는데, 어제 [경모궁을] 봉심하면서 예를 행할 때 나도 모르게 땀이 흘러내렸다.

임금은 어머니와 자신의 건강 때문에 새해 들어 정사를 돌보지 않 은 것을 말하고, 특히 자신의 기력이 급격하게 나빠지고 있는 것을 대신들에게 솔직하게 호소했다. 임금의 말을 들은 영의정 이병모李秉 模는 "신도 어제 그렇게 힘들어 하시는 것을 보고 너무 염려가 되었습 니다."고 말했다. 우의정 이시수李時秀도 "성상께서 몸만 그렇게 힘들 도록 움직이신 게 아니라 경모궁 배알 때에는 추모하는 마음까지도 너무 지나치셨습니다."고 했다. 그러자 임금은 화제를 돌려 세자의 간택에 대하여 설명했다. 세자빈의 간택에 대해서는 반드시 대신들의 동의를 얻는 것이 관례로 되어 있었기에 말하지 않을 수 없었다.

초간택이 아주 잘 되었다. 하늘이 정해준 짝이 있는 법인데 내가 어떻게 감히 털끝만큼이라도 내 뜻대로 할 것인가? 이번 간택에서 내가 그쪽에 뜻을 둔 것도 바깥사람들이 보기에는 마치 그 집 문벌이나 취한 것 같고, 또 어쩌면 왕실과 가 까운 사이라서 그런 것 같기도 하겠지만, 사실은 그렇지 않다. 허탄한 소리 같기 도 하지만, 내가 경들에게 그 사실을 털어놓지 않을 수 있겠는가? 현륭원을 배알 하던 날 밤잠을 이루지 못하고 자는 둥 마는 둥 하고 있었는데, 무언가 아주 간 곡하신 말씀이 분명히 있었다. 그리고 더구나 그 가문으로 말하면 아주 훌륭한 덕문德門이요 명족名族으로서 청음, 문곡, 몽와, 죽취라면 그 호號를 부녀자와 어린아이도 다 아는 처지 아닌가?

그리고 어제 간택 장소에 그 집 처자가 들어왔을 때 얼굴 단장, 몸 단장 등 각종 범절을 수수하게 꾸몄는데도 얼굴에 복이 가득해 보이고, 여러 사람 속에서 매우 뛰어나 그야말로 군계일학群鷄一鶴이었다. 자전과 자궁께서도 보시고는 첫눈에 좋아하셨다. 그리고 국복(國卜; 나라의 점쟁이)을 불러서 물었더니 모두가 대길하다고 했다. 가례 날짜를 12월로 정한 것도 천천히 하려는 뜻과 합치된다.

임금의 말을 들어 보면 김조순의 딸을 간택한 이유가 여러 가지인데, 첫째 아버지 경모궁의 계시啓示, 둘째 안동김문의 명성, 셋째, 인물의 복스러움, 넷째, 점쟁이의 판단, 다섯째 궁중의 최고 어른인 자전(慈殿; 정순왕후)과 자궁(慈宮; 혜경궁)이 받은 좋은 첫인상 등이다. 그러면서 그의 집안만 보고서 결정한 것이 아니라는 것을 강조하고 있다. 그러나 가례 날짜를 12월로 잡아 천천히 하겠다고 말했다. 임금의 설명을 들은 영의정 이병모는 "신들로서는 너무 늦다는 생각이 들지만, 그야 성상이 하실 일입니다."라고 응답했다.

여기서 가례 날짜를 왜 추운 12월로 정하여 천천히 하겠다고 했는지는 알 수 없으나, 관례로는 봄에 간택하여 가을에 가례하는 것이 상례였다. 이병모가 가례 날짜가 너무 늦다고 한 이유가 여기에 있다. 그런데 이병모의 걱정대로 임금이 가례를 치르기 전인 6월 27일에 승하하여 끝내 세자의 가례를 보지 못하고 말았다. 임금은 자신의 죽음이 그렇게 빨리 올 줄 미처 몰랐던 것인가? 결국 세자의 가례는 윤4월 9일에 재간택을 하여, 3명으로 압축한 데서 그치고 말았다. 최종 후보를 결정하는 삼간택은 정조의 삼년상이 끝난 순조 2년(1802) 9월 6일에 이르러 거행되어 10월 13일에 가례를 치렀다. 이를 주관한 것은 순조의 증조할머니로서 대왕대비가 된 정순왕후 김씨였다. 이때 순조의 나이 13세, 왕비의 나이 14세였다. 결과를 놓고 보면, 정조가 결정한 김조순의 딸이 최종적으로 간택되어 왕비가 된 것이다.

3월 10일에 규장각 검교제학檢校提學이자 판돈녕부사(종1품)를 맡고 있던 정조의 총신의 하나인 정민시(鄭民始: 1745~1800)가 향년 56세로 세상을 떠났다. 그는 온양정씨 정순붕(鄭順朋: 1484~1548)의 후손이자, 정염鄭磏, 정작鄭碏 등 유명한 도인道人들이 나온 집안이기도 하다. 하지만 직계 조상이 비교적 한미했다. 그는 정조가 세손일 때 32세로 강서원 필선(弼善: 정4품)으로서 세손을 보도하다가 49세의 서명선徐命善, 29세의 홍국영洪國榮과 함께 세손을 지켜 내 임금으로 만든 공신 3인방의 한 사람이었다. 군사, 재정, 인사, 각신 등 여러 요직을 맡았는데 특히 국가재정을 많이 관리했다. 당색은 소론에 속했다. 정조는 마지막 총신을 보내면서 슬픔을 표현하고 그에게 우의정을 추증하고 충헌忠獻이라는 시호를 내렸다.

그러나 정조의 총신이었다는 것이 오히려 정순왕후의 미움을 사 순조가 즉위한 뒤에 수렴청정을 하던 대왕대비 정순왕후는 그가 사욕을 채웠다는 죄를 물어 관작을 삭탈했다. 그 이면에는 대왕대비 집안을 강력하게 견제한 데 대한 원한 때문이었다.

3월 15일에는 김재찬(金載瓚: 1746~1827)을 규장각의 최고 책임자인 제학으로 임명했다. 인목대비 아버지인 연안김씨 김제남金悌男의 후손으로 아버지는 영의정을 지낸 노론 김익金熤이었다. 정조가 초계문신을 거쳐 규장각 각신으로 키워낸 인물이다.

3월 21일에는 세자 책봉을 경축하는 경과慶科를 거행했는데, 서울에 모인 응시자들이 모두 11만 1,838명으로 예조, 성균관 비천당, 성균관 명륜당 등 세 곳에서 시험을 치렀다. 광화문 앞의 예조에 모인 응시자가 3만 2천 명인데, 이들은 오늘날의 광화문 광장에서 시험을 치렀다. 성균관에 모인 응시자는 약 8만 명이었다. 시험지[시권]를 제출한 사람은 모두 3만 8,614명이었으며, 초시에서 1천 명을 뽑고,

복시와 전시를 거쳐 그 가운데 41명을 선발했다. 경쟁률이 약 2천 7백 대 1인 셈이다.

여기서 11만 명의 응시자 가운데 답안지를 제출한 자가 3만 8천 명이라는 것은 응시자의 약 3분의 2는 답안을 쓰지 못했다는 것을 말한다. 이런 현상은 공부를 제대로 하지 않은 무자격자들이 그만큼 많다는 것을 말하는데, 동시에 과거응시 규정이 지켜지지 않은 데에도 원인이 있었다. 예컨대, 과거응시자의 신분단자身分單子를 4관四館에서 미리 조사하여 허락받은 자만이 과장科場에 들어갈 수 있으나 그것이 지켜지지 않았고, 신분증인 호패號牌와 《소학》을 이미 배웠다는 증명서인 조흘강照訖講을 가지고 들어오도록 한 규칙도 지켜지지 않아 응시자가 폭주하게 된 것이었다. 하지만 역설적으로 말하면 과거시험이 그만큼 신분을 초월하여 누구에게나 개방되어 있었다는 것을 말해 준다.

무과 응시자는 모두 3만 5,891명으로 이들은 훈련원, 모화관, 남소영 등 세 곳에서 시험을 치렀다. 그러니 서울에 모인 응시자는 문무과를 합쳐 약 14만 7천 명이다. 당시 한성부 인구가 약 20만 명이니, 거의 한성부 인구에 육박하는 응시자들이 한꺼번에 서울에 모여든 것이다.

다음날인 3월 22일에는 창덕궁 춘당대春塘臺에서 성균관 유생들을 위한 인일제人日製 시험을 치렀는데, 이때 모여든 응시자는 10만 3,579명이었다. 전날 시험을 치른 문무과 응시자 14만 7천 명과 이들을 합치면 25만 명이 서울에 모인 셈이다. 그 모습을 상상만 해도 어지럽다. 인일제에서 수석으로 급제한 서울과 지방 출신 각 1명은 최종시험인 전시殿試에 나갈 자격을 주었고, 그밖에 성적이 좋은 1백 명은 복시에 응시할 자격을 주었다.

3월 28일에는 평안도에서 경학經學으로 추천받은 오위장 김도유金道游 등 3명을 임금이 직접 접견하고, 《대학》에 관해 심층적인 질의 응답을 나누었다. 이들에게는 참봉(종9품)의 벼슬을 내렸다. 그러고 나서 이들이 대답한 내용을 조목별로 정리하여 책을 만들라고 평안도 관찰사에게 명했다. 이 책이 《관서빈흥록關西賓興錄》이다.

이어 함경도 관찰사에게 명하여 경학과 제술에 능한 인재를 추천하여 올리게 한 뒤 어제御製를 내려 시험하고, 우등한 9명의 급제자들에게 벼슬을 주었으며 이어 이들의 답안지를 정리하여 《관북빈흥록關北賓興錄》이라는 책자를 만들게 했다. 그리하여 《빈흥록》이 만들어진 지역은 관동[강원도], 교남[경상도], 탐라[제주도], 풍패[함흥] 등을 포함하여 모두 여섯 곳이 되었다. 모두가 소외된 지역의 유생들을 격려하는 정책에서 나온 것이다.

4월 8일에는 명나라 장수 이여송李如松의 후손인 이희장李熙章이 처음으로 무과에 급제하자 임금이 기쁘다고 격려해 주었다. 그의 본관은 중국 농서隴西이다. 그는 뒤에 벼슬이 전라우도 수군절도사에 이르렀다. 이여송이 왜란 때 조선에 들어와서 우리나라 사족士族의 딸을 만나 아들을 낳았는데, 그가 바로 이희장의 조상이다. 그 후손들이 무관 벼슬을 받았지만 무과에 급제한 것은 이번이 처음이었다.

4월 15일에 임금은 대신들과 차대次對하는 자리에서 자신이 요즘 독서 때문에 눈병이 생겼다고 하면서 이렇게 근황을 알려주었다.

며칠 전 글을 탐독하느라 아침부터 정오까지 13권을 읽었다. 12시를 알리는 북을 친 다음에 비로소 수라가 들어왔는데, 갑자기 눈 부위가 부어오른 증세가 생겨 지금 며칠 지나도 낫지 않으니 괴롭다.

하루에 무려 13권의 책을 읽으면서 눈병이 생겼다는 임금의 말을 들은 영의정 이병모는, "글을 너무 많이 보지 마시고, 적당히 운동을 하셔야 섭생에 좋을 것입니다."라고 하면서 지나친 독서가 건강에 해롭다고 충언했다. 그러자 임금은 이렇게 다시 말을 받았다.

나는 몇 년 전에는 그래도 장차 희망을 가져볼 만하다고 생각했으나, 이제는 온 세상에 사람이 없다는 한탄이 절로 나온다. 항상 글을 읽는 선비와 오순도순 글 얘기를 나누며 즐기는 것이 본디 나의 규범이었는데, 요즘은 차츰 권태가 느껴진다. 꽃피는 봄철 모임에 궁궐 밖의 신하는 참여하지 못했으나, 내각[규장각]을 설치한 뒤로는 항상 내각 신하들과 자리를 함께하여 해마다 그만두는 일이 없었는데, 몇 해 전부터 이마저 그만두었다. 측근 신하들은 신하들의 걸음걸이를 비교하는 사람에 지나지 않는데, [정민시가 승지들의 걸음걸이를 비교하는 말을 했음] 이런 사람들과 천하를 다스리는 도道를 강론할 것인가? 문장에 대해 이야기를 나눌 것인가?

임금의 말을 들으면 건강도 좋지 않지만 각신閣臣 출신의 근신들도 민국民國의 이해나 학문을 논할 만한 인물이 없어 그들에 대한 불신도 매우 커서 신하들을 만나기도 싫다는 것이다. 그래서 허탈감을 메우기 위해 혼자 독서에 빠져 있다는 말이다. 그렇지만 그렇다고 정사政事를 포기한 것은 아니었다.

4월 21일에는 제10차 초계문신抄啓文臣 14명을 선발했다. 이것이 정조로서는 마지막 초계문신으로 지금까지 그 인원을 모두 합치면 138명에 이르렀다. 14명의 명단은 다음과 같다. 이영하(李泳夏; 전주이씨), 여동식(呂東植; 함양여씨), 김매순(金邁淳; 안동김씨), 김기은(金箕殷; 광산김씨), 신위(申緯; 평산신씨), 윤일규(尹日逵; 파평윤씨), 심영석(沈英錫; 판서 沈檀 손자), 조정화(趙庭和; 풍양조씨), 오연상(吳淵常; 해주오씨 吳載

純 아들), 김후(金鏐; 연안김씨), 조종영(趙鍾永; 풍양조씨 관찰사 趙鎭宅 아들), 윤정렬(尹鼎烈; 해평윤씨), 조석정(曺錫正; 창녕조씨), 김석현(金碩鉉; 김해김씨)이다. 이상 14명 가운데 마지막 김석현은 임금이 특별히 추천했다.

이들은 대부분 노론 출신이다. 영의정 이병모가 노론이므로 노론이 많이 추천된 것으로 보인다. 그러나 그 가운데 심영석은 남인 윤선도尹善道의 외손자로 숙종 대 경신환국으로 쫓겨난 남인 심단沈檀의 손자이다. 조석정과 김석현은 집안이 한미하다. 이들에 대한 친시親試는 윤4월 3일에 거행되었는데, 노론 김기은은 남인 심단의 손자인 심영석과 함께 응시할 수 없다고 하면서 응시를 거부하여 당색을 극복하지 못한 모습을 보여 주었다. 임금은 남인을 배척하는 김기은의 태도를 불쾌한 일로 받아들이고 다음과 같은 언교言敎를 내렸다.

정조 5년에 이 제도를 시행한 이후로 지금까지 없었던 일이다. 오늘날처럼 사도師道가 엄연히 위에 존재하는 때에는 신자臣子된 자는 그 사이에 입을 놀려서는 안 된다. 나는 을묘년[정조 19] 이후 풍속을 바로잡는 일을 형벌로 하지 않고 오로지 정도正道로서 하여 혹시 군주의 도리가 신장되어 세상의 교화와 풍속에 일대 개혁이 일어나는 성과가 있지 않을까 기대했었다. 그런데 지금에 와서 보니 도리어 그 전에 견주어 더 나아진 것을 볼 수 없으니 한탄스럽다. 나는 선조[영조]의 성덕聖德에 크게 미치지 못하니 어찌 감히 '건극建極의 통치'를 바라겠는가마는 또한 어찌 쓸데없는 헛소리로 시고 짠맛이나 조절하는 하찮은 생각을 하겠는가? '건극'이란 말은 제왕帝王이 통치의 준칙을 세운다는 '황극皇極'을 말한다. '극'자의 뜻은 '옥극屋極'이나 '북극北極'의 '극'자와 같으니, 곧 최상最上의 선善이 있는 지점이다. 지금 내가 추구하고 있는 의리 또한 '최상의 선'이란 것인데, 밑에서 내 뜻에 응해 주기를 이처럼 하고 있으니 어찌 한탄스럽지 않겠는가?

정조는 지금 자신이 사도師道를 가지고 있으며, 북극성北極星과 같은 '최상의 선善'을 가지고 있는 존재로서 황극皇極의 최고 자리에 있으므로 신하들은 임금의 명령에 따라야 한다는 것이다. 여기서 사도를 가지고 있다는 말은 정조가 늘 자처해 오던 군사君師를 가리킨다. 정조는 임금이자 스승의 자리에 있으면서 '최상의 선'을 추구해 왔는데, 그것이 바로 '탕평'이다.

또 정조는 자신이 정조 19년(1795)에 아버지와 어머니의 회갑을 기념하여 화성 행차를 다녀온 뒤로는 형벌을 멀리하고 오로지 정도正道, 즉 도덕적 의리만을 가지고 통치하면서 풍속을 교정하여 탕평의 목표를 달성하려는 정책을 취해 왔기 때문에 옛날 성인聖人의 경지에 이르렀음을 은근히 과시했다. 특히 정조 22년에는 자신의 호號를 '만천명월주인옹萬川明月主人翁'이라고 정하지 않았던가? 그러면서 신하가 감히 달빛을 잡으려 해서는 안 된다고 경고하지 않았던가? 그런데도 김기은이 당론의 나쁜 버릇을 버리지 못하고 남인 초계문신과는 함께 친시를 치를 수 없다고 거부하여 임금의 탕평책을 거부한 것은 신하의 도리가 아니라고 질타하고 있는 것이다.

임금은 5월에 우의정 이시수李時秀의 아우인 이만수李晩秀를 이조판서에 제수하려 했으나 이만수가 상피相避를 이유로 받지 않았다. 이시수와 이만수는 연안이씨 이복원李福源의 아들로서 모두 소론이었으나 노론 벽파와 가까웠다. 그러자 노론인 홍문관 수찬 김이재(金履載; 안동김씨)가 상소하여 상피제도에 어긋난다고 비판했다. 5월 30일에 임금은 김이재가 당론을 따른다면서 귀양 보내라고 명하자 이시수가 상소하여 임금의 조처가 지나치다고 말했다. 그러자 임금은 그동안 자신이 추구한 탕평정책의 추이를 길게 설명하면서 김이재의 행동이 탕평을 반대하는 것이라고 단정했다. 임금의 간곡한 이야기를 들은 예조참판 이서구李書九, 사간원 헌납 오한원(吳翰源; 나주오씨)

등은 임금의 분부에 전폭적인 동감을 표시하는 소를 올렸다.

앞서 초계문신의 일로 김기은이 저항하고, 뒤이어 이만수의 일로 김이재가 저항한 일이 일어난 것을 본 임금은 그들의 뒤에 배후세력이 있을 것으로 보고 스스로 배후를 밝히라고 다그쳤다. 임금은 김이재가 누구라고 배후를 지목하지 않아 단정하기 어려우나 노론 벽파의 우두머리인 심환지를 의심하고 있었던 것으로 보인다. 그런데 정조가 세상을 떠난 뒤 권력을 장악한 정순왕후 일파와 심환지는 김이재의 배후로 김이익·김이교 등 안동김씨와 서유린 등을 지목하여 귀양 보냈는데, 이들은 모두 정조의 노선을 따르던 시파時派들이어서 의아심을 자아낸다.

정조는 5월 30일에 심환지에게 어찰을 보내 다음과 같이 말했다.

…… 초파리 같은 김이재가 감히 신룡神龍의 조화를 모욕하고 희롱했다. …… 이조판서[이만수]는 명목상으로는 다른 색목(色目; 소론)이지만 실제로는 벽패(僻牌; 벽파)에 가깝다. …… 그렇다면 이조판서처럼 벽패에 가까운 사람은 마치 우리 편 사람인 것처럼 더욱 부호하고扶護 아껴야 한다. …… 이른바 벽패에는 늙고 힘없는 서매수徐邁修, 어둡고 졸렬한 김희순金羲淳, 약하고 물러터진 이노춘李魯春 등 몇 명 뿐이니, 많고 적음이 상대가 되지 않는데다 노둔하고 어리석기까지 하다. 이러한 때 마음을 가다듬고 용기를 모아 이리 뛰고 저리 뛰어도 대항할 수가 없을까 걱정인데, 하물며 경들처럼 이렇게 두려워하고 모호해서야 장차 무슨 일을 할 수 있겠는가? 이조판서는 형세상 바꾸어 주어야 하겠다. 바꾸어 주기를 기다렸다가 경이 "이만수를 이조판서에 특별히 임명한 것은 시속을 바로잡으려는 성상의 뜻에서 나온 것이다"라고 말한다면 저 김이재가 무슨 생각으로 감히 이를 막으려 하겠는가? …… 지금 벽패 쪽에는 믿을 만한 사람이 없고, 이른바 상소라는 것도 모두 수치를 당하고 모욕을 받을 이야기다. …… 경의 일처리가 어찌 개탄스럽지 않겠는가?

이 어찰을 보면, 지금 남아 있는 노론 벽파는 서매수·김희순·이노춘 등 몇 밖에 되지 않는데, 시파와 싸울 만한 세력도 약하면서 수치스런 상소나 올리고 있다고 하며 초파리 같은 김이재의 상소를 막지 못한 심환지의 일처리가 개탄스럽다고 말했다. 정조는 벽파의 양대 지주였던 김종수金鍾秀가 죽은 뒤로 심환지가 유일하게 의를 존중하는 벽파의 주인主人으로 남아 있는데, 그 추종자들의 수치스런 행동을 막지 못하고 있다고 본 것이다.

당시 정조는 노론 벽파의 거물 가운데 유일하게 살아남은 심환지에게 며칠에 한 번 꼴로 어찰을 보내고 귀한 음식과 약재도 자주 보내면서 심환지가 해야 할 일을 은밀하게 지시하고 있었고, 심환지도 자못 정조의 지시를 잘 따랐다. 하지만 심환지는 김종수처럼 저돌적인 성격이 아니어서 임금의 지시를 잘 따르는 듯하면서도 우유부단한 이중성을 지니고 있었다. 그래서 노론 벽파의 잔당이 일으키는 탕평 반대 행태를 과감하게 바로잡지 못해 임금의 힐책을 받는 일이 많았다. 이런 그의 행태는 정조가 죽을 때까지 이어졌다.

이보다 앞서 4월 25일에는 함흥 출신 사헌부 장령 한계옥(韓啓玉; 청주한씨)이 상서하여 몇 년 전에 향음주례鄕飮酒禮와 향약鄕約 5조를 지방에 내려 감사와 수령들이 각 면面과 리里에서 훈장을 뽑아 집집마다 그것을 가르쳐 주었는데, 겨우 2~3개월이 지난 뒤에는 중지되어 효력이 없어졌다고 말했다. 임금이 풍속을 정화하고자 추진하는 일들이 지방사회에서는 하는 시늉만 하다가 흐지부지되고 있는 모습을 볼 수 있다.

가까운 총신을 모두 잃고 이병모와 심환지 등 노론정권이 수립된 상황에서 정조는 시간이 갈수록 고립되어 갔다. 탕평을 향한 임금의 명령도 먹혀들지 않고, 교화사업도 흐지부지되었다. 여기에 임금의 건강까지 악화되었으니 정신적으로나 육체적으로나 정조는 기진맥진하여 죽음을 향해 내리막길을 걸어갔다.

7. 정조의 마지막 순간
─정조는 독살당했는가?

정조 24년(1800) 날씨가 무더운 6월 28일 저녁에 임금은 향년 49세로 숨을 거두었다. 항간에는 임금이 할머니 정순왕후나 좌의정 심환지에게 독살당했을지도 모른다는 소문이 퍼졌다. 그 소문은 노론과 사이가 나빴던 남인들 사이에서 퍼져 나갔다. 그러면 정조의 독살설은 사실인가? 이제 이 점을 유의하면서 6월 한 달 동안 임금이 투병하면서 죽음에 이르는 과정을 살펴보기로 한다.

죽음에 이르기 약 한 달 전인 이해 6월에 들어서자 임금의 몸에 종기가 나기 시작했다. 열흘 동안 붙이는 약을 사용했으나 효험이 없자 6월 14일 내의원 제조 서용보(徐龍輔; 판서 徐有寧 아들; 1757~1824)와 의관 백성일白成一, 정윤교鄭允橋 등을 불러 증상에 대하여 의견을 나누었다. 그 대화는 이러하다.

> 임금,　밤이 되면 전혀 잠을 깊이 자지 못한다. 일전에 약을 붙인 자리에서 고름이 터졌다.
> 그러자 의관들이 약을 붙인 자리를 진찰했다.
> 임금,　어제에 견주어 좀 어떤가?
> 정윤교,　독기毒氣는 어제에 견주어 한층 줄어들었습니다.
> 임금,　무슨 약을 붙여야 하는가?

정윤교,　근根은 없지만 고름이 아직 다 나오지 않았습니다. 여지고(荔枝膏; 여지로 만든 고약)가 고름을 빨아내는 데 가장 좋습니다.

임금,　　터진 곳이 작으니 다시 침으로 찢는 것이 어떤가?

정윤교,　이미 고름이 터졌으므로 다시 침을 쓸 필요가 없습니다.

임금,　　등 쪽에 또 종기 비슷한 것이 났는데, 지금 거의 수십 일이 되었다. 옷이 닿는 곳이므로 삼독[痲毒]이 상당히 있을 것이다. 무슨 약이 좋으며, 위치는 위험한 곳이 아닌가? [임금이 당시 베옷을 입고 있었으므로 종기에 삼독이 들어가지 않았을까 걱정한 것이다.]

정윤교,　위치는 그리 위험한 곳이 아니고, 독도 없습니다만, 근이 들어 있으니 고름이 생길 것 같습니다.

백성일,　웅담고熊膽膏를 붙이는 것이 좋을 것 같습니다.

임금,　　웅담고는 효과가 없을 것 같다.

정윤교,　수도황水桃黃은 독을 녹이는 약입니다.

임금,　　두통이 많이 있을 때 등 쪽에서도 열기가 많이 올라오니, 이는 다 가슴의 화기 때문이다.

이렇게 종기의 증상과 치료약에 대하여 의관과 논의하다가, 이날 가감소요산(加減逍遙散; 탕약)을 지어 올렸다. 이 약은 열을 내리게 하는 약이다. 그리고 이날 내의원 제조 서용보를 체직시켰다.

다음날인 6월 15일에 임금은 약원藥院의 여러 신하들을 접견하고 병 치료에 대하여 논의했다.

이시수,　의관의 말을 들으니, 머리와 등 쪽에 또 종기 비슷한 증세가 있으시다고 하므로 애타는 마음이 그지없습니다.

임금,　　머리 부분은 대단치 않으나. 등 쪽은 지금 고름이 생기려 하고, 게다가 열기가 올라와 화끈화끈하다.

이시수,　성상의 몸은 순전히 열기의 증세이므로 양제凉劑를 쓰지 않을 수 없으나, 소요산이나 백호탕은 지나치게 찬 염려가 있으니, 걱정스럽습니다.

임금, 이것이 맞는 약이므로 어쩔 수 없이 계속 쓰고 있다. 잠자기 전에는 망건을 쓰고 있기 때문에 지금도 머리를 묶어 싼 채로 접견하고 있지만 상대하기가 매우 힘들다.

임금은 이렇게 말하고 의관들에게 진찰하라고 명했다.

임금, 등 쪽은 무슨 약을 붙이는 것이 좋겠는가?

백성일, 행인고(杏仁膏; 은행나무 열매)에 대황大黃과 천화분天花粉을 더 넣어 붙이는 것이 좋을 듯합니다.

임금, 약 힘이 너무 약할 듯하다.

정윤교, 이것도 독을 녹일 수 있으며, 너무 독한 약은 섣불리 거론하기가 어렵습니다.

임금, 근은 없는가?

백성일, 거의 다 고름이 잡혔고, 근은 없습니다. 가슴의 화기가 내려가면 이 증세도 저절로 쉽게 나을 것입니다.

임금이 행인고를 지어 올리라고 명했다. 그리고 이날 백호탕白虎湯 두 첩을 지어 올렸다. 그러니까 고약과 탕약을 아울러 사용한 것이다. 백호탕도 역시 열을 내리게 하는 약이다.

그런데 바로 이날 6월 15일에 정조는 좌의정 심환지에게 개인적으로 어찰을 보내 자신의 병 증세를 이렇게 알렸다.

내 뱃속의 화기火氣가 올라가기만 하고 내려가지는 않는다. 여름 들어서는 더욱 심해졌는데, 그동안 차가운 약재를 몇 첩이나 먹었는지 모른다. 앉는 자리 옆에 항상 약 바구니를 두고 내키는 대로 달여 먹는다. 어제는 사람들이 모두 알고 있기에 어쩔 수 없이 체면을 차리려고 탕제湯劑를 내오라는 탑교榻敎를 써 주었다. 올 한 해 동안 황련(黃連; 미나리과 다년초)을 1근 가까이 먹었는데, 마치 냉수 마시듯 했으니, 어찌 대단한 일이 아니겠는가? 이밖에도 항상 얼음물을 마시거나 차가운 온돌 장판에 등을 붙인 채 잠을 이루지 못하고 뒤척이는 일이 모두 답답하다.

이 어찰을 보면 정조는 의관의 처방을 받기 전에 이미 스스로 몸의 화기火氣를 빼는 황련黃連을 비롯한 양제凉劑를 스스로 처방하여 복용하고 있었음을 알 수 있다.[21]

다음날인 6월 16일에는 임금이 약원의 신하들뿐 아니라 대신 및 각신을 함께 불러 병 치료를 의논하고 나서, 자신의 병이 탕평정책에 저항하는 세력 때문에 생겼다고 하면서 현 시국에 대한 소감을 강경한 어조로 말했다.

임금은 또 "그동안 소요산에다 황금黃芩과 황련黃連 등을 섞어서 매일 두 번씩 마셨는데, 어제는 백호탕을 마셨다. 그러나 조금 마시자마자 열이 오르고 온몸이 다 뜨거워졌다. 찬 음식을 먹고 나자 조금 열이 내려간 듯하고, 오늘 아침에는 어제보다 조금 나아진 듯하다."고 말했다.

도제조 이시수는 "의관들의 말이 어제 저녁의 열 증세는 약 힘이 발산하여 생긴 것이라고 하니, 백호탕을 다시 쓰는 것이 좋을 듯합니다."고 아뢰었다.

임금은 백호탕을 더 먹겠다고 말하고 나서, 자신의 병이 생긴 원인은 가슴의 해묵은 화병 때문인데, 요즘은 더 심한데도 풀어 버리지 못해서 악화되었다고 말했다. 그러니까 탕평정책에 저항하는 신하들 때문에 화병이 더 커졌다는 것이다. 그러면서 "경들 자신부터 임금의 뜻에 부응하는 방도를 생각하라"고 경고했다.

임금의 말을 들은 좌의정 심환지沈煥之는 임금이 이번 연석筵席에서 내리신 하교는 털끝만큼도 미진한 것이 없으며, 아무도 그 사이에 이론을 제기할 사람이 없을 것이라고 말했다. 하지만 심환지의 말을

---

21 《정조어찰첩》(성균관대학교 출판부, 2009) 517쪽.

들은 임금은 이렇게 대꾸했다.

경 또한 늙었지만 저번 연석의 분부 가운데 "자기 자신을 경멸하면 남이 따라서 경멸한다"는 말이 있었는데, 이 또한 경들이 스스로 반성할 점이다.

임금은 이렇게 경고했다. 심환지는 다시 "성상의 분부가 실로 틀림없습니다. 신처럼 무능한 자는 열 가지 일 가운데 한두 가지 일도 조정에 도움이 되는 것이 없으니, 어찌 남의 경멸을 받는 한탄이 없겠습니까?" 하고 임금의 말에 동의를 표했다. 하지만 임금은 심환지를 믿지 않고 있었다. 지난번 탕평을 거부한 김기은金箕殷이나 김이재金履載 같은 노론의 뒤에서 그가 조종하고 있다고 의심하고 있었다. 그래서 임금은 다시 장황하게 자신의 탕평노선을 설명했다.

내가 비록 덕이 모자라지만, 의리義理에 관한 문제는 한번 기준을 잡은 뒤에는 조금도 흔들리지 않는데, 오늘날 신하로서 누가 감히 그에 반대하여 나를 이기려는 생각을 가질 것인가? 만약 내가 지키려는 의리가 완벽하지 못한 점이 있다면 나를 반대하는 자로 하여금 무조건 따르라고 하겠는가마는, 천지자연과 부합되는 정밀한 의리에 대해서야 어찌 어지럽게 하는 자를 방치할 수 있는가? 《서경》에 오직 '임금만이 극極을 세운다'고 하지 않았던가? 극이란 옥극屋極, 북극北極과 같은 것이다. 옥극이 세워져야 문지도리, 문기둥, 문지방, 문설주 등이 제자리에 들어서고, 북극이 그 자리에 있어야 수많은 별들이 에워싸고 돌아가는 것이니, '황극'을 세우는 것도 이와 마찬가지다.

임금은 자신이 '황극'을 바탕으로 한 탕평의 의리가 천지자연에 부합된 완벽한 의리라고 다시 한 번 강조하면서 이 의리에 대하여 이견을 가지고 방해해서는 안 된다고 경고했다. 임금은 나아가 지난 병진년(정조 20년)에 남인 채제공과 함께 일하기를 거부한 이서구李書九와 심환지沈煥之를 내친 일을 상기시키면서, 그 뒤로는 당론이 별로 일어나지 않았는데 이번 일은 그때보다도 더 심하다고 지적하고, 앞으로 자수하고 반성하지 않으면 한두 사람은 큰 벌을 받게 될 것이라고 경고했다.

임금은 "내가 입을 열면 상처를 입을 사람이 몇 사람이 될지 모르기 때문에 참고 있다."고 말하고, 그들이 사면팔방으로 교제하면서 비밀히 내통하고 있다고 지적하며, "내가 그들을 사대부로 인정하고 있지 않기 때문에 우선 방치하고 있지만, 분명히 조사하여 엄중히 조처하는 것은 일단 행동으로 옮기기만 하면 결판이 날 판인데 그들은 오히려 무서운 줄을 모른단 말인가?"라고 겁박했다.

임금의 말을 들은 우의정 이시수李時秀는, "아랫사람 가운데 죄가 있는 자는 그 죄에 걸맞게 벌을 가하면 그뿐입니다. 병을 요양하시는 가운데 어조가 과격하시니 혹시 몸조리에 해로울까 신들은 애가 탑니다."라고 말했다. 그러자 임금은 이렇게 반박했다.

경들이 하는 일도 한탄스럽다. 이와 같은 하교를 듣고서도 어찌 그 이름을 지적해 달라고 청하지 않는단 말인가? 그렇지만 나는 말을 하고 싶지 않다. 그들은 나를 나약하다고 생각하고 감히 이렇게 하고 있으나, 조만간에 결국 결말이 날 것이다. 비유하자면 종기가 고름이 잡히는 것과 마찬가지이니, 나는 반드시 그것이 스스로 터지기를 기다리고 싶으나 그들이 끝내 고칠 줄 모른다면 나도 어쩔 수가 없다.

임금이 불순한 세력으로 지목한 사람들이 구체적으로 누구인지는 끝내 밝혀지지 않았지만, 탕평을 반대하는 노론 벽파들을 가리키는 것은 분명하다. 임금은 좌의정 심환지를 그 배후로 지목하지는 않았지만, 장차 명백한 증거를 찾으면 큰 처분을 내리겠다고 경고했다.

임금이 병중인데도 탕평 반대세력과의 한바탕 전쟁을 선포하고 있는 것은 예사로운 일이 아니었다. 이로부터 겨우 12일 뒤에 임금이 숨을 거두었으니, 누군가 임금을 독살했다는 소문이 남인들 사이에 퍼지고, 심환지를 의심하게 된 것도 이런 분위기 때문으로 보인다.

그런데 여기서 눈여겨보아야 할 일이 있다. 정조가 심환지에게 보낸 것으로 알려진 297통의 어찰 가운데 마지막 어찰이 6월 15일로 끝났다는 사실이다. 이날 어찰에는 자신의 병 증세와 약물 복용에 관한 이야기만 전했다. 그런데 바로 그 다음날인 6월 16일에 정조는 탕평을 반대하는 노론 벽파와의 최후일전最後一戰을 선포하고 있는데, 그 대상이 심환지가 아니라면 싸울 대상은 없어 보인다. 그러니 이날 이후로 심환지에게 보내는 어찰이 끝난 것도 바로 여기에 이유가 있는 것이 아닌가 추측된다. 결국 심환지를 길들여 노론 벽파의 탕평 반대 행태를 막아 보려던 정조의 기대는 수포로 돌아간 셈이다.

임금은 계속하여 매일 약을 투여하면서 병과 싸웠다. 이날 6월 16일에는 사순청량음四順淸凉飮 두 첩과 금련차金連茶를 올린 뒤에 우황고牛黃膏 5알을 만들어 올렸다. 또 이날 내의원 제조提調에 종친인 이병정(李秉鼎; 소론 조재호의 사위)을 임명했다. 그는 소론에 속하는 인물로서, 정조가 병을 치료하는 책임자로 노론 정승보다는 소론 인사를 더 신임하고 있었음을 알 수 있다. 그러나 그의 부모가 병환 중이므로 6월 23일에 체직하고 김재찬(金載瓚; 1746~1827)을 후임으로 삼았다. 김재찬은 연안김씨 영의정 김익金熤의 아들로서 노론에 속하지만 초계문신을 거쳐 규장각 각신으로 키운 인물이기에 정조는 그를 등용했던 것이다.

6월 17일에도 임금은 가감소요산 세 첩을 마시고, 금련차 1첩을 달여서 들였다.

6월 19일에는 약원의 여러 신하들을 접견했다. 신하들은 의원들이 직숙直宿할 것을 청했으나 임금은 그럴 필요가 없다고 거부했다.

6월 20일에는 가감소요산을 중단하고 유분탁리산乳粉托裏散과 삼인전라고(三仁田螺膏; 우렁이 고약), 그리고 메밀밥을 지어 올리라고 임금이 명했다. 고름을 뽑아내고 열기를 식히는 데 도움이 되는 약들이다.

세상을 떠나기 7일 전인 6월 21일에 임금은 약원의 신하들을 만난 자리에서 자신의 병 증세를 설명하면서, "높이 부어올라 당기고 아파 여전히 고통스럽고, 한열寒熱이 일정치 않으며, 정신이 흐려져 꿈을 꾸고 있는지 깨어 있는지 분간하지 못할 때도 있다."고 말했다. 이제 는 정신이 흐려지는 단계로 병이 진행된 것이다. 이때 새로 진찰을 맡은 강명길康命吉, 유광익柳光翼, 한필채韓必采. 박전朴烇 등이 진찰 결과를 말했다.

> 강명길, 맥의 도수는 일정하여 기운이 부족한 징후는 없습니다. 특별한 종기의 열은 없습니다.
>
> 유광익, 맥은 모두 고루 뛰고 있기는 하나, 왼쪽 간맥肝脈은 전보다 더 큰 것 같습니다.

한필채와 박전도 강명길, 유광익과 비슷한 의견을 개진했다. 종기를 전담하는 의원 김유제金有濟는 새로운 고약을 붙이는 것이 좋다고 추천했다.

6월 22일에도 약원의 여러 신하들을 불러 만났다. 임금은 "잡아당기는 통증은 조금 나은 듯하고, 수라는 들지 못하고 쌀미음을 조금 마셨다. 찹쌀밥을 붙인 뒤에 고름이 많이 나왔다."고 말했다. 이날 임금은 의관 피재길皮載吉이 지방에서 올라온 김한주金漢柱와 백동규

白東圭 등과 함께 진찰하라고 명했다. 김한주와 백동규는 종기를 진찰하고 나서 "고름이 많이 나왔으나 아직도 푹 곪지는 않았다."고 말했다.

이날 의원들이 새로 처방한 죽엽차竹葉茶에 청심환淸心丸 한 알을 넣어 달여 오게 하고, 구모고具母膏를 조제하여 붙였다. 또 이날 향유조중탕(香薷調中湯; 노야기탕)과 향귤음香橘飮을 들었다.

6월 23일, 임금은 자신의 증세가 어제와 다른 점을 말했다. 고름이 나오는 곳 이외에 등골뼈 전체가 부어올랐는데, 큰 것은 연적硯滴만하다고 했다. 임금은 또 병 때문에 민국民國의 일을 처리하지 못하는 것이 걱정이라고 말했다. 이날 오후에는 열 증세가 있었는데, 임금은 그 이유가 인삼이 들어간 육화탕六和湯 때문이라고 하면서 "어찌 그런 약을 쓸 수가 있는가?"고 하면서 의문을 나타냈다. 열이 많은 사람에게 인삼을 사용한 것에 대하여 임금은 불쾌감을 드러냈다. 이날 임금은 토끼 가죽을 써보기도 하고, 또 우렁이 고약과 찹쌀밥도 환부에 붙였다.

그런데, 이날 우의정 이시수李時秀는 떳떳한 처방을 써도 지금 효과가 나타나고 있는데, 장용영 장관將官인 심인沈鏔이 처방한 연기를 쐬는 연훈방煙燻方 치료나 토끼 가죽, 또는 우렁이 고약 같은 잡약雜藥을 섣불리 시험해서는 안 될 듯하다고 임금에게 건의했다. 불행하게도 이시수의 염려는 적중했다. 정조는 심인이 처방한 연훈방 치료를 받고 나서 병세가 더욱 악화되어 심인은 그 책임을 지고 귀양 갔다가 사약을 받고 죽었다.

홍서하기 나흘 전인 6월 24일, 임금은 곁에 있는 작은 종기가 더 당기고 아프다고 하면서 무더위 때문에 더욱 고통을 받았다고 했다. 이날 치료는 그동안의 약재가 효험이 떨어진다고 보아 임금은 이시수가 어제 섣불리 사용해서는 안 된다고 건의한 심인沈鏔의 연훈방煙薰方과 파두(巴豆; 떨기나무)를 이용한 성전고聖傳膏를 한번 시험해 보라고 명했다.

그런데 연훈방을 건의한 심인은 심환지의 먼 친척으로, 본래 천한 무인이었다가 가산군수嘉山郡守를 지내고 장용영 장관에 이른 자이다. 연훈방은 거울의 뒷면에 바른 주사朱砂를 태운 연기를 쐬어 치료하는 방법인데, 잘못 치료하면 수은중독을 일으켜 죽음을 가져올 수 있는 위험한 치료였다. 그가 바로 심환지의 친척이었기 때문에 심환지가 임금의 죽음에 개입되었을 것이라는 혐의를 더 크게 받게 된 것이다.

연훈방 치료를 받은 다음날인 6월 25일에는 임금이 잠깐 잠이 들었을 때 피고름이 저절로 흘러내렸는데, 그 양이 몇 되나 되어 속적삼에 스며들고 요 자리에까지 번졌다고 임금이 말했다. 신하들은 피고름이 나온 것은 근이 녹았기 때문이라고 하면서 기뻐했으나, 사실은 혈관이 터져 나온 피였다. 임금은 이날도 식사를 하지 못했다. 그러나 임금은 어깻죽지의 종기 부은 것이 조금 가라앉았으나, 그 주변에 있는 작은 종기들이 엉겨 붙어 바가지를 엎어 놓은 것같이 잡아당기는 증세가 있다고 말하고, 음식을 먹지 않아도 배가 불러 먹고 싶지 않으니 이상하다고 했다.

임금은 피고름이 그토록 많이 나왔는데도 열기가 있고 당기는 것은 무슨 이유냐고 묻자 심인沈鏔이 "약간의 찌꺼기가 남아 있어서 그렇습니다."고 답변했다. 임금은 "지금 약을 논의하는 의관은 누구냐?"고 묻자 이시수가 "유광익柳光翼, 현필채玄必采, 이유감李惟鑑 등"이라고 말했다. 임금은 다시 "탕약을 의논하여 결정하는 과정에 약리藥理를 잘 아는 의관醫官이 전혀 없으니 나라의 체모가 말이 아니다.

진정으로 유의하여 찾아본다면 그래도 어찌 그런 사람이 없겠는가?"고 하면서 다른 의관을 더 찾아보라고 명했다. 임금은 의관들의 처방에 불만과 의심을 드러내 보였다.

그런데 그동안 대신 가운데 임금을 만나 병의 증세를 의논한 사람은 약원 도제조를 맡은 우의정 이시수李時秀와 제조 이병정李秉鼎, 조윤대(曺允大; 소론), 그리고 화성유수 서유린(徐有隣; 노론)뿐이었다. 그 가운데 도제조 우의정 이시수가 임금과 가장 가까이서 많은 대화를 나누었다. 이들은 대부분 소론 계열 인사였다. 좌의정 심환지沈煥之나 제조 김재찬金載瓚 등 노론은 임금을 만나 병 증세에 대하여 의견을 나눈 기록이 6월 25일까지는 보이지 않는다. 임금이 노론의 접근을 피하는 듯한 인상을 주고 있다.

이날 심환지가 합문 밖에까지 찾아 왔으나, 이시수는 "이런 때에 범사를 더욱 신중히 해야 합니다."고 임금에게 말하여 심환지를 경계하는 태도를 보였다. 임금은 그럴 필요까지야 있느냐고 말했지만, 이시수는 임금보다도 더 심환지를 불신하고 있었다. 그러니까 이시수도 심환지를 극도로 경계하고 있었음을 볼 수 있다.

이날 임금의 맥을 짚은 의관 강명길은 말하기를, "오른쪽 맥은 아직 내리지 않았으며, 원기를 보충하는 것은 괜찮으나 절대로 양제(凉劑; 열을 떨어뜨리는 약)를 써서는 안 됩니다."고 말했다. 임금은, "오늘 새벽 이후 아무 것도 먹지 않았는데, 정신은 말짱하고 구미는 터지지 않으니 무슨 이유냐?"고 물었다. 그러자 심인은, "정신이 이미 좋아지셨으니 구미도 차츰 트일 것입니다."라고 위로했다. 임금은, "연훈방을 오늘도 써볼 것인가? 소요산에 사물四物을 더 넣는다면 합당한 약이 될 것 같다. 경들은 나가서 더 의논해 보라."고 했다. 임금은 연훈방에 의심을 보이면서 탕약이 합당할 것 같다는 의견을 냈다.

임금의 의견을 들은 이시수는 의관들과 상의한 뒤에 임금에게 아뢰기를, "조금 전에 의관에게 내린 분부가 과연 지당합니다. 피고름이 그토록 많이 나온 것은 다 곪아서 터진 것이 아니라 더운 피가 위로 올라와 그것이 터져서 피고름이 따라 나온 것 같습니다."고 말했다. 임금은 저녁에 용뇌안신환龍腦安神丸 한 알과 댓잎을 달인 물에 우황청심환 한 알을 넣어 들여오라고 명했다.

정조가 숨을 거두기 이틀 전, 6월 26일 아침에 처음으로 약원 신하들을 만난 자리에서 좌의정 심환지沈煥之가 안부를 물었다. 죽기 이틀 전에 처음으로 심환지를 만난 것이다. 그러자 임금이 "몸을 움직이는 것은 조금 낫지만, 통증은 완전히 가시지 않았다."고 대답했다. 이시수가 수라를 드셨느냐고 묻자, 임금은 차가운 쌀죽만 조금 먹었다고 말했다. 심인은 환부를 진찰하고 나서, "부은 곳이 어제보다 낮아졌으나 고름이 계속 흘러내려 옷에 젖은 곳이 많다."고 말했다.

이날 오후에 또 신하들을 만났다. 심환지가 그동안 음식을 드셨느냐고 묻자, 임금은 "조금 전에 흰 도라지 미음을 조금 마셨다."고 대답했다. 이시수는 의관들과 의논한 뒤에 원기를 보충하는 것이 급하므로, 사물탕四物湯과 팔물탕八物湯에서 일부 약재를 빼고 처방하겠다고 아뢰었다. 심환지도 이제는 약을 쓰는 것이 어제 이전과는 전혀 다르다고 말했다. 그러니까 6월 26일을 고비로 종기 치료보다는 오랫동안 음식을 들지 못했으므로 허열虛熱이 일어난다고 보아 원기를 보충하는 약으로 바꾼 것이다. 임금은 "지금과 같은 번열증으로 어찌 그와 같은 약을 복용할 수가 있겠느냐?"고 처음에는 의아하게 여겼다. 그러나 대신들이 권하자 "그렇다면 한번 먹어보겠다."고 말했다.

이시수가 "오늘 달여서 들여오게 할까요?" 하고 임금에게 묻자, 임금은 "오늘은 복용할 수 없고, 내일이나 모레쯤 다시 의논하라."고

하면서 약 복용을 늦출 것을 명했다. 그러나 이시수가 "이제는 탕약을 하루라도 중지하시면 애가 탈 일입니다."고 걱정하자, 임금은 이렇게 대답했다. "경들은 나의 본디 체질을 몰라서 그렇다. 나는 본디 온제(溫劑: 몸을 덥히는 약)를 먹지 못하는데, 음산하고 궂은 날에는 더욱 그런 약을 먹지 못한다. 해로움이 반드시 일어난다. 궁중에 여러 해를 출입한 각신들은 나의 체질을 알 것이다. 오늘은 결코 복용할 수 없다."고 하면서 거부했다. 이시수가 경옥고瓊玉膏를 묽게 타서 드시라고 하자, 임금은 "평소에 경옥고를 한번 맛보면 5~6일 동안 음식을 먹지 못했다."고 하면서 경옥고나 팔물탕이 자신의 체질에 맞지 않는다고 말했다. 다시 말해 정조는 자신이 본래 열이 많은 체질로, 인삼이나 경옥고나 팔물탕 같은 몸을 따뜻하게 하는 온제溫劑는 맞지 않는다고 알려 준 것이다.

그러나 이날 저녁에 약원의 신하들을 만난 임금은, 종기가 많이 좋아졌다는 의관과 이시수의 말을 듣고 "경들이 간청하니, 경옥고를 조금 시험해 보겠다."고 말했다. 조윤대曹允大도, 경옥고에 인삼이 들어가긴 했지만 지황地黃의 양을 배로 늘렸기 때문에 양제涼劑라고 할 수 있다고 말했다. 그래서 경옥고를 복용했다.

죽기 하루 전인 6월 27일 아침, 이시수가 문안하자 임금은 "어젯밤을 지샜다."고 말했다. 강명길, 유광익, 이경배李敬培 등 의관들이 진맥하고 나서 아뢰기를, "열기는 조금 없어진 듯하나, 좌우 3부部의 도수는 모두 부족한 듯합니다."라고 했다. 그러니까 맥박이 약하다는 뜻이다. 이시수가 "맥박뿐 아니라 정신이 혼미하시니 매우 애타고 답답합니다."고 하자, 임금은 "어제도 경옥고를 복용했으나 날씨가 궂어 효과를 보기 어렵다. 이제는 병의 증세를 치료하는 약을 쓰지 않을 수 없다."고 하면서 원기보충제보다 증상치료약을 쓰라고 명했다.

이시수가 밖으로 나가 의관들과 상의하여 가감팔물탕加減八物湯 방문을 가지고 들어와 임금에게 아뢰니, 임금이 "인삼 두 돈을 한 돈으로 줄이는 것이 좋겠다."고 말했다. 심환지가 "당기고 아픈 곳은 완전히 나았습니까? 그간의 상황은 어떻습니까?"고 묻자 임금은, "그것은 나았다. 정신이 혼미할 따름이다."라고 답했다. 임금은 아직도 구미가 없어 수라를 들지 못했다. 이시수가 팔물탕을 올리자 임금이 복용한 뒤에 곧 잠이 들었다. 임금이 다시 깨어나자, "도목정사都目政事를 치를 때가 되었는데, 정관(政官; 이조판서 이병정)의 일이 딱하게 되었구나. 민사民事에 관한 일이 있으면 지금과 같은 상황이라도 보고하여 조처하도록 하라."고 명했다. 그 와중에도 임금은 정사를 처리하겠다고 말했다.

강명길은 가감팔물탕에 인삼 3돈을 써도 좋겠다고 아뢰자 임금은 갑자기 많이 쓸 필요가 있느냐고 물었다.

이날 오후에 임금은 팔물탕을 또 복용하고 다시 잠이 들었다가 깨어났다. 임금은 더위 때문에 견디기가 어렵다고 하소했다. 임금은 몇 차례 인삼 5돈쭝, 1돈쭝과 좁쌀 미음을 복용했다.

드디어 6월 28일, 임금이 세상을 떠나는 날이 밝았다. 이날 비가 왔다. 그러면 이날 하루의 일과日課는 어떠했는가? 《실록》과 《승정원일기》를 참고하여 시간대별로 알아보면 다음과 같다.

아침 묘시[6시 무렵]에 좌의정 심환지沈煥之 등이 문안을 드리자, 임금은 "파루(罷漏; 통행금지 해제; 새벽 4시쯤) 뒤에 잠을 좀 잤다."고 했다. 이시수가 "밤사이에 무엇을 드신 것이 있습니까?"고 묻자, 임금은 "전혀 먹은 것이 없다."고 답했다. 인삼차를 들이자 임금이 마셨다. 우의정 이시수李時秀가 지방 의원으로 명성을 떨치고 있는 김기순金履淳과 강최현姜最顯을 대령하자, 임금이 불러들이라고 명했다.

이들이 강명길과 함께 진맥을 하고 나서 "원기가 부족한 것이 어제와 같습니다."라고 아뢰었다. 임금이, "탕약을 어떻게 쓰면 좋겠는가?" 하고 물으니, 강명길이 "원기를 보할 약을 쓰면서 동시에 비장(脾臟; 지라)을 따뜻하게 해야 하겠습니다."고 아뢰었다. 강최현 등이 진맥하고 나서, "맥 도수가 빠르고, 풍 기운이 있는 듯합니다."고 아뢰었다. 풍 기운은 신경마비 증세를 말한다.

아침 진시[8시 무렵]에 약방 세 제조提調가 입시하여 임금과 대화를 나누었는데 임금이 일어나 앉기도 했다. 신하들이 안부를 묻자 임금이 "전과 똑같다."고 대답했다. 이시수가 탕제를 올리자 임금이 "누구의 약이냐?"고 물었다. 이시수가 "강최현이 명했는데 여러 사람들의 생각이 같습니다."고 대답했다. 임금이 "5돈쭝이냐?"고 묻자 이시수가 "인삼 3전입니다."라고 대답했다. 조금 있다가 임금이 대신들을 보고 물러가라고 명했다.

오시[12시 무렵]에 약방이 입시했다. 심환지 등이 "그동안 어떠하십니까?"고 묻자 임금이 한동안 대답하지 않았다. 심환지 등이 의관 홍욱호洪旭浩가 대령하고 있다고 아뢰자, 임금이 "하필 그렇게 하는가?"고 못마땅하게 대답했다. 그 뒤 다시 잠이 들었다. 조금 있다가 임금이 "너무 덥다. 경들은 물러가라. 조금 쉬었다가 다시 불러서 진찰하겠다. 지금은 대꾸하기가 힘들다. 빨리 물러가라."고 명했다.

오시말[오후 1시]에 승지들이 차례로 편전으로 들어왔다. 임금이 이 무렵 창덕궁에서 혜경궁이 거처하던 창경궁 영춘헌迎春軒으로 자리를 옮겼다. 왜 이곳으로 거처를 옮겼는지 알 수 없다. 또 어떤 방법으로 이곳으로 왔는지도 아무런 기록이 없다. 아마도 어머니 옆에서 생을 마감하려 한 것으로 보인다. 임금은 "경기감사와 예조판서가 입시하라. 두 직제학이 들어오라."고 명했다. 왕명에 따라 원임 직제학 서정수徐鼎修, 검교 직제학이자 예조판서 서용보徐龍輔와 이만수李晚秀가 들어왔다. 임금이 왜 경기감사, 예조판서, 두 직제학을 불렀는지 알 수 없으나 무슨 유언을 하려 한 듯하다. 이시수가 홍욱호와 강최현이 진찰하도록 청하자 임금이 허락했다. 그 뒤로 임금이 말을 하지 못했다.

이시수는 의관들에게 진맥하게 했다. 지방 의원 이명운李命運은 "맥의 도수를 잘 모르겠습니다."라고 말하고 홍욱호와 강최현도 아무 말도 하지 않았다. 이시수가 "인삼 5돈쭝과 좁쌀 미음을 달여 오라. 청심원淸心元 두 알, 소합원蘇合元 다섯 알을 들여오라."고 명했다. 임금을 대신하여 탑교榻教를 내린 것이다. 좌의정 심환지 등이 큰 소리로 "신들이 대령했습니다."고 아뢰었으나 임금은 대답이 없었다. 그러자 인삼차, 청심원, 소합원을 계속 입에 넣었다.

이때 왕대비 정순왕후가 승전색承傳色을 통해 분부를 내렸다. "이번 주상의 병세는 병술년[영조 42] 선조先朝의 병세와 비슷하다. 그때 성향정기산星香正氣散을 드셨으니, 의관들이 의논하여 올려 드리게 하라."고 말했다. 또 어머니 혜경궁도 승전색을 통해 분부하기를, "동궁이 방금 소리쳐 울면서 나아가 안부를 묻고 싶어 하므로 지금 함께 나아가려고 하니, 제신은 잠시 물러나 기다리도록 하시오." 하니 심환지 등이 물러나 문밖에서 기다렸다.

혜경궁이 대내大內로 들어가자 심환지 등이 다시 들어갔다. 부제조 조윤대曹允大가 성향정기산을 들고 들어오자 이시수가 받아 숟가락으로 두세 숟갈을 입안으로 넣었는데, 넘어가기도 하고 토하기도 했다. 다시 인삼차와 청심원을 계속 올렸으나 마시지 못했다. 강명길이 진맥하고 나서 엎드려 말하기를, "맥도로 보아 가망이 없습니다." 하자 신하들이 어쩔 줄을 모르고 둘러 앉아 소리쳐 울었다.

관례에 따라, 종묘, 사직, 산천에 기도를 올리게 하고, 궁성宮城을 호위하게 했다. 왕실의 가장 큰 어른인 왕대비 정순왕후가 승전색을 통해 분부했다. "주상의 병세는 풍 기운 같은데, 대신이나 각신이 병세에 적절한 약을 의논하지 못하고 어찌할 줄 모르는 기색만 있으니 무슨 일이오." 하고 꾸짖었다. 심환지는 "이제는 성상의 병세가 이미 위독한 지경에 이르러 천지가 망극할 뿐 더 이상 아뢸 말이 없습니다."라고 아뢰었다. 그러자 왕대비가 다시 분부했다. "선조 병술년[영조 42년]에 주상의 병환이 혼미한 지경에 이르렀으나 하루 밤낮을 넘기고 다시 회생했으며, 갑오년[영조 50년]에 또 그와 같은 증세가 있었으나 결국 회복했다. 지금은 주상의 병환이 위독한 지가 그리 오래되지 않았는데, 그 무슨 말이오?" 하고 다시 꾸짖었다.

내의원 제조 김재찬金載瓚이 인삼차와 청심원을 받들고 들어왔으나, 임금은 역시 마시지 못했다. 정순왕후가 "내가 직접 받들어 올려 드리고 싶으니 경들은 잠시 물러가시오." 하니 심환지 등이 잠시 문밖으로 물러나왔다. 조금 뒤에 방안에서 [정순왕후와 혜경궁이] 곡하는 소리가 들렸다. 이때 이미 임금은 운명한 것으로 보인다. 심환지와 이시수 등이 문밖에서 큰 소리로 아뢰기를, "신들이 우러러 믿는 곳은 왕대비 전하와 자궁 저하일 뿐입니다. 동궁저하께서는 나이가 아직 어리므로 감싸고 보호하는 책임이 우리 자전 전하와 자궁 저하에게 달려 있을 뿐인데, 어찌하여 이처럼 감정대로 행동하십니까? 국가의 예법도 엄중하니 즉시 대내로 돌아가소서." 그러자 한참 뒤에 정순왕후는 대내로 돌아갔다.

《정조실록》과 《승정원일기》에는 오시 말, 곧 오후 1시 무렵까지의 기록만 보이고 그 뒤로는 아무런 기록이 없다가 유시酉時, 곧 오후 6시 무렵에 임금이 창경궁 영춘헌迎春軒에서 대점大漸했다고 기록

했다. 아마도 실제로 숨을 거둔 것은 오후 6시 이전이었으나, 궁궐을 수비하고, 정순왕후가 세자에게 옥새[보위]를 전달하는 등 뒷처리를 하고, 또 임금이 혹시 회복할지도 모르므로 기다렸다가 오후 6시쯤에 이르러 임금의 죽음을 발표한 것으로 보인다.

임금은 이날 오전까지만 해도 기력은 쇠진했으나 신하들과 많은 대화를 주고받았고, 김조순을 승지로 임명하는 등 정사를 보았는데, 오후에 들어와서 갑자기 숨을 거둔 것이 의아스러운 것은 사실이다. 그래서 정조의 죽음을 둘러싸고 정순왕후와 심환지의 독살설이 남인 南人 사이에 퍼진 것이다. 그 이유는 이렇다.

임금에게 위험한 연훈방을 처방한 심인이 바로 심환지의 먼 친척이어서, 임금이 연훈방으로 죽었다고 보는 것이 공론으로 되었다. 그래서 혹시 심환지가 여기에 관여되었을지도 모른다고 의심받은 것이다. 또 임금이 며칠 전 당론을 일으키는 배후 세력으로 심환지를 의심하여 언젠가 큰 사건이 터질 것이라고 협박하는 말을 한 일이 있었으므로 심환지가 임금에 대한 공포심을 가졌을 것으로 보인다. 하지만, 이런 정황만으로 심환지가 심인을 시켜 독살했다고 단정하기는 어렵다.

정순왕후가 의심받은 이유는 두 가지다. 하나는 신하들을 모두 내보내고 혼자서 정조가 있는 방으로 들어갔다가 나와서 의심을 받았다. 그러나 정순왕후가 혼자 있었는지 혜경궁과 함께 있었는지 확실하지 않다. 다만 정조가 운명한 것을 보고 방 안에서 정순왕후와 혜경궁이 함께 울부짖었다는 기록을 보면 정순왕후가 혼자 있었던 것은 아닌 것 같다.

두 번째로 정순왕후는 임금의 죽음에 임박하여 신하들이 치료를 잘못한다고 질타했다는 기록이 보여 의심하기 어렵지만, 본질적으로는 정조와 좋은 사이가 아니었다. 오라비 김귀주金龜柱가 모역죄로 정조에 의해 귀양 가는 처지가 되었기 때문이다.

그밖에 또 의심스러운 일이 있다. 《승정원일기》에는 보이지 않지만 《정조실록》에는 임금이 이날 오후 영춘헌으로 와서 운명하기 직전에 분부가 있는 것 같아 자세히 들어보니 수정전壽靜殿, 곧 정순왕후가 거처하는 곳을 가리켰다고 되어 있다. 임금이 왜 운명 직전에 정순왕후가 거처하는 수정전을 손으로 가리켰는지 알 수 없다. 정순왕후에게 무슨 말을 하고 싶어 한 듯하나 그 뜻을 알 수 없었다. 그리고 왜 이 기록이 《승정원일기》에는 보이지 않는지도 의문이다.

정조의 죽음과 관련하여 의심스러운 일이 여러 가지 있지만 확증이 없으므로 그대로 의심으로 남겨둘 수밖에 없다. 다만 정조가 죽음을 맞이할 당시의 최고 실세가 정순왕후와 심환지였기 때문에 이런 의심을 낳게 된 것이다.

정조가 세상을 떠나던 며칠 동안의 일은 이처럼 의아스러운 점이 있지만, 임금이 몇 년 전부터 건강이 점차로 악화되어 간 것은 사실이다. 다혈질의 성품에다 체질적으로 태양증에 속하여 몸에 열기가 많았다. 원래 가슴이 갑자기 꽉 막히고 음식을 토해내는 격기膈氣가 있었고, 과로와 당쟁黨爭에 대한 화병[스트레스]이 겹쳐 기력이 쇠하고, 눈이 어둡고, 종기가 생기는 증상이 몇 년 동안 계속되어 온 것이다. 다만, 마지막 병증인 목과 등 뒤에 생긴 심한 종기 증세를 치료하다가 사망했다.

정조가 세상을 떠난 뒤로 의관 강명길康命吉은 치료를 잘못한 죄로 다음 해 죽임을 당하고, 그 아들들도 귀양을 갔다. 그는 지난해 왕명으로 《제중신편濟衆新編》을 편찬한 명의였다. 피재길皮載吉은 함경도 무산부로 귀양 갔다. 지방에서 올라온 심인沈鏔은 가장 큰 처벌을 받아 함경도 경흥부로 귀양 갔다가 뒤에 사약을 받고 처형당했다. 정윤교鄭允喬는 함경도 위원으로 귀양 갔다. 심인을 제외한 의관들은 당대를 대표하는 명의名醫로서 나름대로 최선을 다했고, 또 임금과 의견을 나누면서 치료를 했으므로, 그들이 전적으로 책임을 질 일은 아니었다. 하지만 임금이 죽으면 의관이 처벌받는 것이 관례처럼 되어 왔기에 그들도 이를 피하지 못했을 뿐이다.

당시 신하 가운데 가장 지위가 높은 영의정 이병모李秉模는 세자 책봉을 허락받고자 북경에 주청사奏請使로 갔기 때문에 좌의정 심환지가 가장 높은 벼슬아치였으므로 정순왕후가 그를 영의정이자 원상院相으로 임명하여 국정을 맡겼다.

정조가 승하하자 아들 순조가 6일 뒤인 7월 4일에 11세의 어린 나이로 보위에 올랐다. 새 임금의 나이가 15세가 되지 못했으므로 증조할머니로서 대왕대비에 오른 정순왕후 김씨가 수렴청정하고, 원상 심환지가 실권을 장악했다. 소론인 우의정 이시수李時秀는 좌의정으로, 영조의 장인 서종제徐宗悌의 현손인 서용보徐龍輔는 우의정에 올랐다. 그러나 실권은 정순왕후와 심환지가 장악한 상황에서 정조를 적극 따르던 노론 시파와 천주교도라는 이유로 정약용·이가환·이승훈 등 남인에 대한 대대적인 숙청이 이루어졌고, 강화도로 귀양 갔던 은언군 이인도 사사되었다. 정순왕후 집안과 사이가 나빴던 풍산홍씨 세력도 핍박을 받고, 혜경궁 홍씨도 자살을 생각할 정도로 고립되었다. 그래서 자신의 억울한 사정을 손자인 순조에게 알리려고 《한중록》을 보완하여 순조 2년(1802)에 마쳤다. 하지만 정순왕후는 시노비寺奴婢 혁파와 같은 개혁적인 조치를 단행하여 정조의 유지를 일부 실천에 옮기기도 했다.

정조의 장례는 6개월장을 치러 11월 3일에 영가(靈駕; 상여)가 서울을 출발하여 시흥 행궁에서 하룻밤을 지내고, 다음날에는 화성 행궁에서 또 하룻밤을 머물렀다가 11월 5일에 능소에서 또 하룻밤을 묵은 뒤에 11월 6일 아버지 묘소인 현륭원顯隆園 부근에 안장되었다. 임금은 천하의 명당으로 잡은 아버지 능소 곁에 잠들었다. 이것이 건릉健陵이다.[22] 임금이 승하했다는 소식이 알려지자 온 나라의 백성들이 모두가 날뛰면서 울부짖었다. 정조의 묘지문墓誌文을 지은 윤행임(尹行恁; 尹行任)은 정조가 공자, 맹자, 정자, 주자와 똑같은 대유학자였으며, 주나라 문왕文王과 무왕武王 같은 성인聖人이었다고 평했다.

정조의 시호諡號는 정종正宗으로 되었으나, 대한제국이 세워진 뒤에 고종황제의 4대조를 황제로 추존했는데, 고조 장헌세자를 장조의황제莊祖懿皇帝로, 증조 정종을 정조선황제正祖宣皇帝로, 조부 순조를 순조숙황제純祖肅皇帝로, 부친 익종(翼宗; 효명세자)을 문조익황제文祖翼皇帝로 불렀다.[23] 그래서 이때부터 정종을 정조로 부르게 된 것이다.

정조가 세상을 떠난 뒤에 권력을 잡은 심환지는 순조 2년(1802)에 향년 73세로 세상을 떠나고, 정순왕후도 여군女君으로 4년 동안 수렴청정을 하다가 순조 5년(1805)에 향년 61세로 세상을 떠나 순조가 친정하는 시대가 열렸다. 남동생 홍낙임이 천주교도로 몰려 사약을 받고 죽자 극도의 불안감에 빠져 있던 혜경궁은 다시금 손자의 효도를 받다가 순조 15년(1815)에 향년 81세로 세상을 떠났다. 순조는 아버지 정조의 유업을 정리하여 《홍재전서》를 발간하고, 노량의 배다리

---

22 건릉은 위치가 너무 낮아 물이 고이는 문제가 발생했다. 그래서 순조 21년(1821) 3월 9일에 정조비 효의왕후 김씨가 홍서하자 9월 13일에 건릉을 약간 높은 곳으로 천장하고 왕비를 부장附葬했다.

23 고종의 혈통은 장헌세자─은신군 이진李禛─남연군 이구李球─흥선대원군 이하응─고종으로 되어 있다. 그런데 익종비 신정왕후神貞王后 조씨가 고종을 양자로 삼으면서 익종이 아버지가 된 것이다.

를 건너 해마다 현륭원과 건릉을 참배하는 행차를 다녀오는 등 효도를 다했다.

그러나 차츰 정치적 실권은 순조의 외할아버지인 안동김씨 김조순金祖淳 일파가 장악했다. 김조순은 정조가 초계문신으로 발탁하여 키운 노론 시파 계열의 사람으로, 정조의 유업을 정면으로 부정하지는 않았으며, 세도정치의 부패와 비리도 처음에는 그다지 크지 않았다. 그러나 세월이 흐르면서 안동김문 세력은 눈덩이처럼 커지고, 임금은 이를 견제할 힘을 갖지 못했다.

8. 정조의 체질과 성군의 길
―소통과 설득을 통한 민국과 탕평의 정치

1) 정조의 체질과 아버지의 죽음에 대한 자책감

불세출의 재주가 있고, 성격이 급하여 부지런하고 과로하면서 스트레스를 많이 받는 사람일수록 장수하지 못하는 것은 동서고금의 역사가 증명한다. 정조와 똑같은 나이인 49세에 세상을 떠난 율곡栗谷 이이李珥도 바로 이런 유형의 인물이다. 그러나 두 사람이 이룩한 문화적 업적은 범인이 1백 년 또는 2백 년 동안 이룩한 업적보다 뛰어났다.

먼저 정조의 타고난 체질부터 알아보자. 누구나 그렇듯이 정조도 부모의 유전인자를 받고 태어났을 것이다. 정조는 어려서부터 두뇌가 뛰어나게 명석하고, 부지런했으며, 책을 좋아하는 책벌레였다. 책을 읽고 신하들과 토론하는 것을 즐겼다. 이런 체질은 할아버지 영조와 어머니 혜경궁을 닮은 듯하다. 영조는 83세로 세상을 떠날 때까지 경연經筵에 참석하여 평생 공부를 했고, 혜경궁은 늙어서도 독서에 빠져 정조가 오히려 어머니에게 경사經史에 대한 의문점을 질문하기도 했다.

책을 좋아하는 것은 문인적인 체질을 말하는 것이다. 하지만 정조는 동시에 무武를 겸비하여 무예에도 뛰어났는데, 특히 활쏘기는 당할 사람이 없을 정도였다. 여기에 그림을 잘하고, 시에도 뛰어나서 팔방미인 같은 재능을 두루 겸비했다. 이 점은 아버지 장헌세자를 닮았다.

다혈질로서 화를 잘 내고, 그럴 때마다 가슴이 막히고 음식을 소화하지 못하는 격기膈氣를 지병으로 지니고 있었다. 정조는 자신의 체질을 태양증太陽症이라고 하면서, 그래서 열기가 위로 치솟는다고 말했다. 여기에 경연經筵에 대한 공황증恐慌症이 있어 경연을 자주 갖지 않아 신하들의 비판을 받는 일이 한두 번이 아니었다. 경연에 대한 공포증이 생긴 데는 두 가지 이유가 있었다. 하나는 영조가 세자를 데리고 경연할 때 신하들 앞에서 핀잔을 자주 받다가 세상을 떠났기 때문이고, 다른 하나는 영조가 세손 정조를 데리고 경연에 참석하는 경우에는 신하들 앞에서 칭찬을 너무 많이 하여 세자가 이 소식을 듣고 더욱 폭력적인 광태를 보이기 시작했기 때문이었다. 이래저래 정조에게 경연은 곧 아버지의 죽음을 연상시키는 나쁜 추억으로 자리 잡은 것이다.

장헌세자는 몸집이 크고 말수가 적고 얼굴이 사납게 보여 15세부터 대리청정할 때 신하들이 감히 얼굴을 들고 눈을 마주치지 못했다. 어려서부터 궁녀들의 손에서 버릇없이 자라면서 군사놀이를 좋아했던 세자는 성장하면서 무예武藝에 뛰어난 소질을 보여《무예신보武藝

新譜》라는 병서를 만들기도 했으나 공부를 좋아하지 않았다. 역사에서 문치文治를 한 왕이나 황제보다 무치武治를 한 황제들을 숭배하여 문치군주가 되기를 바라는 영조를 애타게 만들었다. 시를 잘 짓고 그림도 잘 그렸다.

그러다가 나이가 들면서 여러 가지 공황증恐慌症에 시달렸다. 아버지 영조가 무서워 말을 더듬고, 천둥이 치면 땅에 엎드려 일어나지 못하고, 옷에도 귀신이 붙었다고 여겨 옷을 여러 번 갈아입는 의대증衣襨症까지 겹쳤다. 그런 증상이 나타날 때마다 폭력을 휘둘러 말을 듣지 않는 환관이나 궁녀들을 무수히 죽였다. 말할 것도 없이 이런 병증은 성장하는 과정에 생긴 것이지만, 성격적인 측면도 없지 않은 듯하다.

정조는 아버지의 급한 성격과 다혈질, 무인기질을 많이 닮았으면서도 문인체질을 겸비했기 때문에 글 읽기를 매우 좋아하고 백성이나 신하들과 소통하는 것을 즐겼으며, 신하들을 말로서 설득시키는 능력이 탁월했다. 백성과의 소통을 위하여 교외에 행차할 때마다 격쟁擊錚과 상언上言을 허용하여 수천 건의 민원을 즉시 해결해 주었다. 정조는 소통과 설득의 달인이었다.

정조가 경연에 대한 공황증이 있다고 했지만, 그것만이 아니었다. 열한 살 어린 나이에 아버지가 뒤주에 갇혀 8일 동안 굶다가 죽는 현장을 직접 목격하면서 엄청난 정신적인 충격을 받았다. 아버지의 죽음 과정 자체도 충격이었겠지만, 아버지를 죽게 만든 원인을 자신이 제공했다는 자격지심과 자책감이 평생토록 지워지지 않았다. 자신이 태어나지 않았다면 할아버지가 아들을 버리고 손자를 후계자로 선택할 이유가 없었을 것이다. 그래서 아무리 풀어도 다 풀리지 않는 것이 아버지에 대한 효도였다. 오죽했으면, 살아 있을 때 왕위를 아들 순조에게 넘겨주고 아버지 능침을 지키면서 수원 화성에서 살다가 죽으려고 했겠는가? 그렇게 하지 않고는 죽어서 지하에서 아버지를 뵐 면목이 없다고 여겼다. 정조는 평생토록 아버지에 대한 콤플렉스에 시달렸다.

아버지에 대한 효도는 능원을 명당으로 옮기고 열심히 능침을 보호하며 참배하는 것으로 풀릴 일이 아니었다. 무엇보다 아버지가 뒤집어쓰고 죽은 비행을 비행이 아닌 것으로 씻어 주는 신원伸冤이 필요했다. 하지만 그것은 자칫 할아버지를 원망하고 비난하는 일로 비칠 수 있으므로 매우 신중하게 접근해야 했다. 할아버지에 대한 정조의 감정은 두 가지였다. 우선, 자신을 성군聖君이 되도록 가르쳐 주고 임금을 만들어 준 것에 대한 고마움이 있었다. 다른 한편으로는 아버지를 죽인 것에 대한 원망이다. 하지만 원망을 드러내서는 절대로 안 된다. 할아버지를 명예롭게 만들어야 한다. 아버지와 할아버지를 다 같이 명예롭게 만드는 방법은 무엇인가? 그것은 모든 잘못을 간신배들의 무고에 돌리는 것이다. 아버지는 아무 죄도 짓지 않았는데 간신배의 무고에 속아 할아버지가 아들을 죽였고, 뒤에는 속은 것을 알고 무척 후회했다, 아버지는 억울하게 죽었다는 시나리오가 필요했다.

정조는 아버지와 할아버지를 위한 시나리오를 만들고 나경언羅景彦이 고발한 아버지의 비행이 모두 사실과 다르다고 주장하는 천원지문遷園誌文을 썼다. 20일 동안 평안도에 유람했다는 것도 유람이 아니라 도적을 진압하기 위한 토벌행차였다. 궁궐 후원에 무기를 쌓아 놓고 군사훈련을 한 것은 모역을 준비하기 위해서가 아니라 효종의 유지를 받들어 북벌을 위한 군사훈련이었다. 아버지는 자신의 아버지 영조와 어머니 정성왕후에게 극진히 효도했고, 학문도 높았다. 대강 이런 내용을 담았다.

할아버지는 김상로金尙魯 일파에게 속은 것을 안 뒤에 이를 후회하여 그를 귀양 보냈으며, 자신의 처분을 후회하는 글을 지어 도승지 채제공蔡濟恭을 시켜 정성왕후 사당인 휘령전徽寧殿 요 밑에 숨겨 놓았다. 이 글은 중국 고사에 나오는 〈금등金縢〉과 같다. 정조는 즉위한 뒤에 《금등》을 발견했으나 공개하지 않고 있다가 정조 17년(1793)에 이르러 영남 유생들이 세자 신원운동을 일으키자 《금등》의 일부를 대신들에게 공개했다. 대신들은 《금등》이 진짜라고 믿지 않았으나 임금의 효심을 이해하여 문제 삼지 않고 덮어두었다. 사실, 《금등》은 아버지와 할아버지를 살려 내고자 정조가 심복 신하인 채제공과 뜻을 합쳐 만들어 낸 가짜 문서일 가능성이 크다.

2) 한맺힌 효도의 길

정조가 24년 동안 재위하면서 꿈꾸고 있던 정치목표는 크게 세 가지였다. 하나는 아버지에 대한 효도사업이고, 둘은 민국民國을 위한 개혁이고, 셋은 탕평蕩平을 확립하는 것이다. 정조는 즉위 직후 아버지 묘소의 이름을 수은묘垂恩墓에서 영우원永祐園으로 바꾸고, 사당을 수은묘垂恩廟에서 경모궁景慕宮으로 바꾸었으며, 시호를 사도思悼에서 장헌莊獻으로 바꾸었다.

그러나 본격적인 효도사업은 정조의 정치기반이 다져진 이후인 정조 13년(1789)부터 시작되었는데, 영우원을 명당인 수원으로 옮기고 이름도 현륭원顯隆園으로 바꾸었다. 그 뒤로 수원 읍치를 팔달산 아래인 오늘날의 수원시로 옮기고, 행궁을 짓고 성곽인 화성華城을 건설하면서 유수부留守府의 왕도王都로 격상시켰으며, 화성 방위체제를 완성했다. 정조 자신이 아들 순조가 15세가 되는 1804년에 은퇴하여 현륭원을 지키면서 살 곳으로 만든 것이다. 그리고 나서 정조 19년(1795)에 어머니를 모시고 아버지와 어머니의 회갑을 기념하는 행차를 다녀왔다. 8일 동안 거행된 이 행차는 효도사업의 대미를 장식하는 행사인 동시에 성군聖君의 위상을 온 세상에 알리는 행사이기도 했다.

정조가 재위 13년을 효도사업의 출발점으로 삼은 것은 외척의 발호가 모두 진압되었고, 남인 재상 채제공이 적극적으로 협조하였으며, 규장각을 통해 길러 낸 근왕세력이 뿌리를 내렸고, 효도사업에 쓰일 내탕금內帑金이 상당한 축적을 이루었기 때문이었다. 그리하여 정조 13년에서 정조 19년에 이르는 7년 동안을 효도정치의 절정기로 부를 수 있었다.

하지만 효도사업의 마지막 단계인 1804년의 은퇴계획은 정조가 1800년에 갑자가 세상을 떠남으로써 수포로 돌아갔다. 화성부에 걸었던 정조의 꿈은 여기서 끝나고, 주인을 잃은 그곳은 왕도王都의 위상을 잃고 장엄한 성곽만이 외롭게 화성을 지키는 도시로 바뀌었다. 그러나 정조가 건설한 여러 저수지와 둔전은 그대로 유지되면서 시범적인 농업도시의 위상을 이어가고 있었던 것이다.

3) 민국을 위한 개혁의 길

정조가 어려운 환경에서 임금이 된 뒤에 세운 세 가지 목표 가운데 하나는 민국民國 건설을 위한 개혁이었다. 민국이란 '백성과 나라'를 뜻하기도 하지만, '백성의 나라'를 의미하기도 했다. 이것은 종전의 '백성이 나라의 근본'이라는 민본民本보다 한층 진보한 개념이다. 민본은 사농공상士農工商의 위계질서 속에서 사士의 우위성을 전제로 하여 농공상農工商을 보호한다는 뜻이 강하지만, 민국은 사농공상의 평등성을 지향한다는 뜻이 강하다. 이미 영조시대 소론 유수원柳壽垣이 《우서迂書》에서 사농공상의 평등을 강하게 주장하면서 사士도 농공상에 참여하고 농공상도 사士를 겸비해야 한다는 이론을 제시한 바 있는데, 이런 흐름이 차츰 통치이념으로 자리잡아가게 된 것이다.

민국이란 용어는 영조 이후로 새롭게 등장했다. 말할 것도 없이 이 민국은 오늘날의 '주권재민'에 바탕을 둔 '민주공화국民主共和國'의 약칭인 민국과는 다르다. 하지만 신분적 평등에 한층 가깝게 다가갔다는 점에서 민주공화국에 가장 가깝게 근접했다는 사실을 주목할 필요가 있다.

영조가 아들을 죽인 것도 민국을 위한 성군聖君을 만들려다가 실패한 것이 원인이었고, 손자 정조를 후계자로 선택한 것도 민국을 건설할 수 있는 성군聖君이 될 가능성을 확인했기 때문이다. 영조는 아비로서는 비정한 모습을 남겼지만 임금으로서는 매우 현명한 선택을 한 것이다.

정조는 할아버지의 당부를 철저하게 계승했을 뿐 아니라, 수신修身과 제가齊家에서부터 정치를 시작하라는 《대학》의 가르침을 따라 자신의 의식주생활 수준부터 형편없을 정도로 낮추어 도덕성을 확보했다. 민국으로 가려면 임금부터 서민적인 모범을 보여야 하기 때문이다. 왕실에서 비단을 추방하고 임금 자신도 일상생활에서 면포 옷과 베옷을 입고 살았으며 겨울에는 명주옷을 입었다. 그것도 자주 빨아 입어서 해어질 때까지 입었다. 음식은 보통 하루 두 끼를 먹고, 반찬은 두서너 가지에 지나지 않았다. 얻기 어려운 진귀한 진상품을 거부했다.

임금이 거처하는 편선便殿은 비가 샐 때도 많았지만 수리하지 않았다. 신하들은 그 소박한 모습을 보고 놀라움을 금치 못했다. 초라한

방 안에는 책만 가득 차서 마치 시골의 가난한 선비 집을 연상시켰다. 한번 독서에 빠지면 새벽이 될 즈음에 끝나, 잠자는 시간이 두서너 시간에 지나지 않아 신하들은 항상 임금의 건강을 염려했다.

정조는 왕실의 경비를 조달하는 내수사內需司의 용도를 바꾸었다. 내수사 수입을 왕실을 위해서 쓰지 않고 백성을 위해 쓴 것이다. 그 수입을 저축하여 내탕고內帑庫를 만들고, 그 재원으로 빈민을 구제하고, 아버지를 위한 효도사업에 지출했다. 아버지 능침을 수원으로 옮기고, 수원에 도시와 성城을 건설하고, 부모의 회갑 잔치를 위해 행차를 다녀온 비용 등이 상당부분 내탕고에서 지출되었고, 호조의 경비는 쓰지 않았다. 효도사업에 필요한 모든 토목공사는 넉넉한 삯[임금]을 주고 고용하여 백성들의 환호를 받았다. 만약 토목공사를 부역으로 부리고, 효도사업 비용을 국고에서 지출했다면 정조는 민원民怨의 대상이 되었을 것이다. 백성의 무상노동이나 세금으로 효도사업을 하지 않은 것이다.

임금의 아들딸들에게 지급되어 국가에 세금을 내지 않던 수만 결結의 궁방전宮房田을 혁파하여 호조에서 세금을 받도록 한 것도 민국을 향한 중요한 개혁이었다. 정조가 감히 임금이자 스승이라는 뜻을 지닌 군사君師를 자처하고, 천태만상의 수많은 개울을 골고루 비추는 달에 자신을 비유하여 '만천명월주인옹萬川明月主人翁'이라고 스스로 자호自號하며 모든 당파와 온 백성을 포용하는 것을 우주 자연의 법칙으로 정당화한 데서 바로 탕평을 거부하는 노론 벽파 세력을 설득할 힘이 나온 것이다.

정조는 스스로 일상생활에서 성군聖君의 모범을 보였을 뿐 아니라, 성군은 민국民國을 위하여 존재한다는 확고한 정치이념을 세워놓고 혼신의 힘을 쏟아 평생 신하들에게 이를 설득하면서 실천했다.

정조야말로 명실상부한 군사君師의 성인군주상聖人君主像을 확립한 유일한 임금이었으며, 어떤 신하도 감히 이의를 제기하지 않았다. 정조의 탕평정책과 민국을 위한 개혁이 한층 탄력성을 지니고 실효를 거두게 된 이유가 여기에 있었다.

정조의 탕평사상과 백성 사랑은 온 세상의 생명체에 대한 보편적 사랑에서부터 출발하고 있었다. 보잘것없는 미물微物이라도 함부로 죽여서는 안 된다는 것이 할아버지 영조로부터 받은 교육이었다. 후원에서 낚시한 물고기는 도로 놓아 주고, 후원의 벌레들은 잡아다가 죽이지 않고 바다로 보냈다. 후원의 부용정에 제비가 집을 짓고 먹이를 물어 왔으나 들어오지 못하자 임금이 일부러 자리를 피해 주었다. 영조도 진상품으로 올라온 식품 가운데 살아 있는 것은 모두 후원에다 방사하여 살려 주었다. 그래서 꿩이나 잉어 등이 후원에서 번식했다.

하찮은 미물에게도 사랑을 베푸는 정조가 백성을 사랑하는 것은 지극히 당연한 일이었다. 백성 보기를 '갓난아기처럼 돌보라[如保赤子]'는 말은 민본시대부터 써 오던 상투적인 말이지만, 정조는 여기서 한걸음 더 나아가 '백성 보기를 상처를 돌보듯 해야 한다'는 이른바 《맹자》의 '시민여상視民如傷'을 철저하게 마음속에 두었고, '백성을 위한 일이라면 살갗을 베어 주더라도 아깝지 않다'는 것이 한결같은 신조였다. 해마다 정초에 지방관들에게 내리는 권농윤음勸農綸音에서는 흉년에 한 사람의 지아비라도 굶어 죽는 일이 생기면 밥을 먹지 않겠다고 다짐하면서 구휼에 힘쓰라고 일렀다. 고아들이나 걸식 아동들을 위한 《자휼전칙字恤典則》, 죄수들의 형구刑具를 통일시킨 《흠휼전칙欽恤典則》 등을 편찬한 것도 이런 서민인권과 서민복지 확대를 위한 조치들이었다. 억울하게 죄를 입지 않도록 심리審理를 엄격하게 하고, 날씨가 너무 덥거나 추우면 죄수들을 석방하였으며, 감옥 시설을 항상 깨끗하게 하여 위생조건을 개선했다. 혼사가 늦은 사람들을 지원해 주고, 돈이 없어 장례를 치르지 못하는 사람들도 도와주었다.

화성공사를 추진할 때에도 무더위에는 공사를 중단시키고, 더위를 쫓는 약인 척서제滌暑劑를 인부들에게 내렸으며, 아버지와 어머니의 회갑잔치를 위해 화성華城에 행차했을 때는 고체로 된 음식의 높이를 제한하여 그 이상 쌓으면 벌을 내렸고, 암행어사를 연도에 풀어 진귀한 물건을 바치는 자들을 처벌했다.

하지만 민국民國을 위한 개혁은 말처럼 쉬운 일은 아니었다. 현실을 놓고 보면 백성들 사이에는 신분계층·지역 사이 불평등이 존재했으므로 이런 불평등을 타파하고 완화하는 것이 바로 민국을 위한 개혁이었다. 신분과 계층으로는 문벌 양반, 중인(中人: 서얼과 기술관), 평민, 노비 사이의 차별이 있었으므로 문벌을 억제하고 중인 이하 소민층小民層의 정치적, 사회적, 경제적 지위를 향상하는 것이 민국의 중요한 목표였다.

노비 가운데 가장 열악한 지위에 있던 관노비[시노비]들의 고통을 줄이고자 도망간 노비들을 강제로 잡아들이는 추쇄제도를 없애고, 부담을 경감시켜 주었다. 이들을 해방하려는 생각도 품었으나 신하들이 반대하고 사노비私奴婢까지 폐지할 우려가 있어 그만두었다. 그러나 관노비들을 단계적으로 축소시켜 갔기 때문에 순조 원년에 드디어 이들을 혁파하는 조치가 가능했던 것이다.

지역적으로는 평안도, 함경도, 강원도 등 북방 지역과 남인의 본거지인 경상도, 그리고 가장 먼 제주도 지역 백성들에 대한 차별을 완화하는 것이 중요했다. 북방지역은 왜란 때 의병운동이 하삼도에 견주어 미약했다는 것이 이유가 되어 차별하는 관습이 생겼고, 유교

문화가 약하고 여진족 귀화인들이 많은 것도 차별의 원인이 되었다. 경상도는 남인의 본거지로서 숙종 대 이후로 남인이 몰락하면서 이 지역 사람들이 소외되기 시작했다. 노론 집권층이나 문벌 양반은 주로 서울과 기호지방 출신이었다. 탐라는 거리도 멀거니와 무거운 죄인들이 귀양 가는 지역이었기 때문에 불신감이 생겼다.

정조는 사회통합 차원에서 이들 소외된 지역의 구휼을 강화하고, 그 지역 선비들에게 특별시험을 치르게 하여 벼슬을 주거나 전시殿試에 나가는 혜택을 주었다. 그리고 그 결과를 책으로 만든 것이 여섯 지역의 이름을 붙인 《빈흥록賓興錄》[24]이다. 소외된 지역을 보듬은 결과 평안도 출신 급제자가 팔도 가운데 1위를 차지하는 파란을 일으킨 적도 있다.[25]

그리고 정조 시대 전체를 통틀어 내외 4대조 가운데 벼슬아치가 없는 비양반非兩班 출신으로 문과에 급제한 자의 비율이 53퍼센트를 차지하여 역사에서 최고치를 보였다.[26] 이는 놀라운 변화이다. 광해군대에 약 14.6퍼센트에 지나지 않던 비양반의 문과 급제율이 영조 대에 이르러 37.5퍼센트로 상승했는데, 정조 대에는 53퍼센트로 더 크게 상승한 것이다. 이 수치는 그 다음 세도정치시기에 다시 낮아졌다가 고종 대에 가서 다시 60퍼센트대로 치솟았다. 정조의 민국정책이 빈말이 아니라는 것이 증명된다.

소민층小民層의 벼슬길 확대와 관련하여 서얼층에 대한 배려도 특별했다. 서얼의 벼슬길을 넓혀주는 조치는 영조 대에도 활발했으나,

---

24 여섯 건의 《빈흥록》은 교남(경상도), 관동(강원도), 탐라, 관북(함경도), 관서(평안도), 풍패(함흥) 등이다.

25 한영우, 《과거, 출세의 사다리》(지식산업사, 2013) 참고.

26 한영우, 위의 책.

정조는 이를 더욱 강화하여 즉위 초인 정조 원년에 서얼庶蘖의 벼슬 길 확대를 위해 〈정유절목丁酉節目〉을 만들었다. 그리하여 서얼로서 문과에 급제한 자들이 호조, 형조, 공조의 참상관(4∼6품)과 지방의 목사(정3품 당상관), 그리고 성균관 직강(정5품) 등에 오를 수 있게 했다. 사헌부나 사간원 같은 언관직 진출도 허용했다. 그리고 지방의 향임鄕任도 좌수座首를 제외한 직책을 허용했으며, 성균관, 향교, 서원의 입학도 허용했다. 성균관에서 서얼 출신 유생들이 식당에서 따로 앉게 하는 것도 없앴다.

서얼은 문과응시가 불가능한 것처럼 알려져 왔지만 이미 명종明宗 代 대 이후로 단계적으로 서얼의 문과응시가 확대되었는데, 정조 대에 이르러 그 기회가 더욱 넓어진 것이다. 서얼 출신 무과 급제자도 문과에 준하여 벼슬길을 넓혀 주었다. 이밖에 서얼 출신을 규장각 검서관檢書官에 임명한 것도 잘 알려진 사실이며, 이들은 정조의 각별한 사랑을 받으면서 뒤에 부사(종3품)와 군수(종4품), 오위장(정3품) 등의 벼슬을 받았다. 서얼의 관직 진출이 가장 활발했던 것이 정조 대이다.

소민을 위한 복지 강화는 무엇보다 세금 부담을 완화시키는 것이 가장 중요했다. 더욱이 흉년에는 대대적인 구휼사업을 벌여 각종 세금을 감면하고, 진휼곡을 방출했으며, 꿩이나 멧돼지, 노루, 복어, 전복 같은 희귀한 진상품進上品을 축소시키거나 폐지했다. 신분을 넘어 노인에 대해서는 음식을 제공하거나 영직影職을 부여하여 경로사상을 보여 주었다. 조선 역사에서 진휼사업이 가장 왕성했던 시대도 정조 대였다.

정조는 농업과 상업을 생업의 두 개의 축으로 삼아 농민과 상인을 다 같이 보호 육성하는 정책을 써 왔다. 그래서 정초마다 '권농윤

음'을 내리고, 바로 그 다음날에는 종로에 가서 시전상인과 공인(貢
人; 공납청부업자)들을 만나 보고 불편한 점이 없는지를 묻는 것을 상례
화했다. 상업정책은 처음에는 시전상인[市民]과 공납청부업자인 공인
貢人들의 특권을 보호하는 정책을 써 왔으나, 이런 정책으로 소상인
의 생계를 압박하고 권력형 특권상인인 도고都賈의 횡포가 커지는 부
작용이 생기자 정조 15년(1791)을 기점으로 통제정책에서 시장경제
적 자유 상업으로 바꾸어 갔다. 국가수요가 많은 육의전을 제외하고
서울의 시전상인들에게 부여했던 난전금지권亂廛禁止權 곧 금난전권
을 폐지하여, 소상인들에게 난전亂廛을 허용하고 시전상인과 경쟁하
도록 했다. 정조는 재화가 물이 흐르듯이 막힘이 없어야 한다는 북
학파의 주장을 받아들였으며, 그 가운데에서도 채제공의 의견을 존
중했다. 금광金鑛이나 은광과 같은 광업에 대해서도 처음에는 농민을
보호하고자 금지하는 정책을 쓰다가 뒤에는 세금을 받고 금광개발을
허용하여 화폐경제를 활성화하는 도구로 활용했다. 그래서 왕실의
도장과 의복에만 사용되던 금이 화폐기능을 갖기 시작하여 정조 대
금 보유량이 최고치를 기록하기에 이른 것이다.

　소민들의 인권보호를 위한 시책으로는 암행어사를 수시로 파견하
여 수령들의 비행을 적발하여 처단했고, 소민들과 직접적으로 의사
를 소통하고자 행차 때마다 백성들의 격쟁擊錚과 상언上言을 활성화
하여 재위 기간에 수천 건件의 민원을 판결하여 내려 주었다. 영조
때에도 서울 시민들을 궁으로 불러들여 대화를 나누는 일이 자주 있
었고, 청계천 준설공사도 시민들의 자발적인 참여로 이루어졌는데,
정조는 서울시민뿐 아니라 서울 주변 농민들과의 대화도 더욱 활성
화했다.

　소민들의 인권이 가장 심하게 침해당하는 것 가운데 하나가 죄수

들의 처지였다. 감옥 시설이 열악하여 건강을 해치는 것을 우려하여 감옥 시설을 개선하고, 너무 덥거나 추울 때 죄수들을 석방한 것은 앞에서 언급했지만, 그밖에 억울하게 죄를 지어 형벌을 받는 일을 없애기 위해 고문을 금지하고, 재판을 엄격하게 시행하여 이를 《심리록審理錄》이라는 판례집을 편찬한 것도 죄수들의 인권개선을 위한 조처였다.

정조는 백성의 경제생활을 안정시키려면 풍속을 바로잡는 일도 중요하다고 여겼다. 더욱이 사치와 향락을 억제할 필요를 느꼈다. 사치와 향락 때문에 벼슬아치들과 아전들이 더욱 탐욕을 일삼게 되자, 일반 소민층도 고통을 받았기 때문이다. 당시 벼슬아치와 백성들의 의식주생활이 지나치게 사치에 흘러 잔치가 너무 풍성하여 낭비가 심하고, 여성들이 머리에 트레머리[剃髮: 가발]를 쓰는 것이 유행하여 비싼 것은 집 한 채 값이 나가는 것도 있었으며, 트레머리를 사지 못해 시집 간 여인이 시부모에게 인사도 드리지 못하는 일도 있어 이를 금지했다. 그리고 사치와 향락과 탐욕을 조장하는 원천이 되고 있는 것이 바로 청나라에서 들어오는 기호품嗜好品이나 패관소품稗官小品이라고 믿었다. 그래서 선비들이 기호품과 패관소품을 청나라에서 사오거나 애용하는 것을 막았다.

패관소품으로 불리는 명말청초의 책들은 대부분 연애, 반란, 사치, 권력투쟁, 사회풍자, 체제비판, 비속한 언어 등을 담고 있어서 재미는 있었지만 미풍양속을 문란하게 하는 부작용이 컸다. 더욱이 정치를 담당해야 할 선비층이 여기에 빠지는 것을 정조는 우려했다. 패관소품과 함께 들어오는 청나라 문화에는 이용후생利用厚生에 도움이 되는 기술문화도 있어서 이를 받아들여야 한다는 것이 북학사상인데, 정조도 이용후생문화는 받아들였다. 다만 패관소품이 지닌 비속한 문체나 사상이 사회기강을 무너뜨리는 것을 막고자 문체반정文體反正 운동을 일으켰다. 문체반정은 좁게 보면 산문散文이나 시詩의 비속한 문체를 바로잡자는 문학운동이지만, 넓게 보면 사상과 예술 등 문화전반을 정화시켜 풍속을 바로잡으려는 문화운동이었다.

사회를 정화시키는 학문이 정학正學이고, 사회기강을 무너뜨리는 문화가 이단異端인데, 정조는 이단을 극복하기 위해서 정학을 강화하는 운동이 필요하다고 믿었다. 그리하여 이단을 버리고 정학으로 돌아오는 것이 문체반정인데, 그 정학의 바탕이 바로 주자학朱子學이었다. 주자학은 포괄하는 학문범위가 워낙 넓어서 그 안에는 우주관, 인간관, 정치관, 경제관, 윤리관, 문학관, 명분론 등이 포함되어 있는데, 사람과 시대에 따라 그 가운데 일부를 받아들였기 때문에 명분론자와 실용론자가 갈라진 것이다. 또 주자학을 받아들이면서도 도덕수양이나 이용후생에 도움이 되는 다른 사조思潮를 절충하는 학파도 있고, 그렇지 않은 학파도 생겼다. 당파로 본다면 대체로 노론이 명분론을 존중하고, 소론이나 남인은 절충론을 따랐는데 이를 실학實學으로 불렀던 것이다. 정조의 경우는 주자학을 정학의 바탕으로 삼으면서도 절충론의 태도를 지녔기 때문에 사상탕평의 모습을 보였다. 이 점은 뒤에 다시 보충 설명하겠다.

정조는 패관소품을 정학을 해치는 이단異端으로 규정했지만 그렇다고 이를 막을 때 형벌에 의존하지 않았다. 어디까지나 반성문을 쓰게 하거나, 정학을 강화하여 저절로 사라지게 하는 교화의 방법을 택했다. 밝은 해가 뜨면 어둠이 사라지듯이 정학이 밝아지면 이단은 저절로 사라진다는 이른바 '햇빛이론'을 폈다. 패관소품의 문체를 쓰는 선비들은 노론층에도 적지 않았는데, 이들에게 반성문을 쓰게 한 다음에 포용했다. 남공철南公轍, 심상규沈象奎, 김조순金祖淳, 박제가,

유득공 등 수많은 인사들이 반성문을 써서 임금의 칭찬을 받았다. 패관문학으로 이름을 떨친 노론 벽파 박지원朴趾源에게도 여러 벼슬을 주어 포용했다.

정조는 패관소품뿐 아니라 서양의 천주학天主學도 강상윤리에 어긋나므로 이단으로 바라보았다. 그렇지만 천주교 신자들은 매우 신중하게 다루었다. 천주교가 이용후생에 필요한 서양 과학기술을 동반하고 있을 뿐 아니라, 노론이 정조의 총신인 채제공蔡濟恭이나 정약용丁若鏞, 이가환李家煥 등 남인 중신들을 천주교도로 몰아 내쫓는 데 앞장섰기 때문이었다. 그래서 정조는 노론을 오히려 억압하고, 천주학 교인들에 대해서도 제사를 거부하는 윤지충尹持忠이나 권상연權尙然 등 극렬한 일부 신자들은 처형했지만 나머지는 반성문을 쓰게 하여 정학으로 돌아오도록 유도했다. 정약용이 반성문을 쓰고 정조의 극찬을 받은 대표적인 예이다. 이승훈李承薰 같은 세례교인도 죽이지 않았다. 천주교도에 대한 탄압은 순조 원년에 노론 벽파가 집권하면서 강화되어 많은 신도들이 처형당하고 남인 대신들이 귀양 가는 신세가 되었다. 이것이 신유사옥辛酉邪獄이다.

4) 정치탕평과 학문탕평의 길

민국을 위한 개혁이 정조 정치의 목표였다면 탕평蕩平은 그 수단이었다. 그래서 민국과 탕평은 동전의 양면과 같았다. 탕평은 좁게 보면 정치통합이지만 크게 보면 사회통합이었기 때문이다. 붕당정치는 붕당 사이의 견제와 균형을 통해 정치를 정화시키고 다양한 정책을 가지고 경쟁하는 순기능도 있었지만, 자기 당은 언제나 옳고 상대 당은 모두 나쁘다는 '당동벌이黨同伐異'에서 오는 독선과 보복의 악순환으로 무고하고 유능한 인재들이 떼죽음을 당하는 역기능이 숙종

대 이후로 너무 커졌다. 이렇게 되면 민국을 위한 개혁도 수포로 돌아갈 수밖에 없었다.

숙종과 경종 때의 당화黨禍를 뼈저리게 경험한 영조는 비록 노론의 추대를 받아 임금이 되었지만 당화의 고리를 끊지 않는다면 이 나라의 선비들이 모두 죽어 씨가 마를 것이라고 말했다. 어느 당파이든 좋은 사람이 있고 나쁜 사람이 있으므로 이들을 보합하여 탕평의 공존을 이룩해야만 정치통합과 사회통합으로 나라가 안정될 것으로 기대했다. 그래서 영조는 재위 52년 동안 노론, 소론, 남인을 안배하는 탕평정부를 계속해서 구성하여 상당한 정치적 안정을 이루고, 민국을 위한 개혁으로 균역법均役法도 만들었으며, 서얼허통도 확대하고, 형벌도 완화하고, 풍속도 바로잡고, 민생도 안정시켰다.

그러나 영조의 탕평은 숫자상 안배에 치중하고 이념적 통합력이 부족하여, 당파 사이 갈등으로 이인좌난(영조 4), 을해옥사(영조 31), 그리고 장헌세자 사건(영조 38)이 잇따라 일어나 그 후유증이 심각했다. 영조는 당론을 통합할 만한 이념적 지도자인 군사君師의 권위를 확보하지 못한 것이 큰 약점이었다. 영조 말년에는 외척세력에 의존하다가 풍산홍씨[北漢黨], 경주김씨[南漢黨], 그리고 화완옹주와 양아들 정후겸鄭厚謙 일파가 권력을 농단하면서 그 여파가 세자의 죽음과 연결되고, 정조의 등극까지도 위협하는 사태에 이르렀다.

정조는 영조의 탕평정책이 미흡한 이유가 숫자상의 안배에 그치고 이념통합이 부족한 데 있다고 보아 이를 완론탕평緩論蕩平으로 불렀다. 매우 느슨한 탕평이라는 뜻이다. 정조는 이를 경험 삼아 탕평의 실효를 높이기 위해 자신의 이념적 지도력과 이념적 통합을 강화하고 이를 준론탕평峻論蕩平으로 불렀다. 준론은 완론의 반대개념이다. 정조가 자신의 학문수준을 높여 군사君師의 위상을 확립하려 한 이유가 여기에 있었다. 새로운 탕평이념과 탕평세력을 직접 확립하고자 세운 기구가 즉위 직후에 설치한 규장각奎章閣이었다.

하지만 탕평이념과 탕평세력의 확립은 갑자기 이룰 수 없으므로 당장은 외척세력과 강경파들을 물리적으로 제압하는 일에 착수했다. 그리하여 죄질이 가장 무겁고 원친遠親인 정후겸 일파와 작은외할아버지 홍인한洪麟漢부터 제거하고, 근친近親인 외할아버지 홍봉한洪鳳漢과 외삼촌들은 일단 권력에서 제외시켰다. 할머니 정순왕후의 오라비 김귀주金龜柱 등은 귀양을 보내는 수준에서 끝냈다. 또 외척들이 추대하려고 했던 이복동생과 그 조카들도 일부는 죽이고 나머지는 귀양 보냈다. 또 정조의 즉위를 도운 홍국영洪國榮도 처음에는 중용했으나 권력을 남용하기 시작하자 제거했다.

외척세력과 권신이 일단 정리된 뒤에는 탕평정치의 산실인 규장각奎章閣 정치시대가 열렸다. 규장각은 송나라의 제도와 세종조의 집현전集賢殿, 그리고 세조 때 세운 규장각 등을 절충하여 만든 독창적 기구로서 《경국대전》에 없는 새로운 통치기구이다. 규장각 기능을 활성화하기 시작한 것은 대체로 정조 5년(1781) 이후에 해당한다.

정조는 의정부 정승과 육조六曹 대신, 그리고 규장각 각신閣臣을 철저하게 노론, 소론, 남인으로 안배하는 탕평기구로 구성했다. 다른 당을 배척하는 당론黨論을 일으키는 대신들은 성 밖으로 내보냈다가 불러들이고, 당론을 부추기는 언관들은 호되게 꾸짖어 귀양 보냈다. 가끔 당론을 일으키는 언관들에게는 욕설에 해당하는 "쥐새끼 같은 도둑"이니 고양이나 참새, 또는 초파리에 비유하여 나무라기도 했다. 임금이 성인답지 못하다고 언관들이 항의하면 주자도 그런 말을 썼다고 변명하고, 때로는 그 말을 취소하기도 했다. 정조의 다혈질이 가장 잘 나타나는 경우가 바로 당론黨論이 일어날 때였으며, 자신의 병은 당론 때문에 생겼다고 자주 신하들에게 호소했다. 정조가 죽을 무렵에도 좌의정 심환지를 당론의 배후자로 지목하여 원망하고, 당론 때문에 병이 생겼다는 말을 하다가 숨을 거두었던 것이다. 결국 정조를 죽음으로 몰고 간 원인은 바로 당론이었다.

그런데 탕평정치에서 임금의 지탄을 가장 많이 받는 세력은 노론이었다. 노론 가운데서도 임금의 노선을 따르는 시파時派가 생겨났지만, 청류清流를 자처하는 강경파인 벽파辟派들은 소론이나 남인들과는 같은 하늘 아래서 살 수 없다고 극언하면서 강한 배타성을 보였다. 그래서 이들을 억제하지 않으면 탕평이 불가능하여 벽파를 견제하는 조치를 취하는 것이 탕평의 일상사였다.

영조, 장헌세자, 정조로 이어지는 삼대가 한결같은 길을 걸어간 것은 당론을 주장하는 강경파 노론을 억제하고 소론과 남인을 보호하는 일이었다. 이렇게 소론과 남인을 아끼는 몇 가지 이유가 있었다. 원래 노론의 뿌리인 서인西人은 정치적으로 의정부 재상宰相이 중심이 되는 군신공치君臣共治를 선호하고, 현종과 숙종 초의 예송논쟁禮訟論爭에서 보듯이 상복喪服을 입는 경우에도 서인들은 임금과 사서士庶의 예를 동등하게 보았다. 그래서 서인은 임금을 낮추어 보고, 임금을 비판할 때에도 강경한 어투로 임금을 공격하는 전통이 있었다. 이런 서인의 전통이 노론으로 이어졌다. 노론은 명분을 존중하고 변화를 싫어하는 보수성향이 강했다.

왕조세습제 아래에서 언제나 영특한 임금이 나온다는 보장이 없으므로 어린 임금이나 어리석은 임금이 나올 경우에는 능력이 검증된 의정부 정승들이 정치를 주도하는 것이 원칙적으로는 옳다. 일찍이 개국공신 정도전이 재상중심 체제를 주장한 이유도 여기에 있었다. 하지만 영조나 정조처럼 영특한 임금이 나올 경우에는 사정이 달랐다. 임금이 강력한 지도력을 발휘하는 탕평노선을 따르는 것이 오히려 민국民國을 위한 개혁이나 사회통합에 긍정적일 수 있기 때문이다. 일부 노론이 시파時派로 전향하여 임금의 탕평노선을 따른 이유가 여기에 있었다.

노론의 정치사상과 달리 남인은 현종과 숙종 때의 예송논쟁禮訟論爭에서 보듯이 상복喪服을 입을 때 임금의 예禮와 사서士庶의 예를 엄격하게 구별했으며, 임금과 신하관계를 부자관계父子關係로 보아 임금을 부모처럼 섬기고 충성을 바쳤다. 영조도 군신관계가 부자관계라고 하면서 탕평정책을 정당화했다. 남인의 이런 정치사상은 노론에게 밀려 소외되었던 소론에게도 영향을 주었다. 그래서 소론은 노론과는 적대적이지만 남인과는 서로 통하는 면이 있었다. 군주를 존중하는 남인과 소론의 정치이념이 탕평정책을 추진하던 영조와 정조에게 호감을 준 이유가 여기에 있었던 것이다. 그래서 탕평정책에서 가장 견제당하는 것은 노론 강경파인 벽파들이었다.

임금이 소론과 남인을 무시할 수 없었던 이유는 또 있었다. 소론이나 남인들은 조선 초기 이래 명문가문이 많아 이들을 포용하는 것이 사회통합에 도움이 된다고 믿었다. 특히 남인 가운데 기호 남인의 뿌리가 깊었다. 그리고 영남 남인은 퇴계의 학문을 계승한 유림세력이 매우 강했다. 뿐만 아니라 숙종 대 이후로 권력에서 소외된 남인과 소론은 재야에 살면서 학문에 침잠하여 사회개혁에 대한 대안을 제시했다. 기호 남인 가운데 한백겸韓百謙, 이수광李睟光, 유형원柳馨遠, 이익李瀷 같은 실학자實學者가 나오고, 소론 가운데 유수원柳壽垣 같은 개혁사상가가 출현하여 영조~정조 시대 개혁에 큰 도움을 주었다.

그러면 노론, 소론, 남인의 주자학에 대한 태도는 어떠했는가? 기본적으로 이들은 모두가 주자학을 학문의 바탕으로 삼았다는 점에서 차이가 없다. 그러나 노론은 일부 북학파를 제외하고는 주자성리학 본연에 충실했다면, 남인은 주자의 경전 주석註釋에 얽매이지 않는 자유로운 모습을 보이면서 원시유학의 고학古學으로 돌아가려는 태도를 보였다. 정신수양에 도움이 되는 양명학, 불교, 도가, 천주학 등 이른바 이단異端에 대해서도 절충하는 자세를 지니다가 18세기 후반기에는 북학의 이용후생 사상이나 기술학에도 관심을 보였다. 정약용丁若鏞의 경우가 그 대표적인 학자였다.

한편, 소론은 부국강병에 도움이 되는 실용학을 받아들이고, 민족주의 성향이 컸다. 특히 유수원의 경우를 보면 사농공상의 평등과 문벌 타파, 붕당정치에 편승한 언관들의 횡포를 비판, 육조 기능의 평준화, 그리고 이용후생을 위한 청나라 기술학의 수용 등을 강력하게 주장하여 18세기를 통틀어 가장 급진적 개혁사상가의 모습을 보였다. 영조의 균역법도 그의 영향을 받았다. 그러나 그는 퇴계 학문을 숭상하여 주자성리학을 버리지 않았다.

노론, 소론, 남인이 이렇듯 주자성리학을 정학正學으로 받아들이면서도 서로 색깔이 다른 학풍을 세웠기 때문에 그동안 학계에서 주자학과 실학이 서로 대립한 것처럼 해석해 온 것은 매우 잘못된 것이다. 주자성리학 자체에 다양한 조류가 있어 명분을 존중하는 학풍[노론]과 실용을 존중하는 학풍[남인과 소론]의 분화가 일어난 것인데, 그 가운데 실용을 존중하는 학풍을 실학으로 부른 것뿐이다.

이렇게 본다면 정조가 추구한 탕평은 정치세력의 통합인 동시에, 더 나아가 각 당파가 표방한 다양한 학풍을 통합한 사상탕평思相蕩平까지도 포함하고 있다고 볼 수 있다. 이렇게 형성된 정조의 학풍은 실학적 주자학이고, 주자학적 실학으로 불러도 좋을 것이다.

5) 규장각의 교육사업과 편찬사업

그러면 정조가 규장각奎章閣을 설치하여 탕평이념과 탕평세력을 키운 구체적 방법은 무엇인가? 그것은 두 가지 방향으로 전개되었다. 하나는 벼슬아치와 성균관 유생, 그리고 일반 선비들을 재교육하는 일이고, 다른 하나는 우리나라와 중국 역대 문화의 정수를 다시 정리하여 책으로 편찬하여 교화용 교재로 활용함으로써 도덕성이 높은 문화대국을 만드는 일이었다.

먼저 벼슬아치 재교육을 위해 가장 먼저 착수한 일은 40세 이하의 젊은 문신들 가운데서 우수한 자를 의정부에서 선발하여 임금에게 올리면 규장각에서 이들을 경학經學과 제술製述을 재교육시키고, 임금이 직접 시험을 치러 성적을 매겨 승진을 결정하는 제도였다. 이를 초계문신抄啓文臣이라 불렀다. 정조 시대 초계문신으로 선발되어 재교육받은 사람은 10차에 걸쳐 138명에 이르렀다. 이들은 정조 시대를 이끌어간 최고 엘리트로서 정조의 탕평노선을 따르는 시파로 활동했다. 이들 가운데 정조가 세상을 떠난 뒤에도 역시 엘리트 학자관료로 활약한 사람들이 많았다.[27]

또 규장각에서 제학, 직제학, 직각, 대교 등 각신閣臣으로 임명되어 왕명을 받들어 편찬사업에 참여했던 인사들은 두말할 나위 없는 최고 엘리트 신하들이었다. 이들 가운데에는 초계문신 출신도 포함되어 있지만 지위가 높은 제학이나 직제학 등은 초계문신 출신이 아닌 이들이 많았다. 이들도 김종수와 심환지를 제외한다면 대부분 정

---

27 정조 시대와 순조 시대에 걸쳐 엘리트 학자관료로 활동한 초계문신으로는 다산 정약용丁若鏞, 풍석 서유구徐有榘, 척암 이서구李書九, 남공철南公轍, 연천 홍석주洪奭周, 김조순金祖淳, 심상규沈象奎, 이존수李存秀, 김재찬金載瓚, 서영보徐榮輔, 김이교金履喬, 자하 신위申緯 등이다.

조의 탕평노선을 따르는 시파로 활동하여 탕평정치를 뒷받침해 주었다. 정조가 영조보다 탕평의 실효를 크게 거둔 것은 바로 이와 같은 근왕세력을 직접 키운 결과였다.

정조는 초계문신이 아닌 일반 문신들도 각자가 원하는 경서經書를 공부하게 했는데, 이들을 전경문신專經文臣이라 불렀다. 무신들도 수시로 병서兵書 시험을 치러 성적에 따라 승진을 결정했다. 이것이 전경무신專經武臣이다. 뒤에는 재교육 대상을 더욱 넓혀 성균관 유생들에게도 경사經史에 관한 과제를 내주어 답을 써내는 형식으로 재교육시키고, 과거 응시생들을 재교육하고자 조흘강照訖講을 강화했다. 조흘강이란 《소학》을 공부한 증명서를 바쳐야만 과거 응시가 가능하도록 한 것이다. 이 제도는 전부터 있었지만 잘 지키지 않던 것을 바로잡았다.

정조 말년에는 향촌사회의 교화를 위해 여씨향약呂氏鄕約과 향음주례鄕飮酒禮, 향사례鄕射禮[28] 등을 시행했으며, 향약, 향음주례, 대사례大射禮, 관례冠禮, 혼례婚禮 등을 묶어 《향례합편鄕禮合編》을 편찬하여 보급했다. 이런 향촌제도는 중국 고대문화의 황금기로 알려진 주周나라 때부터 시작된 것으로, 이미 조선 초기에 편찬된 《국조오례의國朝五禮儀》에 들어 있었지만 잘 시행되지 않던 것을 다시 부활시킨 것이다.

규장각의 또 다른 기능인 역대 문화의 정수精髓를 재정리하는 편찬사업은 어떻게 추진되었는가? 정조가 추구하는 것은 정학正學의 확립이다. 그런데 그 정학은 앞에서 설명한 것처럼 주자학을 학문의 중심에 두면서도 여기에 이용후생과 부국강병과 국리민복에 도움이

---

28 향사례는 마을 사람들이 모여 술을 마시면서 화목을 다지고 위계질서를 배우도록 하는 행사이다. 주周나라 때 시행되었다고 한다.

되는 여러 조류들, 예컨대 노론의 북학사상, 남인과 소론의 실학사상 등을 접목시킨 실학實學 바로 그것이었다. 그리고 중국 역대문화의 정수를 모아서 교육용으로 재편집하는 일도 포함되었다.

얼핏 보면 정조가 주자학에 깊이 심취하여 그것만으로 나라를 다스린 것으로 착각하기 쉽지만 그렇지 않다. 예를 들어 정조는 수원화성을 건설할 때 반계 유형원柳馨遠의 아이디어를 받아들였고, 성곽 상단부를 벽돌로 쌓은 것은 북학사상의 영향이다. 축성공사에 거중기擧重機를 비롯한 새로운 건설도구들을 만든 것은 중국을 통해 들어온 서양의《기기도설奇器圖說》을 참고한 것이다. 또 아버지 능침인 현륭원을 지키는 원찰로서 용주사龍珠寺를 세우고 부모은중경父母恩重經을 만들어 보관한 것은 불교를 포용하고 있다는 증거이다. 정조는 풍수지리風水地理에도 비상한 관심과 조예가 있었다. 또 주자학자들이 좋게 보지 않는 왕안석王安石의 신법新法이나 당 태종의《정관정요貞觀政要》도 좋아했으며, 주자의 역학易學보다는 소옹邵雍의 상수역학象數易學을 선호했다. 만천명월주인옹萬川明月主人翁 자서自序에 보이는 역학이론도 바로 상수역학이다. 정조가 수치에 밝고, 자연과학적 지식이 풍부한 것도 마찬가지다.《해동여지통재》라는 새로운 지리지를 편찬한 것도 인문 지리서地理書를 탈피하여 호구戶口, 전부田賦, 관액關扼, 거리 등 실용적이고 과학적인 정보를 담으려는 목적이 있었다.

정조는 평소 제왕帝王의 학문과 선비의 학문은 같을 수 없다고 주장했는데, 이것은 어느 한 가지 사조만으로 나라를 다스릴 수 없다는 것을 표방한 것이다. 정조가 주자학을 선호한 것은 몇 가지 이유가 있었다. 남송의 문치주의文治主義가 조선왕조의 문치주의와 비슷한 점이 있고, 거란의 침략을 받아 북방족에 대한 반감을 갖고 있는 것이 우리 처지와 같고, 중국 역대 학문 가운데에서 주자학만큼 스케일이 크고 학문으로서 완성도가 높은 학문이 없기 때문이었다. 하지만 주자朱子 시대와 정조 시대는 6백 년의 시차가 있고, 그 사이에 원元, 명明, 청淸을 거치면서 이용후생利用厚生과 관련된 기술문화가 중국이나 조선에서 크게 변했는데, 어떻게 주자학 하나만 가지고 나라를 다스릴 수 있겠는가? 그래서 정조는 문치文治의 바탕에 주자학을 놓았지만, 이용후생의 기술학이나 사회개혁사상을 주자학에 접목하여 나라를 다스리는 큰길을 열어 놓은 것이다. 그러므로 정조의 학문을 주자학만으로 단순화해서 규정해서는 안 될 것이다.

정조가 직접 편찬했거나 규장각에서 각신들이 집단적으로 정리하여 편찬한 서적들을 살펴보면, 정조가 주자학에만 매여 있지 않았다는 것을 금방 알 수 있다. 편찬된 서적들을 분야별로 보면 정치, 경제, 경학, 역사, 지리, 위인전기, 의례, 의약, 법률, 병서, 문학, 천문, 역학, 언어, 음악 등 미치지 않은 분야가 없고, 국가별로 본다면 우리나라 역대 문화는 말할 것도 없고, 중국 역대 문화와 일본의 무예까지도 포괄하여 동양문화의 정수를 모두 아우르고 있었다. 그러니까 그때까지 이루어진 동양문화의 정수를 간추리고 내용을 대폭 수정·보완하여 학술과 정치교육용으로 집대성했다고 할 수 있다. 184권 100책으로 이루어진 《홍재전서弘齋全書》가 바로 그 내용을 담고 있다. 홍재라는 뜻은 '홍의弘毅'에서 나온 말인데, 학문을 넓게 공부하고 굳센 마음으로 하겠다는 뜻이다.

그리고 그렇게 정리된 동양 문화의 정수가 크게 보면 정학正學의 울타리 속에 들어와 있다. 이것을 통치의 표준으로, 정치현실에 그대로 반영하여 실천한 것이 정조의 위대한 업적이었다. 정조가 감히 당당한 군사君師를 자처할 수 있었고, 신하들이 감히 임금의 권위에 도전하지 못한 이유가 여기에 있었던 것이다.

정조의 새로운 문화정책은 자유스러운 서민문화의 발전을 저지했다는 오해를 받기도 한다. 문학이나 예술은 통제가 없는 곳에서 자유스럽게 발전하는 것이 사실이므로 문학이나 예술의 관점에서 본다면 그런 해석도 일리가 없지 않다. 그렇지만, 문학과 예술의 자유분방함이 지나치면 사회질서를 무너뜨리고 방탕과 사치와 탐욕으로 몰고 가는 역기능을 가져오는 것도 부인하기 어렵다. 그럴 경우에는 그 역기능을 어느 정도 억제한다고 해서 반동적이고 복고적이라고 규정할 필요는 없는 것이 아니겠는가.

서양의 르네상스도 고전 고대를 재평가하는 복고적 성격을 띠고 있었지만, 르네상스를 반동적이라고 해석하지는 않는다. 르네상스는 중세 가톨릭의 억압 속에서 인간해방을 목표로 한 것이었으므로 정조의 복고적 정학운동正學運動과는 성격이 많이 다르다. 하지만 상고시대의 이상사회를 부활시켜 타락하고 불평등한 사회를 바로잡아 왕조를 부흥시키려는 정책도 당시의 역사적 상황에서 본다면 한국적 르네상스 운동이라고 해석해도 좋을 것이다.

그러면 왕명으로 편찬된 서적은 무엇인가? 여기서 모두 소개하기는 어렵지만, 《경국대전》 이래 변화된 제도를 보완한 《대전통편大典通編》을 비롯하여 《삼강행실도》와 《이륜행실도》를 합친 《오륜행실도五倫行實圖》, 동양무예를 집대성한 《무예도보통지武藝圖譜通志》, 제사음악을 정리한 《악통樂通》, 전국지리지를 보완한 《해동여지통재海東輿地通載》, 버려진 아이들의 구휼을 위한 《자휼전칙字恤典則》, 죄인들의 형구刑具를 표준화한 《흠휼전칙欽恤典則》, 죄인의 재판 판례를 정리한 《심리록審理錄》, 역대 임금의 치적을 정리한 《국조보감國朝寶鑑》과 《갱장록羹墻錄》 등이 그 대표적인 편찬물이다.

그밖에 중국의 경서經書나 사서史書 또는 문학文學과 관련된 서적으로는 오경五經의 정수를 편집한 《오경백선五經百選》, 주자학朱子學의 정수를 새롭게 정리한 서적들이 다수 편찬되었고, 당송 팔대가의 시문을 정리한 책, 《사기史記》 열전의 정수를 모은 《사기영선史記英選》, 원나라에서 편찬한 《송사宋史》를 강목체로 새롭게 정리한 《송사전宋史筌》 등도 편찬되었다.

정조는 단군檀君에서 시작하여 삼국시대, 고려, 조선왕조에 이르는 유구한 역사와 전통문화에서 확고한 민족주체성을 찾으려고 노력했다. 그래서 단군을 비롯한 역대 시조의 왕릉을 보호하면서 그들의 사당에 제사하고, 조선왕조 역대 임금의 업적을 정리하여 무수한 서적을 편찬했음은 앞에서 설명한 바와 같다. 세종의 집현전集賢殿과 세조의 제천례祭天禮를 높이 평가하고, 조선 시대 우수한 학자들과 애국 명장들의 업적을 정리하여 문집을 간행하거나 실기實記 또는 유사遺事를 편찬했다.

조선전기 인물 가운데 정도전鄭道傳과 양성지梁誠之의 경륜, 박은朴誾과 박상朴祥의 시詩, 차천로車天輅의 문장을 높이 평가하여 규장각에서 문집文集을 간행하고, 이이李珥의 《성학집요聖學輯要》는 경연의 교재로 사용했으며, 송시열宋時烈의 문집을 간행하여 《송자대전宋子大全》이라고 불러 《주자대전朱子大全》과 동격으로 우대했다. 이순신李舜臣에 대한 존경심은 매우 각별하여 그의 글들을 모아 《충무공이순신전서》를 규장각에서 발간하고, 임경업林慶業, 양대박梁大樸, 김덕령金德齡 등 수많은 애국 명장들의 업적을 정리하여 실기實記 또는 유사遺事를 편찬했다. 우리나라 역사에서 한 왕대王代에 이렇게 많은 편찬물이 간행된 것은 전례가 없던 일이었다.

이밖에 정조가 세손 때부터 쓰기 시작한 일기인 《일성록日省錄》은 세계 역사에서 임금이 일기를 쓰는 선례를 처음으로 남겼고, 정조의 언행록言行錄을 신하들이 정리한 《일득록日得錄》[29]은 정조의 학문과 사상을 가장 체계적으로 집약해서 정리했다는 점에서 매우 귀중한 가치를 지니고 있다.

6) 청나라를 보는 시각과 《존주휘편》의 참뜻

끝으로 정조가 청나라를 어떻게 바라보았는지 알아보자. 우선 청나라를 바라보는 시각은 세 가지다. 하나는 호란을 일으킨 오랑캐로 바라보는 시각이고, 둘은 이용후생의 시각이고, 셋은 문화적 시각이다.

먼저 호란을 일으킨 오랑캐로 보는 시각은 호란 이후 150여 년 동안 유지되어 온 것으로, 호란 당시에는 척화운동斥和運動으로 표출되었고, 효종 때에는 북수설치復讐雪恥를 위한 북벌운동北伐運動으로 이어졌으며, 숙종~영조 대에는 왜란 때 지원군을 파견하여 나라를 구해 준 명나라 신종神宗과 호란 때 원병을 보내려고 시도하고 청나라에 의해 멸망당한 의종毅宗을 추모하는 대보단(大報壇; 皇壇) 설치로 계승되었다. 이것이 멸청숭명蔑淸崇明 운동이다. 조선을 두 번이나 침략하여 수치를 안겨 준 청을 오랑캐로 보고, 왜란 때 나라를 구해 준 명나라에 대한 은혜를 잊지 않으려는 태도는 애국심과 자존심과 도덕을 사랑하는 조선으로서는 지극히 당연한 시각이었다.

정조도 이런 멸청숭명 정신을 계승하여 대보단 제사를 열심히 지켰고, 그의 만년에 인조 이후 정조에 이르기까지의 대청관계와 그 이전의 대명관계를 역사적으로 정리하여 《존주휘편尊周彙編》[30]을 편찬

---

29 《일득록》에 대해서는 정옥자, 《정조의 수상록 일득록 연구》(일지사, 2000) 참고.

30 《존주휘편》은 정조 만년에 이서구李書九, 민종현閔鍾顯, 이의준李義駿 등에게 명하여 초고본이 거의 완성되었으나 순조 25년(1825)에 이르러 완성되었다. 이 책에 대한 자세한 내용은 정옥자, 《조선후기 조선중화사상연구》(일지사, 1998) 참고.

하게 했다. 존주尊周라는 말은 공자孔子가 《춘추》에서 주周나라를 높이고 북방 오랑캐를 물리치려 한 존왕양이尊王攘夷, 또는 존주양이尊周攘夷를 말하는 것이다. 그런데 주나라는 요堯, 순舜, 하夏의 우왕禹王, 은殷의 탕왕湯王으로 이어지는 도덕문화를 계승한 중화中華 국가이므로, '존주양이'는 '존화양이尊華攘夷'로도 불렀다. 존화양이는 이렇게 주나라를 정통으로 보고 북방족을 이단 곧 오랑캐로 보는 정신이므로, 그 정신을 현재 계승하면 존명양청尊明攘淸이 된다. 즉 도덕적 정통성을 가진 중화는 명나라에 있다가 단절되었고, 청나라는 도덕적 정통성이 없다고 본 것이다.

그러면 명나라가 망한 뒤에 도덕적 정통성이 청나라로 가지 않았다면 그 정통성은 어디로 갔는가? 그 답은 바로 조선이다. 조선이 도덕적 정통성을 계승한 중화가 되었다고 자부했다. 명나라가 있을 때에는 명이 중화中華가 되고, 조선은 소중화小中華였는데, 명이 망하면서 조선이 유일한 중화가 되었다고 본 것이다. 여기서 중화라는 말은 국가개념이 아니라 문화개념임을 주목할 필요가 있다. 그래서 중화라는 개념은 결코 중국을 높이는 말이 아니고 우리 자신을 문화가 높은 도덕국가로 자부하는 자존심의 표현이었다.

정조가 《존주휘편》을 편찬한 것은 바로 우리가 도덕적 정통성을 지닌 나라라는 자부심을 가지고 정신적으로 청나라에 굴복하지 말자는 자주자강自主自强 정신을 표현한 것이었다. 어떤 이들은 '존화양이'와 '멸청숭명'이 강대하고 발전된 청나라를 배척하고 이미 없어진 명나라를 숭배하는 비굴한 시대착오적 태도로 오해하고 있으나, 그것은 잘못된 해석이다.

정조가 추구한 자주자강의 정책은 명나라나 청나라에서는 찾아볼 수 없는 학술교육기관인 규장각奎章閣의 설치에서도 엿보이지만, 수원 화성華城을 건설하면서 중국 한당漢唐시대의 황도皇都와 비슷한 삼보체제三輔體制를 만들어 한양, 수원, 광주를 묶어 광역 왕도王都로 편제한 사실에서도 확인할 수 있다. 이는 바로 정조 자신이 중국 황제와 거의 대등한 군주임을 과시하여 우리가 당당한 자주독립국가의 정통성을 지닌 문화국가라는 존주사상尊周思想의 표현이기도 했다.

두 번째로 정조는 청나라를 이용후생利用厚生의 관점에서 바라보면서 문물교류를 강화하여 이용후생에 필요한 문물을 적극 받아들이자는 북학파北學派의 사상을 적극 수용했다. 수원 화성을 건설할 때 정약용丁若鏞을 시켜 거중기擧重機를 만들게 한 것은 청나라를 통해 들어온 서양의《기기도설奇器圖說》의 영향을 받은 것이고, 성곽의 상단부를 벽돌로 쌓은 것도 청나라의 성곽제도를 따른 것이다. 지도를 제작할 때 처음으로 경위선經緯線을 그려넣어 지도의 정밀성을 높인 것도 청나라 영향이다. 정리자라는 활자를 새로 주조할 때《강희자전康熙字典》의 글씨체를 본받았다. 또 청나라를 통해서 안경, 천구도天球圖, 세계지도 등 서양의 과학기술문화도 적극 수용했다. 관영상업에서 시장경제로 전환한 것도 청나라 영향이다. 이 모든 것이 청나라의 이용후생 문화를 적극 수용한 소치다. 사신을 수행하여 따라간 선비들이나 역관, 상인들도 대청무역에서 많은 이득을 얻었다.

청나라와 사신 왕래에서 경제적 실리를 얻는 것은 청나라보다 조선 측이 월등히 많았다. 건륭제(乾隆帝; 재위 1736~1789)는 청나라를 최전성기로 끌어올린 황제였지만 조선을 '동방예의지국'으로 존중하고, 정조가 보낸 시詩를 보고 감탄하면서 대신들에게 나누어 보게 했다. 청나라 사신들이 조선에 가서 학문이 뒤져 망신당하는 것을 걱정했다. 조선 사신은 다른 나라 사신들보다 특별히 예우하여 윗자리에 자리를 만들고 술잔이나 물품을 직접 하사하는 일이 많았는데, 이런 예우는 다른 나라 사신들이나 청나라의 고관들에게는 베풀지 않는 특혜였다. 정조와 사신들에게는 각종 비단을 비롯하여 문방구, 기호품 등 풍성한 물품을 하사하여 공식무역은 언제나 엄청난 흑자를 냈다.

그러면 건륭제는 왜 그토록 조선을 높이 평가하고 친밀감을 보였을까? 그것은 조선을 강대국으로 두려워한 때문은 아닐 것이다. 건륭제의 역사의식을 보면 그 이유가 드러난다. 건륭제는 정조 2년 1778)에 칙명으로 《만주원류고滿洲源流考》라는 역사책을 편찬했다. 그 내용은 청나라의 역사적 뿌리를 서술한 것이다. 청나라의 뿌리가 되는 여진족은 처음에 숙신씨肅愼氏로 불리다가 그 뒤로 삼한三韓―읍루挹婁―물길勿吉―신라·발해·백제 등을 거쳐 금金나라 때에는 완안부完顔部로 불렸다고 했다. 청나라는 이 뿌리에서 일어난 것이다. 여기서 놀라운 것은 한국 고대사에 속하는 삼한三韓과 삼국三國, 그리고 발해[고구려]를 모두 여진족의 역사로 해석하고, 그 강역도 모두 만주에 있었다고 한 것이다.

발해가 만주에 있었음은 사실이지만 삼한과 신라, 백제까지도 만주에 있었다고 주장한 것은 매우 파격적이다. 건륭제는 한국 고대사 전체를 여진족 역사로 만들기 위해 억지로 그런 주장을 폈다. 그 근거로 삼한은 여진족과 풍속이 비슷하다는 점을 증거로 내세우고, 신라의 수도 계림鷄林이 만주의 길림吉林과 발음이 비슷한 것을 예로 들었다.

그러나 이는 근거 없는 주장이다. 결과적으로 《만주원류고》는 오늘날 중국에서 벌이고 있는 이른바 동북공정東北工程과 거의 비슷한 역사왜곡을 한 것이다.

좋게 해석하면 건륭제는 여진족과 한국인을 뿌리가 같은 동족同族으로 간주하면서 조선의 높은 문화수준을 인정하여 조선 사신을 특별히 예우하는 정책을 편 것으로 보인다. 하지만 조선 측에서 본다면 여진족이 독자적으로 나라를 세운 것은 고려 때 금金나라뿐이고, 그 이전에는 고구려와 발해에 복속했던 부족이며, 고려~조선 시대에는 야인野人으로 불리면서 끊임없이 우리나라에 동화되거나 귀화해 온 미개한 족속에 지나지 않는다. 그런데 그 미개한 족속에게 무릎을 꿇고 항복했으니, 그 치욕감이 클 수밖에 없었다. 청나라가 비록 강대국으로 중원을 지배하고 있지만, 미개한 족속의 후손이라는 우리 민족의 생각은 쉽게 지워지지 않았다.

정조가 현재의 청나라를 바라보는 세 번째 시각은 학술문화적인 격차이다. 정조는 청나라가 중국 역사에서 가장 완성도가 높은 학문인 주자성리학朱子性理學을 모르고, 명나라 때 유행했던 양명학陽明學이나 육상산학陸象山學조차도 하지 않고 있어 정신문화가 저급한 나라로 평가했다. 이 무렵 청나라에서는 고증학考證學이라는 새로운 학풍이 일어났지만, 경전의 자구字句나 따지는 학문이라며 가치관이 담긴 고급 학문으로는 보지 않아 거의 외면했다. 여기에 명말청초에 유행했던 《수호지》, 《삼국지》 등 이른바 패관소품이 범람하여 조선의 미풍양속을 해치고 있다고 보아 이를 수입금지하는 정책을 썼다.

정조는 청나라 사신이 서울에 입성할 때 조선 선비들이나 시민들이 앞다투어 나가서 구경하는 모습을 보고 개탄을 금치 못했다. 또 청나라의 기호품을 사다가 집안을 장식하는 선비들이 풍속도 개탄했다. 선비들이 벌써 호란의 치욕을 잊어버리고 있는 것을 한심하게 보았다. 《존주휘편》을 편찬한 이유도 여기에 있었다. 정조는 또 청나라에서 간행한 유교 경전經典들도 구입해 오지 말라고 사신들에게 일렀다. 책이 작아 누워서 읽기에는 편할지 몰라도, 종이의 질이 떨어지고 활자가 작으며, 또 경전을 누워서 읽는 것도 불경스러우므로 이런 책들을 사 오지 말라고 사신들에게 지시했다. 우리나라 경서는 활자도 크고 종이의 질도 좋아 훨씬 공부하기에 편하다는 것이다.

요컨대 정조가 바라보는 청나라는 이용후생의 측면에서는 앞선 나라로, 그와 관련된 기술 문화는 받아들여 우리의 낙후된 경제나 기술을 발전시켰지만, 정신적으로는 청나라를 멸시하는 정책을 추구했다고 할 수 있다.

정조는 또 사신들을 통해 청나라의 정치정세도 예리하게 관찰했다. 지방에서 반란이 심각하게 일어나고 중앙에서도 화신和伸이라는 권신이 국정을 농단하고 부패가 심하여 민심이 떨어져 나갔다고 보아 청나라의 미래를 어둡게 보았다. 실제로 청나라는 건륭제가 죽고 나서 국력이 내리막길을 걸어갔는데, 그 모습은 정조가 죽은 뒤의 우리나라의 모습보다도 더 비참했다.

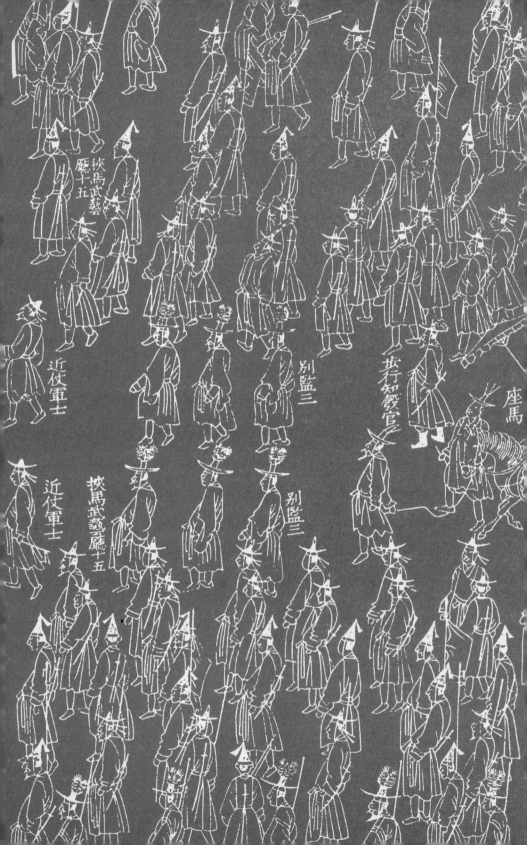

挾馬武藝廳十五

近仗軍士

別監三

共行知彀官

座馬

近仗軍士

挾馬武藝廳十五

別監三

규장각은 정조 시대 문화정책의 핵심기구이자 문화정치의 산실로서
세종이 만든 집현전보다도 더 많은 기능을 가졌다.
정조가 세상을 떠난 뒤로 그 기구 자체는 대한제국이 망할 때까지
그대로 유지되어 각신이 계속적으로 임명되었다.
그러나 본래의 기능을 크게 잃었다.

제10장

정조 이후의
규장각

1. 순조-철종 대 규장각과 《홍재전서》, 《동성교여집》 간행

규장각은 정조 시대 문화정책의 핵심기구이자 문화정치의 산실로서 세종이 만든 집현전集賢殿보다도 더 많은 기능을 가졌다. 정조가 세상을 떠난 뒤로 그 기구 자체는 대한제국이 망할 때까지 그대로 유지되어 각신이 계속적으로 임명되었다. 그러나 본래의 기능을 크게 잃었다. 임금 직속의 근시기구로서 학문을 토론하는 학술기능, 경연에 참석하여 정책을 토론하는 자문기능, 신하들을 재교육하여 선비들을 길러내는 교육기능, 문헌을 편찬하는 편찬기능, 임금의 글과 국내외 도서를 보관하는 도서관 기능, 왕명을 전달하는 비서기능 등이 상당 부분 폐지되었다. 정조처럼 뛰어난 학자군주가 나타나지 못한 것이 가장 큰 이유였다. 다만 임금의 글과 나라 안팎의 서적을 보관하는 도서관 기능은 그대로 남았고, 규장각일기인 《내각일력》은 고종 20년(1883)까지 지속되었으며, 규장각에서 작성하던 왕의 일기인 《일성록》은 대한제국이 망할 때까지 계속되었다. 또 간혹 서적을 간행하는 기능을 수행했다.

그래도 정조가 길러낸 각신閣臣들과 초계문신들이 아직 살아 있던 순조 대에는 순조가 친정을 시작한 뒤로 임금이 각신들의 집무소인 이문원摛文院에 가서 각신들과 경연經筵하기도 했지만, 학문이 부족한 임금이 지도력을 발휘할 수는 없었다. 초계문신제도도 중지되었다. 다만 문신文臣들의 강경과 제술을 시험하는 것은 계속되었지만 그저 형식적이었다. 그래도 아버지 유업을 이어받으려는 노력은 지속되었다. 예를 들면, 순조 3년(1803) 5월에는 장헌세자의 글을 모아 깨끗이 정서하여 《경모궁예제景慕宮睿製》(7권)를 편찬했다. 이 책은 순조 14년(1814)에 《홍재전서》를 간행할 때 3책의 활자본으로 30건을 인출했다. 이 책은 《능허관만고凌虛觀漫稿》[01]로 불리기도 했다.

순조 14년(1814) 3월에는 정조의 글이나 정조의 명으로 간행된 책자들을 총망라하여 《홍재전서弘齋全書》를 간행했다. 이미 정조가 세상을 떠나기 1년 전에 정조의 글 190편을 모아 《군서표기》로 정리했음은 앞에서 이미 설명했다. 그러나 그 뒤에 나온 저술들이 있어 이를 합쳐 다시 정서하여 순조 원년(1801) 12월에 184권 100책을 만들었다가, 계속 원고를 교정하여 순조 14년(1814) 3월에 정리자로 인출한 것이다. 이때 30건을 인출하여 각처에 보관했다.

순조 14년 6월에는 정조의 시문詩文만을 따로 모아 《정종대왕어제正宗大王御製》를 22책으로 인출했다. 이 책은 정조의 모든 글을 다 모은 것이 아니고, 시詩와 문文만을 추려 문집형식으로 만들었다. 따라서 내용상 《홍재전서》와 중복된 것이 많지만, 《홍재전서》에 들어 있는 것이 여기서는 빠진 것도 있다. 예를 들면 잡저雜著, 《경사강의經史講義》,[02] 《추서춘기鄒書春記》,[03] 《노론하전魯論夏箋》,[04] 《증전추록曾傳

---

01 《장헌세자예제》, 곧 《능허관만고》는 현재 한국학중앙연구원에 소장되어 있는데, 여기서 1997년에 영인본을 간행했다.

02 《경사강의》는 사서삼경四書三經, 《근사록近思錄》, 《심경心經》, 《총경總經》, 《강목綱目》에 대해 신하들과 토론한 책이다.

03 《추서춘기》는 《맹자》에 관해 논한 책이다.

04 《노론하전》은 《논어》에 관해 논한 책이다.

秋錄》,[05] 《유의평례類義評例》[06], 《고식故寔》,[07] 《심리록》, 《일득록》, 《군서표기》 등이 빠져 있다.

순조 14년(1914)에 《홍재전서》와 《경모궁예제》 등 장헌세자와 정조의 글을 출판하고 나서 이 책을 간행했는데, 참여했던 전직 및 현직 각신들 15명[08]은 자신들이 여가에 서로 교유하면서 심심풀이로 지은 시들을 모아 《동성교여집東省交餘集》[09]이라는 이름으로 발간했다. 이들의 신분을 알아보면 당시 세도가문인 안동김씨, 연안이씨, 그리고 순조의 외가인 반남박씨 사람들이 대부분이었는데, 실질적인 지도자는 영돈녕領敦寧으로서 검교 제학을 겸하고 있던 순조의 장인 김조순이었다. 규장각의 실세가 임금이 아니라 자신이라는 것을 과시하려는 의도에서 만들어진 것으로 보인다.

순조의 뒤를 이은 헌종憲宗은 효명세자의 아들로서 8세에 임금이 되었으므로 처음에는 신하들로부터 교육을 받는 데 여념이 없었다. 그러나 20세가 된 헌종 12년(1846) 이후로는 임금의 학문이 발전하면서 이해 7월에 영의정 권돈인(權敦仁; 노론 權尙夏의 5대손)의 건의를 받아들여 21명의 초계문신抄啓文臣을 선발하여 강경과 제술을 시험한 일이 있고, 2년 뒤에 또 영의정 정원용(鄭元容; 동래정씨, 소론)이 36명의

---

05 《증전추록》은 《증자曾子》에 관해 논한 책이다.

06 《유의평례》는 《대학》에 관해 논한 책이다.

07 《고식》은 여러 지역의 빈흥록賓興錄에 관한 책이다.

08 《동성교여집》에 참여한 각신은 다음과 같다. 김재찬(전 제학), 김조순(검교 제학), 심상규(전 제학), 남공철(제학), 서용보(제학), 박종경(전 제학), 이존수(직제학), 김이교(직제학), 박종훈(검교 대교), 이노익(검교 직각), 이용수(검교 대교), 이광문(검교 직각), 정원용(직각), 박기수(검교 대교), 이학수(대교).

09 《동성교여집》은 《규장각》 11집(서울대 규장각, 1988)에 영인본으로 수록했는데, 정옥자 교수가 해제를 썼다. 이 논문은 정옥자, 《조선후기 문화운동사》(일조각, 1997)에 재수록되었다.

초계문신을 선발하기도 했다. 정원용은 순조 때 규장각 직각直閣을 맡기도 했으므로 규장각의 기능을 부활시켜 보려고 했던 것으로 보인다. 그러나 다음 해 헌종이 23세로 세상을 떠나 실제로 교육을 시행하지는 못했다.

헌종 때 규장각의 책임을 맡았던 제학은 조만영의 아우인 조인영 (趙寅永; 풍양조씨), 서유구徐有榘, 박기수(朴綺秀; 반남박씨), 김홍근(金興根; 안동김씨), 박영원(朴永元; 고령박씨), 조병현(趙秉鉉; 풍양조씨), 김학성 (金學性; 청풍김씨) 등으로서 대부분 세도가문의 핵심인물들이다. 그 밖의 각신들도 마찬가지였다.

헌종 때 각신들이 한 일은 헌종 2년(1836)에 선왕인 순조의 글을 정서하여 《순조대왕어제純祖大王御製》10책을 만들고, 21세에 요절한 순조의 아들 효명세자孝明世子의 글을 정서하여 《익종대왕어제翼宗大王御製》로 편찬한 일이다.

헌종의 뒤를 이은 철종哲宗은 정조의 이복동생으로 강화도에 귀양가 있던 은언군 이인李䄄의 손자로서 19세에 임금이 되었으나 학문적으로 준비된 임금은 아니었다. 더욱이 안동김씨의 세도정치가 절정에 이르렀던 시기였으므로 규장각을 장악할 처지가 아니었다. 규장각 각신은 안동김문이 거의 대부분 차지하고 있었으며, 이들이 선왕인 《헌종대왕어제憲宗大王御製》를 편찬했다.[10]

---

10 정조 이후의 규장각의 역사에 대해서는 한영우, 《문화정치의 산실 규장각》(지식산업사, 2008) 참고.

2. 고종 대 규장각의 부활과 대한제국 건설

철종이 재위 14년에 33세로 세상을 떠나자 정조의 둘째 이복동생인 은신군恩信君 이진李禛의 증손자인 고종이 1863년에 왕위를 이었다. 12세에 임금이 되어 친정親政을 하지 못하고 대원군이 10년 동안 섭정했으나 23세가 되는 고종 11년(1874)부터 친정을 하면서 왕권 강화에 박차를 가하기 시작했다. 왕권강화 정책의 하나는 규장각 기능의 회복이었다. 이해 10월에 고종은 규장각의 모든 절차를 옛날 규례規例대로 복구했다. 세도정치기에 무너진 규장각 기능을 70여 년 전 정조 대의 모습인 국왕 직속의 근시기구로 복원하기 시작한 것이다.

고종은 전통을 바탕으로 서구식 근대화를 추진하는 이른바 동도서기東道西器 또는 구본신참舊本新參의 개화정책을 추구했다. 이는 정치체제를 갑자기 서구식 공화정共和政이나 입헌군주제立憲君主制로 바꾸지는 않고 왕소체제를 그대로 유지하면서 과학기술의 서양화를 통해 근대국가를 만들겠다는 노선이었다. 근대적인 국민國民을 만들기 위해 노비세습제를 1886년(고종 23)에 폐지하고, 서얼차대법을 고종 즉위 초에 폐지해 버렸다. 그리하여 1894년의 갑오경장 이전에 신분제도의 근대화가 이루어진 것이다.

고종의 동도서기 정책은 급진적 개화파의 눈에는 수구정책이나 사대정책으로 보이고, 극단적 수구파인 위정척사파의 눈으로 보면 주체성을 잃은 것으로 보였지만, 그 길이 가장 온당하고 합리적인 정책이었다. 왜냐하면 왕조체제를 갑자기 바꾸면 국민의 애국심을 수렴할 중심체가 무너질 위험이 있기 때문이었다.

고종은 이런 시각에서 규장각을 근대화정책의 중심 기구이자 근시기구로 만들고, 근대화에 필요한 새로운 도서들을 수집하여 규장각에 보관한 다음 도서목록인 《내각장서휘편內閣藏書彙編》을 편찬했다. 여기서 내각은 곧 규장각을 말한다. 이 목록은 종전에 하던 경사자집經史子集의 4부四部 분류방식을 버리고 도서의 발음을 기준으로 하여 현대적인 분류법을 따랐다. 이 목록을 보면 서양의 과학기술, 의학, 만국공법(萬國公法: 국제법), 만국상법萬國商法, 영환지략(瀛環志略; 세계지리서), 세계지도 등이 포함되어 있다.

이 책이 편찬된 뒤에도 신간서적 수집에 박차를 가하여 중국 상해에 있는 16개 서점의 판매도서 목록을 편찬했는데, 고종 25년(1888) 무렵에 작성한 《상해서장각종서적도첩서목上海書莊各種書籍圖帖書目》이다. 이렇게 새로운 도서수집을 통해 근대화에 필요한 정보를 수집하고 각신들로 하여금 이를 배우게 했지만, 초계문신이나 문신강제文臣講製는 하지 않았다. 이는 유교교육이 이미 새로운 시대에 맞지 않기 때문이었다.

고종 대 각신 출신으로 동도서기적 개화파로 성장한 대표적인 인물은 박규수朴珪壽, 김병덕金炳德, 민규호閔奎鎬, 조영하趙寧夏, 김병시金炳始, 정범조鄭範朝, 민영목閔泳穆, 민영익閔泳翊, 홍영식洪英植, 민영환閔泳煥, 민영휘閔泳徽, 어윤중魚允中, 김윤식金允植, 서광범徐光範, 김홍집金弘集, 이준용李埈鎔, 이완용李完用 등이었다. 그러나 김옥균金玉均을 비롯한 급진개화파는 일본과 비슷한 입헌군주제를 찬성하는 입장에서 갑신정변(1884) 당시 규장각을 폐지하려는 운동을 벌이기도 했지만 실패했다.

고종의 동도서기 정책과 규장각 강화정책은 1894년에 일본이 강압적으로 추진한 갑오경장甲午更張에서 왕권을 약화시키려는 방향으로 개혁이 추진되면서 좌절되었다. 규장각은 궁내부宮內府 소속의 한 관아로 격하되어, 어제와 어필을 관리하고 출판이나 도서관 기능을 가진 기구로 변했다. 각신들도 이승오李承五, 조동윤趙東潤 등 친일파로 바뀌었다. 1895년에는 규장각 직제를 또 규장원奎章院으로 바꿔 각신에 대한 임금의 인사권을 대폭 축소시켰다.

이렇게 지위가 격하된 규장원을 다시 근시기구로 환원시키는 조처가 이루어진 것은, 1895년 8월[양력 10월]의 을미사변으로 명성황후를 잃은 고종이 1896년 2월에 러시아 공사관으로 망명하여 운신이 비교적 자유스러워진 이후부터였다. 고종은 갑오경장으로 왜곡된 개혁을 다시 온건한 개혁으로 되돌려 놓았다. 그런 가운데 규장원의 신하들을 자신이 신임하는 인물로 임명하고, 1897년 1월에는 궁내부 관제官制를 일부 고쳐 규장원을 다시 규장각으로 환원시켰다. 규장각 학사들은 규장각 고유의 일뿐 아니라 세자시강원의 교육을 맡은 일강관日講官의 직책을 겸하도록 했다.

1897년 2월에 러시아 공사관에서 경운궁慶運宮으로 돌아온 임금은 앞으로 탄생할 대한제국의 법제를 연구하는 기관으로 이해 3월에 교전소校典所를 설치하고, 이어 6월에 사례소史禮所를 설치했는데, 각신 민영휘(閔泳徽; 閔泳駿)를 교전소 책임자로 임명했다. 그러니까 각신이 대한제국 탄생의 주역을 맡은 것이다. 또 이해 5월에는 정조 때 만든 〈규장각지奎章閣志〉에 실린 규정을 부활시키고 각신을 거친 인물들을 검교檢校로 임명하여 정조 때처럼 이들에게 고종의 일기인 《일성록》을 편찬하게 했다.

1897년 10월 17일에 대한제국이 선포되자 정해륜(鄭海崙; 연일정씨), 조동면(趙東冕; 풍양조씨), 윤용선(尹容善; 해평윤씨), 민영규閔泳奎, 민병석閔丙奭, 이재순(李載純; 전주이씨), 민형식閔衡植, 민영소閔泳韶, 이순익(李淳翼; 연안이씨), 김성근(金聲根; 안동김씨), 이건하(李乾夏; 전주이씨), 윤용구(尹用求; 해평윤씨), 김만수(金晚秀; 연안김씨), 이지용(李址鎔; 전주이씨), 박정양(朴定陽; 반남박씨), 홍순형(洪淳馨; 남양홍씨), 민영철閔泳喆, 조병식(趙秉式; 양주조씨), 이용태(李容泰; 전주이씨), 박제순(朴齊純; 반남박씨), 조경호(趙慶鎬; 임천조씨), 윤덕영(尹德榮; 해평윤씨) 등을 학사로 임명하고 여러 요직을 겸직하도록 하여 대한제국의 핵심세력을 형성했다. 이들은 대부분 왕족과 왕비족, 그리고 왕세자빈족으로서 이들 가운데 몇 사람은 뒤에 친일파로 전향하기도 했지만, 당시에는 고종이 신임하는 총신들이었다.

고종이 정조의 규장각을 재건하여 자주적 개화파를 길러내고, 뒤에는 최초의 근대국가인 대한제국을 건설하는 중심세력을 만들었다는 것은 그 나름으로 큰 의미가 있다.

3. 통감부 시절 규장각의 추락

1905년에 을사늑약으로 통감부가 설치되고, 이어 1907년에 이를 적극 반대하던 고종을 강제로 퇴위시킨 뒤 순종을 꼭두각시 황제로 만든 일본은 황제권을 뒷받침하던 규장각의 기능을 다시 명예직으로 격하하고, 친일파로 회유하는 기구로 악용했다. 1907년 11월에 통감부는 궁내부관제를 개정하여 각신을 황실관련 문건을 관리하는 기구로 만들고, 각신의 수를 50명으로 늘리고, 이들을 모두 명예직으로 만들었다. 그리하여 1910년에 대한제국이 망할 때까지 3년 동안 각신으로 임명된 사람들이 1백여 명에 이르렀다.

1908년 4월에는 〈증직규례贈職規例〉를 만들어 이미 죽은 옛날 사람들도 규장각 각신으로 추증하도록 했다. 그리하여 대한제국 멸망 직전인 1910년 5월과 8월 사이에 각신으로 증직된 인물이 수백 명에 이르렀는데, 그 가운데는 조선 중기 인물인 송익필宋翼弼, 서기徐起, 정렴鄭磏, 성운成運, 안민학安敏學, 조선 후기 인물인 정약용丁若鏞, 유신환兪莘煥, 박지원朴趾源, 김평묵金平黙 등이 포함되어 있었다. 이렇게 되면 조선 시대 웬만한 학자들이나 벼슬아치들은 대부분 각신으로 추증된 셈이고, 그 후손들을 회유하는 데 악용된 것이다.

하지만, 정조가 심혈을 기울여 수집하고 특히 그 뒤 고종 대에 수집한 도서들은 그대로 남아 대한제국기에 '제실도서帝室圖書'로 편입되었는데, 이토 히로부미가 그 가운데 77종 1,028책을 일본으로 가져갔다. 일제 강점기에는 총독부 취조국에서 제실도서를 관리하면서 '제실도서'의 명칭을 '규장각도서'로 바꾸었다. 뒤에는 총독부 참사관실과 학무국에서 차례로 관리했는데, 1913년에는 평창 오대산사고五臺山史庫에 보관되어 있던 《실록》을 동경제국대학으로 가져갔다. 그런데 1923년에 관동 대지진이 일어났을 때 대부분의 실록이 불타 없어졌다. 또 1922년에는 제실도서 가운데 69종의 《의궤》를 일본으로 가져가 궁내청宮內廳에 보관했다. 1924년에 경성제국대학이 설립되자 〈규장각도서〉를 그 부속도서관으로 옮겨 관리하게 했다.

정조 이후로 역대 임금의 글과 글씨는 창덕궁 후원에 봉모당奉謨堂을 따로 지어 보관해 왔었는데, 일제 강점기에 창경원 안에 장서각藏書閣이라는 건물을 새로 짓고 이곳으로 봉모당 도서들을 옮겨 놓고 이왕직李王職에서 관리하도록 했다. 또 제실도서 가운데 전라도 무주茂朱 적상산사고赤裳山史庫에 보관되어 있던 《실록》과 《의궤》를 장서각으로 옮겨 놓아 이왕직에서 이용하도록 했다.

8,15 광복 뒤 서울대학교는 경성제국 도서관의 '규장각도서'를 인수하여 관리하고, '장서각도서'는 그대로 장서각에 두었다가 1969년에 한국정신문화연구원(현재 한국학중앙연구원)으로 이전하여 현재 관리하고 있다.

서울대학교 '규장각도서'는 처음에 도서관에서 직접 관리하다가, 1975년에 관악캠퍼스로 서울대학교가 이전하면서 도서관 안에 규장각도서관리실을 만들어 관리하게 했다. 1992년에는 '규장각도서'를 관리하는 독립기구를 만들어 '서울대학교규장각'이 탄생했다. 이로써 예산도 늘어나고 사업도 활기를 띠기 시작했다. 그러다가 2006년에는 한국문화연구소를 합쳐 '서울대학교 규장각한국학연구원'으로 한 단계 격상되어 오늘에 이르고 있다.

규장각도서와 장서각도서는 모두 국보적 가치를 지닌 귀중한 문화유산으로, 한국학 연구의 일차적 연구 자료로 활용되고 있을 뿐 아니라 세계적으로도 그 가치가 인정되어 현재 《조선왕조실록》, 《승정원일기》, 《조선왕조의궤》, 《비변사등록》, 《일성록》 등이 유네스코 세계기록문화유산으로 등록되어 있다. 현재 한국은 아시아에서 가장 많은 13종의 세계기록문화유산을 보유하고 있는 나라로서 기록문화의 선진국으로 인정받고 있다. 정조가 심혈을 기울여 만든 규장각은 비록 영광과 수난이 반복된 길을 걸어왔지만, 규장각이 수집한 도서들은 그 가치가 전 세계적으로 빛나고 있다.

나가면서

영조와 정조가 나라를 다스렸던 1724년에서 1800년에 이르는 시대를 조선왕조의 중흥기로 보는 데는 아무도 이의를 제기하지 않는다. 무엇보다 이 시대는 그 다음 세도정치기에 보이던 대규모 민란이 없었고, 숙종~경종 대에 보였던 당쟁으로 말미암은 선비들의 떼죽음도 크게 줄어들었으며, 왕조문화가 화려하게 꽃피었다는 사실이 이를 증명해 주고 있다.

그런데 영조 시대와 정조 시대를 나누어 비교해보면, 상대적으로 정조 시대가 영조 시대보다 정치적으로나 사회적으로 더 안정되었고, 문화적인 발전도 더한층 현란한 시기였다. 정조 시대에는 영조 4년의 무신란(戊申亂; 이인좌난)과 같은 대규모 당파간의 내란도 없었고, 영조 31년의 을해옥사乙亥獄事와 같은 대규모 숙청사건도 없었다. 소론파의 반역음모가 몇 차례 있었지만 사전에 발각되어 진압되었기 때문에 당쟁의 희생자가 극소수에 그쳤다. 출판을 통한 문화적인 업적 또한 영조 치세 52년보다 정조 치세 24년 동안 양적으로도 수십 배로 확대되었고, 그 수준도 뚜렷하게 높아졌다. 이런 차이만 놓고 보더라도 영조보다 정조가 한층 높은 수준의 리더십을 갖춘 임금이었다는 것을 알 수 있다.

영조는 스스로 당파를 보합保合하는 탕평정책蕩平政策과 백성을 끔찍이 사랑하는 민국정책民國政策을 펼쳤고, 죽을 때까지 경연經筵을 통해 학문을 연마하고 실천하여 임금이자 스승[君師] 또는 어진 군주[聖君]라는 평가를 받았다. 정조는 바로 그러한 할아버지의 정책을 충실히 계승하고 발전시켜 한 단계 더 높은 수준의 탕평과 민국, 그리고 학문적 성취를 이룩했다. 그러고 나서 어진 군주와 임금이자 스승[君師]의 지위를 만천명월萬川明月의 단계로 끌어올렸다. 이렇게 본다면 영조의 정책과 이념이 얼핏 자연스럽고 평화롭게 손자에게 이어진 것처럼 보이기도 한다.

그러나 사실은 그렇지 않았다. 정조는 영조의 아들이 아니라 손자라는 점을 주목해야 한다. 영조와 정조 사이에 한 세대가 비어 있다. 바로 비운의 왕자 사도세자(思悼世子; 莊獻世子)이다. 영조는 아들을 죽이고 손자를 후계자로 선택한 것이다. 사도세자가 성군이 되기를 바랐던 아버지 영조의 기대를 저버린 것이 비극의 원인이었다. 영조는 국가와 백성을 위한 대의大義를 위해 천륜天倫인 인정人情을 버렸으니, 그 마음이 얼마나 아팠겠는가? 그리고 아버지의 비극이 있었기에 임금의 자리에 오른 정조는 할아버지와 아버지를 어떻게 바라보아야 하는가? 대의大義로 보면 할아버지는 임금을 만들어 준 은인이고, 인정人情으로 보면 할아버지는 아버지를 죽인 원수가 아닌가?

사도세자가 죽은 이유에는 스스로의 책임도 있지만, 정조에게도 책임이 있었다. 영특한 손자가 없었다면 영조가 아들인 사도세자를 그렇게 버리지는 않았을 것이기 때문이다. 그래서 정조는 평생 불효자라는 자책감에서 헤어나지 못했고, 효도사업이 정조정치의 중요한 한 축軸을 이루게 된 것이다. 정조의 아버지에 대한 효도사업도 간단한 일이 아니었다. 아버지의 비행非行을 인정한다면 더욱 큰 불효자가 될 것이고, 그렇다고 아버지의 비행을 부인하면 할아버지의 대의를 욕되게 하는 또 다른 불효에 빠지게 되어 있었다.

정조의 처지는 대의만 따르기도 어렵고 인정만 따르기도 어려운 참으로 깊고 깊은 수렁에 빠져 있었다. 그러니 정조의 정신적 갈등이 얼마나 컸을지를 먼저 이해해야 한다. 정조가 어머니 혜경궁에게 수시로 임금 노릇 하기 싫다는 말을 했다는 것이 빈말이 아닐 것이다. 하지만 그런 역경이 도리어 정조를 지혜롭고 착한 어진 임금[聖君]으로 만든 힘이 되었다고 보아야 한다. 정조는 때때로 권도權道를 내세워 거짓말도 하고, 신하들을 욕지거리로 윽박지르기도 하면서 성군답지 않은 모습을 보였지만, 그 본질은 할아버지와 아버지, 당파와 백성을 모두 끌어안으면서 성군聖君의 대도大道를 끝까지 잃지 않으려는 착한 목적을 담고 있었다.

정조는 할아버지와 아버지에 대한 효도를 위해 두 가지 거짓말을 했다. 영조가 아들을 죽인 뒤에 간신들의 무고로 죄 없는 아들을 죽인 것을 깨닫고 효성스런 아들을 그리워하는 글을 적어 죽은 왕비의 사당인 휘령전徽寧殿의 요 밑에 넣어두었는데, 그것을 자신이 임금이 된 뒤에 발견했다고 하면서 신하들에게 그 글의 일부를 공개했다. 그 글을 《금등金縢》이라 불렀다. 신하들은 그 글의 진실을 믿지 않았으나 정조의 효심을 이해하고 문제 삼지 않았다.

또 하나는 아버지 묘소를 영우원永祐園에서 현륭원顯隆園으로 이장하면서 아버지의 일생을 적은 지문誌文을 직접 지었는데, 이 글에서 나경언羅景彦이 고발한 아버지의 비행은 모두가 진실이 아닌 거짓이고, 아버지야말로 효성이 지극하고 학문이 뛰어났으며, 평안도에 몰래 다녀온 것도 도적을 진압하려던 것이고, 모역謀逆을 시도했다는 것도 북벌北伐을 위한 군사훈련이었다고 변호했다. 하지만, 아버지의 비행은 정사正史는 말할 것도 없고, 어머니 혜경궁이 쓴 《한중록閑中錄》에도 상세하게 밝혀져 있으니, 정조의 변명은 지극한 효심에서 비롯한 것이지 진실을 말한 것은 아니다. 하지만 정조는 아버지를 죽음으로 이끈 사람들에 대한 복수는 최소한으로 줄이는 지혜를 발휘하여 어진 임금[聖君]의 자세를 잃지 않았다.

서양 근대정치학의 아버지로 불리는 마키아벨리는 우수한 정치가의 덕목으로 선善을 추구하되, 사자와 같은 용맹과 여우와 같은 지혜를 겸비할 것을 강조했는데, 정조야말로 그런 유형의 통치자로 보인다. 그가 처한 복잡한 정치 환경이 그를 그렇게 만들었다. 그러므로 정조의 사소한 일탈逸脫을 보고 성군의 리더십에 흠이 있다고 평가할 필요는 없다.

정조의 통치방식이 지나치게 정조 스스로의 리더십에 의존하고 시스템정치를 무너뜨렸기 때문에 위대한 업적에도 한계를 지니고 있다는 평가도 있지만, 꼭 그렇게 볼 일도 아니다. 정조의 정치는 분명히 《경국대전》에 투영된 군신공치君臣共治의 체제와는 다르다. 규장각 자체가 《경국대전》에 없는 제도이다. 하지만 18세기의 정치상황은 어차피 《경국대전》 체제로는 운영하기 어려웠던 시기였음을 고려해야 한다. 무엇보다도 붕당정치라는 크나큰 변수가 나타나서 그 부작용을 시정하는 것이 시대적 과제였기 때문에, 강력하고 고차원적인 리더십이 당연히 요구되었다. 언관제도도 본래의 기능을 잃고 당쟁의 도구로 악용되고 있었고, 과거 급제자의 지식 수준이 천박해져 홍문관, 예문관, 승정원 같은 제도로는 고급스런 문화통치를 지속하기에 충분치 않았다. 그래서 새로운 정치제도의 모델을 만든 것이 규장각 제도이다.

비단 정조만이 아니라, 당시의 선각적인 학자들은 《경국대전》 체제의 한계를 느끼고 새로운 통치모델을 만들려고 시도했다. 소론 출신 유수원柳壽垣과 남인 출신 정약용丁若鏞은 그 대표적 학자이다. 이들은 공통적으로 언관제도와 문한제도文翰制度의 한계를 지적하고, 한층 전문성이 강화된 새로운 육전체제六典體制를 대안으로 제시했다. 정조가 선택한 규장각 중심의 통치모델도 언관제도와 문한제도의 한계를 극복하려는 대안으로 나온 것이고, 그런 점에서 정치적 근대화를 향한 진일보의 시도였다고 보아야 한다.

정조의 뒤를 이은 후속 세대들이 정조나 유수원, 그리고 정약용 등이 제시한 새로운 대안을 수용하고 발전시켰다면 19세기의 불행은 없었을 것이다. 노론 세도가들의 기득권을 지키기 급급한 행태가 정치사의 발전을 정지시켰다고 볼 수 있다. 그래도 세도정치기에 규장각을 없애지 않고 유지시키려고 노력한 것은 규장각제도의 장점이 있었기 때문이었다.

정조의 탕평과 민국이념 그리고 규장각체제를 다시 부활시켜 근대화에 접목시키려 한 것은 대원군과 고종이었다. 1897년에 탄생한 대한제국이 민국民國의 기치를 내걸어, 훗날 3.1 운동으로 임시정부가 탄생할 때 대한민국으로 불린 것도 예사롭지 않은 일이다. 고종의 자주적 근대화정책이 결과적으로 일본의 침략을 막아내는 데는 성공을 거두지 못했다고 하여, 그 시도를 잘못된 것으로 보는 것은 옳지 않다. 모든 성패가 힘의 강약에서 결정되는 제국주의 시대에, 19세기를 잃어버린 조선왕조가 갑자기 일본이나 서양과 대적할 수 있는 경제 및 군사적 강대국으로 비약하는 것이 가능한 일인가를 따져 보아야 한다. 그런 점에서 조선왕조 멸망의 책임을 고종에게만 묻는 것은 온당치 못하다. 오히려 19세기 전반기를 잃어버린 부패한 세도정치에서 그 책임을 물어야 할 것이다.

21세기를 살아가는 오늘의 시점에서 정조를 바라보는 시각은 좀 더 따뜻해야 할 것이다. 나는 다음과 같은 질문을 우리 모두에게 던

지면서 붓을 놓는다. 오늘의 위정자들이 정조만큼 공부하고 있는가? 정조만큼 백성을 사랑하고 있는가? 정조만큼 정치적 탕평을 실천하고 있는가? 정조만큼 기록문화를 존중하고 있는가? 정조만큼 전통문화를 사랑하고 있는가? 정조만큼 부모에게 효도하고 있는가? 정조만큼 생활이 검소한가? 정조만큼 인재를 키우고 학술을 존중하고 있는가?

찾아보기

《홍재전서》의 목차

권	분류	내용
1~4	춘저록春邸錄	동궁시절의 글 (詩, 書, 序引, 記, 祭文, 論, 贊, 箴, 銘, 頌, 雜著)
5~6	시詩	
7	시詩	악장樂章, 치사致詞
8~13	서인序引	《만천명월주인옹자서萬川明月主人翁自序》 등
14	기記	《송단기松壇記》 등
15	비문碑文	《원릉비元陵碑》 등
16	지문誌文	《현륭원지顯隆園誌》 등
17	행록行錄	《영종대왕행록英宗大王行錄》
18	행장行狀	《현륭원행장顯隆園行狀》
19~25	제문祭文	
26~29	윤음綸音	
37	돈유敦諭	
38	유서諭書	
39~41	봉서封書	
42~46	비批 5권	
47	판위判	
48~52	책문策問	
53	설說, 찬贊, 명銘	
54~63	잡저雜著 10권	《무예도보서술武藝圖譜敍述》,《장릉배식록莊陵配食錄》,《악통樂通》,《성단향의星壇享儀》,《성화주략城華籌略》
64~119	경사강의經史講義	사서삼경四書三經,《근사록近思錄》,《심경心經》,《총경總經》,《강목綱目》에 대해 신하들과 문답한 책들
120~121	추서춘기鄒書春記	《맹자》에 관한 책
122~125	노론하전魯論夏箋	《논어》에 관한 책
126	증전추록曾傳秋錄	《증자》에 관한 책
127~128	유의평례類義評例	《대학》에 관한 책
129~134	고식故寔	여러 지역의 《빈흥록》

135~160	심리록審理錄	형벌에 관한 책
161~178	일득록日得錄	정조의 어록(문학, 정사, 인물, 훈어)
179~184	군서표기群書標記	정조의 어정서御定書와 명찬서命撰書

군서표기群書標記에 나타나는 개별 도서의 목록은 아래와 같다.

영조 48년(1772) 정조 21세
《해동신감海東臣鑑》2권 필사본
《송사전宋史筌》150권 필사본
《송사촬요宋史撮要》3권 필사본
《역학계몽집전易學啓蒙集箋》
　　4권 2책 활자본(임진자)

영조 49년(1773) 정조 22세
《신정자치통감강목속편新定資治通鑑
　　綱目續編》27권 활자본(임진자)
《자치통감강목신편資治通鑑綱目新編》
　　20권 필사본
《명기제설明紀提挈》
　　20권 10책 필사본
《주자회선朱子會選》48권 필사본

영조 50년(1774) 정조 23세
《양현전심록兩賢傳心錄》9권 필사본

영조 51년(1775) 정조 24세
《경서정문經書正文》10권 필사본
《전사전평全史詮評》80권 필사본
《역대기년歷代紀年》3권 2책 필사본
《자양자회영紫陽子會英》3권 필사본
《성학집략聖學輯略》6권 필사본
《사칠속편四七續編》1권 필사본
《수민묘전壽民妙詮》9권 필사본
《사원영화詞苑英華》6권 6책 필사본

정조 즉위년(1776, 25세)
《궁권의宮園儀》4권 간본
《곡부합록穀簿合錄》
　　10권 10책 필사본

정조 원년(1777, 26세)
《흠휼전칙(欽恤典則)》1권 목판본
《명의록明義錄》, 《속명의록續明義錄》
　　2권 활자본(임진자)

정조 3년(1779, 28세)
《규장운서奎章韻書》8권 필사본
《남한지南漢志 2권》 필사본

정조 4년(1780, 29세)
《시악화성詩樂和聲》
　　10권 3책 필사본
《주의찬요奏議纂要》8권 필사본
《명신주의요략明臣奏議要略》
　　16권 필사본

정조 5년(1781, 30세)
《국조시악國朝詩樂》5권 필사본
《주자선통朱子選統》3권 필사본
《경설고瓊屑糕》1권 필사본
《예진총방隸陳總方》1권 1책 목판본
《팔자백선八子百選》
　　6권 활자본(정유자)
《규장총목奎章總目》4권 필사본
《관각강의館閣講義》3권 간인

정조 6년(1782, 31세)
《국조보감國朝寶鑑》
68권 활자본(정유자)
《국조보감별편國朝寶鑑別編》
7권 2책 활자본(정유자)
《선원계보기략璿源系譜紀略》
8권 간본
《천세력千歲曆》3권 목판본

정조 7년(1783, 32세)
《자휼전칙字恤典則》
1권 활자본(정유자)

정조 8년(1784, 33세)
《규장각지奎章閣志》
2권 활자본(정유자)
《황극편皇極編》13권 활자본(정유자)
《홍문관지弘文館志》1권 활자본

정조 9년(1785, 34세)
《열조갱장록列朝羹墻錄》
8권 4책 활자본(정유자)
《대전통편大典通編》6권 교서관 간인
《태학지太學志》14권 14책 필사본
《병학통兵學通》2권 1책 목판본

정조 11년(1787, 36세)
《문원보불文苑黼黻》
12권 활자본(임인자)
《병학지남兵學指南》5권 목판본

정조 12년(1788, 37세)
《춘관통고春官通考》96권 필사본
《탁지지度支志》22권 필사본
《장차휘편章箚彙編》60권 필사본

정조 13년(1789, 38세)
《신법누주통의新法漏籌通義》
1권 활자본(정유자)
《신법중성기新法中星紀》
1권 활자본(정유자)
《김충장유사金忠壯遺事》5권 목판본

정조14년(1790, 39세)
《무예도보통지武藝圖譜通志》
6권 목판본

정조15년(1791, 40세)
《현륭원지顯隆園誌》12권 필사본
《주역강의周易講義》5권 필사본
《상서강의尙書講義》8권 필사본
《대학강의大學講義》3권 필사본
《논어강의論語講義》5권 필사본
《맹자강의孟子講義》4권 필사본
《좌전강의左傳講義》1권 필사본
《악통樂通》1권 필사본
《자치통감강목강의資治通鑑綱目講義》
10권 필사본
《장릉배식록莊陵配食錄》2권 필사본
《눌재집訥齋集》6권 활자본(정유자)
《임충민실기林忠愍實紀》
5권 2책 활자본(정유자)
《경림문희록瓊林聞喜錄》
3권 활자본(임인자)

정조 16년(1792, 41세)
《시경강의詩經講義》9권 필사본
《시관詩觀》560권 필사본

정조 17년(1793, 42세)
《교남빈흥록嶠南賓興錄》2권 간본
《협길통의協吉通義》22권 간본

《관동빈흥록關東賓興錄》5권 목판본

정조 18년(1794, 43세)

《규장전운奎章全韻》2권 목판본

《성제도설城制圖說》3권 필사본

《인서록人瑞錄》4권 활자본(생생자)

《주서백선朱書百選》
6권 2책 활자본(정유자)

《탐라빈흥록耽羅賓興錄》
1권 활자본(임인자)

정조 19년(1795, 44세)

《함흥본궁의식咸興本宮儀式》
2권 목판본

《영흥본궁의식永興本宮儀式》
2권 목판본

《정리의궤통편整理儀軌通編》
10권 활자본(정리자)

《사기영선史記英選》
6권 활자본(정유자)

《군려대성軍旅大成》5권 3책 필사본

《삼군총고三軍摠攷》10권 필사본

《증정읍취헌집增訂挹翠軒集》

《이충무공전서李忠武公全書》
14권 8책 활자본

《풍패빈흥록豊沛賓興錄》
2권 활자본(임인자)

《정시문정正始文程》
3권 활자본(한구자)

정조 20년(1796, 45세)

《역대행표歷代行表》6권 필사본

《춘추좌씨전春秋左氏傳》28권 간본

《장릉사보莊陵史補》
10권 3책 필사본

《증정문헌비고增訂文獻備考》
246권 필사본

《누판고鏤板考》7권 3책 필사본

《증수무원록增修無冤錄》2권 활자본

《증수무원록언해增修無冤錄諺解》
2권 활자본

정조 21년(1797, 46세)

《추서경선鄒書敬選》1권 필사본

《성단향의星壇享儀》1권 필사본

《도리총고道里摠攷》2권 필사본

《육주약선陸奏約選》
2권 활자본(정유자)

《향례합편鄕禮合編》
3권 활자본(정유자)

《오륜행실도五倫行實圖》
5권 활자본(정리자)

정조 22년(1798, 47세)

《오경백선五經百選》5권 2책 간본

《중용강의中庸講義》6권 필사본

《삼례수권三禮手圈》6권 간본

《양경수권兩京手圈》4권 2책 간본

《오자수권五子手圈》10권 간본

《육고수권陸稿手圈》2권 1책 간본

《팔가수권八家手圈》8권 간본

《두율분운杜律分韻》
5권 활자본(정리자)

《육률분운陸律分韻》
39권 활자본(정리자)

《이가전율二家全律》15권 필사본

《태학은배시집太學銀杯詩集》
6권 활자본(정리자)

《칠정보법七政步法》1권 간본

정조 23년(1799, 48세)

《중정사서집석重訂四書輯釋》
    38권 필사본
《대학유의大學類義》
    21권 10책 간본(정리자)
《유의평례類義評例》2권 필사본
《사훈고司勳攷》1권 필사본
《성도전편城圖全編》10권 필사본
《조두록俎豆錄》2권 1책 필사본
《감자監玆》1권 필사본
《고시顧諟》1권 필사본
《아송雅誦》8권 활자본(임진자)
《두륙천선杜陸千選》
    8권 활자본(정유자)
《율영律英》4권 필사본
《범자고梵字攷》1권 필사본
《묘모휘편廟謨彙編》75권 필사본
《해동여지통재海東輿地通載》
    60권 필사본
《제중신편濟衆新編》9권 필사본

정조 24년(1800, 49세)

《주공서周公書》9권 4책 필사본
《인물고人物攷》130권 필사본
《주자서절약朱子書節約》
    20권 필사본
《춘추주해고이春秋註解考異》
    2권 필사본
《존주휘편尊周彙編》20권 필사본
《양대사마실기梁大司馬實記》
    10권 목판본
《관북빈흥록關北賓興錄》3권 간본
《관서빈흥록關西賓興錄》3권 간본

축년증수(逐年增修, 매해 증수한 서적)

《궁원전성록宮園展省錄》1권 필사본
《심리록審理錄》26권 필사본
《일성록日省錄》675권 필사본
《일득록日得錄》18권 필사본
《윤발綸綍》237권 필사본
《갱재축賡載軸》48권 활자본(생생자)
《임헌제총臨軒題叢》1권 필사본
《주모유집籌謀類輯》75권 필사본
《동문휘고同文彙考》
    129권 60책 활자본
《공거문총公車文叢》93권 필사본
《상형고祥刑考》28권 필사본
《육영성휘育英姓彙》34권 필사본
《식목실총植木實總》1권 필사본
《식목편람植木便覽》4권 필사본
《임헌공령臨軒功領》156권 필사본

저자 한영우 약력

㉮ 주요 경력

1967~2003 서울대학교 문리과대학, 인문대학

1983~1984 미국 하버드대 객원교수

1987~1991 서울대학교 한국문화연구소장

1989~2007 문광부 문화재위원회 사적분과 위원, 사적분과위원장

1990~1991 한국사연구회장

1991~2000 국사편찬위원회 위원

1992~1996 서울대학교 규장각 관장

1998~2000 서울대학교 인문대학장

2003. 8월 서울대학교 정년퇴직, 서울대학교 명예교수

2003~2008 한림대학교 한림과학원 특임교수, 한국학연구소장

2008~2013 이화여자대학교 이화학술원 석좌교수, 이화학술원장

현재 서울대학교 명예교수

㉯ 주요 수상

1984 한국일보사 출판문화상 저작상

1986 치암학술상

1994 세종문화상 학술상(대통령)

2004 한국간행물윤리위원회 저술상

2005 대한민국 문화유산상 학술상(대통령)

2006 한국일보사 출판문화상 저작상

2007 수당학술상

2007 경암학술상

2012 민세안재홍상 학술상

㉯ 주요 저서

1. 1973 정도전사상의 연구(서울대출판부)
2. 1980 《율곡어록》역주(삼성예술문화재단)
3. 1981 조선전기 사학사연구(서울대출판부)
4. 1983 조선전기 사회경제연구(을유문화사)
5. 1983 조선전기 사회사상연구(지식산업사)
6. 1983 개정판 정도전사상의 연구(서울대출판부)
7. 1988 한국의 문화전통(을유문화사)
8. 1989 조선후기 사학사연구(일지사)
9. 1991 우리 역사와의 대화(을유문화사)
10. 1994 한국민족주의 역사학(일조각)
11. 1997 미래를 위한 역사의식(지식산업사)
12. 1997, 2004, 2014 다시찾는 우리역사(경세원)
13. 1997 조선시대 신분사연구(집문당)
14. 1998 정조의 화성행차 그 8일(효형출판)
15. 1999 왕조의 설계자 정도전(지식산업사)
16. 2000 정조대왕 화성능행 반차도(효형출판)
17. 2002 역사학의 역사(지식산업사)
18. 2003 창덕궁과 창경궁(효형출판, 열화당)
19. 2005 역사를 아는 힘(경세원)
20. 2005 조선왕조 의궤(일지사)
21. 2006 명성황후, 제국을 일으키다(효형출판)
22. 2006 조선의 집 동궐에 들다(효형출판, 열화당)
23. 2007 실학의 선구자 이수광(경세원)
24. 2007 반차도로 따라가는 정조의 화성행차(효형출판)
25. 2007 동궐도(효형출판)
26. 2007 꿈과 반역의 실학자 유수원(지식산업사)
27. 2008 조선 수성기 제갈량 양성지(지식산업사)
28. 2008 규장각−문화정치의 산실(지식산업사)
29. 2010 한국선비지성사(지식산업사)
30. 2012 《조선경국전》역주(올재)
31. 2011 간추린 한국사(일지사)
32. 2013 과거−출세의 사다리(1) 태조−선조대(지식산업사)

33. 2013 과거-출세의 사다리(2) 광해군-영조대(지식산업사)
34. 2013 과거-출세의 사다리(3) 정조-철종대(지식산업사)
35. 2014 과거-출세의 사다리(4) 고종대(지식산업사)
36. 2013 율곡 이이평전(민음사)
37. 2014 미래와 만나는 한국의 선비문화(세창출판사)
38. 2016 미래를 여는 우리 근현대사(경세원)
39. 2016 우계 성혼 평전(민음사)
40. 2016 나라에 사람이 있구나-월탄 한효순 이야기(지식산업사)

㉴ 공저
1. 1990 한국사특강(서울대학교출판부)
2. 1994 한국의 역사가와 역사학(상),(하) 창작과비평사)
3. 1997 시민을 위한 한국역사(창작과비평사)
4. 1997 한국인의 미래상(집문당)
5. 1999 우리 옛지도와 그 아름다움(효형출판)
6. 2002 행촌 이암의 생애와 사상(일지사)
7. 2005 21세기 한국학, 어떻게 할 것인가(푸른역사)
8. 2006 대한제국은 근대국가인가(푸른역사)
9. 2007 다시, 실학이란 무엇인가(푸른역사)
10. 2008 대한민국 60년, 그 성찰과 전망(지식산업사)

㉵ 외국어 번역본
1. 2003 韓國社會の 歷史(《다시찾는 우리역사》 일본어판; 吉田光男 역)
(日本 明石書店)
2. 2008 The Artistry of Early Korean Cartography (《우리 옛지도와
그 아름다움》 영어판; 최병현 역) (미국 Tamal Vista Publications)
3. 2010 A Review of Korean History (《다시찾는 우리역사》 영어판;
함재봉 역) (경세원)
4. 2010 Korean History (《다시찾는 우리역사》 러시아판; Pak Mihail
외 역) (모스크바대학 한국학연구소)
5. 2012 朝鮮王朝儀軌(《조선왕조 의궤》 중국어판; 金宰民, 孟春玲 역)
(中國 浙江大學出版社)
6. 2014 朝鮮王朝儀軌 (《조선왕조 의궤》 일본어판; 岩方久彦 역) (日本 明

石書店)

7. 2014 An Intellectual History of Seonbi in Korea(《한국선비지성사》 영어판; 조윤정 역) (지식산업사)

8. 2016 Mit einem Bild auf Reisen gehen–Der achttagige Umzug nach Hwasong unter König Chongjo(1776~1800) (《반차도로 따라가는 정조의 화성행차》 독일어판, Barbara Wall 역) (독일 Ostasien Verlag)

9. 2016 A Unique Banchado: the Documentary Painting with Commentary of King Jeongjo's Royal Procession to Hwaseong in 1795 (《반차도로 따라가는 정조의 화성행차》 영어판, 정은선 역) (영국 Renaissance Publishing company)